集人文社科之思 刊专业学术之声

集 刊 名：家庭与性别评论
主办单位：中国社会科学院社会学研究所
主　　编：马春华

Family and Gender Review

《家庭与性别评论》编委会
编委会主任：吴小英
编委会成员（按姓氏笔画排序）：
马春华（中国社会科学院社会学研究所）
王　晶（中国社会科学院社会学研究所）
石金群（中国社会科学院社会学研究所）
刘汶蓉（上海社会科学院社会学研究所）
杨　可（中国社会科学院社会学研究所）
杨菊华（中央民族大学民族学与社会学学院）
吴　帆（南开大学周恩来政府管理学院社会工作与社会政策系）
吴小英（中国社会科学院社会学研究所）
沈奕斐（复旦大学社会发展与公共政策学院社会学系）
张丽萍（中国社会科学院社会学研究所）
陈午晴（中国社会科学院社会学研究所）
杭苏红（中国社会科学院社会学研究所）
郑丹丹（华中科技大学社会学院）
宓瑞新（全国妇联妇女研究所《妇女研究论丛》编辑部）
钟晓慧（中山大学政治与公共事务管理学院）
施芸卿（中国社会科学院社会学研究所）

第 13 辑

集刊序列号：PIJ-2008-015
集刊全文数据库：www.jikan.com.cn
投稿平台：www.iedol.cn

Family and Gender Review

家庭与性别评论

主编：马春华

第 13 辑（Vol.13）

低生育率背景下的儿童照顾与生育支持

CHILD CARE AND FERTILITY SUPPORT
IN THE LOW FERTILITY SOCIETY

* 中国社会科学院社会学研究所 *
主　办

张丽萍 ◎ 本辑执行主编

社会科学文献出版社
SOCIAL SCIENCES ACADEMIC PRESS (CHINA)

家庭与性别评论

第13辑
2024年5月出版

低生育率背景下的儿童照顾与生育支持（代序）…………… 张丽萍 / 1

·第一部分　低生育率问题现状与难点·

中国人口负增长的特征、致因与应对
　　——聚焦生育视角的分析……………… 原　新　刘志晓　金　牛 / 1
中国走出低生育率陷阱的难点与策略 ………………………… 王广州 / 18

·第二部分　家庭育儿负担分析·

"生孩不易，养孩更难"：城市中间阶层养育体验的生育抑制效应
　　……………………………………………… 颜学勇　刘璐璐 / 40
新社会风险视角下的中国超级妈妈
　　——基于广州市家庭儿童照顾的实证研究 ……… 钟晓慧　郭巍青 / 53
城市家庭中的父亲深度育儿参与
　　——兼论男性个体化家庭责任意识 ……………………… 范　譞 / 77
独立与依赖："隔代抚育"中代际关系的平衡与失衡
　　……………………………………………… 郑　杨　张艳君 / 102
中国家庭儿童养育成本及其政策意涵 ………………………… 马春华 / 124
中国城镇家庭的育儿时间成本 ………………… 杜凤莲　赵云霞　钟淼丽 / 151

·第三部分　儿童照顾社会支持探索·

中国儿童托幼服务公共化：整体框架和地方实践………… 马春华 / 177

抚育私人化困境及社会化公共养育探索…………………… 施芸卿 / 224

制造亲密空间：公私困境下托育服务的本土化路径……… 郭　戈 / 245

·第四部分　生育友好与生育支持政策·

何以生育友好？
　　——基于国际经验和中国情境的分析………………… 吴　帆 / 261

制度边界与文化弹性：生育友好的不同维度解读………… 吴小英 / 276

生育支持与生育支持政策：基本意涵与未来取向………… 杨菊华 / 287

低生育率背景下的儿童照顾与生育支持（代序）[*]

张丽萍[**]

低生育问题成为世界许多国家面临的突出人口再生产问题，无论是欧洲、美洲还是亚洲，对长期低生育率负面影响和潜在风险的研究越来越引起高度重视。尽管在研究过程中有许多不同的研究结论，甚至争议，但随着各国对人口变动规律本质认识的不断加深，特别是对人口转变规律和相关鼓励政策效果的认识越来越清晰，对低生育问题的研究和未来潜在风险的认识也越来越容易形成共识。中国学者对低生育率问题的认识也走过了由分歧巨大到不断趋同的过程，其根本原因在于随着时间的推移，中国现实的人口变化过程，不仅实现了对以往研究结论实践检验和去伪存真的目的，同时也印证了以往研究对中国人口变动基本规律存在认识不足的问题，此外还证实了相关应对策略或支持政策效果与预期存在很大差距的事实。

国家统计局最新公布，2023年末全国人口140967万人，比2022年末减少208万人，全国总人口连续两年负增长。2023年出生人口902万人，比2022年减少54万人。出生人口的持续减少再次引起全社会对中国低生育率问题的高度关注和广泛争议。目前，在优化生育政策持续出台的背景下，低生育率问题的现状与成因如何，影响生育水平提升的障碍性因素有哪些？如何提升生育水平，这些基础问题都已经引起学界的深入思考。为了把握中国低生育率的本质特征和基本原理以及应对策略，了解家庭养育与生育支持政策的实际需求，分析家庭从生育意愿到生育行为转化过程中

---

[*] 本文得到中国社会科学院妇女/性别研究中心项目（FNZX048-2021）的支持。
[**] 张丽萍，中国社会科学院社会学研究所研究员。

的障碍性因素，准确把握家庭生育支持政策的实际效果和进一步完善需求，需要从完善家庭养育与生育政策的角度，寻找养育过程中面临问题的解决途径，也为促进人口长期均衡发展提供相关的决策依据或政策参考。

一 低生育率问题的本质

2020年第七次全国人口普查数据显示，不考虑重报和漏报因素的影响，中国育龄妇女的总和生育率为1.3，远低于2.1左右的更替水平，也低于总和生育率安全区域的下限1.5（McDonald P.，2006），表明中国低生育率或超低生育率陷阱问题已经非常严重。

对于低生育问题认识分歧的转变始于独生子女政策调整和优化生育政策的全过程。2013年以来，生育政策不断调整，2013年11月中共中央十八届三中全会提出"启动实施夫妻一方为独生子女生育两个孩子"的政策和2015年10月29日中共中央十八届五中全会提出"全面实施一对夫妇可生育两个孩子政策"后，2021年5月31日中共中央政治局作出决定，进一步优化生育政策，一对夫妻可以生育三个子女政策和优化生育政策配套措施。从政策实施效果看，2015年作为宣布全面两孩政策的初始之年，中国出生人口为1655万人，2016年，生育的堆积效应释放，出生人口达1786万人；但此后，出生人口持续下降，2019年、2020年总和生育率和出生人口数下降标志着全面两孩政策"堆积"效果的基本结束，生育水平面临进一步下降的风险大增（王广州，2021）。尽管我国生育政策不断优化，生育支持政策不断出台，但生育率持续保持低迷的本质特征并没有得到根本改变。2022年出生人口规模低于1000万人，2023年出生人口数量继续降低，并成为新中国成立以来全国出生人口最少的一年。可见，中国目前已经全面进入低生育率陷阱的争论也得到进一步证实。

研究者认为，中国低生育率陷阱的运行机制已经形成。中国低生育率陷阱的人口学机制表现为育龄妇女生育水平已经长期低于更替水平，人口增长负惯性得到长期积累；社会学机制表现为育龄妇女受教育程度提高是一个单向不可逆过程，而不同受教育程度育龄妇女生育水平"梯度"的存在，受高等教育人口比例增加，使得生育水平和未来生育预期下降；经济学机制表现为城乡人口分布和住房分布之间产生巨大矛盾，全国主要城市住宅价格上涨加速，从而使城镇化过程中进城人口生活成本大增。由于城镇生育率水平长期低于乡村，年轻人口城市化速度远高于其他人口，这进一步凸显了年轻育龄人口的结婚、生育等平均综合成本的快速上升。上述因素共同作用，低生育率陷阱的运行机制不断强化（王广州，2021）。与低生育陷阱上述研究结论类似，曹立斌等认为社会学机制的自我强化效果是存在的。研究认为保证其作用发挥的理想家庭规模是通过纵横两个方向的社会化过程习得的。具体来看，纵向社会化的学习来源是育龄人群的父母的子女数量，横向社会化的学习来源是育龄人群同辈人的常见子女数量和其所处的计生政策环境。由于社会化过程具有退行性特征，育龄人群的理想家庭规模更倾向于较小的值，在社会学机制的作用下，育龄人群最终生育数量更倾向于小于其父辈。由此，低生育率实现了代际传递，进而实现了自我加强。但是，这并不表示这种自我强化机制是不可改变的（曹立斌、石智雷，2017）。

对于中国低生育率风险问题，研究认为中国当前的人口生育率持续低迷已经形成人口风险，且已经具有整体性、长期性和系统性的风险性质（杨成钢、孙晓海，2020）。随着生育率的长期走低，人口持续增长态势受到严峻挑战，若中国长期积累的人口正增长惯性彻底释放，终将走向人口负增长时代。在人口负增长时代前期阶段，仍存在人口机会窗口和人口适度增长空间，客观认识其主要特征和致因，可以实现人口与经济社会全面协调可持续发展（原新等，2022）。

二 儿童照料问题的来源

除了对中国低生育率形成机制、本质特征的宏观理论和实践探索外，对低生育率形成的社会学和经济学原因及变动趋势的判断就显得非常重要。虽然影响生育意愿转化为生育行为的因素很多，针对中国社会经济的发展趋势、阶段性特征以及中国家庭的文化传统，在过去几年里，研究者从微观调查数据出发，对目前中国家庭生育、养育面临的具体问题不断探索，研究领域主要集中在儿童照料、养育和社会支持方面。有研究认为中国目前儿童养育经济压力加大和照料负担加重抑制了生育动机,从而导致低生育率水平的稳定状态持续存在。

1. 儿童照料压力增加

第一,从照料者来看,照料孩子的主要承担者中,母亲占56.2%(刘爱玉等,2015)。关于主要照料者身份,有研究发现,本人或者配偶为主要照料者的占63.3%,本人父母或者配偶父母为主要照料者的占31.7%,选择保姆/家政工、托儿所/幼儿园代为主要照顾方的占全部被访者的3.9%(张航空,2016)。

第二,从照料质量和育儿压力分担来看,家庭对育儿质量的重视与育儿压力的集中,造成母职焦虑与女性"工作-家庭"冲突加剧,父亲的相对缺席问题愈发引起关注。随着男女平等的宣传和城镇地区女性收入的相对增加可以帮助女性持续地减少家务劳动,男性成为主要照料者的可能性也增加,在夫妇之间,虽然还是女性为主,但是已经有男性开始成为主要照料者(张航空,2016),城市家庭少量出现父亲深度参与育儿现象。深度参与的男性在将保证育儿质量作为家庭紧迫任务的前提下,权衡家庭成员的利益,为保证育儿所需的时间精力,下调职业发展目标甚至暂停职业发展,弱化"以事业为重"的传统男性认同,选择自己参与育儿,他们强调自身育儿能力,并因尽到家庭责任、得到孩子和家庭成员的肯定而感到满足(范譞,2021)。

第三,从婴幼儿实际养育模式和特点来看,中国儿童照顾"家庭化"程度较高、隔代育儿较普遍(张亮,2016)。在家庭中第一个孩子出生到孩子上小学这段时间,老人带小孩承担家务的现象在我国非常普遍(陶艳兰,2011)。在双方父母之间,依然以男方父母为主,但城市女性中本人父母成为主要照料者的比例已经与配偶父母的比例非常接近了(张航空,2016)。与此同时,育儿带来的代际关系冲突也引起关注,城市家庭代际关系处于由传统家庭向现代家庭转型的过渡期,家庭的育儿功能需要亲代子代齐上阵才勉强得以完成(郑杨、张艳君,2021)。

第四,从家庭儿童照料资源配置来看,儿童照料是家庭综合协调资源完成的。钟晓慧等分析中国情境下"工作-家庭"平衡问题,将成功兼顾工作与育儿双重责任的女性称为"超级妈妈"。她们运用空间规划即调配经济资源、安排居住空间，动员人力资源、构建育儿网络，重新分配时间，明确分工与合作这三种策略，积极组织家庭资源应对儿童照顾，家庭内部代际资源的调剂若存在阻碍，儿童的照顾压力将成为抑制多孩生育的关键因素（钟晓慧、郭巍青，2018）。

总之，在传统和现代儿童养育模式并存和照料资源有限的情况下，儿童养育资源分配或配置条件变化以及育儿压力不断提升的趋势下，儿童照料负担和照料压力成为目前抑制生育意愿和生育行为的主要因素。

2. 儿童养育成本提高

为了降低生育、养育和教育成本，深入分析儿童养育成本的构成和变动趋势是正确理解和准确评估生育支持政策体系效果的重要基础。我国的生育鼓励政策效果不甚明显，其背后是养育成本高、压力大的困境（施芸卿，2021）。生育成本过高是影响育龄家庭生育意愿的重要抑制因素。儿童成本涉及金钱、时间和工作三种不同的资源，包括直接（经济）成本、家庭层面的间接成本（时间成本、家庭收入差距、母职收入惩罚等）以及集体层面潜在的间接成本，孩子的出生不仅给家庭带来了大量的直接（经济）成本，还有大量的间接成本（马春华，2018）。

首先，从儿童养育家庭时间照料成本看，养育子女会显著增加父母无酬劳动时间，挤占有酬劳动时间和闲暇时间，杜凤莲等研究分析养育子女对城镇父母时间分配的影响发现，相比父亲，抚育子女对母亲时间分配的影响程度更深。随着子女数量的增加，母亲往往是牺牲大量有酬劳动和闲暇时间来满足儿童照料的需求，母亲的育儿时间成本是父亲的3~4倍（杜凤莲等，2023）。

其次，从儿童养育家庭收入代价或成本的研究结果来看，马春华利用2014年中国家庭发展追踪研究的数据，估算了0~17岁儿童所需的直接经济成本为19.10万，城市儿童需要27.32万，农村儿童需要14.34万，收入越低的家庭儿童成本比重越大，儿童的生育和养育需要支付大量成本，中国现有的家庭政策来看，无论是儿童的直接经济成本还是间接成本，大部分的成本还是由家庭承担的（马春华，2018）。

可见，尽管生育政策不断放宽，国家生育政策支持体系不断优化，但当前儿童养育成本过高，特别是家庭在儿童养育过程中需要付出的成本过高和不断"内卷"提升的趋势是目前的主要变化特征。儿童养育家庭成本无论是直接支出成本还是间接时间成本或潜在机会成本过高成为相关政策效果大打折扣的主要原因。

3. 育儿社会支持不足

现代化过程的主要特征是生产或社会经济活动的社会化。从经济学的角度看，社会化的目的和优势在于提高效率和质量提升。然而，随着中国快速进入信息化社会，家庭功能的社会化提升到底哪些是可以替代的，哪些是不可替代的？哪些是目前和未来中国家庭结构和代际转换形成的"刚需"，而哪些仅仅是"弹性需求"？回答这些问题的重要基础是对中国家庭结构变动的阶段特征和社会经济发展水平的准确判断和深入理解。在育儿传统与现代育儿社会化服务构建的过程中，针对中国的育儿公共服务社会化分工问题展开深入研究必不可少。

第一，研究认为转型进程中，国家支持不足、社会力量缺失、市场化过度导致的抚育私人化和内卷化，是当前抚育困境的根源（施芸卿，2021）。虽然政府承担了儿童义务教育和医疗保健的责任，但是大部分的成本还是由家庭承担的，儿童成本私人化已经无力支撑起儿童收益的社会化（马春华，2018）。然而，作为微观层面的家庭，尽管顺应时代的潮流由传统家庭向现代家庭过渡中，努力从依赖于大家庭的帮助成长为独立的核心家庭，但是，从宏观层面上看，国家仍然处在构建着传统家庭的阶段，将双重责任（赡养老人、抚育儿童）归于家庭，而市场则倡导现代家庭理念，不断提升育儿标准，让家长奔跑在总是赶不上"别人家孩子"的路上（郑杨、张艳君，2021）。

第二，从儿童托幼服务的公共化的角度看，从根本上说，是要国家承认儿童照顾是国家和社会的"公共责任"，国家必须通过投入公共资源来介入儿童照顾，让所有儿童都能够获得优质平价的托幼服务（马春华，2023）。国家要承认女性及其家庭照顾儿童的社会价值，同时为女性及儿童增加社会照顾资源，抵御社会变迁带来的新风险（钟晓慧、郭巍青，2018）。上述问题的研究正是针对目前中国的育儿社会支持不足的实际情况和现实问题，探讨准确、合理划分家庭与社会、市场与政府育儿服务责任，从而为科学配置公共服务资源提供社会发展的理论依据。

第三，国家在公共服务提供方面不断丰富和发展。2010年之后，中国儿童托幼服务公共化取得了极大的进展，其整体推动模式是把儿童托幼服务纳入公共服务框架，把托幼服务作为（混合）公共物品（服务）的一种来提供给儿童和家庭，在资源约束的情况下，根据对于3~5岁儿童和0~2岁儿童的不同定位，分别被划归为普惠性非基本公共服务和非基本公共服务（马春华，2023）。杨菊华认为，健全托幼服务，要通过公私并举、内外联动，打造便捷安全的托幼服务托底机制，立足社区，营建多样托幼机构；立足企业，打造福利性托幼服务；政府购买服务，实现正规机构照料和非正式家庭照料模式互补，推广"家属照料型"模式，既可补充正规照料的不足，亦可满足家庭多样化的需求。

第四，多主体合作完成育儿支持网络建设。多方协力育儿的体系需要更具社会公共性的、扎根社区的和多主体合作，重塑国家、社会、市场和家庭在抚育中的职责边界，以弥合制度张力，回应现代化转型（施芸卿，2021）。郭戈研究认为，通过多方发力，建设集"家庭-机构-社区"于一体的亲密性托育空间，能有效满足家庭对社会照护服务的个性化与情感性需求，提升家长对托育服务的信任程度。该路径需由经营者、育婴师、家长、幼儿、社区等众多行动者共同参与，推动机构从物质空间上嵌入城市与社区生活、从精神空间上复制家庭教养、从社会空间中营造关系密切的育儿支持网络（郭戈，2021）。此外基于自主的社会连接、跨越家庭边界抚育儿童的"抱团养娃"也拓展了公共抚育支持的可能（施芸卿，2022）。

三　完善生育政策支持体系

生育、养育和教育是一个长周期的过程，不同的阶段，家庭生育支持政策的有效性和重点内容显然存在很大不同。只有对公共政策的目标人群实际需求的深入理解，对生育支持政策体系进行科学分类，才能使生育支持需要有政策保障。《中共中央 国务院关于优化生育政策 促进人口长期均衡发展的决定》《关于进一步完善和落实积极生育支持措施的指导意见》等一系列政策文件的颁布进一步明晰构建完善生育、养育、教育全过程的生育支持政策体系，实现公共政策顶层设计优化。

第一，从生育支持政策的构成来看，吴帆认为，生育支持政策主要分为三类。第一类是经济支持，即通过经济补贴或费用减免来降低家庭的直接生育成本，具体包括取消社会抚养费、清理和废止相关处罚规定，发放生育津贴（育儿补贴金），实现优生健康检查免费全覆盖等。第二类是服务支持，即通过替代性或补充性的公共服务减轻或缓解家庭在儿童照料方面的负担，如构建0~3岁的普惠托育服务，进一步普及幼儿园，加强早教服务等。第三类是时间支持，通过给予父母在产前和产后休假的权利，为家庭抚育婴幼儿提供时间支持，缓冲女性和家庭在生育后的时间短缺和照料压力，主要包括产假、陪产假、育儿假等（吴帆，2023）。激励政策中经济和时间政策主要通过对家庭功能的辅佐和增强来支持生育（吴小英，2023）。从目前的实际情况来看，在这些政策中，有研究发现各项政策对于改善低生育水平尽管有一定的积极作用，不过总体上十分有限，综合使用这些政策的效果更佳，这意味着决定人们生育选择背后的理由远非那么单一。

第二，生育支持是家庭政策的重要组成部分。研究认为，生育支持对于减轻家庭养育负担有重要的作用。政府、企业、社会和社区等支持主体，能给父母、子女、祖辈和其他利益相关者提供生育的时间保障、资金补贴、服务供给和就业支持等，并与外部的制度、物质、服务和社会环境形成协调的互动关系，尽可能帮助女性更好地平衡职场追求与子女养育的责任（杨菊华，2016）。提倡生育支持，是尽可能帮助女性更好地平衡职场追求与子女养育的责任，在提供生育支持的过程中，必须纳入并突出社会性别视角，强调政策对夫妻双方的支持，从而避免"母职"的进一步强化（杨菊华，2019）。

第三，生育支持政策的核心是解决生育养育成本过高的问题。研究认为生育成本是一种动态结构，需求跃迁导致生育成本缺口增速快于收入增速，进而决定鼓励生育政策很难真正提升生育率，经济社会的发展不可避免地导致了更低的生育率，与收入相挂钩的生育补贴较定额生育补贴更为有效。这对于充分认识生育率下降风险以及如何制定合理有效的生育政策有参考意义（张乐等，2022）。

第四，完善的托育服务是最有效的生育支持。由于生育支持需要建立多元化公共服务体系，除了以个人为着眼点的政策设计外，生育支持政策的设计思路还应体现从个人到家庭福利的转变。研究认为，相对于经济和时间方面的支持政策，最有效的还是托育服务方面的支持，以及政策取向中所包含的性别平等理念（马春华，2018；吴帆，2022）。中国传统家庭中生育的两大功能——"传宗接代"和"养儿防老"，在当下社会已经丧失了以往那种不容置疑的强正当性及可行性，包括托育服务政策在内的国家政策则是通过对家庭功能的补充或替代来支持生育，这在西方福利体系及社会政策框架中分别被归于家庭主义和去家庭化政策，已成为世界范围内破解少子老龄化难题时常用的政策工具（吴小英，2023）。

由于现行促进生育政策整体支持不足，而生育支持需要又存在提供多种支持的实际需求，如何针对低生育问题生育支持的难点、痛点，抓住主要矛盾和问题的关键，构建科学、可行的生育支持体系，这就需要从个人、家庭、社会等多方面同向发力，以促进生育友好型社会构建目标的顺利实现。

总之，低生育率问题的本质不仅是一个不断积累的人口问题，同时也是关系到中国千家万户和谐稳定、健康发展的社会经济问题。虽然长期低生育率社会是中国传统社会前所未有的，可供借鉴的国外应对二次人口转变的经验也不一定适合我国的具体情况，针对中国社会发展的客观实际和文化传统，迫切需要探索符合中国国情、适应中国人口转变特征的发展道路。我们应吸取深陷低生育率陷阱国家的历史教训，避免长期低生育率及其所带来的负面影响成为中国社会经济快速发展的潜在重大风险。

参考文献

曹立斌、石智雷，2017，《低生育率自我强化效应的社会学机制的检验与再阐述》，《人口学刊》第1期。

杜凤莲、赵云霞、钟森丽，2023，《中国城镇家庭的育儿时间成本》，《劳动经济研究》第3期。

范譞，2021，《城市家庭中的父亲深度育儿参与——兼论男性个体化家庭责任意识》，《宁夏社会科学》第4期。

郭戈，2021，《制造亲密空间：公私困境下托育服务的本土化路径》，《宁夏社会科学》第4期。

刘爱玉、佟新、付伟, 2015, 《双薪家庭的家务性别分工: 经济依赖、性别观念或情感表达》, 《社会》第2期。
马春华, 2018, 《中国家庭儿童养育成本及其政策意涵》, 《妇女研究论丛》第5期。
马春华, 2023, 《中国儿童托幼服务公共化: 整体框架和地方实践》, 《妇女研究论丛》第4期。
施芸卿, 2021, 《抚育私人化困境及社会化公共养育探索》, 《学术论坛》第1期。
施芸卿, 2022, 《以共同育儿为业: 跨越儿童抚育的家庭边界——以一个城市社区的"抱团养娃"实践为例》, 《妇女研究论丛》第1期。
陶艳兰, 2011, 《代际互惠还是福利不足?——城市双职工家庭家务劳动中的代际交换与社会性别》, 《妇女研究论丛》第4期。
王广州, 2021, 《中国走出低生育率陷阱的难点与策略》, 《学术探索》第10期。
吴帆, 2023, 《低生育率背景下多元化生育支持公共服务体系的构建》, 《团结》第3期。
吴帆, 2022, 《何以生育友好?——基于国际经验和中国情境的分析》, 《中华女子学院学报》第2期。
吴小英, 2023, 《制度边界与文化弹性: 生育友好的不同维度解读》, 《妇女研究论丛》第2期。
杨成钢、孙晓海, 2020, 《中国生育率持续低迷的风险、适应与政策选择》, 《人口与发展》第4期。
杨菊华, 2016, 《健全托幼服务 推动女性工作与家庭平衡》, 《妇女研究论丛》第2期。
杨菊华, 2019, 《生育支持与生育支持政策: 基本意涵与未来取向》, 《山东社会科学》第10期。
原新、刘志晓、金牛, 2022, 《中国人口负增长的特征、致因与应对——聚焦生育视角的分析》, 《江苏行政学院学报》第5期。
张航空, 2016, 《儿童照料的延续和嬗变与我国0~3岁儿童照料服务体系的建立》, 《学前教育研究》, 第9期。
张乐、陈璋、陈宸, 2022, 《鼓励生育政策能否提高生育率?——基于生育成本缺口递增的视角》, 《南方人口》第1期。
张亮, 2016, 《中国儿童照顾政策研究: 基于性别、家庭和国家的视角》, 上海: 上海人民出版社。
郑杨、张艳君, 2021, 《独立与依赖: "隔代抚育"中代际关系的平衡与失衡》, 《贵州社会科学》第6期。
钟晓慧、郭巍青, 2018, 《新社会风险视角下的中国超级妈妈——基于广州市家庭儿童照顾的实证研究》, 《妇女研究论丛》第2期。
McDonald, P. 2006. An Assessment of Policies That Support Having Children from The Perspectives of Equity, Efficiency And Efficacy, *Vienna Yearbook of Population Research* 2006: 213-234.

·第一部分 低生育率问题现状与难点·

中国人口负增长的特征、致因与应对

——聚焦生育视角的分析[*]

原 新 刘志晓 金 牛[**]

摘　要：随着生育率的长期走低，人口持续增长态势必受到严峻挑战，若中国长期积累的人口正增长惯性彻底释放，终将走向人口负增长时代。在人口负增长时代的前期阶段，仍存在人口机会窗口和人口适度增长空间。基于人口负增长相关理论与发展现状，围绕人口负增长时代的"生育"核心，客观认识其主要特征和致因，通过深化教育改革、促进女性职业与生育平衡、加强健康维护等举措，把握人口适度增长空间的战略机遇，实现人口与经济社会全面协调可持续发展。

关键词：低生育率　人口负增长　人口适度增长空间　育龄妇女

一　研究背景

当前，中国人口生育率的变化情况受到社会各界的广泛关注，成为热点议题。2020年"第七次全国人口普查"（以下简称"七普"）数据显示，中国总和生育率为1.3，远低于2.1左右的更替水平和1.8的适度生育率水平；人口年均增长率由20世纪六七十年代的1.6%~2%下降到过去十年间的0.53%。尽管人口总量还处于缓慢的惯性增加过程，但自20世纪90年代初以来，持续的低生育率已经积累30多年的人口负增长能量，

---

[*] 本文系研究阐释党的十九届六中全会精神国家社科基金重大项目"人口负增长时代的国家人口发展战略研究"（22ZDA098）的阶段性成果。

[**] 原新，南开大学经济学院教授、博士生导师，南开大学老龄发展战略研究中心主任；刘志晓，中共山东省委党校（山东行政学院）社会和生态文明教研部讲师、黄河研究院研究员；金牛，天津财经大学财税与公共管理学院讲师。

人口正增长惯性即将消耗殆尽（原新、王金营，1999）。如果持续保持1.3至1.5的生育率水平，根据2020年7月华盛顿大学健康指标与评估研究所的参考方案预测数据①，中国人口规模将在2025年开始稳定的负增长，步入人口负增长时代，届时将呈现人口深度老龄化与人口负增长相叠加的人口发展规律结果（原新、金牛，2021），给经济社会发展带来深刻影响。

  为推动实现适度生育水平，提升家庭发展能力，继2013年"单独二孩"政策和2015年"全面两孩"政策之后，2021年5月31日，中共中央政治局审议通过《中共中央 国务院关于优化生育政策促进人口长期均衡发展的决定》，实施一对夫妻可以生育三个子女政策，取消社会抚养费等制约措施，清理和废止相关处罚规定，提倡适龄婚育和优生优育。随即修订《中华人民共和国人口与计划生育法》，规定"一对夫妻可以生育三个子女"。目前，各省（自治区、直辖市）人口与计划生育条例也与时陆续作出相应调整，并结合各地实际情况进行相关法律政策的衔接和实施，为人口从低速增长阶段转向负增长阶段提供适度增长的空间和制度保障。然而各项社会调查均表明，育龄人群的生育意愿仍然处于较低水平，中国出生人口数量连年下降，人口自然增长率持续走低，国家统计局数据显示，2021年出生人口数量为1062万人，总人口净增加48万人，人口自然增长率下降至0.34‰，已经进入人口零增长域，正处于人口负增长的预备阶段。探析作用机制，发现生育政策外生性因素对生育率的束缚或刺激正在减弱，而影响生育行为的内生性因素诸如收入水平、教育状况、文化观念、女性就业、性别平等、社会政策、生活环境等并未减弱甚至持续强化。针对性地制定和优化相关公共政策，推动各年龄段育龄人群的生育意愿提升并向生育行为转化，挖掘零人口增长域和人口负增长近期阶段的人口适度增长空间，充分把握该阶段人口增长的机会窗口，做到准确认识、提前准备、从容应对，是成功跨越"低生育率陷阱"的关键所在。

---

① 中国即将步入人口负增长时代已经成为研究共识，但是不同预测方案的时间节点存在差异，这主要是生育率假设的差异所导致的。联合国在2019年发布的《世界人口展望2019》方案中认为中国将在2032年开始人口负增长，2022年7月发布的《世界人口展望2022》认为中国人口负增长起始年将提前到2023年，2022年8月中华人民共和国国家卫生健康委员会党组在《求是》杂志（2022年第15期）发文称中国将在"十四五"期间开启人口负增长阶段。本文采用华盛顿大学参考方案的相应数值。

二 理论基础和发展现状

把握人口零增长和人口负增长的理论基础和发展现状，是积极适应人口负增长时代及应对相关问题的前提。

人口零增长是人口负增长的预备阶段。人口零增长理论以传统人口转变理论为基础，认为人口增长由人口发展的内在机制及其经济社会条件所决定（刘铮，1988），当人口与经济社会达到某种程度的平衡后会自然实现人口零增长，最终走向人口负增长时代。人口零增长最早由美国人口学家金斯利·戴维斯（Kingsley Davis）于20世纪60年代提出（蓝裕平，2019），指的是人口总量处于既不增加也不减少的理想状态，也就是某一特定时期的出生人数等于死亡人数或人口出生率等于人口死亡率，是绝对的静止人口。现实中人口净增长数绝对为零的现象罕见，通常意义上的人口零增长是指人口增长率在-0.5‰~0.5‰上下波动，是相对的零增长状态①。在无迁移人口的封闭条件下，要保证总和生育率长期维持在更替水平；在有迁移人口的开放条件下，人口迁移变动与自然变动的组合效果相当于封闭人口长期保持更替水平生育率的效果。准确地说，人口零增长应兼具时点与时期两种特性，习惯上被称为人口零增长点与人口零增长域，连续不断的人口零增长点形成了人口零增长域，也就是相对静止人口，可以看作人口负增长的预备阶段（李建民、原新、王金营，2000）。

人口负增长是人口再生产的一种特殊形态，表现为人口内在自然增长率为负和人口总量减少的特定状态（陆杰华，2019）。人口负增长理论在中国的具体应用主要体现在20世纪七八十年代人口发展战略主张的争论中，当时学者们就2000年实现12亿的人口控制目标而实行怎样的生育政策展开论证，主要出现人口低速增长、人口零增长和人口负增长等三种人口长期发展战略主张（郭志刚、王军，2020）。其中，人口负增长战略主要基于适度人口理论，重点考量人口与资源、环境承载力之间的关系，通

---

① Chen Wei. [2022-01-19]. Chen, W. 2022. "What's Behind China's Population Entering the Zero Growth Zone?" January 19, https://news.cgtn.com/news/2022-01-19/What-s-behind-China-s-population-entering-the-zero-growth-zone--16WsLx7M89y/index.html.

过制定严格的计划生育政策,大幅度缩小中国人口规模,达到既定的目标之后再恢复到更替水平,实现人口稳定发展。由人口正增长到人口零增长,再到人口负增长,是人口发展模式的动态变化过程。纵观中国人口发展史,由自然灾害、战争等带来的人口急剧震荡的例子比比皆是,新中国成立以来"三年困难时期"中1960年人口负增长就是典型事实。在稳定社会状态下,人口发展模式的动态转变具有隐蔽性和温和性,具体观察国家统计局历次人口普查数据和1%人口抽样调查资料,中国总和生育率在20世纪90年代初期跌入更替水平以下,此后一路走低,并没有在更替水平附近停留,1995年为1.76,2000年降至1.22,2005年为1.34,2010年为1.19,2005年低至1.05,2020年为1.30。官方和大多数的学者均认为根据人口普查和调查数据所测算的生育率水平低于实际水平,对实际水平具体值的估算众说纷纭,唯一达成共识的是实际生育率已经稳定低于更替水平。由此可以推断,中国的生育率已经在更替水平之下运行了30多年,当前正处于人口负增长前期预备阶段,面临着重要的人口机会窗口转型,及时认识和利用该时域的人口机会条件,是能否从容应对人口负增长时代系列问题的关键;同时,要充分尊重人口发展的客观规律性,正确认识人口负增长近期和远期的阶段性特征,理解中国具有人口规模巨大的惯性效应,即便人口负增长即将来临,负增长近期阶段依然处在人口规模巨大的强大惯性之中,该时期总人口和劳动力对经济社会发展的近期冲击有限;当然,还要充分认识人口负增长远期阶段的人口数量和人口结构的巨大变化,尤其是伴随着育龄人群悄然缩减、性别年龄结构的内在变迁等情况而涌现的新特征和新问题,必须做到未雨绸缪、准确识别、科学研判、提前防范和应对。

三 中国人口负增长的主要特征

生育率、死亡率是研究人口负增长不可回避的核心议题。相比生育行为,死亡是难以人为调节和控制的刚性变量,尤其伴随经济社会发展、科技进步和医疗卫生条件改善,死亡率下降是必然结果;而生育是可以调节的弹性变量,尽管不同时期可以调节的范围不同,但由此产生的影响具有深远性，这决定了生育在人口负增长时代起到的核心作用，并由此带来相关特征变化。聚焦未来30年社会主义现代化强国建设周期，恰与人口负增长的近期阶段重叠，充分认识该阶段的人口变动特征，对于认知新时代的人口机会，开发人口红利，以及促进经济社会高质量发展均具有重大意义。

（一）适婚人口的规模、比重和结构正在综合变迁

适婚人口是婚育平衡匹配的关键。在中国传统观念和法律规定中，婚姻是生育的基本前提，"是否结婚"的行为始终约束着"是否生育"的选择，因此，适婚人口的规模、比重和结构的综合变迁，正在持续影响生育选择，例如，适婚人口的规模缩减引起生育人群的规模缩减，人口性别失衡导致男性被迫失婚，女性对独立自由生活的追求强化了主动选择不婚的倾向，婚育年龄的后延则不断压缩生育空间，对经济、社会、文化、科技、教育、就业、医疗等领域产生多重影响。

一是适婚人口规模正在缩减。考察最近两次人口普查数据，2010~2020年，中国20~39岁适婚人口由4.44亿人减少至3.90亿人，10年间减少5364万人；占总人口的比重由35.70%降至27.62%，10年间降低8.08个百分点。适婚人口规模和比重的缩减使得结婚和出生人口数量越来越少，在未来相当长的时期内，婚育人口基数的萎缩态势将持续加强，华盛顿大学的参考方案预测数据显示，2035年中国20~39岁适婚人口将减少至2.96亿人，届时比重降至21.18%；2050年进一步减少至2.69亿人，届时比重降至21.14%，并持续走低至本世纪末（Vollset S. E., Goren E. etc, 2020）。

二是适婚人口男多女少，性别失衡。如表1所示，数量方面，2020年中国20~39岁男性适婚人口约为2.03亿人，女性育龄人口约为1.87亿人，女性"赤字"1533万人，如果同年龄段婚配，就意味着育龄人群中有等量的男性因女性缺失面临失婚风险；其中，处于20~34岁婚育旺盛期的男性比相同年龄段女性多出1248万人，婚育匹配形势严峻。性别结构方面，2020年中国20~39岁适婚人口性别比为108.19，其中，35岁以下适婚人口的性别比为108.97，20~24岁高达112.51，25~29岁为110.25。性

别比越高，意味着在相同规模的适婚年龄段人口作为直接生育者的女性数量越少，同时也导致部分男性面临失婚风险，不利于营造良好的婚姻和生育生态。

表1 2020年不同年龄组的人口数量和性别比

年龄组（岁）	男性（万人）	女性（万人）	男比女多（万人）	性别比（女性=100）
20~24	3968	3527	441	112.51
25~29	4816	4369	448	110.25
30~34	6387	6027	360	105.97
35~39	5093	4808	285	105.93
合计	20264	18731	1534	108.19

数据来源：2021年中国统计年鉴。

三是适婚人口女性主动单身人口增加。中国社会具有普婚传统，但是当下正在经历第四次单身浪潮，女性单身率的增速快于男性（宋月萍，2020），随着经济发展、社会进步、教育公平化、人口城镇化、个体意识觉醒等因素的综合影响，主动选择不婚的女性数量不断增加，并且增速显著快于男性，如表2所示，1990~2020年，中国20~24岁女性未婚率由40.88%提升至80.38%，30年间提升39.50个百分点；20~24岁男性未婚率由59.86%提升至91.14%，30年间提升31.28个百分点；同期其他年龄段男性和女性未婚率也均有所提升。这表明男女推迟结婚年龄和女性主动选择单身生活正在成为一种社会倾向。

表2 不同年龄组和不同性别的适婚人口未婚率

年龄组（岁）	未婚率（%）			
	2020年		1990年	
	男	女	男	女
20~24	91.14	80.38	59.86	40.88
25~29	52.93	33.19	15.79	4.30

续表

年龄组（岁）	未婚率（%）			
	2020 年		1990 年	
	男	女	男	女
30~34	20.55	9.33	6.68	0.59
35~39	9.36	4.12	5.34	0.26

数据来源：1990 年第四次全国人口普查数据，2020 年第七次全国人口普查数据。

四是晚婚晚育压缩了生育空间。自 20 世纪 90 年代开始，中国婚姻模式就步入快速变迁通道，发生内生性推迟（陈卫、张凤飞，2022），对生育空间产生重大影响。2017 年全国生育状况抽样调查数据显示，2006~2016 年，育龄妇女平均初婚和初育年龄显著后移，平均初婚年龄由 23.6 岁推迟至 26.3 岁，平均初育年龄由 24.3 岁提升至 26.9 岁，初婚和初育年龄分别推迟 2.7 岁和 2.6 岁（贺丹等，2018），婚育年龄的推迟不断压缩生育空间。

（二）育龄妇女的规模和结构正在重塑

育龄妇女规模是"生多生少"的关键。育龄妇女规模取决于以往的出生队列规模，中国第二次生育高峰（1962~1975 年）和第三次生育高峰（1981~1997 年）年出生人口均超过 2000 万人，进入育龄期后构成中国育龄妇女的中坚力量。然而伴随着低生育率和少子化时代的到来，后续进入育龄期的妇女规模正在动态缩减。"七普"数据显示，2020 年 15~49 岁育龄妇女为 3.22 亿人，占总人口比重为 22.86%，虽然仍具有一定的规模优势，但比 2010 年"六普"减少了 5749 万人；根据华盛顿大学的参考方案预测数据，在未来相当长的时期内中国育龄妇女规模将继续下降，2035 年降至 2.86 亿人，2050 年降至 2.12 亿人，到 21 世纪末持续降至 1.17 亿人，这无疑对未来的出生人口规模带来较大的下行压力。

与规模缩减相伴相生的是育龄妇女年龄结构的老化现象。如表 3 所示，分年龄组考察，2020 年 15~19 岁、20~24 岁、25~29 岁、30~34 岁、35~39 岁、40~44 岁和 45~49 岁育龄妇女分别为 3363 万人、3527 万人、4369

万人、6027万人、4808万人、4532万人和5603万人，其中，35岁及以上的大龄育龄妇女比重高达46.37%。在2010~2020年的十年间，除30~34岁年龄组和45~49岁年龄组的育龄妇女规模分别增长26.56%和8.12%之外，其余年龄组的育龄妇女规模均有较大幅度的下降，其中20~24岁低龄育龄妇女的规模下降幅度高达44.37%，15~19岁极具生育潜力育龄妇女的规模降幅达到29.91%，育龄妇女年龄中位数正在后移，年龄结构正在持续老化。根据预测，2020~2050年期间，育龄妇女规模缩减和结构老化的趋势将进一步加剧，育龄妇女的高龄化现象势必进一步压缩生育空间，为挖掘人口负增长时代的战略机遇带来挑战。

表3 分年龄组的育龄妇女数量和比重

年龄组（岁）		15~19	20~24	25~29	30~34	35~39	40~44	45~49
2010年	数量（万人）	4798	6340	5018	4762	5763	6115	5182
	比重（%）	12.63	16.69	13.21	12.54	15.18	16.10	13.64
2020年	数量（万人）	3363	3527	4369	6027	4808	4532	5603
	比重（%）	10.43	10.94	13.55	18.70	14.92	14.06	17.39
2035年	数量（万人）	3679	3376	3225	3353	3781	5024	6129
	比重（%）	12.88	11.82	11.29	11.74	13.23	17.59	21.45
2050年	数量（万人）	2267	2525	2958	3626	3329	3189	3315
	比重（%）	10.69	11.90	13.95	17.09	15.70	15.04	15.63

数据来源：2010年和2020年数据分别为第六次和第七次全国人口普查数据；2035年和2050年数据为华盛顿大学的参考方案预测数据。

（三）育龄人群的受教育程度大幅提升

育龄人群受教育程度是"早生晚生"的关键。近年来，中国人口受教育程度整体上大幅度提升，人口素质发生质性飞跃。2020年"七普"数据显示，中国有2.18亿人具有大学及以上文化水平，占总人口比重为15.47%；2.13亿人具有高中文化水平，比重为15.09%；4.87亿人具有初中文化水平，比重为34.51%；3.50亿人具有小学文化水平，比重为24.77%。2010~2020年，15岁及以上人口平均受教育年限由9.08年提高至9.91年，10年间延长0.83年；15岁及以上人口文盲率由4.08%下降至2.67%，下降1.41个百分点。聚焦育龄人群，2020年15~49岁育龄人群中有428万文盲人口，仅占15~49岁育龄人群的0.64%，并且年龄越小，文盲人口比重越低，这也验证了当前育龄人群恰是改革开放以来中国教育发展突飞猛进的受益者。

当前，育龄妇女受教育程度正在由以"初中"为主转向以"高中和高等教育"为主。2020年"七普"数据显示，97%以上的15~19岁女性均接受过初中及以上教育，其中，受教育程度占比最高的是高中，为52.03%；20~24岁女性受教育程度占比最高的是大学本科，为28.62%；其他年龄组受教育程度占比最高的均是初中，但是初中学历所占比重表现出随着年龄段的增加而提高的特征，初中及以下所占比重大幅度下降，受高等教育的比重明显提高。与2010年相比，各年龄组育龄妇女受教育的共同点是受教育程度为高中及以上的比重普遍提高，这说明育龄妇女受教育程度正在由以"初中"为主向以"高中"为主，甚至向以"高等教育"为主快速转变。此外，观察在校学生的性别结构，当前高等教育阶段女生占比超过一半，成人本专科、普通本专科、研究生在校学生中女性占比分别为57.98%、50.96%、50.94%，相比2010年分别提升3.08%、0.10%、4.86%，受教育程度的提升，推迟了女性进入职场和婚育的年龄，相应地压缩生育空间。

（四）女性的经济社会地位日益提高

女性的经济社会地位是"生与不生"的关键。新中国成立以来，中国一直提倡和践行男女平等理念，赋予女性享有与男性平等参与经济社会发展的权利，女性赋权加固了女性在政治、经济、社会、家庭中的地位，推动女性劳动需求和积极参与社会生产的互动。2020年第四期中国妇女社会地位调查数据显示，18~64岁在业者中女性占比为43.50%，近七成女性处于在业状态，妇女的社会地位发生了显著变化，相比2010年，认为"男女两性的社会地位差不多"的比重提高了15个百分点。"男主外、女主内"的传统家庭分工模式基本瓦解，职业女性成为现代女性的代名词之一，相应地，女性在职场上需要面临至少与男性同样的竞争压力。共同商量家庭事务成为夫妻共处的主流模式，而"生育决策"排在夫妻共同商量事项的首位。在中国特色社会主义现代化强国建设进程中，女性在经济社会发展、民主政治建设、基层社会治理以及家庭家风建设中的地位和作用愈加明显，"她"力量成为推动社会发展和人类文明进步不可或缺的重要维度。

综上，人口负增长时代以"生育"为核心引力，涉及个人、家庭、政府政策等微观与宏观领域的各个层面，引发生育政策宽松与生育意愿不足之间的矛盾，适婚人口规模缩减与男性失婚和女性不婚人数增加之间的矛盾，人口数量即将负增长与生育人口基数萎缩之间的矛盾，育龄妇女数量减少与素质提升之间的平衡矛盾，生与不生和早生晚生之间的选择矛盾等，所有这些矛盾的最终落脚点又回归到生育行为和生育水平，形成中国人口负增长的主要特征，主要表现为适婚人口的规模、比重和结构正在综合变迁，育龄妇女的规模和结构正在重塑，育龄人群的受教育程度以及女性的经济社会地位日益提高等方面，正在对日常生活和经济社会发展产生全方位、多角度、深层次的影响。

四 中国人口负增长的主要致因

无论探究历史经验，还是从全球视域考察，不难发现人口负增长的影响要素繁多且复杂，但是主要致因无外乎生育观念转变、育龄妇女规模缩减和结构老化、初婚初育年龄推迟、生育率长期偏低等方面。

（一）生育观念由"我要生"向"要我生"转变

长期以来，早婚早育、"早生贵子"是东亚社会和中华文明圈的传统生育观念，传宗接代、养儿防老的传统思想深入人心。伴随着计划生育政策的实施和经济社会的飞速发展，中国的家庭功能正在弱化，传统生育文化受到猛烈冲击，年轻人对养儿防老、传宗接代、姓氏传承等传统行为越来越缺乏兴趣，人们的生育观念发生了根本性改变。生育养育成本和教育支出的水涨船高、女性生育与就业的矛盾冲突、家庭住房条件改善的经济压力等，也都在进一步克制着人们的生育欲望。综合这些短期政策性和长期现代化因素，也就不难理解为何中国人口出生率由20世纪80年代初的20‰左右降至21世纪之初的14‰左右，再到当前的8.52‰，中国的传统生育行为已经由"我要生"转向"要我生"的新局面。

生育观念的转变是多种因素综合作用的结果，新家庭经济学将生育决策归属于家庭生育动机和生育行为，家庭在做出生育决策时不仅要考虑生育养育负担等直接成本和时间、机会等间接成本（Leibenstein H.，1974），还要顾及父母在生育养育过程中的幸福感、成就感和责任感等社会层面因素（Aassve A.，Goisis A.，Sironi M. 2012；Kravdal O.，2014），从综合层面和现代化视角追求生育行为的效用最大化（原新、金牛、刘志晓，2020）。生育的孩子数量与质量转换理论将家庭经济资源作为约束条件纳入分析框架，提出随着收入的增长，家庭对孩子的经济抚养能力不断提高，父母对孩子需求的质量弹性大于数量弹性，从而由对孩子数量的追求转变为对孩子质量的追求（加里·贝克尔，2015）。同时，女性劳动参与率的提高和工资的增加也抬高了生育养育孩子的机会成本（Galor O.，Weil D. N.，1996），加之在信息化飞速发展的今天，社会竞争日趋激烈，人们更加注重对孩子竞争力的培养，多生孩子的传统动力正在不断弱化。

（二）育龄妇女规模结构变迁增加"超低生育率"风险

中国15~59岁劳动年龄人口规模在2011年达到峰值，自2012年开启下降通道，并逐渐成为人口发展变化的一种常态现象。而育龄妇女是劳动年龄人口的重要组成部分，两者增减变动趋势基本一致，国家统计局数据显示，"十三五"期间，育龄妇女人数年均缩减820万人，2021年中国15~49岁育龄妇女较2020年减少约500万人，其中21~35岁生育旺盛期育龄妇女减少约300万人；预计"十四五"期间育龄妇女年均递减450万人左右。育龄妇女减少是生育意愿疲软、生育行为低迷的直接致因，2017年全国生育状况抽样调查数据显示，育龄妇女的平均生育意愿为1.75个孩子；2021年大学生婚育观调查显示，大学生的平均意愿生育子女数仅为1.36。在人口老龄化持续加深的背景下，育龄妇女的规模缩减和结构老化，无疑加剧了中国进入"超低生育率陷阱"的风险。

（三）受教育程度的提高推迟育龄妇女初婚初育年龄

随着中国经济社会和教育文化事业的快速发展，两性之间的受教育差距缩小，受教育机会愈发公平，某些农村尤其是贫困地区学校"年级越高女孩越少"的局面得到根本改观，越来越多的女性跨越高考门槛，顺利接受高等教育，拥有了更多的机会进入职场，从而成为职业女性。生育的孩子数量与质量转换理论认为受教育程度高的女性生育子女数量可能更少，张丽萍、王广州（2020）基于历次全国人口普查数据和全国1%人口抽样调查资料的分析，也表明在总和生育率由迅速下降到比较稳定的状态转变过程中，年龄别生育率因素贡献率逐渐减少，受教育结构因素的贡献率逐步增大，即受教育水平越高的育龄妇女所生育的子女数通常越少；这也验证了育龄妇女在校学习时间的延长推迟了婚育时间，接受过高等教育的女性平均生育年龄显著高于未接受过高等教育的女性。这些观点也得到全国生育状况抽样调查数据的支持，婚育年龄的推迟降低了育龄妇女多生孩子的可能性。

（四）生育率长期走低不利于保持人口适度增长态势

第二次工业革命以来尤其是"二战"结束后，全球政治和经济环境进入稳定发展阶段，各国在经历短暂的生育高峰后，开启了生育率持续走低的人口现实。20世纪八九十年代，欧洲一些国家的总和生育率突破1.5的"警戒线"下线并持续走低，生育率陷入了长期低迷状态，尽管一些国家积极出台了一系列的鼓励生育政策，但是生育率下降的趋势始终未能得到较大改观，一些国家甚至一度陷入"低生育率陷阱"，并且该趋势正在向全球范围蔓延。中国的人口形势也经历了类似的大体变迁过程，有所不同的是，中国人口转变起步更晚、来势更猛、完成时间更快，多数学者依据国家统计局2000年以来公布数据计算的总和生育率普遍在1.05至1.6，依据"七普"数据计算的总和生育率甚至低至1.3。尽管人口学界关于中国总和生育率的认识和发展趋势依然存在许多争论，但是对生育率在更替水平以下持续走低的认识基本一致，生育率的长期低迷将拉开人口负增长的帷幕，并对人口负增长时代人口适度增长空间的挖掘带来巨大挑战。

五 中国人口负增长的应对方案

人口转变由正增长到零增长再到负增长的交替演变，是人口发展变化的基本规律结果。对此，需要认清和把握人口发展趋势，不过度恐慌，也不任其发展，在恰当的时候给予适当干预，做到积极应对、科学应对、从容应对，准确把握各阶段的战略机遇，巧妙施策，以求"四两拨千斤"的效果。综合考虑中国人口负增长的主要特征和致因，无外乎围绕"生育"而衍生的系列问题，可以从教育改革、女性职业与生育平衡、健康维护等多维度着手，深度挖掘人口负增长时代保持人口适度增长空间的潜力和优势。

（一）深化教育改革是缓解生育养育压力和应对婚育观念转变的关键举措

第一，缩短高等教育学制，向前拓展生育水平增长空间。尽管现行政策允许在校大学生结婚生子，但是学生群体在校期间主要以学业为主，面临着学习、考试、毕业、择业等压力，自然缺乏结婚和生育的社会环境，所以选择在校期间结婚生育的比重极低。根据生育年龄规律和实际情况，通常情况下大学生毕业后的5年内是结婚生育的高峰期。缩短高等教育学制，将推动大学生进入劳动力市场的时间前移，促使初婚初育年龄一同向前延伸，提早进入经济自给阶段，将降低20~29岁育龄人群面临的经济社会和生育环境等各方面压力，同时该阶段也处于适婚和适育的最佳生理年龄。尤为重要的是，缩短高等教育学制并不意味着降低高等教育培养要求，反而对培养效率提出更高要求。具体来说，可以保持现有教育学时的总时长不变，适当压缩本专科、研究生最低修业年限，提高学生在校学习的效率和效果，用相对较短的时间完成毕业所修学分，将在校学生尽早推向职场。

第二，增加公立托儿所和幼儿园的数量，扩大其规模，提高私立托儿所、幼儿园的普惠性。中国是人口大国，每年有1000万以上的出生人口，托儿和幼儿照料方面存在巨大的市场潜力和公共需求，如果照搬发达国家的高福利生育支持政策，势必因为经费压力造成"水土不服"，对财政支出和政府运转产生极大压力。立足中国国情，建立和实施符合中国特色社会主义初级阶段实际情况的生育配套政策，量力而行，量力而为。同时，鼓励和引导社会资本积极参与，在加大0~3岁托育设施等公共服务投入的基础上，采用税收优惠、财政补贴等政策举措引导社会力量入驻托育行业，充分激发市场活力，满足广大生育人群的现实需求。

第三，延长义务教育年限，减轻养育和教育压力。首先将3年幼儿园纳入义务教育阶段，使义务教育期限延长到12年，在此基础上再鼓励有条件的省份将义务教育年限后延至高中阶段，持续增加到15年，有效缓解养育和教育压力，解除年轻夫妇生育的后顾之忧，以期提振生育意愿和生育水平，也有利于应对生育观念由"我要生"向"要我生"的转变。

（二）促进女性职业与生育平衡是提升生育意愿和女性价值的必由路径

第一，加快推进实施与"三孩"生育政策相配套的积极生育支持措施。马克思主义生产理论认为人类生产活动包括物质资料生产和人口再生产，女性在完成自然生育的分工任务的同时，还需要继续参与到物质资料的生产活动之中，与处于职场中的男性面对同样甚至更大的压力和竞争。因此，在职业发展和生育养育之间的选择成为育龄女性难以规避的现实问题，女性对职业发展的担忧始终制约着其生育行为的落地，尽快落实"三孩"生育政策相关配套，建立健全以女性职工特殊劳动保护为重点的积极生育支持政策，明确当前就业歧视存在的种类、发生范围和责任主体等，尤其需要特别关注生育导致的就业歧视，加大执法力度，扫清限制女性职业发展的性别歧视等现实障碍，营造生育友好型的社会环境。

第二，建立女性生育职业发展保障基金。历史经验表明，女性在生育后重返劳动力市场的就业状况受到经济社会多方面因素的影响，始终要面临职业流动风险以及机会成本和沉没成本增加等问题，尤其是孩子年龄在0~3岁时母亲所面临的"事业-家庭"压力冲击最为严峻，一些女性为了兼顾家庭和工作的平衡性，会主动选择相对闲暇的工作岗位，这不利于女性价值的实现，也制约劳动力市场的性别平等建设。探索建立女性生育职业发展保障基金，并鼓励有条件的省份或地区先行试点，尝试对生育之后的三年（孩子4岁以前）进行经济补贴和职业技能提升补贴，作为生育价值补偿，用以弥补因女性生育行为而产生的各类损失，有利于降低家庭养育成本。

第三，扩大生育保险受众范围。当前中国生育保险制度覆盖范围主要涉及与企事业单位建立劳动关系的职工，各地对生育保险制度覆盖范围的规定也大相径庭。例如，上海市生育保险的覆盖范围为除退休人员以外的所有医保参保人群；珠海市明确规定参保男职工配偶未就业的，可同等享受参保女职工生育医疗待遇等。生育津贴是生育人群的重要经济来源，体现了对生育行为的有效补偿，建议完善《社会保险法》和《生育保险办法》等法律制度，从国家层面明确生育保险的受众群体，应包括育龄女职工、男职工及其未就业的配偶、自由职业者、灵活就业人员等，使更多人群能够享受生育红利。

（三）加强健康维护是推广生殖技术和促进生育意愿向行为转化的重要支点

第一，加大医疗科技的研发力度和人类辅助生殖技术的应用，向后延伸生育水平增长空间。当育龄妇女的生育年龄超过35岁即为高龄孕产妇，由于身体机能减退等人体生物学特征的变化，这使得妊娠期更容易遭受产科并发症、流产等诸多风险，婴儿畸形率也相对较高。在提升健康水平和健康素养的基础上，加大生物医药的研发力度，探索通过科技手段干预生育行为，推广人类辅助生殖技术的应用，降低高龄产妇和不孕不育育龄妇女的生育风险。同时，进一步优化医疗保障制度，将高龄产妇生育风险、不孕不育风险均纳入医疗保险，最大程度减少高龄和不孕不育人群对生育负担的顾虑。

第二，推动女性卵子冷冻技术合法化和普惠化，保证卵子质量。择偶梯度理论认为女性更希望嫁给比自己学历和经济社会阶层稍高的男性，男性则相反，使得处于社会金字塔中下层的男性和上层的高知女性的婚配可能性降低，出现"高知低婚"的错配局面（侯静、李雨欣，2020）。大龄单身的高学历高收入女性不断涌现，然而生育行为受到年龄等生物学特征的较大限制。由于一时难以找到理想伴侣，许多大龄女性即便不愿意却不得不错过最佳生育年龄。随着经济社会发展的进步和大众思想观念的改变，尤其是高等教育性别比出现逆转，大龄高学历高收入的单身女青年会成为越来越普遍的常态人群，择偶匹配的难度也会越来越大，因此有必要推动辅助生殖的卵子冷冻技术合法化和普惠化，为众多未婚大龄女性保证卵子质量、延长生育能力提供充足保障，同时加大普法宣传力度，进一步增强社会大众的接受度和认可度，保障相应人群的合法权益。

第三，优化孕前优生健康检查制度，实现孕前孕中生产的一体化服务模式。国家免费孕前优生健康检查自2010年启动以来，迅速在全国范围内广泛实施，可以有效降低婴儿出生缺陷率、减少不良妊娠率、提高母婴健康水平。然而任何制度都具有两面性，当前国家免费孕前优生健康检查项目的实施机构均为指定的计生服务部门，与当地大型医院相比，其设备设施相对陈旧和落后，群众知晓率和参与率仍有待提高。未来可以考虑将国家免费孕前优生健康检查项目的实施机构拓展到各地区设有妇幼服务科室的各大医院，同时做好生殖健康知识普及以及生殖技术推广应用的有效预案，加强生殖健康优质服务，实施人工流产知识、政策、技术服务等方面的干预，实现优生咨询、孕前检查、孕期服务、产后护理的一体化，在更大程度上提高育龄人群的知晓率和服务可得性。

参考文献

陈卫、张凤飞，2022，《中国正在经历快速婚姻变革》，《中国社会科学报》第5版。

郭志刚、王军，2020，《中国人口发展战略研究中的分歧与演进》，《国际经济评论》第4期。

贺丹、张许颖、庄亚儿、王志理、杨胜慧，2018，《2006～2016年中国生育状况报告——基于2017年全国生育状况抽样调查数据分析》，《人口研究》第6期。

侯静、李雨欣，2020，《传统与现代的张力：个体化理论视角下高知单身女性群体的特征》，《中国青年研究》第8期。

〔美〕加里·贝克尔，2015，《人类行为的经济分析》，王业宇、陈琪译，格致出版社。

蓝裕平，2019，《日本经济陷入停滞的主要原因是什么》，《国际融资》第3期。

李建民、原新、王金营，2000，《持续的挑战：21世纪中国人口形势、问题与对策》，科学出版社。

刘铮，1988，《中国人口问题研究》，中国人民大学出版社。

陆杰华，2019，《人口负增长时代：特征、风险及其应对策略》，《社会发展研究》第

1期。

宋月萍,2020,《单身族群带来的文化空间与发展向度》,《人民论坛》第34期。

原新、金牛,2021,《世界人口负增长的趋势展望与影响应对》,《河北大学学报》(哲学社会科学版)第1期。

原新、金牛、刘志晓,2020,《女性地位、生育经历与生育意愿——聚焦少数民族省区育龄妇女的分析》,《云南师范大学学报》(哲学社会科学版)第2期。

原新、王金营,1999,《中国零人口增长问题的深入思考》,《人口研究》第6期。

张丽萍、王广州,2020,《女性受教育程度对生育水平变动影响研究》,《人口学刊》第6期。

Aassve A., Goisis A., Sironi M. 2012, Happiness and Childbearing Across Europe. *Social Indicators Research*,(1):65-86.

Galor O., Weil D. N. 1996, The Gender Gap, Fertility, and Growth. *The American Economic Review*,(3):374-387.

Kravdal O. 2014, The Estimation of Fertility Effects on Happiness: Even More Difficult than Usually Acknowledged. *European Journal of Population*,3:263-290.

Leibenstein H. 1974, An Interpretation of the Economic Theory of Fertility: Promising Path or Blind Alley? *Journal of Economic Literature*,(2):457-479.

Vollset SE, Goren E, Yuan C-W, et al. Fertility, Mortality, Migration, and Population Scenarios for 195 Countries and Territories from 2017 to 2100: A Forecasting Analysis for the Global Burden of Disease Study. The Lancet. 14 July 2020. doi:10.1016/S0140-6736(20)30677-2.

(原载《江苏行政学院学报》2022年第5期)

中国走出低生育率陷阱的难点与策略

王广州[*]

摘　要：基于对低生育率陷阱基本概念和基本原理的再认识，针对中国是否已经进入低生育率陷阱的研究争论，通过全国人口普查、1%人口抽样调查和年度人口变动调查等数据，采用总和生育率、分孩次递进生育率等人口指标和模型，对相关政策或策略预期效果进行计算机仿真分析，文章得出以下几个基本结论：第一，2019年、2020年总和生育率和出生人口数下降标志着全面两孩政策"堆积"效果的基本结束，生育水平进一步下降的风险大增。同时，中国目前已经全面进入低生育率陷阱的争论也得到进一步证实。第二，中国低生育率陷阱的人口学、社会学和经济学影响因素不断强化，低生育率陷阱的运行机制已经形成。第三，单纯地取消生育政策难以扭转生育水平持续低迷，总和生育率仍将处于很低的水平，今后长期稳定在1.5以上的可能性很小。第四，只有确保育龄妇女1孩递进生育率超过0.95和2孩递进生育率超过0.8，中国未来育龄妇女总和生育率才能稳定在1.8左右，迫切需要提振1孩和2孩生育率。从目前的生育水平、结构特征、变动趋势和低生育率形成机制来看，这将是一个非常困难的目标。

关键词：低生育率陷阱　总和生育率　总和递进生育率　生育意愿

一　问题的提出

人口系统的长周期和不可逆决定了人口问题的基础性、战略性和全局性，准确把握中国人口问题的本质和规律是正确认识中国人口变动趋势、变化规律和面临挑战的重要前提。党中央对新时期人口发展形势和人口变化趋势高度重视，2020年10月29日《中国共产党第十九届中央委员会第

---

[*] 王广州，中国社会科学院人口与劳动经济研究所研究员。

五次全体会议公报》提出实施积极应对人口老龄化国家战略。2020年11月3日发布《中共中央关于制定国民经济和社会发展第十四个五年规划和二〇三五年远景目标的建议》，提出降低生育、养育和教育成本，促进人口长期均衡发展。可见，生育问题成为影响国家重大战略实施的关键、基础因素之一，无论是实施积极应对人口老龄化国家战略，还是促进人口长期均衡发展都与生育状况密切相关。

面对人口总量与结构矛盾，为了促使中国人口尽快进入良性循环的轨道，2014年开始实施"单独二孩"生育政策，2015年底又进一步提出全面两孩政策，并于2016年正式出台。全面两孩政策结束了长达35年的独生子女政策，使人口自身向均衡发展方向努力。然而，生育政策调整能否实现预期目标，实际效果如何，备受社会各界的高度关注。生育政策对生育水平能有多大影响？这不仅是对人口形势的认识问题，也是对人口规律和人口发展战略的认识问题。

根据国家统计局公布的人口数据，2016年全国出生人口规模为1786万，2017年、2018年、2019年和2020年出生人口规模分别为1723万、1523万、1465万和1200万。对比2016年以来的全国出生人口总量变化情况可以看到，从2017年开始，出生人口规模持续下降，形成了四连降的变化历史。2017年以来各年度出生人口规模比上一年下降的幅度分别为63万、200万、58万和265万，年度出生人口规模总体降幅超过580万。出生人口规模为什么持续下降？是随机波动，还是中国育龄妇女的生育水平已经进入低生育率陷阱？

相关部门和一些研究者认为全面两孩生育政策出生人口规模符合预期，对中国进入低生育陷阱的判断为时尚早或并不认为中国已经进入低生育率陷阱。例如，陈卫（2019）认为2006~2017年总和生育率平均约为1.65，生育率的较大波动与这一时期的重大事件和生育的属相偏好有很大关系。王金营等（2019）认为我国育龄妇女终身生育率不低于1.65，未来几年生育率还会持续上升，近期我国不会落入低生育陷阱中。与此相反，相关研究认为中国育龄妇女生育率或有进一步下降可能（王广州、周玉娇、张楠，2018）。张丽萍、王广州（2020）提出总和生育率标准化和分解方法，对中国育龄妇女生育率特征进一步研究，通过理论与实证模型测算，认为中国进入低生育率陷阱不可避免。

对低生育率陷阱问题的认识不仅仅是一个对生育水平高低的学术争论，其实质是对中国人口本质特征和变化规律的认识，既涉及人口结构、家庭结构和社会结构问题，也涉及未来的人口总量和分布问题，还涉及人口变化的速度和水平，比如老龄化的速度和水平。表面上看似简单，无非是在争论总和生育率与生育水平的测量结果，但其实质涉及对生育率变化的方向、趋势和影响，更进一步涉及对中国人口结构性突出矛盾和面临重大潜在风险认识的本质不同。因此，需要认真把握人口现象、人口变化背后的客观规律，正确判断短期波动还是长期趋势的本质差别。对低生育率陷阱认识不清则难以准确把握问题的实质，机制不明则难以形成正确的判断。为了准确判断中国人口的基本特征，研究生育率的变动方向，迫切需要从国家重大发展战略出发，对生育率的变动趋势、变动特征以及形成生育率变动的内在机制和客观规律进行前瞻性深入研究和科学探索。

二 低生育率陷阱本质的再认识

1. 低生育率陷阱的概念与基本原理

低生育率陷阱是奥地利学者沃夫冈·卢茨等（W. Lutz & V. Skirbekk, 2006）提出的。沃夫冈·卢茨等在研究人口预测参数的过程中，发现中长期人口预测预期寿命参数是持续增长的，而总和生育率参数往往设定为恢复到更替水平或更替水平附近。对于平均预期寿命持续增长的假定是容易理解和具有合理性的，而对于生育水平参数却是很难解释的。只要认真研究联合国等人口预测参数就可以发现，联合国（1999年）放弃了先前有关世界上所有国家未来总和生育率都将收敛到 2.1 的假设，修改为收敛到 1.85。这一假定的改变意味着联合国人口预测认为生育率已经很低（1.3或以下）的所有国家都被认为很快恢复到 1.85，欧盟统计局对欧洲的预测参数假设和联合国差不多。然而，总和生育率真的会恢复到更替水平附近吗？特别是欧洲的许多国家的总和生育率都远低于 1.85，比如，西班牙、意大利和荷兰的经验数据显示，从 1935 年出生的队列到 1975 年出生的队列生育率几乎是单调、急剧下降的。人口预测并没有提供一个明确的理由，说明为什么设定生育率下降趋势会逆转，这种做法是非常缺乏合理性的。沃夫冈·卢茨等认为如果偏好和社会规范发生了相应的改变，似乎没有任何"自然法则"可以阻止生育率进一步下降。

正是基于对生育率变动趋势和机制的研究，Lutz、Skirbekk 和 Testa（2006）提出导致欧洲推迟和少子女低生育陷阱的人口学、社会学和经济学三个假设。人口学假设基于人口增长负惯性，尤其是潜在母亲减少导致生育数量进一步下降；社会学假设基于年轻队列理想家庭规模小于年长队列导致实际生育下降；经济学假设基于伊斯特林（Easterlin）相对收入假设，即年轻队列个人对消费愿望与收入预期差距扩大引起推迟生育导致的时期生育率下降[①]。低生育率陷阱假设这三个独立的影响都朝着同一个作用方向，非线性、自我强化过程具有阈值和临界点。McDonald（2006）认为总和生育率安全区域的下限为1.5，并认为1.5是一个重要的临界点，国家需要对生育率的走向进行高度关注和采取支持生育的政策干预。

2. 生育率测量的方法与关键

育龄妇女生育率是判断未来人口变动长期趋势及其后果的关键指标。研究育龄妇女的生育水平和变动问题往往以稳定人口理论作为依据，从稳定人口的基本特征或假想队列出发，观察人口变化的基本规律。从育龄妇女生育水平测量来看，通常采用总和生育率等标准化指标。总和生育率是生育水平测量的重要核心指标之一，该指标构建的基本原理是假定未来育龄妇女年龄别生育率与目前的时期年龄别生育率相同条件下，由此估计育龄妇女的平均终身生育水平。

虽然总和生育率是生育水平测量的重要方法，但由于基础人口条件的不同，指标的指示性和含义也有一些差别。比如，关于更替水平总和生育率会因出生性别比和出生人口平均预期寿命的不同而有一些差异。此外，由于总和生育率的数学性质，测量结果的具体含义是基于稳定人口或准稳定人口的，而现实人口很难真正满足这个基础条件，测量结果实际上只是一个对终身预期生育水平的粗略近似，或多或少会受生育进度的影响（王广州，2020），经常出现测量"失真"的问题，特别是在重大生育政策调

---

① 生育的进度效应。

整或社会经济变革过程中,采用时期总和生育率测量结果近似队列终身生育水平可能是非常危险的,原因是进度效应产生的"失真"有时可能非常严重。

尽管总和生育率存在一些缺陷,但总和生育率是一个年龄结构标准化的测量指标,计算方法简单,数据比较容易获得,因此,经常作为国内外人口状况和趋势判断的重要依据,也是中国人口发展重大战略和生育政策调整的主要依据。为了研究今后的人口态势,迫切需要预测总和生育率的变化趋势。然而,对生育水平的变化趋势和变化特征的预测分析是非常困难的,与其他人口指标预测不同,生育水平预测的理论和方法始终是一个难题。这个难题产生的主要原因是涉及生育变动的育龄妇女年龄组很多,而且受自然规律和社会规律的共同影响,各年龄阶段的不确定性非常强。

回顾过去30多年的研究历史,对于生育水平的测量结果的争论由来已久,关于中国育龄妇女时期生育水平与终身生育水平的高低可以看到几个关键的节点。

根据对中国人口发展趋势判断产生的深刻影响和人口调查时间以及认识的分歧,可以把1990年以来的研究总结为5个关键性的节点。第一个关键节点是1992年总和生育率是否低于更替水平？1995年1%人口抽样调查数据是否反映1992年以来的人口变动趋势？第二个关键节点是2000年第五次全国人口普查得到的总和生育率是1.22,但真实生育率是多少？是1.8以内还是1.8以上？第三个关键节点是2005年1%人口抽样调查数据是否反映总和生育率的基本特征？2006年育龄妇女总和生育率是否大幅度反弹？是否达到1.87？第四个关键节点是2010年全国人口普查育龄妇女总和生育率是1.18？第五个关键节点是2015年1%人口抽样调查总和生育率1.05是否再次大大低估育龄妇女的时期生育水平和生育水平的变动趋势？正是在这些需要回答的关键节点和对生育水平不同的判断,直接影响了对中国人口形势的认识和重大政策的出台。

对于总和生育率的具体应用来说,20世纪90年代以来中国育龄妇女时期生育率的水平、总和生育率的变动趋势成为困扰中国人口科学研究的重大问题。出生人口和育龄妇女两方面数据的偏差可能放大测量的误差,对调查数据的不信任,使生育水平和生育水平的变动趋势成为一笔"糊涂账"。关于低生育率陷阱问题的关注和研究，中国学者更多的关注点纠结在总和生育率是1.5以上还是以下，反而对低生育率陷阱形成的机制和生育水平的长期变动趋势和方向缺少深刻的认识和研究。有些研究试图把生育水平回升作为低生育率陷阱不存在或没有进入低生育率陷阱的标志，并以欧洲一些国家生育水平回升现象作为否定低生育率陷阱规律的存在性，对欧洲一些生育率"回升"国家育龄妇女的构成、生育变动结构特征以及种族迁移流动等缺乏深入的了解，特别是缺少第一手原始调查数据或研究基础。通过欧洲一些国家生育率简单、机械和表面的回升，认为"陷阱"是不存在的。同时，在分析中国育龄妇女生育水平时也存在类似的问题。反复证明生育率的回升，反而对生育率变动的内在机制缺乏认识，从而忽略中国育龄妇女生育水平的长期变动趋势，进而对低生育率陷阱的形成机制视而不见，僵化地以总和生育率与总和生育率是否低于1.5作为唯一判断依据，据此否定了低生育率或超低生育率的本质，这对正确判断中国人口特征是非常危险的，存在误导中国长期人口发展战略的巨大风险。

总之，虽然总和生育率指标存在一些局限，但总和生育率具有计算简单的优点，因此，观察和分析总和生育率成为研究者普遍采用的重要方法，成为生育水平标准化测量的重要手段之一。根据稳定人口理论，其实只要生育水平长期低于更替水平，人口增长的负惯性必然不断积累，这才是需要对长期低生育问题风险保持警惕的根本所在。然而，将总和生育率是否低于1.5作为是否进入低生育率陷阱的唯一标志，忽略了总和生育率指标测量的局限和问题，凡此种种，对低生育率陷阱问题的错误认识一方面可能引起对人口形势从现象到本质的误判，另一方面是对可能引起的低生育率陷阱从机制到指标的误读。

三 中国真的没有进入低生育率陷阱吗？

1. 当前生育水平判断

对2010年以来总和生育率的判断一直没有取得一致的看法。虽然2010年全国人口普查计算的总和生育率只有1.18，但一些研究者研究认为在1.63以上（陈卫、杨胜慧，2014；翟振武等，2015；贺丹等，2018）。特别是有研究者根据2017年全国生育状况调查数据推算，认为2016年总和生育率显著回升到1.77（贺丹等，2018）。

对当前总和生育率的统计推断方法既可以采用调查数据直接计算，也可以进行间接估计。根据年龄结构、人口总数或出生人口数推算若干年以来的总和生育率，可以对年度调查数据之间的一致性进行评价，因此可以作为一个重要的参考，具体方法见文献（王广州，2019）。需要特别指出的是对总和生育率的间接估计方法只是对调查数据的逻辑校验和补充。

2019年国家统计局公布了全国总人口、出生率等数据，根据2017年或2018年人口变动抽样调查年龄结构和全国总人口数据或出生人口数据推算2019年我国育龄妇女的时期总和生育率，推算结果是2019年中国育龄妇女总和生育率为1.49左右。对比2017年总和生育率1.58、2018年1.495的调查结果，2017年和2018年表现出一定的全面两孩政策的堆积效应，但2019年总和生育率和出生人数标志着全面两孩政策的堆积效果基本结束，那么，是否标志着即使全面两孩政策条件下未来生育水平仍然保持下降的态势？

同样，还可以根据2020年出生人口总量数据推算2020年总和生育率。如果根据2017年人口变动数据采用人口"打靶"预测推算，得到2020年中国育龄妇女的总和生育率为1.26。此外，如果根据2018年人口变动抽样调查数据进行"打靶"预测推算，2020年中国育龄妇女的总和生育率为1.29（见表1），该生育水平已经大体与全面两孩生育政策调整前的生育水平相当，这不是一个一般意义上的巧合。

表1 总和生育率变动趋势

年份	2017年调查	各年度人口变动调查	2017年人口变动调查	2018年人口变动调查	2019年人口变动调查
	人发中心课题组	国家统计局	推算均值	推算均值	推算均值
2010	1.64	1.18	1.38	1.30	1.3087
2011	1.61	1.03	1.34	1.45	1.4816
2012	1.78	1.25	1.41	1.46	1.4971

续表

年份	2017年调查 人发中心课题组	各年度人口变动调查 国家统计局	2017年人口变动调查 推算均值	2018年人口变动调查 推算均值	2019年人口变动调查 推算均值
2013	1.55	1.22	1.55	1.45	1.4956
2014	1.67	1.26	1.59	1.49	1.5340
2015	1.41	1.05	1.44	1.48	1.5163
2016	1.77	1.24	1.63	1.63	1.6593
2017		1.58	1.70	1.46	1.6668
2018		1.495		1.50	1.4687
2019		1.4689			1.4995
2020		1.26~1.29*			

注：*为推算数。

2. 低生育率的结构特征

与总和生育率计算方法不同，递进生育率需要的基础数据和计算方法要复杂得多，但递进生育率比总和生育率具有更稳定和更科学的特点[1]，因此，可以更准确地反映生育水平的变动特征和构成特点。

一方面，从递进生育率的变化趋势来看，2019年中国育龄妇女的总和递进生育率为1.5084，比2017年的1.5783有明显的下降。另一方面，从总和递进生育率下降的特点来看，2019年0→1孩递进生育率由2017年的0.8791下降到2019年的0.8429，远远低于2010年人口普查0.9726的水平。2019年1→2孩递进生育率为0.5509，比2017年的0.5939下降了0.04。由此可见，与2017年相比，2019年总和递进生育率下降的主要原因是0→1孩、1→2孩递进生育率下降，特别是0→1孩递进生育率，即便考虑到数据指标的差异[2]，但0→1孩递进生育水平已经远远低于2010年及以前的生育水平（见表2）。

---

[1] 总和生育率和分孩次总和生育率受生育进度的影响很大，特别是分孩次总和生育率经常会由于生育进度的提前或推迟对终身生育率测量"失真"。为了避免总和生育率测量方法的缺陷，可以采用递进生育率的方法进行测量。

[2] 与2010年人口普查和2015年1%人口抽样调查不同，2017年和2019年育龄妇女年龄别活产子女数指标修改为育龄妇女年龄别现存活子女数。

表 2　中国育龄妇女递进生育率变动趋势

调查数据	TPFR0→1	TPFR1→2	TPFR2→3+	TPFR
2010 年人口普查	0.9726	0.3585	0.0518	1.3829
2015 年 1%人口抽样调查	0.8436	0.3368	0.0502	1.2305
2017 年人口变动抽样调查（估计值）	0.8791	0.5939	0.1053	1.5783
2019 年人口变动抽样调查（估计值）	0.8429	0.5509	0.1146	1.5084

3. 生育模式变动

对比 2010 年人口普查、2015 年 1%人口抽样调查、2017 年和 2018 年人口变动抽样调查数据发现，2018 年育龄妇女的生育水平略低于 2017 年，但生育模式总体上趋于稳定。2017 年和 2018 年育龄妇女生育模式稳定的人口学意义在于：一方面预示全面两孩生育政策条件下的生育调整效果，另一方面也预示全面两孩生育政策的实施并没有明显地向高孩次传递。2017 年和 2018 年非常稳定的生育模式直接否定了以往独生子女计划生育时代的普遍流行的说法，即"生育政策允许一个会生两个，允许两个会生三个"的超生逻辑，特别是 2018 年 33 岁及以上妇女年龄别生育率有下降趋势，从而证实了以往超生逻辑观察推论所产生的错误认识或主观判断的谬误，也标志着传统高生育水平生育模式的终结。

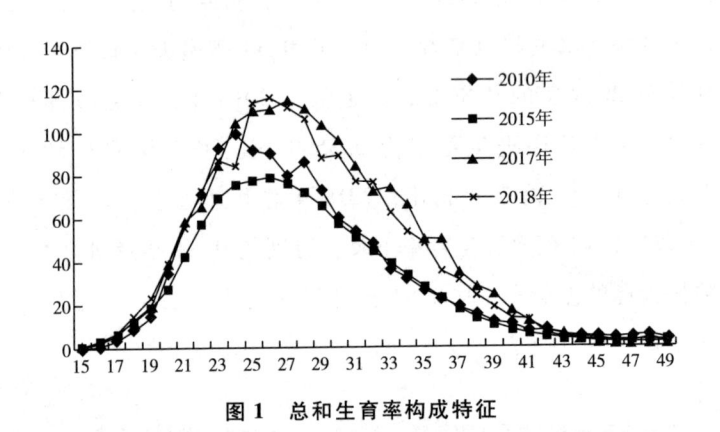

图 1　总和生育率构成特征

总之，之所以采用不同方法分析生育状况，目的是对调查结果进行反复的检验，也就是试图在现有调查数据质量条件下得到总和生育率的点估计和区间估计。通过不同途径和方法推算总和生育率的大小，并确认目前育龄妇女的生育水平是否低于1.5，更重要的是通过不同数据、方法和孩次结构变化分析生育政策对生育水平影响的大小，经过多种方法的论证，结论具有很高的一致性，由此可以推断，如果现有调查数据质量比较可靠，那么，则说明全面两孩政策调整所引起二孩出生人口"堆积"的影响已经完成。结合全面两孩生育政策实施以来的调查数据可以判断，目前中国育龄妇女总和生育率低于1.5，且全面两孩政策条件下生育水平降低的趋势仍然非常明显。考虑到中国育龄妇女生育状况区域差距巨大，且具有不同人群间的不均衡性，全国平均水平的测量经常掩盖内部变化的主要特征。仅从全国总和生育率调查指标保守估计，中国绝大部分地区已经全面进入低生育率陷阱。

四 中国进入低生育率形成的机制分析

低生育率陷阱的标志不仅仅是目前生育水平是否处于1.5以下，更重要的是促进生育率下降的机制是否形成。只要低生育率陷阱的条件具备、作用机制形成，是否低于某个特定的水平只是一个时间的问题，至于当前生育水平的具体高低倒是次要的。根据低生育率陷阱的人口学、社会学和经济学假设及形成机制，分析中国人口的负惯性是否形成、队列家庭规模预期变化是否减少以及队列消费或相对收入预期是否不利于生育，以此为基础对中国的具体生育率变动趋势和变动方向进行深入研究。

1. 初婚人口规模大幅度减少，离婚率不断上升

影响人口负惯性大小的是人口之间的比例关系，特别是出生人口与基准出生规模之间的差距。当总和生育率低于更替水平的条件下，出生规模不断下降必然促进人口负惯性增强。

由于中国育龄妇女非婚生育比例极低，婚内生育占绝对优势。因此，从0→1孩递进生育率的高低受育龄妇女初婚状况影响很大。初婚比例和初婚人数的下降直接影响育龄妇女总和生育率和出生人数变动。2005年到2013年全国初婚人数处于持续增长趋势（见图2），2013年达到峰值，2014年开始持续下降，到2019年全国初婚人数为669.36万对，比2013年

的1192.98万对下降了523.62万对，下降幅度高达43.89%。除了初婚人数下降以外，离婚率不断上升，离婚率从2010年的2‰上升到2019年3.36‰，每年离婚规模从267.80万对上升到470.06万对。以24岁育龄妇女有配偶的比例为例，2010年到2018年24岁有配偶的比例从54.98%下降到40.38%，下降了14.59个百分点，而2018年24岁育龄妇女的年龄别生育率也不到12个百分点。可见，初婚大幅度减少和离婚比例的显著增加特征极其稳定，这"一减一增"都是促进生育水平和生育人数下降的关键因素，从而导致中国育龄妇女生育的基础性条件发生显著的变动。

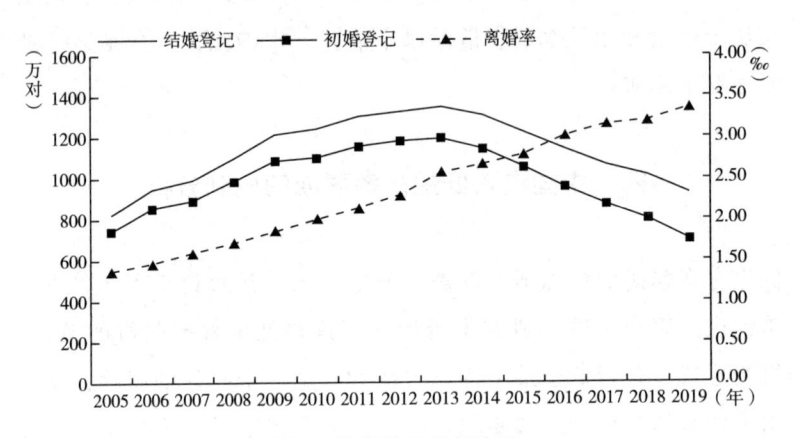

图2 结婚登记总量变化

2. 受高等教育人口比例增加，促进生育水平和未来生育预期下降

首先，看受教育程度的生育水平差异。长期以来，不同受教育程度的育龄妇女具有明显不同的生育水平，初中及以下受教育程度育龄妇女的生育水平明显高于高中及以上受教育人口。无论生育政策、社会经济发展水平是否发生变化，这个"梯度"差距一直明显存在。具体来看，1982年人口普查育龄妇女总和生育率为2.64，其中初中及以下育龄妇女总和生育率为2.81、高中为1.96、大专及以上为1.40。虽然1990年、2000年、2010年全国人口普查以及2015年人口1%抽样调查育龄妇女总和生育率由2.25下降到1.22、1.18和1.05，但受教育程度较低育龄妇女的总和生育率高于受教育程度较高育龄妇女总和生育率的特点不变。2010年、2015年高中

及以上育龄妇女总和生育率比初中及以下受教育程度育龄妇女低 0.5 左右（张丽萍、王广州，2020）。

其次，看受教育程度的生育计划差异。根据 2019 年中华人民共和国国家卫生健康委员会（以下简称"国家卫健委"）生育状况抽样调查结果，计划生育 3 孩及以上的比例在 12.68% 左右（见表 3），高中受教育程度育龄妇女计划生育 3 孩及以上的比例不到 6.5%，大专及以上受教育程度育龄妇女计划生育 3 孩及以上的比例不到 3.3%。与高受教育程度人群明显不同，初中受教育程度育龄妇女计划生育 3 孩及以上的比例为 14.11%，小学及以下受教育程度育龄妇女计划生育 3 孩及以上的比例为 23.32%。从另外一个方面看，与此相对应，大专及以上受教育程度育龄妇女计划生育 1 个子女的比例超过 50%。

最后，从育龄妇女受教育状况的变动规律和变化趋势来看，随着社会经济发展，育龄妇女受教育水平必然不断提高。2015 年高中及以上受教育程度育龄妇女超过 40%，比 2010 年提高了接近 10%。由于育龄妇女受教育程度提高是一个单向不可逆过程，加之不同受教育程度育龄妇女生育水平"梯度"的存在，如果其他条件不变，育龄妇女生育水平因受教育水平提升而持续下降的趋势将不可避免。

表 3　2019 年计划拥有子女数的分布

单位：%

受教育程度	0 孩	1 孩	2 孩	3 孩	4 孩+
小学及以下	0.53	20.54	55.60	15.55	7.77
初中	0.49	28.44	56.95	11.33	2.78
高中	1.51	42.00	50.06	5.46	0.97
大专及以上	2.29	50.53	43.97	2.56	0.66
全部	1.06	33.60	52.67	9.47	3.21

数据来源：2019 年国家卫健委生育状况抽样调查。

正是随着社会经济的发展，受教育水平提高是一个单向不可逆的过程，特别是在总和生育率由迅速下降到比较稳定的过程中，年龄别生育率因素贡献率逐渐减少，而受教育结构因素的贡献率逐步增大。按照平均预期受教育年限增长和受教育结构的估计,预计到2050年接受高等教育的育龄妇女比例将接近70%(张丽萍、王广州,2020)。因此,中国促进生育水平和未来生育预期下降的运行机制必然比较持续、稳定。

3. 年轻人口的大城市化和房价快速上涨成为当前抑制生育的关键因素

生育状况调查已经反复证实目前影响生育意愿的重要因素为经济负担。生育、养育和教育成本的城乡差异也是直接影响高生育意愿人群生育计划的重要因素。根据中国社科院CSS[①]调查数据,2019年城镇住房存量占住房的43.63%左右,乡村存量住房占56.37%左右,而城镇常住人口占60.60%,乡村常住人口占39.40%[②],形成了住房城镇化水平滞后于人口城镇化水平的突出矛盾。另外,根据国家统计局中国房地产统计年鉴数据,2016年全国35个大中城市商品住宅平均销售价格是2013年的1.14倍,而2019年商品住宅平均销售价格是2016年的1.33倍(见图3),说明全国35个大中城市商品住宅销售价格快速上涨的变动趋势非常显著。由此可见,城乡人口分布和住房分布之间产生巨大矛盾的同时,住宅价格上涨加速,从而使城镇化过程中进城人口生活成本大增。

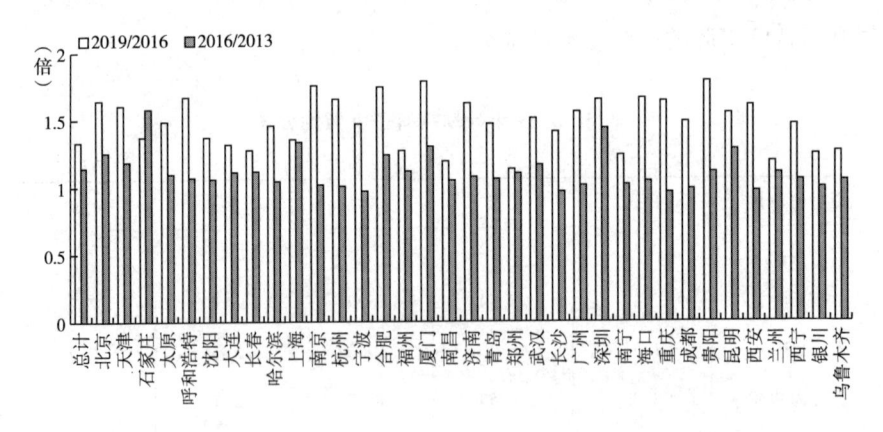

图3 全国35个大中城市商品住宅平均销售价格变化情况

数据来源:各年《中国房地产统计年鉴》,国家统计局。

---

① 中国综合社会状况调查。
② 中国统计年鉴(2020)。

除了一般意义上的人口城镇化以外，年轻人口的大城市化特征更加明显。2000年全国城市人口比例为23.55%，到2015年全国城市人口比例提高到32.67%，提高了9.12个百分点。与此同时，20~39岁人口中城市人口比例从2000年的26.50%提高到2015年的39.70%，提高了13.2个百分点。然而，由于城镇生育率水平长期低于乡村，20~39岁人口城市化的速度远远超过目前统计数据所反映出来的速度和差距。可见，年轻人口城市化速度远高于其他人口，由此进一步凸显了年轻育龄人口的结婚、生育等平均综合成本的快速上升。

表4 城市人口比例情况

单位：%

年份	全国城市人口比例	20~39岁人口城市化比例	差距
2000	23.55	26.50	2.95
2005	27.72	32.22	4.50
2010	30.29	36.25	5.96
2015	32.67	39.70	7.03

数据来源：2000年、2010年人口普查；2005年、2015年1%人口抽样调查。

总之，除了婚姻是影响生育的最直接基础因素，婚姻以外或通过影响婚姻状况变动的间接因素，如受教育水平和城镇化过程的变动方向持续、稳定且特征明显。考虑到育龄妇女生育率的城乡差异和受教育程度差异，育龄妇女城镇化、大城市化和受教育水平越来越高，生育率持续降低的趋势不断被强化，生育率降低的可能性必然大大增加。

五 取消生育政策能走出低生育率陷阱问题吗？

既然人口负惯性和促进生育水平不断下降的因素不断增强，那么，生育政策的进一步调整能否解决中国长期低生育率或低生育率陷阱问题？

1. 生育意愿低迷、稳定

首先从理想子女数来看，自2013年单独二孩生育政策调整以来，无论全国性生育意愿调查还是区域性抽样调查，生育意愿表现出非常高的稳定性。近年来对理想子女分布调查结果的主要特征也具有比较高的一致性。比如，国家卫健委2017年、2019年调查结果与中国社科院2017年和2019年的调查结果非常接近。具体来看，2017年理想子女数为2个孩子的比例最大，而且都非常接近80%（见表5），3孩及以上的比例都在7%左右。2019年理想子女数为2个孩子的比例虽然略低于80%，在78%左右，两项调查的结果也是非常接近的，同样，3孩及以上的比例也同样非常接近，只是CSS的调查结果略有提高，提高到8%~10%。

表5 育龄妇女理想子女数与计划生育子女数

子女数	理想子女数分布（%）				计划生育子女数分布（%）	
	国家卫计（健）委		中国社科院CSS		国家卫计（健）委	
	2017年	2019年	2017年	2019年	2017年	2019年
0	0.74	0.32	0.61	1.07	2.20	1.00
1	12.09	9.53	11.07	10.61	31.90	31.75
2	79.72	77.91	79.33	78.37	56.64	49.77
3	5.94	4.89	6.73	6.52	7.41	8.95
4+	1.51	1.15	1.84	1.89	1.86	3.03
无所谓	—	3.03	—	—	—	2.33
缺失	—	3.18	—	1.54	—	3.18
样本量	188169	60000	4886	3176	188164	60000

其次，从生育计划来看，想生2个孩子的比例下降，由2017年调查的56%以上下降到2019年的不足50%。计划生育生1个孩子的比例非常稳定，2017年和2019年都在31%~32%之间（见表5），超过30%；而计划生育3个及以上的比例变化比较大，2017年不到10%，2019年明确打算生3个孩子的比例超过11%，不到12%。

第三，对比生育意愿与生育计划可以发现，国家卫健委和中国社科院CSS调查估计2017年、2019年育龄妇女平均理想子女数在1.85~1.98之间，而2019年国家卫健委调查平均计划生育子女数为1.71~1.76。2019年的平均理想子女数和平均计划生育子女数都低于2017年，由此可见，一方面生育意愿和生育计划之间有比较明显的"打折"的规律，另一方面生育计划可能稳中有降。

总之，各国经验研究表明，生育意愿转化为生育行为需要一个"折扣"，而生育计划转化为实际生育也需要一个"折扣"，中国生育政策调整过程也证实了这个"折扣"的存在和影响（王军、王广州，2016；邱红燕、任杨洁、侯丽艳，2019）。由于从理想子女数到计划生育子女数大打折扣，计划生育子女数到实际生育之间也会大打折扣。特别需要高度重视的是，2017年、2019年生育意愿调查数据理想子女数的分布和构成非常稳定，理想子女数为两个的不到80%，1个和3个及以上的在10%左右。即使考虑到调查数据缺失和无应答等抽样调查问题，可以断定计划生育多孩的比例超过15%的可能性很小。

2. 取消生育政策的效果预判

时期生育意愿与生育计划调查数据很难直接转化为年龄别分孩次生育率，但可以转换分孩次终身递进生育率，因此，可以基于生育计划调查数据，通过孩次递进人口预测模型推算与之相对应的总和生育率，具体推算的原理和方法见文献（王广州，2018；王广州，2016）。

如果一直保持2019年的分孩次递进生育水平，即1孩、2孩和3孩及以上递进生育率都保持在2019年的递进生育水平，那么，未来总和生育率超过1.5的可能性不大，预计2050年总和生育率在1.43左右。即使考虑到取消生育政策，即2021年3孩及以上保持在11%~15.9%的区间内，2050年总和生育率仍然处于很低的水平，预计在2050年总和生育率1.45左右（见图4）。

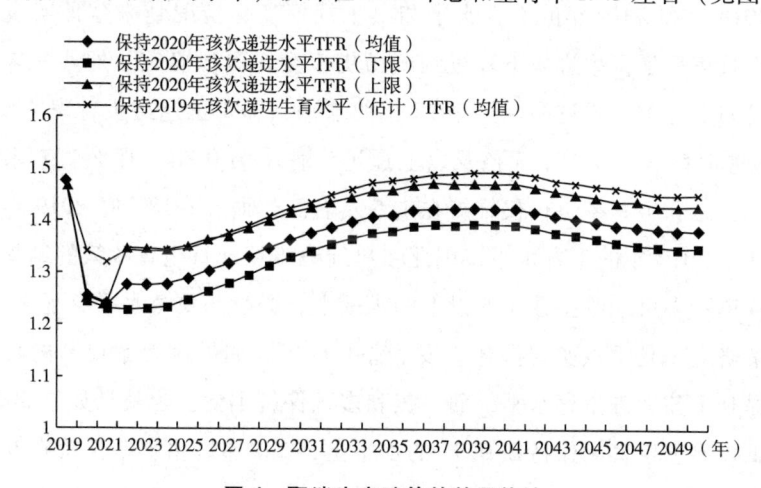

图4 取消生育政策的效果估计

如果分孩次递进生育率保持在 2020 年生育水平，那么，预计 2050 年总和生育率在 1.40 以内，估计在 1.36 左右。同样，即使考虑到 2021 年全面取消生育数量限制，2050 年总和生育率仍然处于很低的水平，预计在 1.38 左右，估计超过 1.4 的可能性很小。

总之，考虑到育龄妇女生育水平的受教育"梯度"和"单向"不可逆的变动特征，以及年轻人口的城市化和大城市化速度远超过其他人口，如果单纯地取消生育政策措施，预计确保未来育龄妇女总和生育率长期处于 1.5 以上的可能性不大。目前和今后生育率低迷的难点在于 1 孩生育率下降以及 2 孩生育率也没有因政策改变而发生相应的大幅度提升。

六 走出低生育率陷阱的策略及效果分析

面对已经形成的中国低生育率陷阱运行机制，为了防止中国育龄妇女生育水平长期处于低生育率陷阱，单纯的生育政策改变已经不足以摆脱所面临的低生育率陷阱困境，需要不断采取积极促进生育水平回升的重要手段，引导人口发展进入良性循环的轨道，目标是尽快使生育水平恢复到更替水平附近，避免严重人口结构性问题的产生，并有效缓解人口发展过程中突出的人口结构矛盾，因此，在有限的资源条件下，需要考虑抓住重点采取不同的策略。

2018 年和 2019 年的生育水平和出生规模变化情况越来越证实全面两孩生育政策后生育率进入下降过程的历史事实。可以确定，即使是未来中国育龄妇女分孩次递进率保持 2017 年的水平，即 1 孩递进生育率为 0.91，2 孩递进生育率为 0.55，3 孩及以上递进生育率为 0.11，那么，未来全国育龄妇女总和生育率也仅仅维持在 1.5 左右。然而，2018 年、2019 年现有数据低于 2017 年的生育水平，因此，单纯地维持现行生育政策的结果是总和生育率不太可能维持在 1.5 以上的水平上，必然与更替水平有很大差距。

策略之一是重点实现提升 2 孩生育率目标。如果生育率提升的目标是重点提升 2 孩递进生育水平，而 1 孩和多孩保持不变。也就是如果 2021 年开始 1 孩递进生育率保持在 0.91 的水平上，2 孩递进生育率保持在 0.6 的水平上，那么，预计 2050 年总人口有可能达到 13.1 亿左右，出生人口在

1100 万左右，总和生育率在 1.6 左右。如果 1 孩递进生育率同样保持在 0.91 的水平上，2 孩递进生育率保持在 0.8 的水平上，那么，预计 2050 年总人口有可能达到 13.76 亿左右，出生人口在 1360 万左右，总和生育率在 1.85 左右。

表 6　重点提升 2 孩递进生育率①

年份	\[1 孩递进生育率为 0.91\] 2 孩递进生育率提升到 0.6			2 孩递进生育率提升到 0.8		
	总人口（亿）	总和生育率	出生人口（万）	总人口（亿）	总和生育率	出生人口（万）
2017	13.90	1.60	1709.36	13.90	1.60	1709.36
2018	13.96	1.45	1533.18	13.96	1.45	1533.20
2019	14.00	1.42	1463.17	14.00	1.42	1463.46
2020	14.03	1.25	1259.42	14.03	1.25	1259.86
2021	14.05	1.28	1253.53	14.05	1.28	1253.10
2022	14.09	1.52	1464.51	14.16	2.20	2167.25
2023	14.12	1.51	1408.73	14.24	2.04	1951.53
2024	14.14	1.51	1360.84	14.30	1.93	1786.98
2025	14.15	1.51	1315.31	14.35	1.86	1655.94
2030	14.13	1.57	1164.69	14.43	1.77	1328.06
2035	13.99	1.61	1135.08	14.36	1.81	1274.64
2040	13.77	1.63	1155.28	14.22	1.83	1299.73
2045	13.48	1.61	1132.22	14.01	1.84	1328.09
2050	13.10	1.60	1069.82	13.76	1.85	1360.14

策略之二是实现全面提升 1 孩和 2 孩生育率目标。如果生育率提升的目标是全面提升 1 孩和 2 孩递进生育水平，多孩保持不变。也就是如果 2021 年开始 1 孩递进生育率保持在 0.95 的水平上，2 孩递进生育率保持在 0.6 的水平上，那么，预计 2050 年总人口有可能达到 13.2 亿左右，出生人口在 1100 万以上，总和生育率在 1.65 左右。如果 1 孩递进生育率同样提升到 0.95 的水平上，2 孩递进生育率保持在 0.8 的水平上，那么，预计

---

① 根据 2017 年人口变动抽样调查数据进行趋势预测，人口总量未做调整，以下同。

2050年总人口有可能达到13.82亿左右，出生人口在1380万左右，总和生育率在1.89左右。

表7　全面提升1孩和2孩递进生育率

年份	1孩递进生育率为0.95					
	2孩递进生育率提升到0.6			2孩递进生育率提升到0.8		
	总人口（亿）	总和生育率	出生人口（万）	总人口（亿）	总和生育率	出生人口（万）
2017	13.90	1.60	1709.36	13.90	1.60	1709.36
2018	13.96	1.45	1533.23	13.96	1.45	1533.19
2019	14.00	1.41	1462.76	14.00	1.42	1463.53
2020	14.03	1.25	1258.97	14.03	1.25	1259.93
2021	14.05	1.28	1253.24	14.05	1.28	1250.88
2022	14.09	1.55	1492.02	14.15	2.10	2054.76
2023	14.12	1.55	1443.02	14.22	1.99	1897.83
2024	14.15	1.55	1398.04	14.28	1.92	1770.95
2025	14.17	1.56	1352.90	14.33	1.87	1663.75
2030	14.16	1.61	1199.05	14.43	1.82	1365.58
2035	14.03	1.66	1166.62	14.38	1.86	1308.36
2040	13.83	1.67	1185.83	14.25	1.87	1328.23
2045	13.56	1.65	1164.20	14.05	1.88	1351.88
2050	13.20	1.65	1107.70	13.82	1.89	1381.36

总结对比不同的模型仿真运算策略的效果可以看到，生育行为具有递进特征，只有稳定和提升1孩生育水平才能显著改善整体的生育状况，因此，鼓励生育的重点集中在1孩和2孩，才能充分发挥促进人口均衡发展的最低实效。

七　主要结论与讨论

对低生育率陷阱的研究和认识不能仅仅停留在总和生育率是否低于

1.5，更重要的是促进生育率下降和走进低生育率陷阱的运行机制是否已经形成。对中国目前生育状况和生育水平的判断始终是关系到中国个人、家庭和社会发展的重大问题，也是经济系统安全运行的重大战略问题。从人口分析指标和模型出发，对相关政策或策略仿真运算结果的分析，得出以下几个基本结论。

第一，中国已经全面进入低生育率陷阱。2017年、2018年、2019年和2020年我国育龄妇女的时期总和生育率分别为1.58、1.495、1.49和1.30，即便2017年和2018年有一定的全面两孩政策的堆积效应，但2019年总和生育率和出生人口数下降标志着全面二孩政策的堆积效果基本结束，目前生育政策条件下，生育水平面临进一步下降的风险大增。

第二，中国低生育率陷阱的运行机制已经形成。中国低生育率陷阱的人口学机制表现为育龄妇女生育水平已经长期低于更替水平，人口增长负惯性得到长期积累；社会学机制表现为育龄妇女受教育程度提高是一个单向不可逆过程，而不同受教育程度育龄妇女生育水平"梯度"的存在，受高等教育人口比例增加，促进生育水平和未来生育预期下降；经济学机制表现为城乡人口分布和住房分布之间产生巨大矛盾，全国主要城市住宅价格上涨加速，从而使城镇化过程中进城人口生活成本大增。由于城镇生育率水平长期低于乡村，年轻人口城市化速度远高于其他人口，这进一步凸显了年轻育龄人口的结婚、生育等平均综合成本的快速上升。上述因素共同作用，低生育率陷阱的运行机制不断强化。

第三，单纯地取消生育政策难以扭转生育水平的持续低迷。由于从理想子女数到计划生育子女数大打折扣，计划生育子女数到实际生育之间也会大打折扣。特别需要高度重视的是，2017年、2019年生育意愿调查数据理想子女数的分布和构成非常稳定，理想子女数为2个的不到80%，1个和3个及以上的在10%左右。计划生育2孩的比例下降到50%以内，因此，预计单纯地取消生育政策，2050年总和生育率仍然处于很低的水平，估计稳定并超过1.5的可能性很小，而长期维持在1.4以内的可能性更大。

第四，迫切需要提振1孩和2孩生育率。在低于更替水平阶段，生育水平低迷或下降的结构特征是1孩、2孩生育率远低于高生育水平时期的递进生育水平。由于生育具有递进的特殊性，只有确保低孩次生育率回升或恢复,才能确保育龄妇女整体生育水平比较显著的回升或稳定。因此,为了防止生育水平长期低迷,需要确保1孩和2孩生育率回升和稳定,根据仿真模型分析,只有确保育龄妇女1孩递进生育率超过0.95和2孩递进生育率超过0.8,中国未来育龄妇女总和生育率才能稳定在1.8左右。从目前的生育水平、结构特征、变动趋势和低生育率形成机制来看,这将是一个非常困难的目标。

总之,从目前现有调查数据和变动趋势预测来看,总人口峰值到来时间不仅将比以往的预计提前,而且有可能随时发生,同时中国人口还将面临长期低生育率社会所带来的人口快速负增长和少子高龄化问题。生育、养育和教育成本的城乡差异和受教育差异是直接影响高生育意愿人群生育计划的重要因素,因此,中国低生育率陷阱的运行机制已经形成的条件下,超低生育率问题和总人口长期快速减少的变动趋势不容乐观。目前简单地关注总人口高峰的早晚,争论生育水平具体数值的大小已经没有太多战略意义,更重要的是对低生育问题实质和面临突出问题本质的认识。具体来看,需要全方位反思和积极应对中国低生育陷阱问题。从学术上正本清源,避免粗制滥造误导决策;经济上降低生育、养育和教育成本,积极鼓励生育;社会上从积极应对老龄化国家战略出发,全面构建与老龄化社会相适应的制度体系;文化上积极倡导代际互助和文化传承。积极应对人口快速老龄化面临的严峻挑战,促进人口长期均衡发展战略目标的早日实现。

最后需要说明的是,如果2017年、2018年和2019年基础数据年龄结构数据误差不大,那么,计算机仿真结果的可靠性、总人口达到峰值的时间以及总人口峰值的误差也不会很大。考虑到生育水平的长期低迷的形成机制和可能性,对总人口高峰可能大大提前,且远期预测也有可能是一个高估。

参考文献

陈卫,2019,《中国的两孩政策与生育率》,《北京大学学报》(哲学社会科学版)第5期。

陈卫、杨胜慧,2014,《中国2010年总和生育率的再估计》,《人口研究》第6期。

贺丹、张许颖、庄亚儿、王志理、杨胜慧，2018，《2006~2016年中国生育状况报告——基于2017年全国生育状况抽样调查数据分析》，《人口研究》第6期。

邱红燕、任杨洁、侯丽艳，2019，《生育意愿与生育行为差异及其影响因素分析》，《中国公共卫生》第11期。

王广州，2020，《中国生育研究方法的历史与未来》，《人口与经济》第4期。

王广州、王军，2019，《中国人口发展的新形势与新变化研究》，《社会发展研究》第1期。

王广州、周玉娇、张楠，2018，《低生育陷阱：中国当前的低生育风险及未来人口形势判断》，《青年探索》第5期。

王广州，2016，《影响全面二孩政策新增出生人口规模的几个关键因素分析》，《学海》第1期。

王广州，2018，《人口预测方法与应用》，社会科学文献出版社。

王广州，2019，《Python人口统计》，广东高等教育出版社。

王金营、马志越、李嘉瑞，2019，《中国生育水平、生育意愿的再认识：现实和未来——基于2017年全国生育状况调查北方七省市的数据》，《人口研究》第2期。

王军、王广州，2016，《中国低生育水平下的生育意愿与生育行为差异研究》，《人口学刊》第2期。

张丽萍、王广州，2020，《女性受教育程度对生育水平变动影响研究》《人口学刊》第6期。

翟振武、陈佳鞠、李龙，2015《现阶段中国的总和生育率究竟是多少？——来自户籍登记数据的新证据》，《人口研究》第6期。

Lutz, W., Skirbekk, V. & Testa, M. R., 2006, "The Low-fertility Trap Hypothesis: Forces That may Lead to Further Postponement and Fewer Births in Europe", *Vienna Yearbook of Population Research*, pp.167-192.

McDonald, P., 2006, "An assessment of policies that support having children from the perspectives of equity, efficiency and efficacy", *Vienna Yearbook of Population Research*, pp. 213-234.

（原载《学术探索》2021年第10期）

·第二部分 家庭育儿负担分析·

"生孩不易,养孩更难":城市中间阶层养育体验的生育抑制效应[*]

颜学勇 刘璐璐[**]

摘 要:三孩政策的实施表明促进育龄人口多孩生育已成为维持我国人口长期均衡发展的基本策略。生育意愿和生育行为存在偏差,厘清生育偏差的形成机制是理解生育行为和促进政策效果实现的关键所在。通过对20位城市中间阶层育龄女性进行访谈,发现一孩的养育过程会对多孩生育计划产生正反两方面影响,从育儿过程中体验到亲密关系和成就感对多孩生育意愿有积极作用,育儿过程中形成的照顾焦虑、教育焦虑、关爱分散焦虑、职业生涯焦虑和相对性焦虑是多数女性放弃多孩生育的主要原因,抑制效应在女性群体中更为显著。应出台与生育政策相配套的社会政策,降低养育精力和时间成本,缓解育龄人群养育焦虑。

关键词:养育体验 生育意愿 抑制效应 社会政策

一 问题的提出与研究现状

根据第七次全国人口普查数据,"六普"以来我国人口增长5.38%,但平均增长率呈下降趋势。从1982年开始,我国人口年均增长率已从"三普"的2.09%持续下降到"七普"的0.53%。相关数据和研究表明,我国已经进入超低生育率时期(陈卫,2021)。为缓解人口老龄化和少子

---

[*] 本文系教育部人文社科研究青年基金西部和边疆地区项目"我国育龄人口二孩生育意愿及其社会政策支持研究:基于工作-生活平衡的视角"(17XJC840004)、四川省儿童保护与发展研究中心年度项目"家庭教养的分层与圈层化:成因、后果及其治理"(ETBH2021-YB002)阶段性成果。

[**] 颜学勇,西南交通大学公共管理学院副教授、硕士生导师;刘璐璐,江苏省淮安市淮阴区高层次人才储备和发展中心。

化对经济社会持续发展可能带来的风险，我国对生育政策进行了渐进调整，并逐步从放松生育管制转向支持生育。尽管如此，公众对于生育的态度仍十分谨慎，"中国育龄人群的生育意愿较低，总和生育率已跌破警戒线"（李纪恒，2020）。国家"十四五"规划中明确指出"增强生育政策包容性，推动生育政策与经济社会政策配套衔接，减轻家庭生育、养育、教育负担，释放生育政策潜力"，然而"当前的焦点并不是生育政策是否需要进一步放宽，而是应当关注如何让有生育二孩意愿的人能够实现这种生育意愿"[1]。值得注意的是，育龄人群的生育意愿与实际生育行为通常会存在偏差，最终的生育行为有赖于家庭外部和内部因素的共同作用。因此，有必要将研究视野延伸至家庭内部的生育决策过程。鉴于生育意愿并不稳定，在生育前后存在差异（邵夏珍，1999）且可能会随着个体的生育及抚养体验而改变（Heiland, et al., 2008），本研究试图探讨的问题是：人们在生育一孩之后，养育体验是否会以及如何影响后续的生育决策？

学界对于这一问题的研究主要从两个方面展开。一是生育研究的"意愿-行为"模式及其偏差。生育意愿被认为是提高生育率的关键所在，生育意愿研究逐渐兴起并成为主流。随着社会经济的发展，中国育龄人群的生育意愿已经产生巨大变化，主要受经济、受教育程度、性别偏好、代际支持及家庭工作冲突等基础性因素的影响。虽然国内针对生育意愿影响机制的研究较为丰富，但绝大多数仍是集中探讨"什么影响了生育意愿"以及"如何提高生育意愿"两个问题。生育意愿不等同于生育行为，二者在现实中存在差异，即生育偏差，且当代育龄人群的生育偏差已成为常态。因此，仅将目光聚焦在提高育龄人群的生育意愿上，无法有效解决当前低生育率问题。在独生子女政策时期，人们的生育行为受到政策管制，即使生育意愿大于生育行为，也只会引起学者对于生育政策是否需要放开的思考，很少注意到生育偏差。随着生育政策逐步放松，育龄人群在生育多孩上得到了越来越多的选择空间，但生育率并未如预期般回升。当代育龄人群生育意愿与生育行为之间的背离逐渐引起学者的重视（王军、王广州，

---

[1] 搜狐网：《中共中央首提增强生育政策包容性 专家解读：体现出更兼顾人口结构的变化》，https://www.sohu.com/a/429505418_100104185，2020年11月4日。

2016）。生育研究不仅要重视提高适龄人口的生育意愿，更要创造条件促其转化为实际的生育行动。二是养育体验可能的政策意义。在我国，一孩对多孩生育意愿存在影响已得到证实，即既存在正面、促进性的影响，也存在负面、抑制性的影响。一孩对多孩产生促进性发生机制较简单，其动因就是给孩子找个伴（风笑天，2018），又或是对于生男孩的偏好（靳永爱、宋健、陈卫，2016）。抑制性的发生机制较为复杂，主流观点一方面将抑制的发生机制认定为经济成本，并将其视为基于养育成本及效用的经济问题（马春华，2018）；另一方面认为家庭内部代际资源的调剂若存在阻碍，儿童的照顾压力将成为抑制多孩生育的关键因素（钟晓慧、郭巍青，2017）。

学界既有研究为进一步探究育龄人群的一孩或多孩生育意愿奠定了坚实的基础，但无法对一孩生育后部分育龄人群的多孩生育计划被搁置甚至放弃的现象做出有力的解释，而且鲜有研究从微观层面探究一孩养育过程中的养育体验对多孩生育的作用。因此，本文旨在选取一孩养育体验作为新的切入口，将生育意愿从以往静态化的研究中解脱出来，遵循生育序列以及适龄人群的育前生育意愿与育后生育意愿存在差异的关键特征，探讨养育过程中的一孩养育体验对于多孩生育意愿的影响，并在微观层面剖析生育偏差的形成路径。

二 生育结果与一孩养育体验的定性分析

本文采用定性研究方法，通过一对一访谈，并佐以相关信息问卷完成资料搜集。访谈对象主要通过目的性抽样获得样本，随后再采用"滚雪球"的方式拓展访谈对象。依照"最大差异的信息饱和法"原则，最终确定20位女性受访者并进行深度访谈。访谈内容主要围绕育前生育意愿、一孩养育体验以及养育体验对于多孩生育意愿的影响三个方面展开。为了保密和便于记录，本文用1~20进行编号，BS代表学历为本科，MA代表学历为硕士研究生，Ph.D代表学历为博士研究生；Fn代表孩子为n岁的女生，Mn代表孩子为n岁的男生。总体来看，已有的受访者呈现较为同质的特征，一是受教育程度相对均衡，以全日制本科为主；二是夫妻月平均收入主要集中在 5001~7000 元,家庭年收入 15 万元以上占较大比例,只有两位受访者的夫妻月平均收入达到 2 万元以上,家庭年收入高于 40 万元;三是工作单位类型较为一致,行政机关与事业单位为主要工作单位类型;四是受访者的年龄主要集中于 30~40 岁,属于再生育的最佳年龄段。

(一)育前生育意愿与实际生育结果的比较

通过对 20 位受访者育前生育意愿与实际生育行为的详细调查,本文发现对于绝大多数的育龄女性而言,至少生育一个孩子是普遍共识,基本能接受生育两个孩子且期望儿女双全,但育前便明确多孩生育期望的女性较少。因此,以往部分将未生育女性作为调查主体的生育意愿研究,最终结论并不太客观。女性只有在经历过一孩生育后,多孩的生育意愿才会更明确。由于育龄人群的育前生育意愿与育后生育意愿存在差异,育前生育意愿与实际生育行为也会存在偏差。本文先将 20 位受访者的育前生育意愿按照"育前明确仅生育一个孩子"、"育前无明确的生育意愿"和"育前有多孩生育意愿"进行分类,再分别与实际生育行为进行交叉对比,最终归纳出每个类别内育前生育意愿与实际生育行为的关系类型,即"育前生育意愿与实际生育行为高度吻合型"、"育前生育意愿与实际生育行为轻度偏离型"和"育前生育意愿与实际生育行为严重背离型"三类。

1. 高度吻合型

育前便明确仅生育一个孩子的育龄女性有 5 位,占总受访者的 25%,该群体的实际生育行为完全符合育前生育期望。这表明,明确生育一个孩子的育龄人群只有极少或忽略不计的可能性会生育多孩。该群体在育前便做出明确的仅生育一孩的决定,很大程度上是受晚婚晚育、少生优育观念的影响。除去生育观念的影响,城市中间阶层育龄女性普遍职业化,育前便明确仅生育一孩也是基于职业发展前景以及生育机会成本做出的理性决策。值得注意的是,5-BS-M15 和 6-BS-M8 提及育前明确生育一个孩子的决定是被动的,主要是迫于家中长辈的压力。

2. 轻度偏离型

育前生育意愿较为模糊的育龄女性有 9 位,占总受访者的 45%,其中 7 位女性最终选择只生育一个孩子,占比为 77.8%;1 位女性已有二孩生育计划，占比为11.1%；1位女性已实现二孩生育，占比为11.1%。因此，在育前无明确生育意愿的受访人群中，育前生育意愿与实际生育行为是轻度偏离的。多数的受访者表示，育前从未考虑过生育几个孩子，但在一孩出生后，都有考虑过是否继续生育二孩。对于育前生育意愿较为模糊的女性而言，一孩生育是多孩生育议程的触发事件，但一孩生育或养育过程中的负面体验却会对多孩生育决策产生抑制性作用。对此，绝大多数的受访者没有多孩生育行为，并明确表示不会生育二孩，仅有2位受访者存在多孩的生育情况，并在提及多孩生育目的时表示主要是给"孩子找个伴"。其中10-BS-F14-F10因为自己是独生子女，"给孩子找个伴"最能激发独生父母家庭二孩生育的意愿（洪秀敏、朱文婷，2017）。而17-BS-F3则是因为换了工作环境，在多孩生育较为友好的氛围中逐渐产生再生育的想法，但二者的最终目的皆是给孩子找个伴。"给孩子找个伴"俨然成为城市一孩育龄女性多孩生育的主要动机。

3. 严重背离型

育前明确有多孩生育意愿的女性有5位，占受访者的25%，但全部没有多孩生育行为，育前生育意愿与实际生育行为呈现负相关，二者严重背离。基于既有研究可知，该现象证实了当代育龄人群的生育意愿与生育行为存在差异，也就是生育偏差。但有两点值得深思。一是受访女性的工作以行政机关与事业单位为主，职业的稳定性较强，一般普遍认为该人群的生育偏差理应较小。二是育前有多孩生育意愿的女性为何在经历过一孩生育后，生育意愿会产生如此显著变化，一孩生育对其生育意愿转变的影响是如何发生的？依据18-BS-M5的访谈内容可知，以一孩生育为节点，对于育前明确有多孩生育意愿的女性而言，二孩的生育决策更容易提上家庭议程。但绝大多数女性会依据已有的养育体验，逐步调整或改变原有的生育意愿，选择延后二孩生育或仅生育一个孩子。这意味着在个体的生命历程中生育意愿会不断地被修正，生育意愿会随个体的养育体验而改变。

（二）一孩养育体验：动态性与差异性

首次成为母亲的养育体验并不完全是美好的，城市中间阶层育龄女性的一孩养育体验的评价普遍偏低。事实上，父母角色的转变以及养育子女的过程本身就复杂且充满压力,育龄人群的养育体验普遍较差并不意外。研究发现,育龄人群在一孩养育的过程中会不断调整与适应,养育体验也会呈现较为显著的动态性与差异性。动态性主要体现在,一孩的养育体验会随着养育过程的推进而产生相应的变化,并非一成不变。差异性则具体表现在两个方面:一是同一育龄人群不同阶段的养育体验存在差异;二是同一阶段内不同育龄人群的养育体验也存在差异性。基于此,本文依据访谈资料将一孩养育过程细分为"0~3岁"、"4~6岁"、"7~12岁"以及"13~18岁"四个阶段并分别进行探析。

1. 0~3岁:"鸡飞狗跳"的家庭生活

在以母职照料为主流的社会,初为人母会对育龄女性带来巨大的压力。在适应母亲角色的过程中,育龄女性更会面临成为照顾者和家庭育儿分工管理者两大挑战(何珊珊,2020)。因此,在一孩"0~3岁"阶段,受访女性普遍表示养育体验较差。母亲角色的调整、生活作息的变化、人际关系的复杂以及代际分工的不明确,让绝大多数育龄女性在一孩"0~3岁"期间体验到的是"鸡飞狗跳"的家庭生活。20-BS-F5在访谈中提及家中长辈在帮忙养育子女时的情绪较差,这与以往实证研究相互佐证,即思想观念的转变,祖辈在分摊育儿压力的同时普遍持有负面的态度(钟晓慧、郭巍青,2017)。随着祖辈养育负面情绪的不断溢出,育龄女性的一孩养育体验也会随之降低。虽然,也有部分受访者表示一孩"0~3岁"阶段的养育体验相较平和,生活满意度并未受到影响,更有受访者认为在孩子"0~3岁"期间生活满意度变高。总之,在一孩"0~3岁"阶段,家中长辈若能积极主动地参与子女养育,便会在一定程度上分摊女性养育子女的负担、缓解养育压力。养育子女过程中的亲子互动以及成就感,会让女性拥有较好的养育体验,更易产生多孩的生育期望。

2. 4~6岁:步入正轨的平和

育龄女性普遍能够完成初为人母的角色转变并协调好家庭内部的分工,在一孩"4~6岁"阶段育龄女性的养育体验普遍良好,但仍有部分女性持有负面评价。"0~6岁"正处于学前教育阶段,由于儿童照顾方面的公共福利较为稀缺,市场供应也不够完善,家庭仍是儿童照顾的主体。基于传统与现实的需求,由长辈提供子女照顾支持早已成为民间约定俗成的观念。因此，父母提供的家庭支持程度会对女性的养育体验产生显著性作用，极大地影响女性的多孩生育意愿。

3. 7~12岁：养育的科学化浪潮

城市中间阶层的育龄女性普遍接受过高等教育，拥有较为科学的育儿观念。在一孩"7~12岁"阶段，绝大多数女性会选择科学化的养育方式，尤其注重素质教育，但随之而来的经济压力会在一定程度上影响育龄女性的一孩养育体验。依据中国教育层次划分，"7~12岁"正处在小学教育阶段，与之承接的是竞争激烈的中学教育。以往研究表明，随着中国家庭教育地位的上升以及阶层内卷的严重，中间阶层育龄女性会在科学化养育的浪潮下主动加入激烈的教育资源争夺中，并将培养子女的任务当成自身使命（安超，2020）。由于该阶段的教育资源相对均衡，负面情绪并未大肆蔓延，抱怨、牢骚仅是较为短暂的存在。尽管整体的养育体验相对偏低，但多孩的生育意愿却深受影响。

4. 13~18岁：教育内卷化竞争

该阶段前后，面临着中考和高考两次重要的选拔性考试，教育分流压力让城市中间阶层的育龄女性不可避免地加入教育资源竞争中，一孩的养育体验满意度大为下降。教育资源的稀缺性决定了资源不均成为常态，为保障优质教育资源的获取，绝大多数的城市中间阶层育龄女性会充分发挥现有的文化资本优势。在教育培训市场的助推下，优质资源的获取阈值日渐提高，最终形成教育内卷化竞争。在内在驱动与市场挤压的双重作用下，育龄女性在一孩"13~18岁"阶段对待养育体验普遍持有负面态度。

三 多重叠加：生育抑制效应的发生机制

除去育前便明确仅生育一孩的，在育前生育意愿模糊以及有多孩生育意愿的城市中间阶层育龄女性中，一孩生育及养育体验的抑制效应超过促进效应，尤其是养育体验存在显著的动态性与差异性。即使部分育龄人群阶段性的养育体验较为良好，也不可忽视其他阶段较差的养育体验对多孩生育意愿和行为的深度抑制性作用。因此，城市中间阶层养育体验的生育抑制效应究竟存在何种发生机制，值得进一步探究。结合访谈资料发现，城市中间阶层育龄人群在一孩的养育过程中产生了养育焦虑,这是一种主观的、非现实层面的因素,是其在一孩养育过程中面临的家庭支持、子女教育、精力分配等现实制约因素在意识层面上的延伸。依据焦虑的发生源可具体分为照顾焦虑、教育焦虑、关爱分散焦虑、职业生涯焦虑和相对性焦虑(见图1)。养育焦虑在个体层面并非单一存在,往往是多重叠加的,并在一孩的养育过程中强化多孩生育的抑制效应。

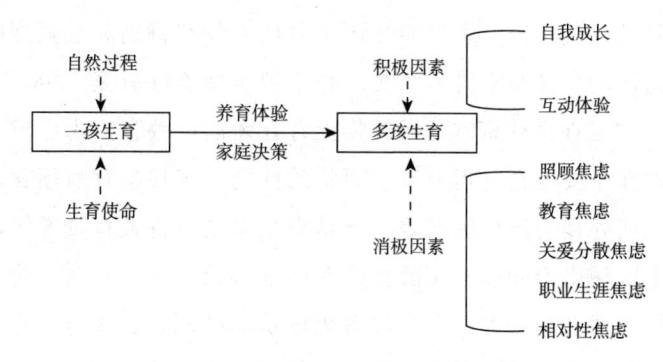

图 1 生育抑制效应的发生机制

(一)照顾焦虑

照顾焦虑是家庭分工矛盾带来的负面情绪。城市中间阶层育龄人群几乎都为双职工家庭,为减少养育压力通常会采用隔代抚养模式。育龄人群通常负责养育的教育功能,祖辈则主要提供经济以及劳力两个维度的家庭支持。养育的照顾功能和教育功能的分化,一是基于传统与现实的考量,二是育龄人群主观认为祖辈无法承担子女的教育功能。目前,祖辈在养育子女时常伴有负面情绪,在二孩照顾上更会出现大规模集体撤退行为,中间阶层家庭的照顾红利正在消失(钟晓慧、郭巍青,2017)。若生育多孩,城市中间阶层的育龄人群将不得不重新承担起子女养育的照顾功能,尤其是女性。近期研究显示,虽然越来越多的男性意识到参与子女照顾对于亲密关系建立的重要性,并肩负起相应的照顾责任(马冬玲,2019),但访谈发现,部分男性在参与一孩养育照顾上仍缺乏主动性,夫妻双方在家务贡献上更是存在较大差异。虽然既有研究认为,丈夫的家务贡献程度对妻子的生育行为几乎不存在影响（Juhua Yang，2017），但随着祖辈照顾支持的大面积撤退，丈夫的劳动参与对妻子劳动时间的替代效应便得以显现，丈夫的家务劳动贡献对女性生育行为存在显著性影响（许琪，2021）。

（二）教育焦虑

教育焦虑的产生主要有两方面的原因。一是主观层面的期望较高。一般而言，受教育程度以及经济地位越高的父母对子女的教育期望也就越高。访谈发现，虽然绝大多数的受访者自认为没有特别高或强烈的教育期望，但普遍认同全日制本科为底线，并希望子女能够就读"985""211工程"学校。二是在文化资本代际转换上存在矛盾。教育焦虑已成为当代中间阶层家庭在子女养育过程中普遍面临的问题，该现象背后蕴含着中间阶层对下一代所处社会阶层的期望，皆是举全家之力将教育资源倾注在现有的孩子身上。城市中间阶层育龄女性在面临多孩生育决策时，阶层期望带来的内在压力便会被放大，产生教育焦虑从而抑制多孩生育。事实上，依据贝克尔的数量质量替代理论可知，随着家庭收入的提高，家庭将会更愿意培养高质量的孩子，"一个孩子精养比得过两个孩子放养"在城市中间阶层家庭中已成共识。

（三）关爱分散焦虑

城市中间阶层育龄人群在子女培养的途径上存在较为显著的阶层特色，在养育方式上尤为重视"沟通"维度即亲子交流和沟通（黄超，2018）。在精力有限的前提下，再生育无疑会分散对现有子女的陪伴与关爱，基于保证子女的养育质量和顾及现有子女的感受，城市中间阶层育龄女性往往会选择仅生育一个孩子。

（四）职业生涯焦虑

随着家庭照顾红利消失而日渐放大的职业生涯焦虑，也在无形中抑制着中间阶层育龄女性的多孩生育意愿。访谈发现，在缺乏家庭照顾支持的现实制约下，城市中间阶层育龄女性在一孩的养育过程中会面临家庭与工作的冲突，工作干扰家庭要比家庭干扰工作更为普遍。通常情况下，当冲

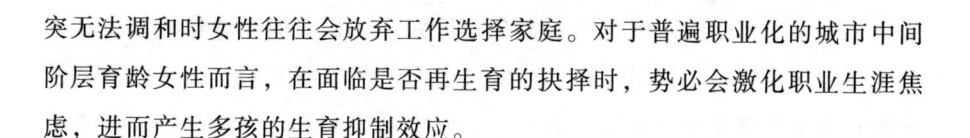

突无法调和时女性往往会放弃工作选择家庭。对于普遍职业化的城市中间阶层育龄女性而言，在面临是否再生育的抉择时，势必会激化职业生涯焦虑，进而产生多孩的生育抑制效应。

（五）相对性焦虑

与上述由现实制约条件而产生的焦虑情绪不同的是，相对性焦虑更多强调基于主观比较而产生的焦虑，具体分为自身比较以及对外比较两个层面。自身比较是指育龄女性在经历过怀孕、分娩以及养育后，生育体验变得更加真实，重新思量自身生育意愿后做出明确的生育选择。与之相对的是相互比较而产生的焦虑，其根本是由养育带来的相对剥夺感。信息科技的进步拓展了当代育龄人群的社交渠道，获取信息的来源越发广泛，"晒娃"俨然成为已育人群较为日常的生活分享，但这也成为一种新型的家长攀比现象，在"别人家孩子"的烘托下，愈来愈多的家长投入"鸡娃"的队列中。此次访谈中，受访者并没有表现出较为强烈的"鸡娃"倾向，甚至在语气与神态中还表现出对于当前"鸡娃"现象的不满，但"不希望孩子比别家差"仍是每位育龄女性的共识，暗自比较是普遍存在的事实。

四 我国生育支持政策的改进方向

大量数据表明，2022年我国人口总量略有下降，这意味着我国已进入人口负增长时代，其关键原因是出生人口的减少①。为了促进我国人口长期均衡发展，鼓励和支持育龄人口生育已刻不容缓。相关生育支持政策能否真正产生效用，则取决于我们能否深入而细致地理解中国家庭的生育逻辑并回应家庭的现实需要，而以下两个方面在很大程度上决定着我国生育支持政策面临的现实需要。一是一孩养育体验存在生育抑制效应。城市中间阶层育龄女性在一孩养育过程中产生了多重养育焦虑，即照顾焦虑、教育焦虑、关爱分散焦虑、职业生涯焦虑以及相对性焦虑等。在多重养育焦

---

① 王萍萍：《人口总量略有下降，城镇化水平继续提高》，http://www.ce.cn/xwzx/gnsz/gdxw/202301/18/t20230118_38353400.shtml。

虑叠加下，城市中间阶层育龄女性在一孩养育过程中的养育体验产生了对后续生育的抑制效应。对于大多数城市中间阶层家庭来说，在未生育之前虽没有关于生育几个子女的明确期望，但生育子女仍是主流选择。而在生育第一个子女之后，其再生育意愿会迅速明确，此现象在育龄女性中更为明显，这主要是因为一孩养育体验会影响或塑造后续的生育意愿。因此，要提高我国育龄人口的生育意愿，保持人口均衡发展，相关政策干预的重点不仅仅在于促进一孩生育和辅助生育，更重要的是缓解子女养育和教育给家庭特别是女性造成的压力。二是再生育的利他动机日益明显。基于传统生育文化约束以及人类繁衍本能，生育应是利己行为，即使在自我意识为生育主要驱动力的当下，至少生育一个孩子相较于利他更多的仍是利己，只是经济需求不再是关键性因素，生命延续、人生完美等精神层面的需求占主流。对于城市中间阶层的育龄女性而言，"给孩子找个伴"成为育龄女性生育多孩的关键性因素，再生育的利他动因尤为明显。这一动机普遍存在是因为随着人们生活水平的提高，城市中间阶层对家庭教养水平的要求也不断提高。越来越多的家庭意识到独生子女在个性特征、社会化和心理健康等方面可能面临的风险，提高子女的心理健康和社会适应能力已成为再生育的重要动机。鉴于此，建议从以下方面着手改进我国的生育支持政策。

（一）政策制定应考虑中间阶层缺乏家庭支持的现实问题

当缺乏相应的生育支持政策时，城市中间阶层育龄女性便会深陷"想生但不敢生"的矛盾心理。如何缓解城市中间阶层育龄人群的养育焦虑，增强多孩生育自信，理应成为相关政策制定以及配套措施出台的重点。当前，需要围绕"去家庭化"还是"再家庭化"展开深入探讨。虽然去家庭化的生育政策能在一定程度上弥补家庭支持的空缺，但无论是基于传统文化还是社会资源供应，其现实执行阻力较大；而再家庭化的生育支持政策相对比较符合国情。因此，现阶段的重心应是建立以完善家庭育儿功能为主的家庭政策支持体系，在保障家庭内部结构完整的同时，通过政策支持加强家庭抚养功能，缓解育龄人群在一孩养育过程中因缺乏家庭支持而带来的焦虑情绪。

（二）政策制定应关注男性参与不足的问题

男性常被塑造成"赚钱养家"的角色，众多家庭普遍持有"男主外、女主内"的观念。但随着女性劳动市场参与度的不断提高，工作已成为女性主观需求。在维持现有工作的同时兼顾家庭，无疑会加剧女性的养育负担。虽然男性照顾子女的程度逐渐加深，但部分男性仍缺乏主动性，这一方面是受限于传统观念，另一方面表明男性也难以协调工作与家庭的冲突。即使绝大多数男性的养育观念发生转变，但由于缺乏相应的社会与政策支持，男性在子女养育的参与上仍为不足。对此，与育儿相关的政策如产假、育儿假以及弹性工作制等，也应以男性为主体，在政策层面强调夫妻双方共同参与子女养育的重要性。该举措也必将能进一步保障女性就业环境的公平，减少因生育而带来的职业歧视。

（三）政策制定应重视教育问题

教育对于社会纵向流动的重要性不言而喻。城市中间阶层更偏向素质教育，由于个性化教育缺乏公共性制度的支持，教育培养市场逐渐"侵入"家庭，产生教育内卷化竞争，也带来较大的经济压力。"双减"政策的实行，便是政府对市场侵入私人养育空间的政策反应。但是，社会不同阶层对于下一代的培养逻辑存在差异，"双减"政策与实际的教育需求间仍存在张力，如何兼顾教育需求的分化、资源分配的公平性与合理性应是教育政策下一阶段改革的重点。因此，应进一步增强公立学校的师资力量，统筹不同学校的师资水平，减少"择校热"。关于教育需求分化，可设立专业的教师岗位，或积极与社会力量合作在校内开设兴趣培训班，满足基础性的个性化教育需求。还应对教育培训市场进行合理的规范与整治，倡导育龄人群理性选择，逐步缓解教育焦虑。此外，仍需关注当代育龄人群中的"鸡娃"现象，为避免陷入"鸡娃"的莫比乌斯环（耿羽，2021），营造良好、和谐的网络环境亦是当前亟待解决的问题。

参考文献

安超,2020,《科学浪潮与养育焦虑:家庭教育的母职中心化和儿童的命运》,《少年儿童研究》第3期。

陈卫,2021,《中国的低生育率与三孩政策——基于第七次全国人口普查数据的分析》,《人口与经济》第5期。

风笑天,2018,《给孩子一个伴:城市一孩育龄人群的二孩生育动机及其启示》,《江苏行政学院学报》第4期。

耿羽,2021,《莫比乌斯环:"鸡娃群"与教育焦虑》,《中国青年研究》第11期。

何珊珊,2020,《何为母亲——都市新任妈妈母亲角色适应的特点研究》,《青年学报》第2期。

洪秀敏、朱文婷,2017,《二孩时代生还是不生?——独生父母家庭二孩生育意愿及影响因素探析》,《北京社会科学》第5期。

黄超,2018,《家长教养方式的阶层差异及其对子女非认知能力的影响》,《社会》第6期。

靳永爱、宋健、陈卫,2016,《全面二孩政策背景下中国城市女性的生育偏好与生育计划》,《人口研究》第6期。

李纪恒,2020,《实施积极应对人口老龄化国家战略》,《社会福利》第12期。

马春华,2018,《中国家庭儿童养育成本及其政策意涵》,《妇女研究论丛》第5期。

马冬玲,2019,《家务劳动与男性气质的建构——基于六省市城乡居民的定性调查》,《中华女子学院学报》第5期。

邵夏珍,1999,《中国城乡家庭育前和育后生育意愿比较研究》,《中国人口科学》第1期。

王军、王广州,2016,《中国低生育水平下的生育意愿与生育行为差异研究》,《人口学刊》第2期。

许琪,2021,《性别公平理论在中国成立吗?——家务劳动分工、隔代养育与女性的生育行为》,《江苏社会科学》第4期。

钟晓慧、郭巍青,2017,《人口政策议题转换:从养育看生育——"全面二孩"下中产家庭的隔代抚养与儿童照顾》,《探索与争鸣》第7期。

Heiland, F., et al., 2008, "Are Individuals Desired Family Size Stable? Evidence from West German Panel Data". *European Journal of Population*, No. 2, pp. 129-156.

Juhua Yang, 2017, "Gendered Division of Domestic Work and Willingness to Have More Children in China", *Demographic Research*, Vol. 37, pp. 1949-1974.

(原载《山东行政学院学报》2023年第4期)

新社会风险视角下的中国超级妈妈

——基于广州市家庭儿童照顾的实证研究[*]

钟晓慧 郭巍青[**]

摘 要:当代社会政策理论将女性就业与儿童照顾的两难困境视为新的社会风险。文章也从该视角考察中国情境下"工作-家庭"平衡问题,并将成功兼顾工作与育儿双重责任的女性称为"超级妈妈"。通过对广州家庭育儿实践的访谈发现,"超级妈妈"现象首先基于妈妈们对女性价值在传统和现代两个维度的理解;同时,她们运用空间规划、网络构建和时间分配三种策略,积极组织家庭资源应对新风险。本文认为,超级妈妈的巨大付出和家庭支援的微观机制,有效填补了儿童照顾的社会福利赤字。但是,"超级妈妈"现象存在可持续性问题,且因条件差异产生不平等。因此,国家要承认女性及其家庭照顾儿童的社会价值,同时为女性及儿童增加社会照顾资源、抵御社会变迁带来的新风险。

关键词:新社会风险 超级妈妈 儿童照顾 工作与家庭平衡

一 问题的提出

女性怎样兼顾职业发展与儿童照顾这两项职责?这个问题一直是当代

---

[*] 本文系中山大学青年教师培育项目"社会治理视角下的家庭政策研究——基于粤港两地的调查"(项目批准号:17wkpy82)、教育部人文社会科学重点研究基地重大项目"国外社会政策前沿理论研究"(项目批准号:2009JJD810016)、教育部人文社会科学重点研究基地重大项目"社会政策创新与共享发展"(项目批准号:16JJD630011)的阶段性成果。本研究也获得广州市人文社会科学重点研究基地资助。

[**] 钟晓慧,中山大学中国公共管理研究中心、政治与公共事务管理学院政治学系副教授,硕士生导师;郭巍青,中山大学政治与公共事务管理学院政治学系教授、博士生导师。感谢中山大学政治与公共事务管理学院彭宅文博士以及《妇女研究论丛》编辑部、中国社会科学院社会学研究所举办的"全面'二孩'背景下的育儿问题"学术研讨会上师友们的宝贵建议。文章如有缺失,均为作者责任。

社会政策研究的重要内容。20世纪90年代以来，研究者将问题置于"新社会风险"（new social risks，以下简称"新风险"）（Bonoli，2007）的理论框架下来处理，给相关讨论带来了新的视角。本文也从这个视角出发，分析中国的相关问题。

关于新风险的论述强调两个背景性事实。第一，女性普遍就业，其收入对于家庭很重要，已成常态。第二，儿童照顾在很大程度上还是一种基于性别分工的实践，即主要依赖母亲的付出。两方面合起来，形成"工作妈妈"特有的关于时间分配的两难困境。在孩子的幼年阶段，妈妈的时间难以既用于工作又用于照顾。新风险理论（彼得·泰勒-顾柏，2010）认为，这是伴随女性广泛就业后出现的新问题，它给政策选择也带来困境。如果继续鼓励女性广泛就业，会使儿童照顾领域出现真空，儿童权益受损，也会抑制生育率。如果要求女性优先承担母职，其宏观后果是降低女性的劳动参与率。这将加大女性在职场上和社会生活中的劣势地位，与男女平等的价值目标相悖。同时，它也与提高就业率的目标相悖。在日渐老龄化的社会中，就业率目标对于国家非常重要。更何况女性退出就业，也会加剧女性贫困，又与反贫困目标相悖。总之，无论怎么选择都伴随另外一面的损失。在社会政策的意义上，这些都是福利损失。由此带来的潜在的长远后果很难估量，因此是风险。

以此观照中国，很自然会问：中国也有这样的困境与风险吗？从劳动参与率来看，女性的劳动参与率比起计划经济时期有所下降，但与其他国家比较依然是长期位于世界前列的。根据第三期中国妇女社会地位调查数据（第三期中国妇女社会地位调查课题组，2011），2010年中国18~64岁女性的劳动参与率为71.1%。尽管改革开放以来女性劳动参与率显著下降，而且男女差距在拉大，但是中国女性劳动参与率仍然居于世界前列。从儿童照顾来看，很容易想到农村地区大量的留守儿童现象。它表明如果必须远赴外地打工，女性就业和承担母职之间很可能处于难以协调的困境。此外，新近关于城市女性二孩生育意愿的研究也指出，中国社会照顾体系的缺失，导致女性陷入就业与儿童及老人照顾的两难境地，从而影响二孩生育意愿（陈秀红，2017）。综合这些情况看，工作职责与照顾职责相冲突的困境在中国同样普遍存在，在某些条件下矛盾非常尖锐（佟新、刘爱玉，2015）。

可是，中国儿童不是都处于失养失教的境地，尤其城市儿童还是得到了较好的照顾。这里的问题在于，较好的儿童照顾主要不是来自国家的福利或企业（机构）的福利，而是来自家庭尤其是母亲。尽管对女性和儿童的福利支持在不断改进，但是总体水平仍然比较低，支持非常有限（胡湛、彭希哲，2012；张秀兰、徐月宾，2003）。这表明，存在一种机制，使得女性的工作与照顾困境在私人生活层面上被缓解，从而没有演变为公共领域的冲突与危机。

考虑到中国儿童照顾"家庭化"程度较高、隔代育儿较普遍的情况（张亮，2016），这个替代机制指向家庭自身的机制。具体而言，是家庭和亲属网络；母亲在一个家庭亲属网络支持下得以同时承担工作职责和儿童照料职责。这意味着应该更深入地考察母亲及其家庭亲属网络在儿童照顾方面的微观机制。因此，本文的研究问题是，中国的家庭机制与功能如何帮助了女性同时承担工作与照顾职责？这种支援机制怎样形成？产生了什么影响？

在过去三四十年的高速现代化发展进程中，中国女性以极大的毅力和聪明才智应对工作与照顾的双重挑战，本文将她们称为"超级妈妈"。这个概念来源于社会政策新风险理论下西班牙实证研究的启发（刘易斯·莫雷诺，2010）。西班牙代表欧洲福利国家的一种类型，其特征是国家为儿童照顾所提供的公共资源很少，家庭结构与性别分工相对较为传统。母亲们以超常努力来维持工作与家庭两边的平衡，被称作一代"超级妇女"（superwoman）。西班牙的情况提示我们，在社会福利相对缺失的条件下，家庭会成为一种福利替代机制。但是，这种机制需要具备很多条件才能形成和发挥作用。其中，母亲的能动性，她们构建家庭亲属网络以发掘和协调资源的能力特别重要。

我们认为研究中国的"超级妈妈"现象，有助于更好地理解在儿童照顾的社会福利水平较低的条件下，为什么中国女性的劳动参与率不至于出现大幅度的下滑。母亲及家庭亲属网络所创造出来的福利替代，填补了社会福利赤字，起到了阻止下滑的作用。同时，中国的情况与西班牙等欧洲国家有很多不同，具体研究中国"超级妈妈"应对工作与照顾冲突的方式、条件及影响,将有助于在这个普遍性的理论议题上贡献非西方社会的维度和中国经验。此外,将工作与照顾职责的冲突视为新风险,将"超级妈妈"现象看作风险情景的产物,它既是能动群体,又是脆弱群体,这会给完善中国社会政策带来新的视野、提出新的治理要求。

本文将首先对有关"新风险"理论及女性"工作-家庭"平衡的研究做简要梳理,在此基础上,根据作者对广州家庭儿童照顾的深度访谈案例,分析中国"超级妈妈"现象。讨论沿两条线索展开。第一条线索是分析"超级妈妈"在"工作-家庭"平衡方面的能动性与策略,它包含在家庭亲属网络内调配人手、空间安排以及时间分配。所有这些能动性与策略,实际上弥补了国家与市场在儿童照顾方面的功能缺失,其表现方式也富于中国特色。第二条线索是讨论"超级妈妈"现象中所蕴含的风险。首先,儿童照顾主要依赖于"超级妈妈"的付出,必然会因为能力、资源、家庭关系等条件差异而产生极不均衡的问题。其次,再强大的"超级妈妈"也有能力、资源的可持续性问题,终究需要国家提供更加充分的社会资源支持,否则不利于生育政策的调整。在结论部分,本文将简略讨论上述问题所带来的政策意涵。

二 新风险视角:女性及"工作-家庭"平衡

新风险是与"老风险"(old social risks)相区别的一种类型。从社会政策的角度来讨论风险及其类型,一个基础的前提条件是看家庭模式。有研究特别指出家庭结构是福利国家制度得以运行的重要基础条件(Esping-Andersen,1999)。简单来说,"老风险"与"男性养家模式"相关联,新风险则与"双就业家庭"相关联。所谓"男性养家",是指家庭的经济收入主要依赖于男性的就业与收入,女性承担家庭照顾职责,这种照顾工作是不计酬的。在这种模式下,男性就业中断或就业能力丧失导致收入下降或者中断,就是风险,因为它意味着家庭陷入贫困。对应于这种风险,二战后欧洲国家陆续建立了包括工伤、医疗、残疾、退休金和失业等内容的社会保险体系。得益于制造业的稳定繁荣,欧洲国家享受了长达30年的黄金年代。在这个时期,劳动者(主要是男性)职业稳定且有所发展,收入增长，公共财政充裕，所有这些都支撑了较高水准的社会保障体系（Huber & Stephens, 2007），这就是老风险及其应对。

但是这种繁荣和发展，本身又导致了家庭模式的变化。随着女性受教育水准提高、女性普遍就业以及女性独立意识的发展，"双就业家庭"成为主流模式，取代了"男性养家模式"（Pierson, 1998）。从经济层面来看，以制造业为主的工业社会转型为以服务业为主的后工业社会，大大促进了女性就业，同时又拉低了传统行业男性劳动者的工资水平。再加上失业率提高，从而使男性独立养家的方式越来越难以为继。劳动力市场和家庭模式的这种转型变化，带来了一系列新的问题。其中之一就是工作与家庭责任变得难以兼顾。在双就业家庭模式下，如果女性失去工作，很可能导致家庭收入下降乃至陷入贫穷。而如果带孩子的母亲要工作，儿童则可能得不到适当的照顾。这种两难困境就是新风险。为此，从20世纪90年代开始，欧盟各国和OECD（Organization for Economic Co-operation and Development，经济合作与发展组织，简称"经合组织"）都强调，福利国家制度面对新风险的挑战（Taylor-Gooby, 2001）。在各种类型的新风险中，女性难以兼顾工作与家庭责任被列为第一位。

与老风险比较，新风险不仅在时间上是新的，而且具有一系列新的特征。因此，概括这些特征以及在各个国家不同条件下的具体表现形态，是新风险理论研究的重要内容。为了精简和便于理解，我们将其概括为以下三个方面。

第一，老风险概念主要针对的是男性以及老年人群体。而新风险涉及的主要是女性，而且是老年之前的、相对年轻的群体。更重要的是，在老风险概念下，要处理的问题来源于失能（而无法就业），如疾病、工伤、残疾、衰老，等等。这类问题的性质都是偏离正常。新风险则相反，问题来源于正常的进步和发展。受过教育、能够就业的女性，无论对个人、家庭还是社会来说都是好的、进步的。但是，母亲为此要面对工作职责与照顾职责的冲突。其中，还要特别注意"特定年龄段中的次级人群"，即类似单身母亲、低技能的母亲以及在照顾孩子之外还需要照顾老年人、病人的母亲等，是风险特别大而抵抗能力又较低的脆弱群体。

第二，老风险概念将问题理解为经济受损，包括收入中断，或者工薪收入不足以覆盖；相应的解决方案主要是各种转移支付和津贴。但在新风险中，许多问题涉及时间、道德与情感，不能仅靠金钱的转移支付解决。一位需要照顾孩子的母亲可以向雇主和政府要求什么？这涉及的是权利问题，是赋权和赋能的问题，也没有"一刀切"的解决方法。法国和瑞典承认，母亲是一项社会资格，工作者也是一项社会资格，工作妈妈同时有两种资格，但是许多国家做不到这一点（Lewis，1998）。又譬如，北欧国家实行父亲的陪产假、育儿假，鼓励父亲承担儿童照料责任等来减少母亲的负担，这符合新风险思路下的政策改革。但是，对于非常规性就业的群体来说，这些政策可能不现实，因为获取这些社会福利的资格建立在常规性就业的前提下。

第三，新风险涉及的群体属于原有制度下的较弱势群体（例如妇女、儿童），而且利益分散，一些问题也被认为是生命周期中带有过渡性质的问题。因此，很多时候不容易形成统一的发声机制，或缺乏持久的代言力量。在这种情况下，福利国家可能识别不出新风险，也可能在推动改革和应对新风险方面难以形成决心，并聚集力量和资源（Ebbinghaus，2007）。换言之，没有能力认识风险，或者没有意愿应对风险，本身构成一种制度性的风险。

上述关于新风险的类型、原因、表现等，是新风险研究的一个重要方面。文献中另外一个重要方面则是讨论福利国家的政策改革以及寻求应对之道。相关的讨论可以放在"工作-家庭"平衡的框架中加以统筹。

首先，在政策的认识论上，讨论工作责任与家庭责任的关系。一方面，工作为养家提供基础条件，确认工作是重要的家庭福利；另一方面，家庭照顾也为工作提供基础条件，工作设计要符合家庭生活的需求。这意味着，承认照顾具有与工作同等重要的社会价值，而不是附属关系；女性不计酬的照顾与男性的计酬工作与此类似。

其次，从实践研究的角度看，上述认识论对政策改革提出了较高要求，即需要在各种复杂情况下找出有利于工作与家庭平衡的条件和关键节点。研究者因此仔细研究一个一个的具体案例，从中总结政策特征。比如，根据儿童福利政策的"去家庭化"程度，研究者将欧洲国家在"工作-家庭"平衡方面的努力与改革归纳为三大模式：以北欧社会民主主义国家为代表的去家庭化模式，大部分欧洲大陆国家的支持型家庭模式以及以南欧国家为代表的完全家庭主义模式（Daly，2002）。在这当中，各种解决具体问题的政策措施，以及背后的制度与历史文化脉络，构成研究文献中的重要内容。

围绕"工作-家庭"平衡问题的政策与改革的讨论，从根本上说是要支持和促进女性的能力发展。这提醒我们需要重视和挖掘女性的主体能动性，并重新评估女性在照顾方面所作出的贡献。正是从这个角度来看，关于西班牙"超级妇女"的研究对考察中国案例有一定的启发性，其"独特之处在于家庭作为福利生产机构在收入和福利分配上起着关键作用"。20世纪八九十年代，西班牙政府在公共支出中削减福利，而由于超级妇女们"长久的个人牺牲"和"无偿地"提供了许多服务，这使得社会整体情况并未明显恶化。但是，国外学者较少关注此类新风险在非西方社会条件下的表现形态，以及女性的应对和政策含义。

进入21世纪，关于新风险理论及"工作-家庭"平衡的研究开始受到中国学者的关注，相关研究归纳起来有两个重要方面。第一个方面是从社会政策的角度，介绍国外学者新风险理论、"工作-家庭"平衡概念及研究成果，并积极呼吁在中国开展相应的研究（岳经纶、颜学勇，2013）。同时，研究者指出中国应尽快发展家庭政策及儿童照顾福利，构建有效支持家庭的政策体系，才能有效地缓解女性的照顾压力、鼓励生育率（刘云香、朱亚鹏，2013；吴帆，2016）。这表明研究者已经意识到中国社会政策主要是解决老风险，对已经出现的新风险政策力度却严重不足。整体而言，国内从新风险角度讨论工作职责与家庭职责冲突的社会政策理论与实证研究很少，尤其缺少基于女性角度的研究。

不过，最新的OECD以及中国研究数据表明，女性就业率与总和生育率之间的关系不是负相关，而是正相关（蒙克，2017）。笔者认为，这可能是因为女性在处理工作与家庭关系中起到了积极作用：女性为了更有条件生育和抚养孩子，必须加倍努力工作，从而使得就业与生育两者相互促进。这是一种个体在风险社会中的反思性策略。

这提示我们，女性具有反思能力：当社会条件变化后，她们能够感知到风险，并积极行动寻求应对方案。与此相吻合的思路是个体化理论

(Beck & Beck-Gernsheim, 2002) 脉络下展开的中国家庭研究。上海夫妻及代际关系的实证研究指出，"……传统失去了作为一种结构的作用，变成一种资源"；"在市场经济时期，女性劳动力作为一个独立个体的主观能动性和客观可能性都有了条件"（沈奕斐，2013）。换句话说，女性在寻求解决方案的过程中，能够把过去具有约束与规范的结构创造性地转化为资源，以期抵御风险。将此思路运用到分析"超级妈妈"现象，意味着要深入考察女性构建育儿网络的微观实践，尤其是如何推动结构转化为资源的过程。

第二个方面则是关于中国家庭在儿童照顾、女性生育以及养老方面丰富的理论与实证研究。这些研究尽管并不与"工作-家庭"平衡议题直接相关，但是共同强调在中国条件下，工作妈妈的困境和她们在儿童及老人照顾方面的贡献。其中，有研究注意到中国现代化话语对"理想母亲"的塑造及21世纪提倡"超级妈妈"形象对女性的影响（陶艳兰，2016）；也有研究从不同侧面考察家庭对照顾的重要作用，譬如，祖辈帮忙照顾孩子对母亲既是解放，也形成博弈（肖索未，2014）；隔代育儿模式下，居住形态对儿童照顾的影响（Chen, Liu, & Mair, 2011）；等等。这些为深入理解工作妈妈的能动性提供了丰富知识，但是在女性到底如何动员家庭亲属网络关系，其成功需要哪些条件，失败又受制于哪些因素等方面，还缺乏较深入的挖掘。

本文在上述研究基础上，尝试从新风险理论的视角出发，揭示城市女性在两难困境下的个体能动性，其构建家庭亲属支援网络的具体表现方式、所需条件及后果。

三 研究方法

本文研究对象是"工作妈妈"，在分类上首先排除长期不工作的全职妈妈，也排除农村中的留守妈妈。这两种类型有其特殊性，需要另做专门研究。

为了考察家庭亲属网络的微观机制，本研究采用目的性抽样方法（purposive sampling），选取依靠家庭亲属网络照顾孩子的工作妈妈及其家庭。考虑到城市隔代育儿、双职工家庭的普遍性，选样具体标准是至少有一位祖辈帮助照看孩子的双职工家庭。为了展示"工作妈妈"案例的共同特点，抽样遵循最大差异性原则（maximum variation sampling）。具体来说，在隔代育儿的双职工家庭样本里，最大限度包含经济收入、（非）独生子女家庭、（非）本地家庭、儿童性别及数量、有无雇请保姆等不同情况的家庭。同时，由于空间居住形态与房产状况密切相关，本文也选取了拥有多套房产、2套住房、只有1套住房等家庭案例。

此外，为了揭示"超级妈妈"成功或失败的原因，研究抽取了少量越轨案例（extreme or deviant case sampling）。对于本文"工作妈妈"的主体样本（primary cases）而言，有两类越轨案例。一类是不需要依靠家庭亲属网络协助，就能应对工作与照顾职责的工作妈妈。在某种意义上，这是超常规的成功案例，本文选取了一个没有动用祖辈及亲属网络，仅靠核心家庭资源解决困境的工作妈妈样本。另一类是女性哪怕付出巨大努力，也无法有效调动家庭亲属网络应对的工作妈妈。研究选取了两个进城务工、日常无法照看孩子的工作妈妈案例，反思限制女性发挥个人能动性的结构性因素。

作者分别在2010~2011年和2015~2017年，对广州15个家庭的父母和祖辈进行深度访谈（见表1），从不同角度理解女性及其家庭应对两难困境的策略、考虑及后果。样本中包含12个隔代育儿的双职工家庭，1个没有祖辈也没有保姆协助育儿的双就业家庭，2个从外地农村到广州打工的家庭。其中，有7个家庭参与了两个阶段的访谈。这15个家庭里，祖辈处于55~70岁，父母处于30~45岁，大部分家庭至少有一名不满10岁的儿童。

表1 访谈家庭基本信息

案例编号	本/外地（父+母）	年龄（岁）		单位及职业类型		教育程度		孩子数量（个）	儿童年龄（岁）	
		父亲	母亲	父亲	母亲	父亲	母亲		1	2
1	外+本	44	37	外企管理人员	国企行政人员	硕士	本科	2	6	<1
2	本+外	38	38	NGO管理人员	国企管理人员	硕士	本科	1	7	x
3	本+本	40	37	外企管理人员	外企管理人员	本科	本科	1	2	x

续表

案例编号	本/外地（父+母）	年龄（岁）父亲	年龄（岁）母亲	单位及职业类型 父亲	单位及职业类型 母亲	教育程度 父亲	教育程度 母亲	孩子数量（个）	儿童年龄（岁）1	儿童年龄（岁）2
4	本+外	37	36	电视台制片人	报社编辑	博士	硕士	1	2.5	x
5	外+本	36	37	公立医院医生	大学教师	博士	硕士	2（双胞胎）	3	3
6	本+外	36	36	私企管理人员	国企研发人员	硕士	本科	2	5	<1
7	外+外	34	31	发型师	公立医院护士	大专	大专	1	<1	x
8	外+外	33	30	报纸编辑	央企行政人员	硕士	本科	1	<1	x
9	外+外	38	36	外企销售人员	高校行政人员	本科	硕士	2	6	2
10	本+本	36	33	私企管理人员	国企行政人员	硕士	硕士	1	2	x
11	本+本	34	32	列车乘务员	超市营业员	中专	中专	1	5	x
12	本+本	38	35	地产经纪	私企会计	大专	中专	1	6	x
13	本+外	30	32	民企质检员	英语翻译	大专	本科	1	3	x
14	外+外	45	43	保安	护工	小学	小学	2	17	11
15	外+外（离异）	44	42	装修工人	家政保姆	小学	小学	2	18	12

四 研究发现

（一）中国超级妈妈：工作跟孩子一样不能丢

既要工作，又要带孩子，这是一种客观情境。但是，身处此种情境中的工作妈妈也有自己的主观态度。中国的改革开放带来了经济与社会的发展，也增大了家庭和个人的选择自由。退出职场回家带孩子，就是一项选择，例如，一些国家出现了"主妇化"现象（吴小英，2014）。但是，在本研究的访谈对象中，无论家庭经济条件较好还是相对较差，妈妈们都认为，工作跟孩子一样不能丢。

孩子不能丢，工作我也不能丢。两边我都丢不起，最困难的是这一点。好辛苦，有时晚上喂完奶还得挺起身继续加班。（妈妈，案例10）

这位妈妈所表达的是一种明确的个人态度和选择，即两头不丢，愿意面对压力。我们将此看作超级妈妈群体的主观性特征，它反映了妈妈们对自身角色的认知与担当，并折射出历史与社会条件在观念上的形塑作用。对此我们分别从工作与育儿两个方面来认识。

1. 工作文化与女性价值

本研究所访谈的家庭成员，大都认可母亲工作对于家庭的正当性和必要性。明显例外的情况来自一对农民工夫妻。留在家乡本省打零工做小生意的丈夫，要求到外地做家政工的妻子放弃工作，回家带孩子。妻子则明确拒绝，理由是回家做饭带孩子就要受气，而老公并不能保证稳定的收入（案例15，已离婚）。在她看来，工作不需要理由，不工作才需要理由以及必要条件。

这种平等的工作文化（妈妈也要上班）根基于双就业家庭模式，同时有中国特色的历史来源。首先，中国的家庭传统崇尚勤奋，在改革开放与市场竞争条件下，它演变成为一种"奋斗个体"精神（阎云翔，2012）。其次，有研究者分析过，来自国家的妇女解放话语形塑了1949~1990年的工作母亲的观念（金一虹，2013）。这种话语将"参加社会劳动"看作妇女解放的前提，将全职家庭妇女视为"不劳动的寄生虫"。还有研究者认为，与西方社会的公私领域相互分立制衡不同，中国的集体主义时代具有"公私镶嵌""私嵌入公"的结构特征（宋少鹏，2012）。其中，"公"（即工作）是第一位，"私"（即家庭、夫妻、育儿、照顾等）则是第二位。

本研究从侧面佐证了上述观点。案例家庭中的祖辈，年龄接近60岁或60岁以上，他们都将女性（母亲）工作看作很自然的事情。祖辈们会感叹现在带孩子真不容易，也担心年轻父母忙不过来而愿意提供帮助，却几乎没有人质疑过妈妈为什么要上班。

然而必须看到，虽然两代妈妈都是工作妈妈，但是年轻一代的观念中，"为什么要工作"的理由已经有很大不同。

孩子现在 4 岁,衣食住行、旅游、保险、兴趣班林林总总,估计花了 30 多万……我老公公司业务转移到国外,中国区很可能不会留人,他正在找下家。我觉得自己是家里的经济支柱,只要公司不倒闭,我打算干到退休,绝对不会辞职回家。(妈妈,案例 1)

很明显,工作的理由来自对育儿成本和家庭经济的考虑,来自妈妈对于夫妻分工的自我定位。换言之,工作不仅是因为国家需要,而且是因为家庭需要和自己需要。因此,这位妈妈的叙述包含了重要的视角变化,即从国家视角转变为家庭及个人视角。无论是工作还是育儿,都是家庭的事,也都是自己的事。她在规划自己的家庭,并表现出独立性和自主性。当然不是每一位妈妈都能够说自己是家里的经济支柱,但她们都知道自己是自身的经济支柱,其收入也是家庭中不可忽视的一部分。她们以此方式确认了女性的价值。

2. 育儿压力与母亲焦虑

经济与社会的发展,使女性在职场上的竞争压力增大。与此同时,被看作女性责任的育儿难度也在加大。

过去老一辈养孩子叫"拉扯",我们小时候是"圈养",现在的孩子个个都要"精养"。(爸爸,案例 7)

精养对妈妈提出了很高的要求。除了花时间陪伴,最大限度地在场之外,掌握科学喂养、安全陪伴、早期教育等方面的知识也变得非常重要。

妈妈必须具备育儿知识和技能,否则再多人帮你,经济条件再好,哪怕全职在家,你对着孩子一样是懵的。(妈妈,案例 13)

这种感受同欧洲社会的家庭现代化变迁有着相通之处,即"生活不再是不言自明的""和谐的日常生活变成了要有大量准备才能获得的成就"(乌尔里希·贝克、伊丽莎白·贝克-格恩斯海姆,2011)。而中国的一个特点是,急剧的社会转型和发展导致了一种竞争式的育儿文化。培养孩子要从一出生就开始,是一项只许成功、不许失败的任务;独生子女家庭更是如此。但如果工作要进步,孩子要精养,就意味着时间和精力上的冲突加剧;而妈妈们很难事先完全做好准备。这带来长达数年的压力感和焦虑感,就像"蜡烛两头烧"(妈妈,案例13)。如果处理不好,还会影响再生育决策。

> 我太太坚决不生(二孩),她觉得养孩子、教孩子很花时间精力,工作又那么忙,好不容易熬到孩子上小学,再来一个搞不定,还会影响对女儿的培养。(爸爸,案例2)

由此可见,一方面,原有的来自国家的妇女解放话语和市场经济条件下的个人奋斗话语,共同支持母亲工作;另一方面,复兴中的传统母亲形象与新兴的现代化的"好妈妈"标准,又共同强化了母亲的育儿职能。两个方面相叠加(各自又含有传统与现代两个维度),构成了超级妈妈特有的冲突体验。在这样的情景下,工作和孩子都不丢,是一项"需要大量准备才能获得的成就"。其中的主要内容,就是协调各种资源以平衡工作与家庭。如果资源不能持续,妈妈的努力可能只到生育一胎为止。

(二)构造中国式的"工作-家庭"平衡格局:妈妈们的微观策略

通过对案例中的家庭成员的深度访谈,我们发现,工作妈妈们运用三种微观策略来构造"工作-家庭"平衡格局。一是调配经济资源,安排居住空间;二是动员人力资源,建立育儿网络;三是重新分配时间,明确分工与合作。

1. 空间居住安排

为了实现"工作和孩子一样都不能丢",工作繁忙的妈妈大都会寻求祖辈的帮助,由此形成代际协助育儿的局面。在这里,难处不在于祖辈的意愿,而在于安排出彼此邻近或同住的居住空间。

> 家里哪个老人能帮带孩子,大家心里头有数的,一般是水到渠成的事情。反而是老人来了怎么住,这要花时间、花大钱解决。(妈妈,

案例8)

代际居住安排涉及一系列购房选择，需要夫妻双方乃至两代人的规划与行动、合作与妥协。访谈的双职工家庭大部分规划意识很强：有些家庭的老人很早就催促购房，有些夫妻结婚时通盘考虑，有些夫妻则婚后有了生育计划立即换房。

> 我们跑了二三十个楼盘。要考虑面积和户型，小孩房、老人房、书房、夫妻房，面积就不可能小。还有地点，附近要有幼儿园、学校和医院，方便老人看病，接送孩子入托、上学。面积大，只能选在郊区，但是得保证我和我太太每天通勤时间不超过2小时，家里有什么事我们得赶回去。符合这些条件的楼盘我们基本去看了。（爸爸，案例9)

住房安排还涉及对家庭金钱、资产的调配。家庭经济条件不错的妈妈，展示了出色的理财意识和能力。案例1中，妈妈说服丈夫在自己父母家同住了五年。不仅得到老人协助育儿，还攒下钱做投资，最终在老人家附近买到学区房，协调了工作与老人及孩子照顾的问题。在某种程度上，上一代父母对女儿在教育上持久密集的投入（Fong, 2002），培养了年轻妈妈在现代社会挺立的能力。

而作为独生女的妈妈，则展示了对家庭资源较高的动员能力。受访家庭的老人普遍愿意给妈妈们提供支持，既是对家人的责任，也含有养老的期待。但是，比起非独生女，身为独生女的妈妈更能满足其父母的情感需求，代际保持较强的亲密感。换句话说，身为独生女的妈妈能够从传统和现代两边汲取养分，动员出家庭资源支持居住安排。因此，老人对独生女的购房支持力度很大，包括支持首付、直接提供住所、买家具甚至给第三代购买保险。

相比之下，在经济条件较差、房产较缺乏的家庭，共同的策略是最大限度利用现有的居住空间，例如改建（案例12）、加建（案例11）。代际居住安排呈现长期而稳定的三代同堂，居住条件较为恶劣。

对于进城务工的妈妈来说，城市里没有固定居所，她们必须在远方为孩子构建比邻亲属的居住空间。

> 两个女儿跟我，他（前夫）不要，不可能继续在他那里住，也不可能回娘家住，分家了嘛。大女儿上大学，小女儿一个人在家，上初中每天晚上从县城中学回村里不太安全，我在县城买了套房。有什么事我大姐和妹妹也能过去照看一下，她们都搬到县城。（单亲妈妈，案例15）

此类妈妈动用家庭资源非常困难，反而受到传统婚姻和家庭规则的约束。尽管建立了比邻姐妹的居住安排，但是高度不确定。而且，购房动用了个人全部积蓄和赡养费，还需要在城里持续工作以还贷。她们看似有房有工作，实则陷入巨大的经济风险。

2. 建立育儿网络

在一定的空间安排下，妈妈需要动员和组织祖辈、父亲、亲戚等成员参与育儿，建立密集的照顾网络（见表2）。12个双职工家庭中，只有4个家庭（曾）聘请钟点工或保姆分担祖辈的照顾压力。一方面，即使对于经济条件不错的家庭，长期雇佣保姆依然是一笔不小的经济负担。另一方面，父母们普遍反映"找到一个靠谱的保姆很难"。保姆照看可能有安全风险，也有随时辞职的不确定性。相反，孩子交给老人带"更安全、更放心"。

访谈家里的大部分老人都愿意帮子女带第一个孩子。一方面，他们高度体谅子女的工作需要和育儿压力，自己退休有时间且只有1~2个子女。"肯定是要帮的""不帮说不过去，会被人说的"，是祖辈们的共同观点。另一方面，老人们从自身考虑，希望通过带孩子减轻晚年生活的孤独寂寞感，也为子女以后照料自己多加一份保险。双独父母家庭里的第一个孩子，甚至出现两边老人争着带的情况（案例3）。即便在非独生子女家庭，老人也愿意为女儿带孩子，不必然遵循父权制下祖母照料孙子女的传统规范。案例8的老人帮儿子、女儿都带过孩子，甚至有6个城市双职工家庭动员出（外）祖父参与照顾孩子。换句话说，独生子女政策下形成的小型化家庭结构、弱化的性别偏好、老人对赡养及情感的需求，都为妈妈们动员双方家庭祖辈协助照顾提供了便利条件。

表2 访谈家庭父母以外的儿童照顾者信息

编号	案例1	案例2	案例3	案例4	案例5	案例6	案例7
父母以外的照顾者	祖辈	祖辈、住家保姆	祖辈、钟点工	祖辈、住家保姆	祖辈、住家保姆	祖辈	祖辈
亲属照顾者身份	外祖母、外祖父	祖母	外祖母、祖母	外祖母	外祖母、祖母	外祖母/父及祖母/父	外祖母

编号	案例8	案例9	案例10	案例11	案例12	案例13	案例14	案例15
父母以外的照顾者	祖辈	祖辈	祖辈	祖辈	祖辈	0	祖辈	亲戚
亲属照顾者身份	祖母	外祖母/父及祖母/父	祖母、祖父	祖母、祖父	祖母、祖父	0	祖母	姐姐

但是，在二孩照顾问题上，妈妈需要在代际做大量的动员和协调工作。最近的研究发现，曾经带过一孩的祖辈不愿意再带第二个孩子（钟晓慧、郭巍青，2017）。受访家庭通常采用三种方法动员祖辈：两边祖辈轮换，两边祖辈各带一个，或者雇请保姆协助祖辈。案例9家庭协商出轮换的方案，不过两边祖辈都不想带二孩，采用"拖延""推脱""请假"等策略减少照顾压力。又因（外）祖母是主要协助者，这些都需要妈妈沟通和协调、动员和组织，也要妥协和忍让。非独生子女家庭里（案例8、案例13），老人在照顾完一位子女的1~2个孩子后，已经不愿意再带了。动员无效的情况下，"不生二孩"成为不少一孩妈妈的选择。

当两边祖辈都无法帮忙时，妈妈如何动员爸爸参与育儿变得极为重要。现有文献从阶层差异角度，解释儿童照顾过程中的夫妻博弈。受教育程度较高、有较多就业机会和较高收入的女性，能够促进双方更平等地承担育儿责任。非隔代育儿的案例13在一定程度上证明了这点。妈妈的收入、职业类型和受教育水平均高于爸爸，在教育、照顾、就医等育儿问题上，爸爸更愿意相信妈妈的判断，共同分担与合作。

育儿之前首先要育爸爸。钱我挣，孩子我带，这样的男人要来干吗？而且，两个人要统一育儿知识，我也放手给他带，不会担心他带不好就不让他（带）。买菜、买早餐、做饭、洗衣服、带孩子这些活基本上我老公都有做。（妈妈，案例13）

另外需要注意一点，比起他们的父辈，男性自身也发生了积极的转变。从观念上看，许多爸爸愿意学习，受教育程度高的爸爸更是如此。他们根据自己的童年经历以及目前的竞争环境，能够清楚陈述育儿观念，也愿意为妈妈提供更多的支持。有两位爸爸（案例6、案例7）正在考虑更换工作，以便减少通勤和工作时间，更多地提供协助。从实践上看，部分爸爸参与了儿童早期教育、陪伴、游玩、就医等辅助性的照顾工作。部分二孩爸爸能够从一孩养育经历中反省自身，快速转变育儿方式。年轻一代爸爸教育程度的提高促进其育儿观念转变，是妈妈成功动员核心家庭资源的有利条件。

对进城务工的妈妈来说，有留守老人带孩子是相对较安心的情况（案例14）。但是，案例15中的单亲妈妈无法动员祖辈，只能以每月支付1200元的条件，说服姐姐帮助照顾自己的小女儿。也就是说她需要付出更高的成本，但照顾密度和质量远不如城市家庭。

3. 重新分配时间

工作妈妈之所以"超级"，归根到底是实现了照顾时间的再分配。在隔代育儿的双职工家庭，妈妈无偿征用了祖辈的闲暇时间，用来填补自身照顾时间的短缺。从访谈情况看，相较于爸爸，妈妈和祖母的干活时间都非常长，而且强度大。以三代共居、照料10个月孩子的家庭（案例7）为例，妈妈工作时间很长，也有相当一部分时间用于儿童照料；外祖母主要时间用于儿童照料和家务活。爸爸的工作时间比妈妈稍长，但是儿童照料和家务劳动时间远少于前两者。也就是说，在没有外祖母协助、男女照料责任划分不平等的情况下，妈妈不可能外出工作，甚至还要压缩睡眠时间。但是，在向外祖母"借用"了大量时间后，妈妈的时间有了富余，她才能做到工作跟孩子一样都不丢。

当"被借走"大量时间后，受访的祖辈们普遍反映，因为要带孩子，平时没时间去旅游、上老年大学,也没时间跳舞唱歌,连跟朋友聚会的次数都减少。祖辈们清楚地将"带孩子"界定为"上岗"或"上班",突出其时间长、强度大的特点,但是不计酬。相反,对于不需要照顾孩子的外祖母(案例10),则能够继续工作,增加自身收入。这表明,在隔代育儿的双职工家庭里,祖辈(尤其是女性)的身体健康、社会参与以及经济利益在一定程度上都受到损害。

大部分受访的妈妈清楚地意识到,祖辈高强度、长时间、不计酬的服务投入,对老人个人而言是巨大牺牲。她们采用两种方式来维持时间调配。一是物质补偿,二是情感反馈,让祖辈感到"被尊重"。

> 你不能把父母看成纯粹帮你带孩子做饭的劳动力,我们现在搬出去住,小女儿出生后,换成我爸妈来帮着带。但是你不能剥夺了爷爷奶奶跟两个孙女相处的时间。所以下午由我公公去幼儿园接大女儿回家。他们在路上聊天,这是属于他们两个人的时间。(妈妈,案例6)

与金钱等物质相比,情感、尊重对维持代际关系的育儿支持更重要。但是,必须承认,在超级妈妈的家庭支援机制中,存在年轻一代对老人的代际剥削,导致后者利益受损;其中,老人的时间损失远非物质和情感能够弥补。

在没有祖辈参与照顾的家庭里,妈妈采取两种策略对时间做再分配。一是夫妻之间对照顾职责做时间再分配。"我和老公一起养家一起承担家务。"(妈妈,案例13)也就是说,男性不是以保证工作为前提,闲暇之余协助女性做家务及照顾孩子;反之,对女性也是同理。因此,照料劳动不是基于性别分工,而是更为平等的分担。二是女性保持自身工作高度的灵活性。一位以翻译为自由职业的妈妈,在孩子三岁以前不断调整自己的工作内容及工作时间。

> 口译要出差,老公一个人带不过来,只能放弃,尽量多接笔译,客户会流失一些。笔译也有时间节点,可是孩子不同阶段对你的时间需要也不同,我要掌握住两边的节奏……孩子大了之后,睡眠时间变

短,拽着你往外跑,我只能晚上等孩子睡了熬夜工作,或者趁他还没睡醒,早上起来做。(妈妈,案例13)

工作灵活性的好处是便于协调工作与育儿的两难,但是她也表示,由于从事自由职业,她的社保和医保都比别的妈妈差了一截,长远会有养老担忧。

对于进城务工的妈妈来说,让孩子"随迁"是首选方案。但是受职业性质、经济条件、住房环境和城市入学资格等限制,这不容易实现(杨舸,2015)。那么在孩子幼年时期,妈妈的共同策略是保持城乡之间的迁移能力,以便解决重要或突发事件,如孩子生病、考试等。

在养老院是按天干,不是按月干,没有长远的打算,随时家里有事随时走。没有打算考护工证,机构给钱我们参加培训,如果不在这干了怕亏欠。(妈妈,案例14)

也就是说,为了保持自己的灵活性,这部分妈妈的"理性选择"是不追求稳定岗位,不做长远发展规划,也不投资于职业技能培训。但这使得她们始终处于边缘位置,即便有户口积分制等改革措施,也无法在城市中获得使孩子随迁的资格。她们是工作妈妈这个群体中的一个次级群体,同样努力于"工作与孩子一样不能丢"。但在城乡差别和远距离流动工作条件下,她们容易陷入极端困境中。

五 结论与讨论

基于上述分析,本文得出三点主要结论。首先,"超级妈妈"通过动员、组织和协调家庭亲属资源,在微观层面上促进了家庭团结。在理解中国社会转型和家庭变迁的时候,要注意到一方面,家庭在变小,传统的大家庭越来越变成相对离散的核心家庭;另一方面,家庭也在变大,围绕着育儿(及养老),代际和亲戚之间,又组合成功能性的紧密网络。作为外在表现形式的代际及亲属居住形态(空间与距离),也变得多元和流动

(石金群，2016）。在中国社会转型期，女性付出及家庭团结成为解决新旧风险叠加的微观机制，一定程度上，也是家庭居住形态变化的微观动力。

其次，"超级妈妈"及其家庭付出，填补了社会福利制度的缺失。当政策目标和制度资源主要用于发展经济及补偿经济损失（即抵御老风险）的时候，儿童（及老人）照顾所需要的资源，很大程度上由家庭自行组织和提供。从新风险理论角度来看，"照顾"与"工作"一样，都是社会发展所需要的。在照顾领域中，中国的"超级妈妈"及其家庭事实上是最重要的福利提供者。因此，承担照顾的职业女性以及她们的家庭，不是福利的索取者，而是福利的创造者，应承认其社会价值。

最后，"超级妈妈"及其育儿支援网络有脆弱性，也包含不平等。有许多因素，例如儿童数量增加、地域流动性增加、多子女家庭、居住条件受限等，会削弱家庭照顾资源。在一孩条件下有效的代际协作网络，在二孩条件下会出现难以持续的问题。此外，过度依赖祖辈的帮助，会给祖辈（特别是女性）带来压力，减弱她们晚年生活的自由度和幸福感。更重要的是，经济条件较优的城市家庭举全家之力增加育儿的资源投入，客观上使流动务工群体的家庭在这方面的能力更加相形见绌，不利于切断城乡差距和贫富差距的代际传递。

要更好地认识中国超级妈妈的贡献与特点，还需要有国际比较的视野。但这有待于更深入的研究，本文仅从两个方面做一些初步的思考。其一，与韩国的情况比较可以看到（山根真理、洪上旭，2011），韩国女性大都是育儿期间退出职场[①]，若干年后再重新就业，形成"M型生活道路模式"。同时，韩国妈妈在育儿方面的援助资源较为多元，除了家庭网络之外，还有朋友及邻里的互助网络，以及类型多样的（3岁以后）托幼、保育和教育设施。比较来说，中国女性的生命历程更多的是持续就业的超级妈妈类型，在育儿方面则更集中地依靠家庭亲属网络，很少见到社区邻里互助的案例。其二，从西班牙最新研究中可以看到，"超级妇女"逐渐成为一种历史现象。新一代西班牙职业女性，越来越没有能力，也没有意

---

① 另外，近年来，韩国高学历的年轻白领女性选择不婚、晚婚、少生或不生的情况逐步增加。韩国学者张京燮（Kyung-Sup Chang）等人认为（Kyung-Sup & Min-Young, 2010），女性采用这些方式回避因结婚、生产和育儿对自己生活及工作造成影响。

愿再当"超级妇女"。她们选择晚婚、少生、不生或者从事兼职工作（León, Choi & Ahn, 2016）。这导致妇女劳动参与率偏低，生育率在欧洲国家也属偏低。这提示我们，研究中国的超级妈妈也要有长时段的观察，并特别注意其中的变化与社会生育率之间的关系。

从社会政策的角度来看，我们主张，应将"工作-家庭"平衡问题提到政府的政策议程上，高度重视提升女性和儿童的社会福利。为了更有针对性地解决问题，可以从最基本的分类开始。根据本文分析，城市里至少有三种类型的工作妈妈，相应的政策措施可从以下三个方面开展。

第一种是常规就业的妈妈。考虑适当增加母亲的育儿假，同时重视发展0~3岁托幼服务体系。除了政府投资以外，鼓励社会投资、规范市场化的托幼服务，也为协助育儿的祖辈提供喘息服务。长远来看，逐步考虑为爸爸设立育儿假，推动照顾责任的性别平等。此外，要特别重视此类中的次级群体，即生育后辞去工作、数年后再就业的妈妈，提供重返就业市场的激励措施和配套的保护措施非常重要。

第二种是非常规就业的妈妈，包括工作时间灵活的自由职业者、临时工以及个体经营者。这种类型的妈妈们，自己有条件处理时间分配，但可能需要社区层面提供临时性的照顾支援网络。同时，她们在工作机会的长久性以及医保、社保等方面有特定问题或者困难，需要政策扶持与对接。

第三种是进城务工的妈妈。尽管不能称其为"超级妈妈"，但是她们事实上付出巨大个人努力，组织家庭亲属资源帮助照料孩子，而且背负更沉重的精神和经济压力。这种类型的妈妈为了有条件照顾孩子而必须离开孩子，为了应对照顾危机又无法稳定工作。打破这种困局需要顶层制度的改革，实现孩子与父母随迁。作为过渡性措施，可以考虑在特定区域、特定行业为此类妈妈建立临时性托管机构，提供探亲补助或者探亲假等支援。

本文从社会风险理论角度考察了家庭亲属网络对工作妈妈的照顾支持，并分析其形成的条件以及后果。但是，对支援系统中的父亲角色以及夫妻互动考察不足。本研究初步观察到，爸爸在育儿观念上有了较大提升，部分爸爸切实参与了育儿工作。这对妈妈实现"工作与照顾平衡"起到积极作用，也能有效减轻祖辈的育儿压力。其中，男性受教育水平、夫妻收入差距等是重要影响因素。后续研究可以从工作爸爸的角度,考察推动/阻碍男性参与育儿的微观机制,在此基础上,促进儿童照顾及家庭政策实现性别平等的目标。此外,通过拓展国际比较研究,进一步提炼中国的经验,完善儿童照顾与家庭政策实践。

参考文献

陈秀红,2017,《影响城市女性二孩生育意愿的社会福利因素之考察》,《妇女研究论丛》第1期。

〔德〕乌尔里希·贝克,伊丽莎白·贝克-格恩斯海姆,2011,《个体化》,李荣山、范譞、张惠强译,北京大学出版社。

第三期中国妇女社会地位调查课题组,2011,《第三期中国妇女社会地位调查主要数据报告》,《妇女研究论丛》第6期。

胡湛、彭希哲,2012,《家庭变迁背景下的中国家庭政策》,《人口研究》第2期。

金一虹,2013,《社会转型中的中国工作母亲》,《学海》第2期。

刘云香、朱亚鹏,2013,《中国的"工作—家庭"冲突:表现,特征与出路》,《公共行政评论》第3期。

蒙克,2017,《"就业-生育"关系转变和双薪型家庭政策的兴起——从发达国家经验看我国"二孩"时代家庭政策》,《社会学研究》第5期。

〔日〕山根真理、洪上旭,2011,《韩国的母性和育儿援助网络——从和日本比较的视点出发》,〔中〕周维宏、〔日〕落合惠美子等编著,《亚洲社会的家庭和两性关系》,世界知识出版社。

沈奕斐,2013,《个体家庭iFamily:中国城市现代化进程中的个体》,《家庭与国家》,上海三联书店。

石金群,2016,《转型期家庭代际关系流变:机制,逻辑与张力》,《社会学研究》第6期。

宋少鹏,2012,《从彰显到消失:集体主义时期的家庭劳动(1949-1966)》,《江苏社会科学》第1期。

陶艳兰,2016,《塑造理想母亲:变迁社会中育儿知识的建构》,《妇女研究论丛》第5期。

佟新、刘爱玉,2015,《城镇双职工家庭夫妻合作型家务劳动模式——基于2010年中国第三期妇女地位调查》,《中国社会科学》第6期。

吴帆,2016,《欧洲家庭政策与生育率变化——兼论中国低生育率陷阱的风险》,《社会学研究》第1期。

吴小英,2014,《主妇化的兴衰——来自个体化视角的阐释》,《南京社会科学》第2期。

〔西〕刘易斯·莫雷诺,2010,《西班牙向新风险过渡:告别"超级妇人"》。

肖索未，2014，《"严母慈祖"：儿童抚育中的代际合作与权力关系》，《社会学研究》第6期。

阎云翔，2012，《中国社会的个体化》，陆洋等译，上海译文出版社。

杨舸，2015，《关于解决留守儿童问题的政策分析——从新型城镇化的视角》，《中国青年研究》第1期。

〔英〕彼得·泰勒-顾柏，2010，《新风险新福利：欧洲福利国家的转变》，马继森译，中国劳动社会保障出版社。

岳经纶、颜学勇，2013，《工作—生活平衡：欧洲探索与中国观照》，《公共行政评论》第3期。

张亮，2016，《中国儿童照顾政策研究：基于性别、家庭和国家的视角》，上海人民出版社。

张秀兰、徐月宾，2003，《建构中国的发展型家庭政策》，《中国社会科学》第1期。

钟晓慧、郭巍青，2017，《人口政策议题转换：从养育看生育——"全面二孩"下中产家庭的隔代抚养与儿童照顾》，《探索与争鸣》第7期。

Beck, U. & Beck-Gernsheim, E., 2002, *Individualisation*. London: Sage.

Bonoli, G., 2007, New Social Risks and the Politics of Post-Industrial Social Policies. Armingeon, K., & Bonoli, G. (eds). *The Politics of Post-Industrial WelfareStates: Adapting Post-War Social Policies to New Social Risks*. London: Routledge.

Chen, F., Liu, G. & Mair, C. A., 2011, *Intergenerational Ties in Context: Grandparents Caring for Grandchildren in China*. Social Forces, 90(2).

Daly, M., 2002, Care as a Good for Social Policy. *Journal of Social Policy*, 31(2).

Ebbinghaus, B., 2007, Trade Union Movements in Post-Industrial Welfare States: Opening up to New Social Interests? Armingeon K. & Bonoli, G. (eds). *The Politicsof Post-Industrial Welfare States: Adapting Post-War Social Policies to New Social Risks*. London: Routledge.

Esping-Andersen, G., 1999, *Social Foundations of Postindustrial Economies*. Oxford University Press.

Fong, V. L., 2002, China's One-Child Policy and the Empowerment of Urban Daughters[J]. *American Anthropologist*, 104(4).

Huber, E. & Stephens, J. D., 2007, Combating Old and New Social Risks. Armingeon, K., & Bonoli, G. (eds). *The Politics of Post-Industrial Welfare States AdaptingPost-War Social Policies to New Social Risks*. London: Routledge.

Kyung-Sup, C. & Min-Young, S., 2010, "The Stranded Individualizer under Compressed Modernity: South Korean Women in Individualization without Individualism", *The British Journal of Sociology*, 61(3).

León, M., Choi, Y. J., & Ahn, J. S., 2016, When Flexibility Meets Familialism: Two Tales of Gendered Labour Markets in Spain and South Korea. *Journal of European Social Policy*, 26(4).

Lewis, J. E., 1998, *Gender, Social Care, and Welfare State Restructuring in Europe*. Ashgate Pub Ltd.

Pierson, C., 1998, *Beyond the Welfare State? The New Political Economy of Welfare*. Penn State Press.

Taylor-Gooby, P. (eds).2001, *Welfare States under Pressure*. London: Sage.

（原载《妇女研究论丛》2018 年第 2 期）

城市家庭中的父亲深度育儿参与

——兼论男性个体化家庭责任意识

范 譞[*]

摘 要：当前，家庭对育儿质量的重视与育儿压力的集中，造成母职焦虑与女性工作-家庭冲突加剧，父亲的相对缺席问题越发引起关注。文章基于在北京市收集的14个案例，分析了在城市家庭少量出现的父亲深度参与育儿现象。研究发现，深度参与的男性在将保证育儿质量作为家庭紧迫任务的前提下，考察所有参与者的育儿能力，并权衡家庭成员的利益，尤其是支持妻子的职业发展，排除其他育儿分工模式，选择自己参与。他们强调自身育儿能力，并因尽到家庭责任、得到孩子和家庭成员的肯定而感到满足。为保证育儿所需的时间精力，他们下调职业发展目标甚至暂停职业发展，弱化"以事业为重"的传统男性认同。他们为育儿压缩休闲和娱乐，但在完成育儿责任后，也要求支配个人时间并取得家庭成员的理解。男性在深度参与中发展出"个体化的家庭责任意识"，体现在责任动机和分配原则的个体化：前者意味着从对家庭整体的义务感变为对成员个人的义务感，承担育儿责任能够保证自己与其他个体都有机会"为自己而活"从而避免利益冲突引发亲密关系危机；后者表现为责任分配原则个体化即个体从性别角色出发承担单一属性且无限责任的传统模式，变为从多元角色出发承担有限度、在量的意义上可相互比较且不固定责任的个体化模式。

关键词：父亲深度育儿参与 个体化 家庭责任意识 男性研究

一 研究背景与研究问题

当前，家庭育儿问题引起中国社会的深度关切。一方面，随着少子化趋势及婴幼儿养育、教育商业化的来临，家庭越来越重视孩子的养育（陶

---

[*] 范譞，中国社会科学院社会所研究所副研究员。

艳兰，2013；肖索未，2014），投入大量的时间、精力、金钱以保证与提高育儿质量，把它当作极为重要而紧迫的任务。另一方面，由于传统性别劳动分工顽固地存在，家庭中的育儿压力更多落在母亲身上，形成学界广泛关注的"密集化母职""精细化育儿""母职内卷化"等现象（金一虹、杨笛，2015；郭戈，2019），这不仅给母亲带来深深的育儿焦虑（施芸卿，2018），还使得职业妇女工作-家庭平衡更加艰难（陈万思、陈昕，2011）。在低龄托幼公共服务发展相对滞后的状况下，为了分散育儿压力，家庭往往采取两种策略：一是请祖辈参与，但由于祖辈的时间（是否退休）、身体（是否健康）及居住（是否和子女居住同一城市或子女住房是否足够共同居住）条件等，代际合作并不一定可行。二是寻求外包，即请育儿嫂、保姆等家政服务人员；但保姆的舆论形象日趋负面（辜声浩、樊向宇，2017），采取此种策略也可能将家庭置于风险之下。面对难以转移的育儿压力，很多职业女性选择回归家庭做全职妈妈，这对女性发展的影响时常引发网络与学界热议（方英，2011）。但同时，父亲在育儿分工中却处于相对缺席的位置，这让研究者发出了"爸爸哪儿去了"的质问（金一虹、杨笛，2015）。不只学界，网络中的流行语"丧偶式带娃"所传达的不满，也意味着当今社会——尤其是城市中青年女性群体——不再全盘承认"育儿都是女人的事"这一性别分工的合理性，期望男性更多参与。

事实上，近年来也有男性参与到育儿活动中来。一项基于第三期全国妇女地位调查数据的研究显示，在照料孩子的主要承担者中，父亲所占比例为6.6%，虽远低于母亲所占的56.2%（刘爱玉、佟新、付伟，2015），但至少表明父亲参与已不是个例。从2000年开始，陆续有学者关注这一现象，而社会学视角的研究多采用问卷调查和统计分析探究参与的程度及其影响因素，但在测量与描述方面则存在问题：比如有研究使用的数据只涉及父亲在生活起居、辅导功课和陪伴娱乐等方面的少量内容，不涉及准备食物、陪伴、清洁等方面，预设了参与的有限性（金洁、田晓虹，2009）；且数据多只有"是否参与"的信息，难以了解父亲参与的具体程度（许琪、王金水，2019）。张亮、徐安琪在上海进行的问卷调查也采取了将育儿分解为具体事项和分等级评价的方式测量参与程度，相比已非常细致。研究发现，对每一项活动，认为父亲"做得很多"和"较多"的答案比例之和都在50%左右；然而，在被问及"夫妻照顾孩子以谁为主"时，大部分答案仍认为以妻子为主（张亮、徐安琪，2008：59）。那么，研究者如何得知受访者认为和谁比较父亲做得多或少？是和其他男性或上一辈父亲比，还是和妻子比？如果理解为何妻子比丈夫做得更多，就和多数人认为妻子为主的结果相矛盾了。这至少说明，仅将育儿分解成若干事项并考察父亲做的多少，不能充分表明其参与程度，也说明育儿过程中有比可分解的事项更多的内容，让人们能够分辨以谁为主。以上提及的量化研究的策略源于20世纪七八十年代在西方此领域占主流的时间使用研究（time-use studies）范式，按照美国父亲参与研究资深学者兰姆（Lamb）的评价，这种研究范式只关心"父亲花多少时间和孩子在一起，以及在这些时间做哪些活动"的问题，努力将这类信息量化为"坚实的、好用的数据"，关注时间上量的差别，却忽略了"父亲育儿的具体方式、与孩子的互动方式、男性气质的改变以及负面情绪"等贴近育儿实际的内容。他还批评了此研究模式将父亲育儿孤立看待，忽视父亲角色与其他社会角色之间的关系（Lamb，2000）。以上批评的启发性在于，既应从育儿实际细节入手，关注男性参与的质性特征；还应把育儿放到男性日常生活实践中加以理解，努力发现作为父亲与作为丈夫、作为职业人，甚至作为一个有着欲望的个体之间是如何发生关系的。近年也有学者从伦理变迁的角度讨论父亲参与，认为在国家、市场和专家系统的作用下，形成某种脱嵌于家庭的抚育体制，造成家庭育儿伦理变化，认为父亲于法、于理、于情都应承担抚育职责（王雨磊，2020）。但父亲的实际参与程度可能不尽符合伦理预期。比如文章认为教育市场化唤起的陪伴焦虑促进了父亲参与；但另有研究发现，消费舆论造成的压力更多传导给女性，使她们成为教育的"经纪人"，而父亲除了积极支付教育费用，仍可与实际育儿保持距离（杨可，2018）。那么，男性参与育儿的实际意愿与感受究竟是怎样呢？正如谭（Tam）与林（Lam）对该研究领域的评论：研究者往往抱有促进父亲参与的学术无意识，但男性在育儿时真实的心声，尤其是负面感受则很少为研究所反映（Tam、Lam，2013）。这一批评提示，应深入育儿具体情境中挖掘父亲参与的深度意义。郭戈通过深度访谈收集了丰富的质性材料，勾勒了在幼托服务机构介入下，父亲参与的状况与特征（郭戈，2019）；但文章讨论个案的育儿压力主要由幼托机构分担，相对于母亲，父亲基本是扮演"配合""协助"角色，参与的程度似嫌不足，且没有造成育儿与男性生活之间的张力。

有鉴于此，本文将讨论中国城市家庭少量出现的父亲深度育儿参与现象。所谓深度育儿参与，是指父亲经常而不是偶尔地独自承担或主要承担育儿劳动，父亲和其他参与者（尤其是母亲）不是协助与被协助的关系，而是在相对长的时间内完全或很大程度上的替代关系。本文试图探讨以下问题：第一，男性为何深度参与？这涉及父亲育儿的内在动力机制。第二，男性如何使深度参与成为可能？这涉及男性将育儿实践纳入生活的策略，也涉及协调育儿与家庭关系、与职业发展、与个人生活的关系。第三，男性如何为育儿赋予意义，这涉及男性如何面对传统性别期望对男性育儿的挑战。

为了探究以上问题，本研究用半结构式深度访谈方法于2018年8月至2019年6月在北京市收集了14个案例，共访问了12位男性及其中2位的妻子。受访者的基本情况如表1所示。

表1 受访者信息

	年龄（岁）	受教育程度	育儿时工作状态	开始参与时点	有无他人照看	累计育儿时间
X先生	33	硕士	在职，但不常上班	一孩1岁 二孩0岁	祖母	约2年
H先生	33	本科	停薪留职	1岁	无	2年
D先生	33	本科	辞职，后创业	2岁半	外祖母	2年
T先生	47	本科	在职	一孩2岁 二孩1岁	一孩曾送外祖母家 二孩偶尔送祖母家	4年
S先生	31	职高	辞职	1岁3个月	祖母	5个月
S女士	29	本科	在职			
C先生	43	博士	在职	1岁	外祖母在C上课时来看孩子	4年

续表

	年龄（岁）	受教育程度	育儿时工作状态	开始参与时点	有无他人照看	累计育儿时间
J先生	35	本科	辞职	3岁半	祖母	8个月
J女士	34	本科	在职			
W先生	33	本科	在职，后转业	1岁	外祖母	2个月
M先生	40	硕士	在职，后转业	3岁	祖母带孩子到3岁	7年
A先生	48	本科，后考研	在职	1岁	外祖母曾带孩子几个月	2年
L先生	35	本科	在职，后换工作	一孩2岁 二孩1岁	祖母	3年
Q先生	33	本科	在职	4个月	家政服务员	4个月

注：表中的年龄指2019年6月时年龄，计算累计育儿时间截至2019年6月。

这12位男性参与的时点从孩子4个月到3岁半不等，大多数是从1岁以前开始。累计育儿时间从2个月到7年不等，但累计时间少并不意味着参与程度或强度就低：比如时任解放军某部营级主官的W，[①] 平时没时间照顾孩子，孩子主要是W姥姥带；为了让她能回老家探亲，他在休年假的两个月里（分别在孩子1岁和2岁左右），整天独自带孩子，负责包括准备早饭、午饭、加餐、洗"尿介子"（尿布）、陪孩子玩、哄午睡、洗弄脏的衣服床单、准备晚饭、刷碗、给全家人洗衣服、房间整理等育儿和家务劳动。尽管累计时间只有两个月，但W的参与强度远大于其他受访者。故此，本文讨论的"深度育儿"，既包括经常在工作日的日间照顾孩子的情况，也不能排除虽平时参与不多，但在短时间独自完成高强度育儿劳动的情况。需要说明的是，进行研究期间，我本人也是一位深度参与的父亲，这一身份让我在访谈时能与受访者产生深切的感情共鸣，建立一种"地方性文化"的日常对话情境（杨善华、孙飞宇，2005），分享育儿过程细节和内心感受。

---

① 为了表达简明，下文以W表示W先生，用W姥姥指W先生孩子的姥姥，其他受访者情况同此表达方式。

应当注意到，父亲深度参与现象是在中国家庭深刻变化的过程中发生的，而这一变化集中体现在家庭与个体关系的问题上。有学者使用德国学者贝克夫妇的"个体化"理论描述这种变化（阎云翔，2017；沈奕斐，2013）。一方面，个体经历着"不再重新嵌入的脱嵌（disembedding without reembedding）"（贝克，2001：作者自序31），从传统的、集体性的社会整合因素如阶级、家庭、性别、族群等解脱/被抽离出来，个体失去对其保有的义务感，"已经从以前家庭施加于他们身上的众多约束中解放出来"（阎云翔，2017：11），以致"家庭高于个体、个人要为家庭利益无条件牺牲和奉献的传统家庭主义"（康岚，2012）日渐式微，且传统的家庭利益对个体而言不再具有强烈的意义感，无论是共同祖先、家庭声望还是家族扩大等模糊的、没有明确家庭成员归属的"家庭利益"，都难以成为甚至不再作为个体承担家庭责任的动机。另一方面，个体化文化鼓励个体"为自己而活"/"过属于自己的生活"，这使得个体自我意识高涨，重视个人的利益与欲望，家庭不再作为应"为之做出自我牺牲的一个生存和奋斗的集体单位"（阎云翔，2017：13），而成为"个体满足自我利益、自我成就的手段"（沈奕斐，2013）。尤其在城市家庭中，与个体利益关系最密切也最易相冲突的，是具体的、所属明确的其他家庭成员的个体利益，当每一个体都认可"有权为自己而活"，利益的冲突就更具张力。而育儿问题正是张力的焦点：家庭成员在育儿方面投入时间和精力的增减，意味着他们在"过属于自己生活"上机会的此消彼长。那么，本研究要讨论的父亲深度参与现象似乎是男性为了家庭投入更多的个人时间和精力，这与以上学术观点是否矛盾？深度参与的男性是否抱有不尽相同的家庭责任意识？是什么导致这种责任意识？这也是本文试图回答的。

二 育儿与家庭关系

在访谈中，每当被问及"为什么是爸爸带孩子"时，几乎所有受访者都表达出"没人带""没辙""总得有人看"这类无奈、不得已的态度[①]；

---

① S是例外，下节会重点分析。

但正如表 1 所示，10 个家庭都有祖辈不同程度参与，只有 H 和 Q 家完全没有过老人帮忙——实际并非"没人带"。那么，"只能爸爸带孩子"的局面是如何形成的？在本部分，我试图指出，这是男性在强调育儿质量的前提下，考察所有可能参与者的育儿能力，并考虑其利益，对育儿分工模式不断"做减法"的结果。

1. 保证育儿质量与考量育儿能力

如开篇所言，保证与提高育儿质量成为家庭的重要目标，在受访者看来，育儿质量包括营养均衡、人身安全、身心健康、亲人更多的陪伴、孩子与家人建立亲密关系、智力开发、良好行为习惯的养成、学习技能（认字、唱歌、练琴等）、问题行为的纠正等，数不胜数；简言之，不能只是有人带孩子，还要带好、带精。正如 H 所说，"孩子的成长是不可逆的，你错过去，不知道以后会（有）什么后果。所以总希望给他最好的，希望能陪着他"（H，32）。

于是，保证与提高育儿质量成为衡量各种分工模式是否可行、参与者的育儿能力是否"合格"的最重要因素。最被期望也是最有意愿参与的孩子祖辈首当其冲被"挑剔"，除了时间和身体条件是硬性指标，还有各种复杂原因让老人们"失去资格"：比如本来确定带孩子的 H 姥姥在孩子未满月时突然去世，这让 H 夫妇一下手足无措；H 奶奶马上提出自己提前退休来看孩子或让 H 爷爷来帮忙，都被 H 回绝了，按他说，他们都不是能看孩子的人——H 奶奶太"事儿"①，而 H 爷爷自己都不能很好照顾自己（H，16）。又如，J 的孩子有轻微自闭症，需要专业的行为引导和矫治，然而 J 奶奶"是个很负面的人"，经常抱怨和指责孩子，J 就不让她参与康复机构布置的与孩子交流和游戏的活动（J，35）。再如，Q 奶奶的育儿能力本来不差，但按 Q 说，因为她的原因②，家里产生了严重冲突，很快 Q 就让她退出了。这都说明代际合作育儿模式会因各种细节问题难以建立。祖辈要面对挑剔，妈妈们也不能免于"苛求"：她们也会因育儿能力不足招来丈夫的批评甚至被排斥出育儿活动。比如，C 的妻子喜欢吃零食，惹得女儿

---

① 北京方言，形容人挑剔和支配欲强，H 在访谈中几次提到他对母亲挑剔和支配的态度不满。

② 具体情况他不愿深说，我也尊重他的意愿没有具体问。

也老要吃,到了管不了的地步,C说:"她就是木桶原理的那个短板,我给筑了那么高,就差那么一块,(让你)全毁了。"(C,24)L的妻子工作压力大,加上平时脾气不好,"一累了就乱发脾气……"(L,36)L下班后就带孩子出门玩,尽量不让妻子来带;此外,L谑称妻子是"学渣",就不让她管孩子学习,自己辅导功课。甚至,对妻子育儿能力的不满还会招致严重的夫妻矛盾,比如X认为妻子管教没有原则,"有时候拿孩子宣泄":一次妻子给孩子一个嘴巴,这违反了家里"只打屁股"的原则,为此X跟妻子爆发了激烈冲突——这是他们后来分手的根源之一。分居之后,妻子提出要帮着看孩子,X则坚决拒绝(X,29)。可见,脾气秉性、习惯态度、学习水平等看似琐碎的生活细节都可能作为关乎育儿质量的能力,影响到是否能够参与或参与的程度。

当然,男性的育儿能力也得经得住其他参与者的挑剔。受访者大都表示他们可以胜任各种复杂的任务,C的话可为代表:"我什么都会,除了喂奶我没办法……所有的一切事都干过。"(C,21)又如W把自己会干的家务劳动"报菜名"般说了出来,并不无自豪地说,"因为你会干这些东西也愿意干,所以老人也能放心你一个男的自己带"(W,22)。当然,育儿能力不一定都在参与之前准备好,也可以在过程中提高。许多受访者都谈到在学着给孩子准备食物过程中,厨艺提高,食物的口味得到孩子的喜爱。最有趣的回答莫如L:他从"饭来张口"的"娇贵"姿态变为努力向L奶奶讨教做饭,直到口味受到女儿的肯定。又如J女士说,J开始也像奶奶一样抱怨和斥责孩子,但在陪孩子去自闭症康复机构后,开始向老师学习并查阅相关资料,耐心和孩子沟通,还向其他家长介绍经验;有家长和J女士聊天时告诉她,"你老公……太专业啦!我们爸爸什么都不懂"(J女士,4),这让她对丈夫有了全新的评价。还有不少受访者谈到很多自己能做而妈妈或老人做不了的事情。D的孩子晚上睡觉一直是他哄,他底气十足地说:"孩子根本不找他妈!"(D,15)而让C自豪的是"孩子成长历程中一些很重要的阶段都是我去促成的,比方说她能站、能走、能爬,都是我用一些办法去诱导她……这些她们(妈妈和姥姥)不做的,我也主动去做"(C,21)。受访者对育儿能力的强调,是在表明自己最能够保证育儿质量的达成,且对能把孩子带好、比别人带得更好感到自豪,对得到其他家庭成员认可、得到孩子喜爱也感到欣慰与幸福。可见，育儿参与也使他们感到完成了责任，并获得价值感和满足感，逐渐深化"养育父亲"（nurturant father）①的认同。

有研究认为，父亲能否参与及参与程度的高低受到母亲态度的影响，一部分母亲会扮演"守门人"（gate-keeper）的角色：母亲会认为育儿是自己支配的领域，怀疑丈夫能力不足以胜任育儿劳动，而拒绝丈夫参与（Allen & Hawkins，1999；McBride，2005）。然而在本研究中，所有的母亲都不是"守门人"，实际上所有育儿参与者都在相互比较彼此的育儿能力，存在一种"合格上岗"②"优胜劣汰"的机制：能力最强、最能保证育儿质量的参与者最有可能扮演"守门人"的角色，父亲也可能扮演家庭计划/育儿分工模式的制定者、育儿质量的监督者的角色。

2. 育儿分工与对家庭成员利益的权衡

然而，对老人和妻子不能只是挑剔，还要考虑他们及其他家庭成员的利益，为此往往没法让能力很好的参与者带孩子。比如，M奶奶在带孩子过程中风湿病发作，起初瞒着坚持，后来M看出来了，赶紧把她送回老家治疗调养，自己则全面接手。比如A姥爷因无人给做饭得了胃炎，A赶紧让姥姥回老家自己上。而T姥姥从老家来看外孙不久，自己的孙子也出生了，T照顾老家"先紧着看孙子"的习俗，让T姥姥回去。不仅要照顾老人们的身体健康和看其他孩子的需求，受访者中有4位是自己或妻子的祖辈还在世，还要给父母或岳父母留出时间和精力照顾不能自理甚至有严重疾病的高龄老人，只好让其部分退出育儿参与。

当然，更要考虑的是妻子的利益，最主要是让妻子的职业发展不至于因育儿压力无法分担而被迫中断。事实上，本研究所有受访者的妻子都没有因为育儿而停止工作。当被问及是否考虑过让妻子辞职在家看孩子，没

---

① 指参与儿童养育，能够并愿意与孩子保持密切情感联系的养育父亲，相对于传统上"挣面包者"，或"家庭权威位置"的父亲角色（Lamb，2000）。
② 在很多受访者看来，合格的标准是在访谈中反复出现的"放心"一词，这意味着全家对参与者能独自完成育儿并保证质量的信任。顺便一提，在此标准下，雇家政服务员看孩子往往是最先被排除的选项，很多受访者都认为对保姆"不放心"；C短期雇过保姆，又因保姆和家人闹矛盾将其辞掉自己带孩子；而只有Q在访谈时还用着保姆，但他和妻子得通过摄像头了解保姆带孩子的情况，相当于监督。

有任何受访的男性明确表示乃至暗示有过这种想法。这说明，他们支持或至少不明确反对男性和女性有平等的职业发展权利，并践行了这种立场。H 的例子非常典型，我问他，妻子同不同意他停薪留职在家照顾孩子，他这样说：

> 没有什么同意不同意，她上班或者她辞职，只有这两种选择。肯定不能让她辞职。她上班谁看孩子？就只有我嘛……因为我媳妇（的单位）是央企，不可能让她去牺牲……要是从这个单位出来的话，也是挺可惜的。(H, 7)

这不能不说是很为妻子着想；但细论起来，这种立场并不简单是从抽象的性别平等原则出发：H 所"可惜"的并非妻子可能取得的职业成就，而是央企的待遇、稳定甚至是清闲。事实上，受访者们往往能够支持妻子的职业发展，但并不要求妻子获得高收入和职业声望，尤其不能接受妻子为此而大幅降低育儿参与程度而增加自己的育儿劳动。X 就在这个问题上和妻子发生了尖锐的矛盾：

> 她要求每天都得上班……但我这么看孩子也扛不住啊！……家里也不可能同意啊！……后来她就老忙，有时候七八点才回家。但我那时候回来早啊！老人心里面又有比较——我其实也有。我说，也不指着你这点工资，你在那"挂着"① 不就完了吗。她不行，事业！我们俩"搬（杠）"多少回了，她就是想不明白，哪头重、哪头轻。(X, 13)

很明显，X 虽不反对妻子继续职业发展，但要求她把照顾孩子放在首位，因为他自己就是这样做的。这一矛盾持续酝酿，日后成为两人分手的原因之一。

诚如贝克所言，现代女性把职业发展视作个体化生活的重要内涵，意

---

① 北京方言，意思是虽然上班，但是不太干工作。

味着更大的自主性与幸福感（贝克，2011：70）。在本研究的案例中，受访者能够尊重妻子职业发展的愿望，也能接受牺牲一定职业发展机会来支持妻子，但多数受访者认为不能超过某一限度，至少应暂时摆正育儿与职业发展的优先级。在此，育儿参与的程度成为双方争取职业发展机会的关键所在。在此呈现个体化理论的另一逻辑："为自己而活"不仅意味着对个人利益的重视，还意味着"社会的自反——一个充满矛盾信息、对话、协商及妥协的过程"，贝克认为这几乎可以等同于为自己而活（贝克，2011：31）。女性要求从传统性别分工中解脱，从"为他人而活"到"为自己而活"（贝克，2011：61）；家务劳动的重新分工成为关乎夫妻双方"自我形象"与"生活计划"的焦点，成为影响家庭稳定和公平感的敏感问题（贝克，2011：121）。这意味着家庭必须重新设计育儿分工，但由于个体日益从整合性的社会因素中"脱嵌"／"被脱嵌"，新的分工规则有赖个体在家庭生活的互动中不断通过协商、妥协、平衡、规避关系破裂风险的互动去探索，于是"为自己而活"在参与育儿的问题上越发呈现"试验性"的特征（贝克，2011：31）。

通过以上分析，我们可以了解男性选择深度参与育儿何以是"做减法"的结果：一方面，在强调育儿质量的前提下，以育儿能力为标准对所有参与者进行筛选。另一方面，考虑家庭成员的利益，使其能保持身体健康、生活质量、职业发展或完成其社会角色的要求，让其退出——然而这不只是出于男性与家人之间互相照应、互相体谅的情分，更是在协调家庭关系时，为孩子、为老人、为妻子考虑，同时也为自己考虑的结果：尊重每一个人"为自己而活"的权利，使家庭因育儿发生冲突的风险降至最低。还需强调的是，受访者虽对带孩子表现了表面上的无奈，但这并不等于被迫感：对育儿质量的在意与对自己育儿能力的骄傲反映他们"只能自己带"的心态里还包含着"舍我其谁"的意思，也会因为自己能做一个好爸爸、尽到自己的责任、被孩子所喜欢而感到幸福。然而，讨论男性如何协调育儿与家庭关系只能部分回答"为什么是爸爸看孩子"的问题。要进一步探讨"为什么可能看孩子"，还须考察他们如何处理育儿与职业发展的关系。

三 育儿与职业发展

育儿并非男性习惯谈论的话题，故此我采取了"渐进式聚焦法"（杨善华、孙飞宇，2005）展开访谈：先从职业经历谈起，再过渡到婚恋和育儿话题。受访者很愿意多谈职业话题，如工作成绩、收入、职业理想等，这说明他们看重自己的职业发展，和大多数中国男性的心态并无二致。但深度参与和职业发展势必会争夺时间和精力，那么，男性如何处理育儿对职业发展的影响，如何应对"以事业为重"的传统社会期望的挑战？这部分要回答这些问题。

12位受访者的情况不尽相同：有4位在育儿过程中停止职业发展，另8位没有停止。在8位中，有4位表示育儿与职业发展没有发生紧张关系，另外4位表示二者发生了不同程度的冲突。

1. 育儿与职业两不误？延搁的进步与被挤压的个人生活

L认为育儿没有影响到工作，因为他觉得当时工作很轻松，所以晚上有时间和精力带孩子。然而，L觉得那份工作待遇不好、没有发展空间，女儿一上幼儿园就换了一份收入更高、压力也更大的工作，相对减少了参与程度，直到二孩出生，他才又较多参与育儿。他这样评价自己，"因为我那时候挣得也（比妻子）少，虽然我带孩子也很开心——但在我潜意识里面，就觉得，我挣得也少，所以要在这方面（育儿）多付出一些"。（L, 27）虽然他并未觉得育儿与工作冲突，但认为职业发展的步调受了影响，有时间和精力带孩子成了这种损失的弥补。而A有孩子时，妻子上班远且经常加班，A姥姥伺候完月子就回老家了，他则因为单位管理的宽松和居住的便利——宿舍就在办公室楼上——能在上班时间抽空上楼看孩子。但他认为这个单位管理混乱、效益不好，于是女儿上幼儿园后，就辞职去读研。和L类似，A虽认可工作给育儿带来的便利，但也认为职业发展的速度放缓，在育儿压力减小后则尽快摆脱此状况。

另两位认为二者未冲突的情况则不同：Q的妻子下班很晚且已身心俱疲；他则下班稍早，回家要接替保姆照顾孩子，为了让妻子睡好或能夜里加班，他不时地要半夜起来独自哄孩子，导致第二天工作时非常疲惫。而

W平时在部队工作忙,只有利用休假时间高强度带孩子,他甚至感觉在家带孩子比工作还累。Q和W认为育儿没有直接和工作冲突,而是挤占了个人休息和娱乐的时间,间接影响到工作——这将在第四部分讨论。

2. 孰轻孰重:降低职业发展目标的无奈与必要

有孩子时,T和妻子都是全职工作,只好在产假后让T姥姥带孩子回老家照顾。为了接孩子回身边,T向领导请求改上夜班(做设备看管调整的辅助工作):他可以白天在家带孩子,等妻子下班后,他再去上班;第二天赶在妻子上班前回家接手——这样坚持了快一年,直到女儿上幼儿园——个中艰辛可想而知。十几年后T有了儿子,这时他已跻身单位中高层,但他选择以牺牲大部分收入为代价,从"一线(技术)"转到"二线(人员培训、指导)",按他说,这样时间灵活,方便照顾孩子。不论改上夜班还是转到二线,都是T为育儿主动从核心技术型调整为辅助工作,对一个技术型人才而言,这让他很无奈。但他做出选择的动机,或许可以用前营级军事主官M对法学概念"价值位阶"的理解来解释。

> 每个有上进心的人,都想做好自己的事业,可他也不能把家里、把孩子(的时间和精力)都用来弄这个……在法律里有个"价值位阶"的问题:如果前面没有加上这个位阶(育儿)的话,事业就是第一位;可现在孩子来了,只能他排第一,工作事业往后排,怎么办?真是没有办法!(M,19)

尽管无奈,但对育儿的优先性排位于工作前,M没有疑问,他不惜为此顶着极大压力与上级主管争吵:

> 新兵训练时候,领导说你这样不行,训练就得跟战时一样!我说,这不是打仗,真打仗也不用你说!我俩就翻脸了,拍了桌子……我们领导也拿我没辙。(M,18)

保持军人职业操守要求下对工作的投入,是M降低职业目标的底线;而对底线之上需要投入的时间和精力,他无法接受行政命令强制。但领导的"没辙"并不意味着对此理解,上下级的紧张关系持续发酵,M逐渐考虑转业。

T和M都明确地表达了为保证育儿应降低职业发展目标的态度并实践之,这与"男性以事业为重"的性别期待已大不相同,但这是因为对育儿责任的重视,而非对职业发展的轻视。比如对在高校任教的C而言,"孩子第一位,备课第二位,科研就成了第三位"(C,18),但不得不接受这种排序使他非常焦虑和无力。

> 得带孩子!完了这个再备课,科研就做不了。咱们这个工作,随时休息,随时都是工作。有时着急工作,可就我一个人看孩子!……所以无力感很强。①(C,18)

这种着急和无力感还会被放大:因为身边有没有孩子或不用照顾孩子故而有大量时间投入科研并获得很多成果的同仁,将他们作为参照对象,C感到相对剥夺。C和很多受访者的例子都说明,男性的职业上进心并未因深度参与而被消磨,反倒会因被迫下调职业发展目标而产生很大的焦虑。即便如此,参与育儿的选择仍不能动摇,X的例子更说明这种选择背后的动机:他在父亲开创的公司任总经理,但父亲认为他能力不足,不让他独当一面,他很不满但也无能为力。因不负责实际事务,他对上班态度消极;和妻子分手后,就基本在家照顾孩子。但父亲却呵斥他,"大老爷们儿不上班干吗啊!"(X,10)根本无视X在家带孩子的意义。他非常无奈:"我有干事情的欲望,可我又得看孩子,又得顾着这个家,还要平衡我爸的感受,因为现在我是支点。"(X,10)"支点"这一比喻说明他看清了自己无可替代的责任。但X并非如父亲眼里那般无能:他认真研究后认为一个投资项目可行;但父亲不同意,只好作罢。后来有人来洽谈业务,和那个项目相关,父亲发现X对该行业了如指掌,与客人对答如流,就建议晚上一起吃饭聊聊合作。结果X留下句"算了吧,还得看孩子呢!"

---

① 访谈至此,我有一种想和C抱头痛哭的冲动:同样身为高校青年男教师,又同样在带孩子,每日着急、焦虑、无力的感受和C的精神状态毫无二致,感觉他的每句话都在我心里激起了惊涛骇浪。

(X，26）就回绝了。值得注意的是，回绝工作的理由是"看孩子"，这无疑是对"以事业为重"的期待更直接的挑战。

众所周知，"男主外、女主内"的性别分工要求妻子保证育儿所需的时间与精力，换得男性在"以事业为重"的性别期望下免除绝大部分育儿责任。由于工作收入作为家庭经济生活的主要支柱，男性的职业发展被赋予更多意义。但在个体化的视角下，传统的家庭责任分配机制显然有利于男性"为自己而活"，可将时间和精力向职业发展倾斜；然而性别文化却淡化了女性"为他人而活"的事实。在个体化趋势下，女性"为自己而活"的强烈愿望要求打破上述的责任分配机制，要求男性分担育儿责任，使女性也能将必要的时间精力投入职业发展。此外，城市中不少家庭中妻子工作收入以及投资、房屋租金等其他收入也能部分甚至大部分地完成家庭经济支持的任务，这既稀释了男性"养家人"角色对家庭的意义，也使得男性不能仅凭借外出工作的收入来支撑"以事业为重"的正当性，还是家庭能够提升重视育儿质量的紧迫性的原因。于是，克服"以事业为重"的传统男性认同，承担育儿责任以避免缺席而造成的育儿质量下降，成为男性深度参与的另一种内在动力，这也使得男性意识到在使夫妻双方"为自己而活"机会此消彼长的育儿参与问题上应与妻子保持平衡，才能避免双方的争夺而导致家庭矛盾甚至生活共同体破裂的后果。

3. 暂停职业发展：如何为育儿赋予意义

相比而言，4个暂停职业发展的案例则更为复杂。

J离职本不是为看孩子，而是想"换种活法"，至少能"睡到自然醒"（J，14）；因为尽管报酬丰厚，但他厌倦了长期高强度的上班生活。J女士认为，为了在经济上支撑家庭J曾放弃对生活的选择，对此表示理解。但J离职后"换种活法"的愿望并没能实现：一方面，J仍"想证明有能力回到职场"（J女士，5），希望创立一家小公司，花大量精力准备和尝试但并不顺利；另一方面，J要每天早起带孩子去自闭症机构完成康复训练，"睡到自然醒"也再难达成。J女士认为："唯一能对得起的就是孩子这个部分，他觉得没问题。"（J女士，7）意思是虽然J重启职业道路并不顺畅，但因为能把孩子带好，让他感到自己同样尽到责任，这才让他觉得"没问题"。S辞职也不是为了带孩子——女儿有奶奶带；他因无法忍受公司对业绩不佳员工采取严厉措施的压力才想辞职。但妻子无法接受这个理由，也不愿他停止职业发展，经过多次争吵才勉强同意。后来 S 女士想明白了，"既然工作没有合适的，那就在家把孩子看好，给你妈多分担点就行了"（S 女士，16）。从此，S 逐渐接替 S 奶奶，在工作日育儿。S 的情况可以和 J 形成对比：S 家本不需要他参与，更需要他承担"养家人"角色，但他在个人原因之下停止职业发展，被"吸纳"进育儿可算作某种补偿；也只有如此，S 在家带孩子的意义才能被家庭接受。J 和 S 离职的初衷都不是为了育儿但最终都被卷入其中，不过两个家庭对他们之前的职业成就以及对家庭的贡献评价认同，使得对他们参与育儿的意义有很大差异。

D 确是为带孩子才辞职，但是由一次"突发事件"促成的：他在一家老板是熟人的公司上班，辞职前一天他像往常一样陪孩子在自闭症康复机构上课，突然连续接到同事和老板的电话要他带客户去外地看项目，态度很强硬。这让 D 非常恼火：老板明知自己要带孩子上课还要求他去，就以自己要看孩子为由回绝了。结果老板大发雷霆，完全无视他的理由，表示他干不了可以走。D 非常生气，第二天就辞职了。与 X 的案例相似：X 可以因为要看孩子而拒绝一项任务；而 D 认为如果老板不能尊重自己在休息时间带孩子的选择，这份工作宁可不要。D 的"一辞了之"尽管有鲜明的性格因素，但他其实处于和老板无道理可讲的境地，男性育儿难以得到职业性别期望的理解；而 D 也别无他法，只能一再强调这是"为了孩子"。当然，这也并不意味着 D 完全是一意孤行，他取得了妻子的理解。

> 我媳妇说，你不上班就不上班了，正好家里孩子这个情况（指有轻微自闭症）得有个人（照顾）。她上班比较稳定嘛……再一个，自己愿意干点什么就干点什么呗。（D，29）

夫妻都认为需要有人在家照顾孩子，也认为妻子工作稳定，不应停止职业发展。此外，D 对继续职业发展抱有信心：他辞职不久就摸索着开展白酒代理的业务。

事实上，只有 H 是为了带孩子，考虑再三才决定暂停职业发展的。上文提到，H 姥姥突然离世，而 H 担心育儿质量拒绝了 H 奶奶和爷爷的帮助,夫妻只得采取"每人看半天孩子、上半天班"的模式,但单位逐渐严查考勤使这模式难以为继。进退维谷的状况让 H 不得不考虑辞职。和 D 类似,H 也认为妻子的工作更稳定、待遇好,且认为妻子再求职能力不足,一旦停止职业发展很难重回职场,但自己仍有发展后劲,所以自己辞职带孩子更稳妥。但做此决定非常艰难且痛苦,在访谈中他一度陷入沉默。后来 H 在同事建议下办了停薪留职,开始了"一个人带孩子一整天,每周五天"的生活(H,2)。尽管妻子对此表示理解和支持,但 H 奶奶无法接受儿子独自在家看孩子,认为他是"耽误自己的前程",为此多次激烈争吵。H 想尽办法兼顾自己与妻子的职业发展以及育儿而不得,选择自己"牺牲"却得不到母亲理解,和 X 被父亲呵斥的例子一道说明,在为育儿赋予意义的问题上,男性几乎没有更多的道德资源可以利用,反而是家人会将性别刻板印象等同于男性的利益而质疑其选择,男性只能一再回到"为了孩子"的初衷以维护自己行为的意义。

以上分析说明,在协调育儿与职业发展的问题上,"以事业为重"不再作为深度参与的男性无条件遵守的律令,当承认保证育儿质量是家庭当前最紧迫任务时,他们可以接受事业和家庭的重新排序,下调职业发展目标乃至暂停职业发展。但这似乎和个体化文化"为自己而活"的要求明显不相符,这是为什么呢?正如贝克指出的,个体化文化并非制造自私自利、不负责任的个体,"同样也发展出了利他主义的伦理"(贝克,2011:245),贝克称这种伦理为"合作个体主义"(贝克,2011:自序31)或"利他个体主义"(贝克,2011:245),因为"生活在高度个体化的文化中,就意味着必须保持社会敏感性,要懂得与他人相处,懂得承担责任。这样才能安排和维持好自己的日常生活"(贝克,2011:245)。故此,个体对其他个体承担责任成为避免生活共同体破裂的基础,同时也是自己的利益受到共同体其他个体承认的保证。上述对育儿与职业发展的协调正体现了"利他个体主义"的逻辑:在处理自己的职业发展、妻子的职业发展与育儿的关系上考量妻子的利益,使妻子这一直接从丈夫育儿中受益的利益攸关方对其选择能够理解和支持。而且,个体化文化中的责任承担不再像传统性别分工那样要求男性和女性按照其既定的性别角色承担无限的责任,而是有限度的、彼此相互要求的责任。一方面,男性在承担育儿责任的同时,也要求女性在维持职业发展的同时承担足够的育儿责任;另一方面,在育儿的任务能被分担之后——比如孩子上了幼儿园——职业发展将再度变得重要:比如暂停职业发展的 J 和 D 在育儿的间隙尝试创业,而 S 和 H 也在积极收集职业考试信息,为未来重回职场做准备。还有受访者在育儿压力缓解之后尝试"收回"深度参与时投入的时间和精力,也会得到妻子的理解和支持,如 A 在女儿上幼儿园后全力准备考研,妻子则接手照顾孩子,再次说明"合作个体主义"的责任相互性原则。

四 育儿与个人生活

育儿和男性个人生活的关系是父亲参与研究的忽视之处,故本研究特别注意收集这类信息。很多受访者都说起自己没要孩子或没结婚之前丰富多彩、活色生香的个人生活,充满了年轻人追求刺激的激情:以 D 为例,他在结婚前乃至结婚后都常出入歌厅夜店,他不无夸张地说:"我天天哪儿十二点之前回过家呀?"(D, 33)然而如上文所言,育儿是当前家庭最紧迫的任务,大量的时间、精力得被投入其中,个人的休闲娱乐只能压缩。D 在带孩子之后如果再遇到朋友邀请去歌厅夜店,往往回一句"不去,还得看孩子呢"就拒绝了(D, 42)。从"夜夜笙歌"到专心在家看孩子,还把看孩子作为坚实的理由回绝他人的邀约,说明他们完全了解育儿的重要性要大于个人的休闲娱乐。

然而,理智上的了解不等于需要的降低,因育儿的辛劳及其与职业发展的冲突产生的怵、烦、累、焦虑、着急、无力等负面情绪更需要闲暇和娱乐加以平复,故此压缩个人生活反倒会使需要变得更旺盛。Q 高声表达自己的诉求:"我也想出去爽一把啊!隔一个月两个月的,这要求不过分吧?"(Q, 13)L 热衷打篮球,曾每周要打上三四次,但有"老二"之后,每天晚上带孩子去操场玩,只能"眼巴巴"看着别人打球眼馋(L, 28)。故此,他们也会在繁忙的工作和育儿之外,试图找出一些时间留给自己:比如 D 的白酒代理业务刚起步,他会在妻子下班后,去店里和客户洽谈业务或会朋友,"她一般都不管,知道你带一天孩子,晚上得有点自由时间吧"(D, 28)。这一"得"字所表达的,是 D 认为这是看一天孩子"换来的",妻子应承认这"自由时间"的正当性。而 H 家实行一种"带孩子攒积分制度":他一周五天看孩子,是在"攒积分","积分"够了,到了周末,就可以出去"浪"——踢球、打游戏之类,"我媳妇没有怨言,这很正常"(H,30)。"正常"二字的意思和 D 的逻辑并无二致,同样是宣示"积分"的合理性。

可以发现,深度参与的男性希望建立起某种"补偿机制":希望投入育儿的时间和精力,能够在个人时间支配方面得到补偿,尤其是下调职业发展目标或暂停职业发展的男性有更强烈的要求。但当爸爸们在支配个人时间时,往往是妈妈们在带孩子,她们就没有多少机会支配"个人时间"。男性会强调育儿带来的辛苦或给职业发展方面带来的影响,要求妻子认可他们支配个人时间的正当性,并且降低她支配个人时间的要求。要求个人时间的支配显然是"个体化"诉求,这种"补偿机制"说明在维持家庭成员关系和谐的前提下,家庭生活中"为自己而活"的程度取决于"为他人而活"程度:个人生活能否得到家人尤其是妻子的理解,和育儿参与程度深浅紧密挂钩——D 与 H 之所以最有底气宣示个人时间的正当性,恰恰因为他们参与的程度最深。

但上述"补偿机制"并非理所当然被承认,C 的妻子就没有那么"好说话":C 希望自己能有更多时间备课和搞科研,要求妻子能看孩子的时候就多看一些,但她并不接受。

> 她说咱们俩怎么也得(看孩子)差不多吧……倒不是说我就非得少看,但我心里有疙瘩:当她不看孩子的时候,她在那儿娱乐,在休息,而我是用来工作。她还老跟我计较说:"今天你得看啊!"(C,15)

在 C 看来,将个人时间用于工作比用于休息娱乐更具正当性,妻子应满足他多占用个人时间的要求;但从妻子的角度来看,个人时间如何支配是自己的自由,并且要求在数量方面的平等,这成了夫妻矛盾的焦点。在此,个体化的"自反性"特征再次凸显:育儿所投入的时间精力究竟能否换回、换回多少妻子的认可远没有成为确定的家庭共识,在育儿的压力之下,"过自己的生活"的机会对于夫妻而言更直接地呈现此消彼长的关系,于是讨价还价乃至争吵矛盾都无法避免,这几乎成为协调育儿与个人生活必需的条件。

但基本上,"压缩个人生活"以保证育儿的时间和精力还是受访者们主要面对的课题;也只有在基本完成育儿的任务后,才可以索要一些"个人自由支配的时间"。他们不仅如此要求自己,也按照此标准评价别人。比如 H 这样描述一个朋友:"(他)把孩子放丈母娘那……下了班就找人喝酒,到家就睡觉。"(H,29)这种只顾自己快活的做法让他很不屑。而 L 如此评价一位邻居:"下了班就在家里玩游戏,让媳妇带孩子在外面玩。"他强烈质疑他的动机:"那你,图啥呀?"H 和 L 的态度表明,对于"爸爸为什么看孩子"的探问已经显得不太必要,要质问的反倒是"爸爸们有时间、有条件为什么不看孩子"。L 甚至还批评了一位做母亲的。

> 她整天在朋友圈发旅游的照片,显得生活非常 happy(快乐)。孩子就扔在老家,给父母看。都推给父母了,没有尽到一个做父亲做母亲的责任……你不把孩子当回事,能有好儿吗?你现在拿走的,可能等孩子长大以后就得加倍还回去。可能现代人受西方的影响,讲究个人……要有个人时间什么的,这都是烂大街的话。但总有人得为你负重前行。(L,37)

在 L 的表达中,责任仍然是关键词,他很敏锐地感受到当代个体"为自己而活"不惜推卸责任这一情况在道德上的缺陷以及后果上的严重性。值得注意的是,在他看来,育儿责任不能被简单地转移和替代,不仅父母的责任不能转移给祖辈,而父亲与母亲的责任也需要区分来表达。这种对责任的理解已不再是传统意义上只通过家庭经济支持方式笼统地对整个家庭的责任,这种新的责任意识是我们理解男性深度参与的重要切入点。

五 父亲深度育儿参与和男性个体化家庭责任意识

本文从育儿与家庭关系、与职业发展及与个人生活三对关系入手探讨了男性深度参与的内在动力机制、将育儿纳入生活的策略以及如何为育儿赋予意义。父亲深度参与并非别无其他育儿参与者和分工模式的境况下的无奈之举，而是他们接受保证育儿质量作为当前家庭最紧迫任务的前提，考察所有参与者的育儿能力，照顾家庭成员的利益，尤其是妻子的职业发展，排除其他育儿分工模式，选择自己深度参与；并在此过程中逐渐扮演起家庭计划/分工模式制定者与育儿质量监督者的角色。对自身育儿能力的强调是为了表明他们最能保证育儿质量，并会因尽到家庭责任、得到孩子和家庭成员的肯定而感到满足。为了保证育儿所需的时间和精力，他们往往要选择下调职业发展目标甚至暂停职业发展，这意味着他们需要弱化"以事业为重"的传统男性认同，接受育儿与职业发展紧迫性的重新排序。然而当遇到来自家人和职场出于性别刻板印象的质疑和挑战时，他们往往没有其他道德资源可为自己的行为加以解释，只能不断回到"为了孩子"的初衷。但这并非意味他们对职业发展不再重视，而寻求与妻子的职业发展机会的某种均衡，当育儿的压力得到缓解，他们会重新将职业发展提上首要位置，寻求妻子的支持。尽管必须压缩个人生活，尤其是压缩休闲和娱乐时间，但育儿及其与职业发展冲突造成的焦虑等负面情绪也需要得到必要的纾解，故此在基本完成育儿责任后，他们也会为自己留出少许个人时间，并要求家人承认其正当性。要而言之，男性深度参与既是为了孩子、为了妻子、为了老人"为他人而活"的选择，也是"为自己而活"的考虑，因为孩子的成长、妻子的职业发展、老人的身体健康等个人生活愿望都具有正当性，当它们汇聚到育儿这一需要投入大量时间精力的事项时，男性也必须把自己的生活愿望摆放其间，在育儿的实践中斟酌其排序，调整其关系，才能使"为自己而活"同样获得正当性。按照贝克的表达，个体化文化对女性的影响体现在要求从传统的性别分工中解脱，从"为他人而活"到"为自己而活"；那么相应的——贝克未在书中言明的——个体化文化对男性的要求，是重新将"为他人而活"和"为自己而活"建立内在的联系。通过以上分析，本文认为，男性在这种要求之下发展出了"个体化家庭责任意识"。

首先，家庭责任意识的个体化体现为责任动机的个体化。如文章开头所言，当传统的家庭利益对个体不再具有强烈的意义感，模糊的、没有明确家庭成员归属的"家庭利益"，难以成为个体承担家庭责任的动机，故而个体承担的家庭责任更直接地表现为对家庭成员个体的责任：保证育儿质量是对孩子的责任；支持妻子的职业发展是对妻子的责任；照顾父母的身体健康、使其免于过重的育儿劳动是对老人的责任。男性只有在承担这些责任、承认其他个体利益的前提之下，其自身利益才能被其他个体承认与维护，达成贝克所谓"合作个体主义"。当育儿作为家庭最紧迫的任务要求放弃部分利益之时，个体会有条件地、有时限地推延需要，不论是职业发展还是个人生活——前提是其他家庭成员尤其是妻子同样能够做到这一点；而当家庭的紧迫需要相对得到满足，家庭责任已经基本尽到之后，个人利益则可以得到自己的重视和家庭成员的承认，相对自由地满足——甚至可以说，在维持家庭成员关系和谐的前提下，家庭生活中"为自己而活"的程度取决于"为他人而活"的程度。但个体化的合作能否顺利展开，个体对某一项责任承担意愿的强弱以及如何将这些责任的优先级进行排序，依靠的是生活共同体中个体之间、自致的亲密关系，包括对妻子的关爱、对老人的关怀、因更多参与而加深的亲子关系、孩子对父亲的需要和依赖等。这类亲密关系难以由义务性的亲属关系所保证，具有很大的不稳定性，这意味着一旦亲密关系出现裂痕或危机，则可能导致个体对责任承担的松懈，甚至合作关系的破裂，正如上文中Q对其母参与育儿的排斥以及X与其妻子的婚姻危机案例所表明的。

其次，家庭责任意识的个体化还体现为责任分配原则的个体化。在传统家庭中，家庭责任的分配依照的是责任的属性和个体的角色，"男主外、女主内"的分工模式是这种分配原则的代表，即个体依据单一的性别角色划分，承担单一属性且无限的家庭责任。但本研究呈现个体对上述模式的"脱嵌"，其家庭责任分配原则是一种多元角色化的、有限度的、在量的意义上可比较且不固定的个体化模式。这种分配模式的变化一方面是因为当代中国大城市家庭收入结构的变化，不少家庭中妻子工作收入以及投资、房屋租金等其他收入也能部分甚至大部分地完成家庭经济支持的任务，这是个体化家庭责任分担模式的硬性条件；另一方面，在个体化趋势下，女性"为自己而活"的强烈愿望和"以事业为重"的社会期望默许男性减少育儿责任的性别文化相冲突，这种冲突作为压力要求男性做出反应。本文案例中的男性大都认可照顾家庭、育儿劳动对男性和女性而言都是家庭责任的一部分,尽管尚不会完全舍弃对"养家人"角色的认同,但不再排斥"照顾者"的角色,还接受了家庭计划/育儿分工制定者和育儿质量监督者的角色,且能够通过扮演好这些角色、显示有能力完成角色所承载的家庭目标,在家庭生活中获得意义感。于是,家庭责任的分配机制变为男性和女性都要部分承担经济支持和照顾的责任,经济支持由于家庭收入状况的改善对夫妻都有所弱化,而照顾责任则在保证育儿质量的要求下对夫妻双方都有强化。只不过,双方分别要承担多少责任、责任之间交换的比例、责任承担的时机都成了需要协商、引发争论乃至爆发家庭冲突的焦点:从上文中 J 与 J 女士之间认识经济支持与育儿责任如何平衡的差异,到 S 女士对 S 离职参与育儿意义的质疑,再到 C 和妻子就育儿的分担比例与个人时间支配关系爆发的争吵,都体现出个体化家庭责任分配模式的特点——这印证了贝克对个体化生活"自反性"特征的判断。还需强调的是,个体化的家庭责任分配原则也建基于中青年男性性别平等意识一定程度的提升,至少,案例中的男性不会再接受"看孩子完全是女人的事",能够认可"夫妻双方都有外出工作的权利"。当然,还有男性尚无法用完全平等的眼光审视自己和妻子的职业发展能力和职业成就,或者希望妻子牺牲个人生活来满足自己休闲娱乐的需求,这说明性别刻板印象依然有其顽固之处,但我们在案例中也发现有妻子会理直气壮地就承担多少育儿劳动、如何支配个人生活等问题与丈夫进行争论。既有的规则日渐式微,新的规则有赖个体在育儿实践中不断通过协商、妥协、争论、规避风险的互动去探索,"为自己而活"在参与育儿的问题上越发呈现个体化生活"试验性"的特征。

  本文通过分析父亲深度参与育儿现象,说明了"个体化导致利他主义伦理"这一理论命题在家庭中发挥作用的机制——家庭责任的个体化。这一命题虽然引起国内一些学者的注意(李荣山,2012;沈奕斐,2013;刘洁,2017),但尚未见将其应用于考察当代家庭生活实际经验的讨论。借用贝克的表达,"个体化的面孔是双重的"(贝克,2011:19),个体化文化在促动个体的脱嵌、个体意识的增长和对个体利益重视的同时,也释放一种可能,要求个体承担责任,在不确定的"自反性过程"中,与他人共存,协商共同生活的约定以维护生活共同体。尽管每一个体都有权"为自己而活",但其意愿的强弱、能力的大小会因年龄、阅历或个人教育背景的差别而不尽相同。故此,本文描述的深度参与育儿的男性承担家庭责任的现象与前辈学者指出的个体在家庭生活中强调个体利益并缩小责任范围的现象似乎是个体化潮流的不同效果。与此同时,避免家庭责任发生的策略,如不婚、不育也越来越多见,因其能让个人把更多的时间、精力投入到追求个体幸福和成功上——这可以视作个体化更为激进的后果。这些不同的生活方式与家庭策略在未来将会有怎样的交锋,结果如何?有待于我们进一步观察和研究。

参考文献

〔德〕乌尔里希·贝克,伊丽莎白·贝克-格恩斯海姆,2011,《个体化》,李荣山、范譞、张惠强译,北京大学出版社。

陈万思、陈昕,2011,《生育对已婚妇女人才工作与家庭的影响——来自上海的质化与量化综合研究》,《妇女研究论丛》第2期。

方英,2009,《"全职太太"与中国城市性别秩序的变化》,《浙江学刊》第1期。

郭戈,2019,《"丧偶式育儿"话语中的母职困境与性别焦虑》,《北京社会科学》第10期。

——,2019,《0-3岁婴幼儿托育服务下的父职实践》,《中国青年研究》第11期。

辜声浩、樊向宇,2017,《舆论场中的保姆形象》,《中国报业》第15期。

金洁、田晓虹,2009,《父亲参与育儿的中日比较研究》,《当代青年研究》第12期。

金一虹、杨笛,2015,《教育"拼妈":"家长主义"的盛行与母职再造》,《南京社会科学》,第2期。

康岚,2012,《代差与代同:新家庭主义价值的兴起》,《青年研究》第3期。

李荣山,2012,《现代性的变奏与个体化社会的兴起——乌尔里希·贝克"制度化的个体主义"理论述评》,《学海》第5期。

刘爱玉、佟新、付伟,2015,《双薪家庭的家务性别分工:经济依赖、性别观念或情感表达》,《社会》第2期。

刘洁,2017,《父权制—现代化—个体化:娘家研究的演变梳理》,《妇女研究论丛》第5期。

沈奕斐,2013,《个体化视角下的城市家庭认同变迁和女性崛起》,《学海》第2期。

——,2013,《个体家庭 iFamily:中国城市现代化进程中的个体、家庭与国家》,上海三联书店。

施芸卿,2018,《当妈为何越来越难——社会变迁视角下的"母亲"》,《文化纵横》第5期。

陶艳兰,2013,《世上只有妈妈好——当代城市女性的母职认同与实践》,《妇女研究论丛》第 6 期。

王雨磊，2020，《父职的脱嵌与再嵌：现代社会中的抚育关系与家庭伦理》，《中国青年研究》第 3 期。

肖索未，2014，《"严母慈祖"：儿童抚育中的代际合作与权力关系》，《社会学研究》第 6 期。

许琪、王金水，2019，《爸爸去哪儿？父亲育儿投入及其对中国青少年发展的影响》，《社会发展研究》第 1 期。

阎云翔，2017，《私人生活的变革》，上海人民出版社。

杨可，2018，《母职的经纪人化——教育市场化背景下的母职变迁》，《妇女研究论丛》第 2 期。

杨善华、孙飞宇，2005，《作为意义探究的深度访谈》，《社会学研究》第 5 期。

张亮、徐安琪，2008，《父亲参与研究：态度、贡献与效用》，上海社会科学院出版社。

钟晓慧、郭巍青，2017，《人口政策议题转换：从养育看生育——"全面二孩"下中产家庭的隔代抚养与儿童照顾》，《探索与争鸣》第 7 期。

Allen, S. & A. Hawkins. 1999. "Maternal Gatekeeping: Mothers' Beliefs and Behaviors That Inhibit Greater Father Involvement in Family Work." *Journal of Marriage and Family* 61(1).

Lamb, M. E. 2000. "The History of Research on Father Involvement." *Marriage & Family Review* 29(2-3).

McBride B et al. 2005. "Paternal Identity, Maternal Gatekeeping, and Father Involvement." *Family Relations* 54(3).

Tam, V. & R. Lam. 2013. "The Roles and Contributions of Fathers in Families with School-Age Children in Hong Kong." In Chan, K-b. eds. 2013. *International Handbook of Chinese Families*. New York: Springer.

（原载《宁夏社会科学》2021 年第 4 期，本文在原作基础上略有改动）

独立与依赖:"隔代抚育"中代际关系的
平衡与失衡[*]

郑 杨 张艳君[**]

摘 要:"隔代抚育"是我国目前最主要的育儿形式之一。通过考察城市家庭隔代抚育可以发现,城市家庭代际关系处于由传统家庭向现代家庭转型的过渡期。其间家庭的育儿功能需要亲代子代齐上阵才勉强得以完成。很难简单将代际关系归结为"无私的奉献者""自私的个体主义者",因为处于向现代家庭转变中的代际育儿合作还呈现亲代是小家庭的"入侵者"、子代因缺乏育儿资源处于"无力的核心家庭"状态。我国城市家庭需要面对国家和市场两个不同的育儿逻辑,这导致城市家庭在传统与现代之间博弈,在独立与依赖之间寻求平衡。

关键词: 隔代抚育 现代家庭 代际关系

一 育儿谁之责:一个值得思考的问题

"隔代抚育"[①]是中国目前最主要的育儿形式之一。据2011年、2013

---

[*] 本文得到国家社科基金项目"0~3岁城市家庭育儿困境与家庭政策研究"(16BSH056)、全国首批家庭教育科研课题"网络社会中育儿模式的新趋势与家庭政策研究"(Y20170802)支持。

[**] 郑杨,哈尔滨师范大学东语学院教授;张艳君,哈尔滨师范大学党委宣传部,副教授。

[①] 针对目前我国对隔代抚育从概念界定到测量方式并不统一的现状,本研究将部分采用周鹏(2020:31-43)的研究结果,如通过"直接"的测量方式来了解隔代抚育的现状,而非"替代"的测量方式只关注居住模式;从抚育的"支持者"与"被支持者"的两个角度考察家庭的育儿功能是更传统,还是更现代;特别是就目前隔代抚育年龄限定不明确的弊端,本研究主要集中考察0~3岁、3~6岁婴幼儿家庭的隔代抚育现状和代际关系。关于亲代参与成年子代的育儿合作,主要分狭义和广义两大类。狭义的隔代抚育是指父母完全放弃抚育孩子的责任,而由祖(外)父母等承担全部的抚育责任。广义的隔代抚育,泛指祖父母任何一方或双方参与、承担某些抚育责任(郑杨,2008:124),本研究的隔代抚育指的是后者。

年、2015年中国健康与养老追踪调查的数据显示，照看孙辈的中老年人比例呈增加趋势，从2011年的49%增加至2015年的53%（吴培材，2018）。换言之，中国家庭祖辈也承担了大部分的育儿责任（马春华、石金群等，2011；Chen, F., G. Liu & C. A. Mair, 2011）。但"隔代抚育"虽被广泛使用，对其评价却褒贬不一。一方面评价肯定祖辈有充足的时间和精力能够更细心地照顾孩子，间接地补充了中国社会福利不足，有效地缓解了年轻父母的后顾之忧，老年人生活满意度也有所提高（宋璐等，2013；周鹏，2020）。另一方面评价则认为祖辈传统的育儿方式对孙辈成长不利（徐友龙等，2019；郭筱琳，2014），且祖辈的育儿帮助也减少了年轻父母参与育儿的机会（Chen, 2000）。

如上，近年有越来越多的研究聚焦"隔代抚育"中的代际关系，虽得出的研究结果不尽相同，大体可概括为三类。一类主张隔代抚育中的代际关系延续了传统家庭中的互助互惠的儒家文化（杨菊华等，2009；杨善华，2009、2011；刘汶蓉，2020；唐晓菁，2017等）；另一类认为我国福利制度不完备导致子代需要依赖父辈的帮助才能完成家庭的育儿功能（周鹏，2020；唐灿等，2012；沈奕斐，2013）；还有一类指出在育儿代际互助中，亲代的"义务"和成年子代的"权利"之间存在着显著的不平衡，子代呈现自私的个体化倾向（肖索未，2014、2018；石金群，2015、2016；吴小英，2011；熊跃根，1998）。

"隔代抚育"成为家庭研究、代际研究的焦点之一，这源于当下"重幼轻老"的代际关系，与"长幼有序""长者为上"的传统代际关系之间形成了鲜明的对比。且值得关注的是，无论是作为传统代际关系的衰落所体现的"长幼有序"演化为"重幼轻老"，还是以强调个体意识为特征的新代际关系的兴起都被视作问题加以追问，并逐渐形成刻板印象，即亲代继承传统家庭文化，是奉献无私之爱的贡献者；子代向往现代家庭，是主张个体主义的受益者。那么，在实践层面城市家庭代际关系是否如既往研究所描述的那样，亲代和子代向两个不同的方向谋求理想家庭？

事实上，到目前为止从宏观视角出发的研究并未给上述问题以明确的答案，而从微观视角出发的代际关系研究又比较公式化地将亲代视为传统代际关系的捍卫者、牺牲者。相关研究认为亲代更强调义务和付出，而将成年子代视为传统家庭代际关系的破坏者、现代家庭代际关系的尝试者。同时虽然国内关于代际关系的研究集中在宏观与微观两个层面，但前者聚焦在劳动人口、经济、社会政策上，而后者集中探讨家庭代际关系与养老、子女教育问题，且两个层面的论述之间往往是脱节的（刘汶蓉，2013；吴小英，2011；阎云翔，2006：241）。

综上，目前的相关研究缺少对城市家庭代际关系"由远及近"和"由近及远"，即宏观和微观两个视角的交替观察。基于此，本研究将"育儿谁之责"作为切入点，将代际关系置于时代背景下加以探讨的同时，通过深度访谈探求城市家庭代际关系究竟是更现代了，还是更传统了？

二　传统与现代：中国家庭代际互动研究的两个主流视角

1. 传统家庭的延续：传统文化与福利制度的相互作用

代际互助作为中国家庭的重要传统虽一直在延续，但自独生子女一代开始，则呈现不同的样貌。如有研究指出独生子女一代成年后依然接受父母经济上、生活上、情感上的支持，呈现子代获得的帮助超过其给予父母帮助的倾向，代际出现"恩向下流"的特征（肖索未，2014；刘汶蓉，2013）。但另外一些研究则指出反哺式家庭依然是主流，成年子女为父母提供物质和精神的孝养，代际保持着紧密的互惠往来（马春华等，2011；刘汶蓉，2020）。

育儿代际合作中"义务"和"权力"的不平衡，也成为研究的焦点。如亲代在育儿合作中承担主要家务，却放弃重要事务的决策权，呈现"保姆化"倾向（肖索未，2014、2018）。而亲代对义务和权力失衡的现实，表现出来的是强烈的"责任伦理"（杨善华、贺常梅，2004），又因抚育是符合女性特质的传统观念让照料"女性本质化"，同时逐渐演变为提供育儿支持是一种道德压迫（肖索未、简逸伦，2020）。而处于育儿期的成年子代在代际互动中更多是受益者，并倾向于强调自己的权力。如近年备受关注的个体化视角的研究指出代际互动中，子代以个体需求而非义务本位为基础，因此家庭逐渐成为子代自我实现的资源（沈奕斐，2013；阎云翔，2006、

2012)。在实际育儿过程中，城市中产家庭的代际互动呈现"亲子主轴倒置""严母慈祖"等成年子代逐渐握有代际互动的主导权，而亲代尽义务却让渡自己权力的特征（沈奕斐，2013；肖索未，2014、2018）。

上述研究得出两类不同的结果，即代际互动的方向，一个是向下父母给予子女多，一个是向上子女给予父母多。中国传统的家庭主义伦理是以家族为基本单位，在血缘关系连接起来的家庭成员之间具有一种无条件的相互帮扶的责任和义务（刘汶蓉，2013、2020），若从这一视角出发，无论是恩向下流，还是恩向上流，代际互动的恩泽都在直系家庭这一范畴之内，因此可以说两者都为传统家庭的延续。换言之，当以直系家庭作为单位进行思考时，成年子女供养父母，父母继续资助和帮助成年子女便都可称为是传统家庭的延续。

那么，为何在现代化进程中，中国家庭依然延续互助互惠、不分彼此的传统家庭文化，而未出现西方工业社会"孤立的核心家庭化"[①]？针对这一问题，很多学者从宏观视角出发，指出中国现代化进程带来的震荡，反而强固了家庭间在经济上、精神上、日常生活上的互助，以祖父母为中心的亲属网络成为人们最主要的育儿资源（王跃生，2019；郑杨，2019）。成年子代在工作与家庭平衡问题上，因缺乏相应的社会支持，往往需要通过将子辈的困境转嫁给父母辈的劳动付出的方式来得以实现（徐友龙等，2019；Chen，2000；杨菊华、李路路，2009；唐灿、陈午晴，2012）。

2. 个体化意识的出现：现代家庭的大众化与孩子中心主义

随着中国社会的现代化转型，特别是独生子女一代的诞生，育儿方式也发生了巨大变化。如20世纪80年代的流行语"小皇帝"所呈现的那样，孩子成了家庭的中心。1980年刊行的新中国第一本家庭育儿杂志《父母必读》，旨在指导父母用科学的方法培育聪明健康的现代儿童，这标志着父母不能再按照传统方式教育孩子，而是需要学习才能成为合格的父

[①] 中国城市核心家庭虽然在户籍上或居住形式上处于独立状态，但在经济上、日常生活照料上却并不完全独立，与直系家庭、亲属网之间的界限处于模糊状态。近年在我国家庭权力结构变迁的研究中，虽普遍认同夫妻轴的重要性越来越高于父子轴，但亲子轴依然为家庭的主轴，并呈现以孩子为中心的"亲子主轴倒置"的特征。这一系列特征中呈现与西方"现代家庭"趋同的一面，也存在有别于西方独立核心家庭的一面，本研究将囊括这些特征，将其命名为"中国式核心家庭"（郑杨，2019：90）。

母。而进入 21 世纪后与家庭教育相关的书籍和传媒开始将西方儿童发展心理学作为科学依据指出家庭育儿需要从"成人视角"向"儿童中心"转变,并强调早期教育、情感沟通的重要性(陶艳兰,2018)。

而育儿方式的变化也带来代际关系的变化。城市的年轻父母虽然是"科学育儿"观念的信奉者,但在实际育儿中承担的主要是与育儿相关的"脑力活"(如孩子的学习、早教课的筛选等),老人承担了育儿中大部分的"体力活"(如照顾孩子日常的吃喝拉撒,以及买菜做饭等育儿辅助工作)(肖索未,2014、2018),且在价值排序中"脑力活"居于"体力活"之上。因此,在城市家庭育儿代际合作中,逐渐出现了有别于传统的代际关系,形成一种"严母慈祖"的分工和权力格局,即年轻母亲是权力中心、"育儿总管",而祖辈则成为权力边缘的"帮忙者"(肖索未,2014),沈奕斐则又把这一现象描述为代际育儿中的"亲子主轴倒置"(沈奕斐,2013)。

针对上述现状,一些学者又从个体化视角出发,认为家庭成为子代实现自我目标的资源和手段,代际关系从义务本位转向以个体意愿、选择和需求为基础(沈奕斐,2013;阎云翔,2006、2012、2017),并将这种个体主义称为"自私的个体主义"。而另一些学者则以核心家庭内部成员之间的亲情为依据,认为利益原则是在核心家庭之外的代际关系中运行的(谭同学,2010;苗国、陈友华,2019),也就是核心家庭成为情感互动的中心。作为两种观点的折中,康岚提出"新家庭主义"的概念,指出青年人并非否定家庭价值,而是认同家庭利益与个人利益相平衡的家庭,认同建立在与父母保持相互支持的前提下的个体主义意识(康岚,2012)。

梳理上述研究时会发现,基于不同视角的两类研究分别得出成年子代是"自私的个体主义",亲代是"无私的家庭主义"。为何"隔代抚育"被大多数家庭所采用,而对其中的代际关系却褒贬不一。笔者对这一现象产生两个疑问,首先,实践层面的城市代际育儿合作中,亲代和子代是依据上述逻辑展开的隔代抚育吗?其次,两代人互动的图景里有微观层面(代际互动、家庭策略),也有宏观层面(社会结构、社会制度等),它们是相互映射、相互塑造的。那么为何在探讨亲代的"奉献"与子代的"索取"时很少将宏观与微观视角相互切换,从而深入剖析究竟是通过哪些测量指标得出亲代是"奉献"的,子代是"自私"的?

三 观察中国城市家庭代际关系的两个坐标

中国城市家庭在现代化过程中是更现代了，还是更传统了？为回答这一问题，本研究通过建立如图1的坐标，对"隔代抚育"中成年子代在代际互动中"义务"与"权利"的变化进行观察和可视化分析。具体而言，本研究通过图1的横轴表示两代人在经济上、日常生活中的互惠互助程度，观察代际关系中"责任""义务"的承担状况；通过图1的纵轴测量两代人在家庭决策和日常生活中，是更趋于强调家长权威还是家庭成员间的平等之爱，以此探讨代际互动中权力关系的变化①。

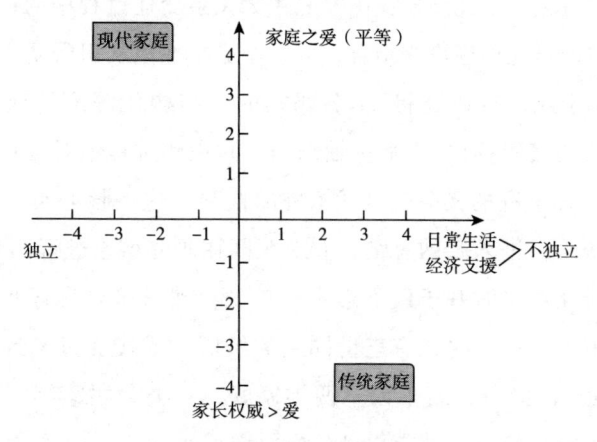

图 1　传统家庭与现代家庭

---

① 本研究为了将城市家庭代际关系的变化可视化、指标化，将聚焦家庭的抚育功能，将现代家庭与传统家庭的不同特征作为切入点尝试说明两代人在"责任"与"义务"之间、在"权威"与"家庭之爱"之间的平衡与失衡。本研究将主要聚焦"孩子中心主义"等现代家庭的特征，探讨现代社会中育儿成为父母之责，尤其是母亲之责。具体参见《21世纪的日本家庭，何去何从（第4版）》（〔日〕落合惠美子著，郑杨译，社会科学文献出版社，2021年版）第5章关于现代家庭的诞生部分。与之相反，"传统家庭"需要遵循"长幼有序"的原则，同时孩子是家庭的经济来源，如大量使用童工。"传统家庭"的抚育属于粗放型、散养式，是家族成员（包括祖父母在内的扩大家庭）、地域社会共同参与的育儿形式。由于传统家庭是以生存、传宗接代为目的而组建的，传统婚姻的缔结并不基于爱情，孩子也非家庭的中心。具体参见《社会学的邀请》（〔美〕乔恩·威特著，林聚任等译，北京大学出版社，2008年版）第9章关于家庭结构与历史变迁部分，以及《童年的消失》（The Disappearance of Childhood）（〔美〕尼尔·波兹曼著，吴燕莛译，中信出版社，2015年版）第一章"一个没有儿童的时代"。

依据上述指标，传统家庭处于第4象限，这类家庭既强调家长权威，同时代际界限模糊，彼此频繁地进行经济的、日常生活的互助。而现代家庭处于第2象限，这类家庭强调儿童中心主义和家庭成员之间的爱，且家庭在经济上、生活上更具有独立性。

四 调查与分析

（一）研究方法与研究对象

本研究旨在援用"现代家庭"这个概念，将转型期呈现复杂性、多样化的城市家庭相对化，以此凸显我国家庭代际关系变迁过程中的特征。研究方法采用深度访谈与扎根理论相结合，以便能更精准地从田野调查资料中萃取关键信息。基于此，本研究将11名妈妈的半结构化深度访谈作为基础材料，通过开放式编码抽出12个主轴编码，并在此过程中对资料编码进行分析，直至"传统家庭的义务与现代家庭的权利"这一核心类属出现后开始进行选择性编码，进入归纳总结，并对照既往研究结论进行比对分析。

在选取研究对象时基于以下理由：首先，被采访时有育儿经历，且育儿期是在城市度过；其次，有三世同堂的经历，或接受过来自娘家婆家的某种育儿援助[①]；最后，属于以下两类家庭，一类为娘家婆家皆为城市户籍，一类为婆家或娘家为城市以外的农村或城镇户籍。11位被采访对象的出生年代集中在1970~1990年，有独生子女，也有非独生子女，育儿阶段主要集中在2010年以后（篇幅原因，受访者信息长表省略）。

---

① 20世纪80年代以来我国家庭结构的特征是平均家庭户规模呈显著缩小趋势，核心家庭虽一直处于主导地位，但直系家庭在比率上也始终保持稳定，是我国家庭的基本形态之一。具体参见陈熙，《家庭现代化理论与当代中国家庭：一个文献综述》，《重庆社会科学》2014年第8期：67-72。王跃生（2019）的实证研究发现"城市和镇已婚子女在初婚、初育阶段，与配偶及子女组成核心家庭比较普遍"，但同时城市受访者与已婚子女同区居住比率也很高，其中与儿子在同区居住者为45%上下，与女儿的为30%上下。因此王跃生（2019）聚焦家庭养老功能，指出从我国社会转型初期的城乡亲子居住方式上看，既有现代趋向，也保留着传统惯习，特别是亲代与已婚子代通过同居、近居实现生活上的互助合作。具体参见王跃生，《亲代和已婚子代居住方式研究——基于社会转型初期调查数据》，《晋阳学刊》2019年第5期：105-114。本研究将聚焦家庭的抚育功能，考察代际是否也通过同居、近居实现核心家庭与直系家庭之间的育儿合作。

独立与依赖："隔代抚育"中代际关系的平衡与失衡

表 1 访谈资料编码示例——经济独立与自由轻松

原始资料（节选）	贴（概念）标签	类属	一级编码 属性	维度
颖：公公一直很想回老家，因为生活圈和朋友圈就是老家。婆婆人就说我给我儿子还贷款，我们都挂不住脸，也不想这样。经济挺影响家庭和谐的。现在钱分开管这种状态挺好，挺平衡的。过自己的日子。吃什么，喝什么，都觉得挺自由。公婆心里也平衡了。刚生完孩子，我（娘家）妈就给拿了五万块钱，她总说"我赚钱都是给你们的"。	老人的自由生活 挂不住脸 相互不讨好 过自己的日子 心理平衡	经济影响家庭和谐 心理平衡	亲代独立自由生活 亲代的育儿责任 子代的自尊心 子代混同导致不和谐 亲代独立自由生活	自由—束缚 大—小 有面子—没面子 和谐—冲突 独立—依赖 平衡—失衡
莹：还是得有小家概念，不能都混在一块儿。发生矛盾大其在经济上我觉得就是得分开。买房子我父母肯定贴补我们，要不我买不起啊，尽管说我是独生女，但我父母没有分那么清。可我要给父母钱，就我思考一下现在的小家（娘家）谁给我，和我给他们的小家（娘家），不是一个概念。	钱都是你们的 小家的概念 经济分开 混在一块儿 经济分开 帮助 要有度 模糊产生矛盾	独立核心家庭	独生女的优越性 核心家庭与直系家庭 界限 经济不独立导致矛盾	优势—劣势 融合—分离 清晰—模糊 尖锐—微弱
双：我爸妈的钱都是放在我老公这里，集中管理，其实是把钱借给我们买房子了。他们（父母）像我们的姐妹们的银行，无息贷款，我家和谐，我妈从小供养我姐妹几个，我妈帮助谁，我们姐妹都绝对会的是，谁给多给少也不会计较，没有人挑理。	钱集中管理 父母我们的银行 不计较 不挑理	经济帮助的无偿化	父母无偿帮助子女 父母帮助不分男女 兄弟姐妹不计较	整体—个体 无偿—有偿 有—无 赞成—反对
余：我工作后，我妈每个月的工资也全都给我，结婚后也是的。公务员我工资不高的，和孩子爸是各名各的。我爸妈觉得我在外面，不放心吧，哈市我名下的房子也是我爸妈出钱买的，车也是我爸妈出的，靠自己还真不行。	爸妈出钱 靠自己还真不行		全方位资助 个人的经济能力	有—无 强弱—弱

（二）数据分析与研究发现

1. 成年子代的期望：经济独立与自由轻松

首先对深度访谈的原始资料按照扎根理论三级编码的要求进行资料分析，尝试提炼成年子代在接受亲代提供的经济支持时，所呈现的是对传统家庭文化的继承，还是对现代家庭的追求。其次，笔者本着尽量不损害原始资料中意义单位的原则，形成了"经济影响家庭和谐""独立核心家庭""经济帮助的无偿化"三个类属及其属性和维度。

表1选择了深度访谈的部分信息对分析过程进行呈现，发现无论是夫妻都来自城市的余（1981年出生），还是夫妻都来自农村的双（1985年出生），或妻子来自城市、丈夫来自城镇的颖（1987年出生）以及丈夫来自农村的莹（1979年出生），她们都曾经或正在接受来自亲代的某种形式的经济帮助，并且这种经济帮助，并不局限于婆家，也来自娘家。这一点验证了前述研究中代际互助与合作中"恩往下流"的特征。

同时，也呈现有别于既往研究的三个特征，其一，成年子代在接受经济帮助时，并未表现出只强调自己利益的"自私的个体化"现象，而是认为靠父母生活"挂不住脸""心里不舒服"（表1-颖），或者希望经济上各自独立（表1-莹），或者对暂时向小家借钱的父母表示感激（表1-双）。其二，亲代在给予子代经济资助时，不能笼统地总结为不计回报地为后代付出，事实上娘家与婆家的经济帮助呈现不同特征。如来自娘家和婆家的经济支持不分伯仲，甚至娘家大于婆家，且娘家的经济支持呈无偿化，这一点无论娘家是城市还是农村都较为明显（如表1的4位被访者皆如此）；独生女在接受娘家的经济资助时心理负担感或失衡感并不显著，如莹"我是独生女，钱早晚是我的"，如多子女家庭双"他们（娘家父母）像我们的银行，无息贷款"。而婆家也并非如既往研究中描述的刻板印象希望与小家融合为一个家，事实上亲代也强调属于他们的自由和独立的生活，如表1中颖的公婆以及表2中苗的娘家妈妈。其三，被访者（都为女性）希望在经济上及日常生活中建立与婆家界限清晰的核心家庭，但与娘家的界限是可以模糊的。

同时，界限不清的经济关系影响代际和谐，因此子代虽大都在接受来自亲代的经济支持，但都表示对经济独立的核心家庭的向往，认为"关起门过自己的日子"的核心家庭独立、和谐、自由。值得注意的是这主要指从婆家独立出来，而非与娘家界限分明。因此对照图1，会发现成年子代希望与婆家的关系从第4象限的传统家庭逐渐向第1、第2象限转变，呈现向现代家庭过渡的特征，似乎希望将与娘家的关系保持在第4象限中。但这也说明城市家庭逐渐从父系中心的传统家庭脱嵌出来，不仅呈现家庭的"双系化"，还表现出母系偏重的趋势，是现代家庭衍生出的一个新版本，而非传统家庭。

2. 亲代子代齐上阵：育儿之责与日常照看的依赖

进一步在访谈资料中寻找关键概念，尝试提炼日常照看过程中代际育儿互助的特征，并依据尽量不损害原始资料中意义单位的原则，形成了"亲属网络共同育儿""育儿谁之责""育儿的市场化"三个类属及其属性和维度。

如表2所示，在0~3岁需要大量日常照看时，祖父母是最主要的，也是不可或缺的育儿援助，因此除了梅（1988年出生）以及葳（1978年出生）养育老大期间以外，都接受了婆家娘家的日常育儿帮助。这验证了"隔代抚育"是中国最主要的育儿形式之一，且城市家庭呈现"亲属网络共同育儿"的特征。但既往研究显示子代的育儿帮助主要由亲代中的女性亲属提供，而本次调查中亲代的男性，特别是娘家父亲全方位参与育儿却显得尤为突出，推测这一变化与亲代的老龄化和健康状态导致亲代参与育儿的女性亲属不足相关。如宏（1980年出生）在二宝出生时，因娘家妈妈和婆婆都去世了，需要由娘家爸爸来承担育儿帮助；苗（1980年出生）在双胞胎出生后的17个月开始依靠娘家爸爸来提供育儿帮助。换言之，我国人口红利逐渐消失后照料的"女性本质化"这一特征也将相应地发生变化，育儿帮助将从主要依靠祖母，逐渐变成祖父也需要成为提供育儿支持的主角，且目前在孩子日常生活照看中"缺席的父亲"[1]也需要积极参与到育儿中。

---

[1] 近年我国与父亲相关的研究指出在未成年子女的日常照顾方面，父亲普遍处于缺席状态。具体可参考王向贤《转型时期的父亲责任、权利与研究路径——国内父职社会学研究述评》，《青年研究》2019年第1期，第84~93页。

表 2　访谈资料编码示例——0~3 岁日常照看与育儿之责

原始资料（节选）	贴（概念）标签	类属	一级编码 属性	维度
宏：婆婆年纪太大了，月子来帮忙。其实月子里我是在娘家坐的，月子里我妈帮忙，大宝到14个月，都是我妈带，她身体不好，一边卖货，一边带孩子。我妈跟着来店里带我，她身体又休息不好。之后就是我们自己照顾了，我公婆都去世了。生二宝时，是我妈，最后决定要二宝是给我爸带。我很大的信心，说有钱没钱都能养活，说要我带，我爸除了帮忙带孩子吃的，全是他买的。	婆婆年纪大 妈妈身体不好 妈妈、婆婆去世 娘家爸的育儿支持	亲属网络共同育儿 育儿谁之责	家庭网的老龄化 家庭网的可利用性 育儿亲属网中的男性	老龄—年轻 健康—病弱 多—寡
颖：喜宝正好3岁生日多一点，婆婆给我妈妈打电话说自己要回老家装修房子不能再照看了，我妈妈赶紧要买票来了。3岁开始我妈就帮忙照顾……各有各的好吧，婆婆对孩子说话温和，但我妈是吼孩子，做饭啊，营养这方面比我公婆强。	公婆照顾孩子 娘家妈妈照顾 各有各的好		祖父母的育儿帮助 娘家与婆家轮流照看 育儿照看的品质	可依靠—无依靠 频次高—低 好—坏
苗：大宝是公婆带看的，周六周日接回来，一直到4岁半吧。孩子爸是军人，一周只能回来1~2回。有了二宝、三宝就是我妈搬来一起住，主要帮我带孩子。我公婆就住附近，我妈妈来的时候，想来说太累了，不管来看孩子。二宝、三宝（双胞胎）15个月的时候，我觉得我最信任的人都离开了我，我爸搬来带我，生活才又重新好起来。我就觉得自从有了下面两个（孩子）我就成了一个麻烦，谁都不待见我了。	公婆帮忙照看 娘家妈妈太累了 太伤心了 我变成一个麻烦 娘家爸的育儿支持		育儿分工与代际抚育冲突 亲属网络依赖程度 男性育儿资源	小家的—共同的 频次高—低 强—弱

续表

原始资料（节选）	贴（概念）标签	类属	一级编码 属性	维度
威：老大是我自己带的，高龄产妇，状态不太好，就辞职做全职妈妈了。当时公婆说帮我带，让我继续工作，可我认为自己的孩子就得自己带。现在雇的阿姨主要管老二，我们没有特别清晰的界限，做饭、搽地是阿姨，老二开始和阿姨睡，1岁后阿姨生病就开始和我们一起睡了。教育理念都听我的。我爸妈人每天回家很晚，顾不上看了。我爸妈年纪太大了，就周六周日偶尔看一下。	自己的孩子自己带 雇佣住家保姆	育儿的市场化	购买育儿资源频度 育儿分工	经常—偶尔 清晰—模糊
余：孩子出生时请了月嫂，之后也一直雇保姆看，爷爷奶奶也着看孩子上幼儿园后我们从爷奶家搬出来单住了，也请了保姆，爷爷奶奶也帮着带着送。娘家离我远了，我妈就是偶尔来帮着照看一下。我妈的工资每个月全都给我，现在也在雇保姆，要工作太忙，没发接孩子。	与爷爷奶奶共同居住，共同育儿 雇佣日间保姆 娘家的经济资助		购买育儿资源期间 经济条件与育儿品质 经济条件决定可利用育儿形式的多样性	时间长—短 强—弱 多—少
梅：我爸妈妈来给我坐月子，可家太小没处住，就回去了。月嫂太贵请不起。现在基本上我自己照顾孩子，家务也基本上是我。婆婆65岁年纪不大，但身体不太好。一些生活习惯也不一样，为了减少摩擦，所以我自己来做。我怀孕3个月就辞职了。结婚前我就决定要生孩子就要上幼儿园为止。最起码妈妈得到上幼儿园为止。既然决定要顾这个孩子负责，妈妈是没有任何人能够替代的，我不太赞同让老人或者请人来照顾孩子。	一个人照顾孩子 独自承担减少摩擦 0~3岁妈妈以照顾孩子为主		独自照看 "劳心"与"劳力" 妈妈以孩子为中心	多—少 轻松—疲惫 赞成—反对

· 113 ·

"自己的孩子得自己养""0~3岁时妈妈要以照顾孩子为主"这些被访者的回答表明,她们认同育儿是母亲的责任。但在育儿实践中,却呈现两个不同的侧面,首先是育儿的分节化①,如高收入家庭的全职妈妈葳(1978年出生)在实际育儿中负责老大的教育,雇佣的住家阿姨主要负责老二和家里的卫生做饭等,且值得关注的是老二自出生到1岁多都是和阿姨同睡,这与现代家庭中的以孩子为中心、全天候照看的密集母职之间存在偏差。

另一个侧面是共同育儿基础上的年轻母亲负责制。如家庭收入中等的苗(1980年出生),因第二胎是双胞胎,在兼顾职业和应接不暇的育儿生活里,娘家妈妈成为必不可少的育儿帮手,同小区居住的公婆也频繁地提供日常帮助和经济支持。因此当娘家妈妈在老二、老三15个月提出离开不再提供育儿帮忙时,苗用"伤心了,我最信任的人都离开了我"来表达自己的无助。在与笔者后续的访谈里,作为高校教师的苗开始思考社会的福利体制对自己育儿生活的影响,"孩子也是国家的啊,可是国家没给我任何帮助,如果有像过去的托儿所,我送去,也不会让家里人见到我,都怕惹上我这个大麻烦一样了。"苗在自己无助又无奈的育儿经历里,提出了一个尖锐的问题,育儿不仅仅是母亲的责任、家庭的责任,更是国家的责任。

事实上,育儿的市场化是近年中国城市家庭的育儿变化之一,家庭可以从市场购买育儿帮助。如表2所示,余(1982出生)和葳(1978年出生)都在利用育儿市场提高育儿品质和生活品质。但对于中低收入家庭,则只能依靠家庭成员完成小家庭独自无法承担的育儿日常照看。这也说明如果没有一定的经济实力,便很难确保育儿品质和生活品质。

再一次对照图1传统家庭和现代家庭象限图,会发现在育儿的日常照看上,几乎所有的家庭都停留在横轴的右侧,即成年子代并不独立,对亲

---

① 宫坂靖子援用 Joan Toronto 的照护理论,提出 0~3 岁育儿照护可分为三部分:(1)确认和评估育儿内容;(2)决定和管理育儿内容;(3)实际照看孩子的吃喝拉撒睡。据此对中日两国全职妈妈比较后指出,日本型妈妈承担(1)~(3)全部育儿照护,而中国型妈妈主要承担(1)~(2)育儿的设计和管理,实际照看孩子的并非母亲,而是其他人,即中国育儿呈现分节化。具体参见宫坂靖子「家族の情绪化と『专业母』规範」『社会学评论』第 64 卷第 4 号:589 - 603,以及 Joan Toronto, *Moral Boundaries: A Political Argument for an Ethic of Care*, New York, London: Routledge, 1993.

代的依赖程度很高，婴幼儿的日常照看无法由小家庭独自完成，需要亲代子代齐上阵才能勉强维持基本的育儿照看。而表2中作为特例的梅（1988年出生）是通过选择做全职妈妈的方式化解既无财力购买育儿市场中的育儿资源，又缺乏亲属网络支持（娘家不在身边、公婆身体不佳）的尴尬境地。

3. 代际的权力较量与平衡：谁的家、谁是权威

继续在访谈资料中寻找关键概念，如"育儿主导""孝顺"等，尝试提炼代际育儿过程中两代人互助的特征，并依据尽量不损害原始资料中意义单位的原则，形成了"育儿的分节化""做父母的主""父母做我们家的主"三个类属及其属性和维度。

很多研究都指出，我国城市家庭代际育儿合作中亲代放弃决策权，呈现"保姆化"倾向。其中，城市中产家庭的代际育儿合作存在"严母慈祖"这一权力模式的结论广被引用，即祖辈承担生理照料职责，年轻母亲承担社会性教化，做育儿的总管（肖索未，2014：148）。本次深度访谈中也呈现类似的育儿分节化特征，即孩子的生理照料和社会性教化由不同的人来承担，但是这一现象主要在中产以上家庭中保姆与年轻母亲之间显著存在，在成年子代与亲代父母之间并不显著。特别是亲代的受教育水平、社会地位、家庭权威等较高时，其在育儿的日常照看中更具主导性。如表3中城市出生的余（1982年）与公婆同住，对于孩子的名字都不能自己做主，深感作为妈妈在育儿中缺乏主导权，其原因之一是公婆受教育程度、社会地位较高，依然是家庭权威。而同为城市出生的颖（1987）虽然受教育水平比公婆高，但在育儿上也并非主导，理由是"求人家给你看孩子，不能太较真儿……自己亲妈也不能太较真儿"。甚至作为大学教师的苗（1980）其小家庭一直受制于经济环境优越的婆婆，如因婆婆照看大宝时不让她插手等，一直委曲求全的苗因为"我当时又考博又上班，没有办法，还得求人（婆婆）帮忙带"。在上述的代际育儿合作中，看到的不仅是亲代呈现"保姆化"倾向的付出，还看到另外两个侧面，即亲代是重要的"帮忙者"，也是小家庭的"入侵者"。而这与亲代和子代对"家"的认识不同密切相关，因为在亲代眼中儿子的家、女儿的家就是自己的家，小家要从属于大家。但在成年子代看来，公婆的家、娘家，和自己的小家不是一个家，是相互独立的、对等的家。

表3 访谈资料编码示例——谁的家，谁是权威

原始资料（节选）	贴（概念）标签	类属	属性	维度
颖：我不算是主导，因为不在家的时候，你也没法主导。我老婆，不能行，一说就"炸了"，就不乐意了。差不多就行了。也没办法，你现在求着人家给你看孩子。不能太较真，亲妈也不能太较真儿。	育儿主导	育儿的主导权	育儿主导者	积极-消极
	不乐意		代际间的情绪表达	积极-消极
	差不多就行		育儿品质	好-坏
	不能太较真儿			
莹：他（丈夫）管得特别多……婆婆有她的信仰，就是儿子，也不能太干涉。他（丈夫）就有这股劲儿，很孝顺，什么都管，但是也要求父母听他的。	管得多	做父母的主	家长权威	传统-现代
	孝顺			科学-无知
	父母听我的		文化反哺	强势-弱势
余：孩子的名字都由爷起，就连小名都归我们家咪……现在想根那会儿（和公婆同住），真的是不堪回首。怀孕，也没有人特别照顾你的口味……现在想根那会儿（和公婆同住），真的是不堪回首。	没有主导权	父母做我们家的主	核心家庭与直系家庭的相处模式	独立-从属
	没有人照顾你		媳妇的地位	高-低
苗：婆婆看老大的时候就说"要要我管就都我管，你们（当爸妈的）不能插手"。孩子那时候感冒发烧都帮肺炎了，也不让我们带去医院。我当时又考博又上班，没有办法，还得求人（婆婆）帮忙带……就是今年和他妈妈（婆婆）又冲二宝大叫，我让老公去和他妈妈说，现在"不能这样带孩子"，结果该崩了。不过，现在挺好，公婆不来了，我虽然累点，心不累。	要我管就都我管		代际育儿的帮忙者	越界-守则
	不能插手		小家庭的入侵者	越界-守则
	坚持已见		传统育儿	科学-经验
	求人帮忙带		代际育儿的帮忙者	代际育儿的受益者	强势-弱势
	心不累		代际育儿的"心劳"	强-弱

· 116 ·

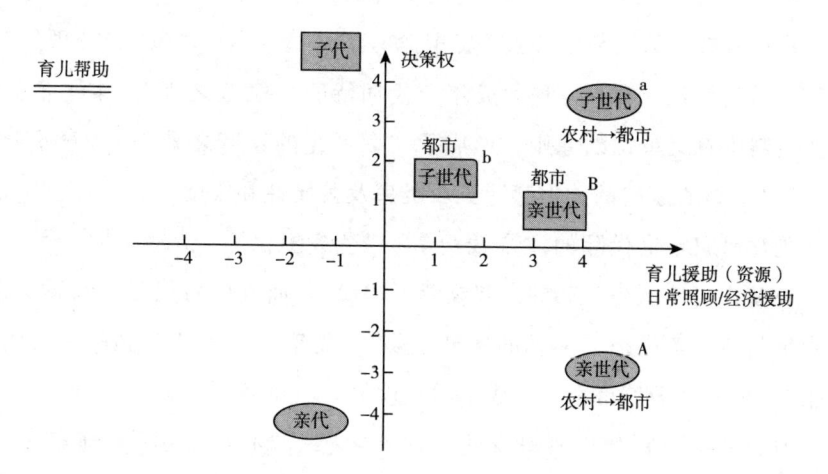

独立与依赖："隔代抚育"中代际关系的平衡与失衡

图2　育儿代际互助中的权力较量与平衡

然而当成年子代在受教育水平、社会地位等方面远高于亲代时，特别是亲代因子代而迁移至城市的，代际的权力结构则出现子代"做父母的主"的现象。如表3中的莹认为老公是"孝顺的儿子，父母的事情都管，但父母也需要听从他（这个当儿子的）的想法"。这一现象既验证现有研究所指出的"亲子主轴倒置"这一变化，也从另一侧面凸显了变革时代文化反哺在代际中的体现。面对急剧变化的社会，子代需要为父母规划，亲代也认同子代更懂得当下城市社会的生活方式。

在育儿代际合作过程中亲代和子代的权力关系与两者在受教育水平、社会地位、经济收入等方面的差距密切相关。如图2所示，尽管从农村迁移到城市的亲代A为子代提供较多的育儿日常照看，但在家庭决策权上，子代a依然占主导地位。而与之相对的是，城市出身的亲代B提供的帮助虽不如从农村迁移到城市的亲代A多，但是在决策权上，却拥有更多的权力。并且，虽都为代际差异带来的家庭权力的不平衡，但由于亲代与子代都为城市出身的代际差异（B与b）小于亲代从农村迁移到城市的代际差异（A与a），城市的亲代与子代（B与b）都居于第1象限。这一结果也说明在各方面差距较小的代际更容易建立"协商式亲密关系"（钟晓慧、何式凝，2014；唐灿、陈午晴，2012：152）。

4. 成年子代的"家庭之爱": 是更传统, 还是更现代

进一步在访谈资料中寻找关键概念, 如"愧疚""感激""心理负担"等, 尝试提炼代际育儿过程中成年子代期待的"家庭之爱"。秉承不损害原始资料中意义单位的原则, 形成了"双系化的家庭之爱""抚育赡养的义务化""核心家庭的无力感"三个类属及其属性和维度。

既往研究指出代际的"金钱给予""劳务提供""情感支持"是主要的交换模式 (王跃生, 2019; 刘汶蓉, 2012)。而其中对代际的情感交换, 常常被归结为亲代是"无私的父母之爱", 成年子代是"自私的个人利益主张", 因而今天城市家庭形成了"重幼轻老"的代际关系。

但如表 4 资料分析所呈现的"愧疚之感""心理负担""拖累父母"等是子代在接受亲代的育儿帮助时频频出现的关键词。特别值得关注的是, 除此之外, 子代还因无法对等或更多地回报亲代而深感无力和愧疚, 如表 4 中的艳 (1973 年出生)。因此子代认为亲代的育儿帮助是应该的、应得的, 在本次深度访谈中并未得到确认, 而是都集中在对亲代的感激、愧疚等, 处于图 3 的第 1 象限中。

与此同时, 赡养义务作为家庭的重要功能之一, 也呈现显著的"双系化"倾向。无论被访者是城市出身, 还是农村出身, 都表现出积极地承担赡养父母的责任。如表 4 所示, 作为独生子女的颖, 作为两个姐妹中的老大宏, 作为三个姐妹中的老二双, 都在访谈中提及正在或今后如何赡养自己父母的计划。

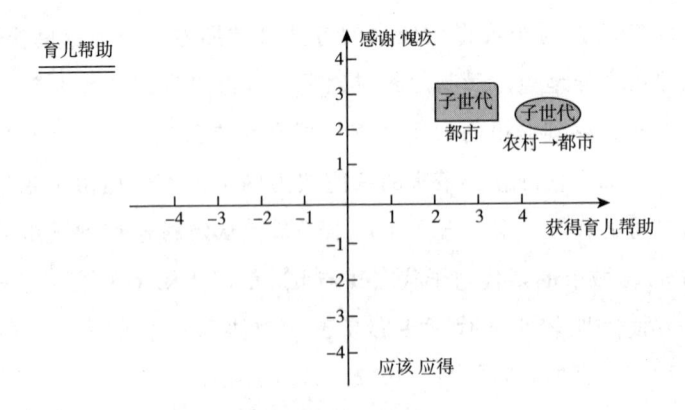

图 3 子代获得的育儿帮助与情感反馈

表 4 访谈资料编码示例——是传统家庭的爱，还是现代家庭的爱

原始资料（节选）	贴（概念）标签	类属	一级编码 属性	维度
宏：我养父母，有多大力就使多大力气。我把二宝留下来还有一个理由，让我父亲照顾孩子，他就能来我们这里，他一个人在家让人惦记……对我妈妈特别有愧疚感。	我养父母	双系化家庭之爱	女儿的养老意识	强-弱
	有多大力使多大力气		女儿的养老能力	强-弱
	外祖父母的育儿帮助		照顾与被照顾的模糊化	清晰-模糊
她身体特别不利……就是谈恋爱的时候，我的工资都拿给他（丈夫），贴补家用，他所有的钱都给他妈妈，婆婆一直生病……我觉得要量力而为。	愧疚感		代系互助与情感表达	感激-愧疚
	贴补父母 量力而为		双系化代际互助的流向	竭尽全力-量力而为
颖：对婆婆肯定有亏欠啊，孩子爸在家任的时间不多，基本上就是婆婆一个人带孩子，做饭收拾屋子。拿完了这一万块钱（给婆婆补贴养老保险）之后，我就觉得心里舒服了，这样大家都挺好，我老公也没（心理）负担了，可别让婆婆背后讲究，说需要钱给没给呀。	感激	抚育赡养的义务化	经济帮助	上-下
	亏欠	（子代）	抚育帮助的义务化意识	强-弱
	一万块钱	（子代）	赡养父母的义务化意识	强-弱
	心理负担			
艳：我们一家都在娘家，真的是得到很多帮助，经济上生活上，还有心理支持，把孩子放在他们那里，我非常安心。虽然育儿理念谈不上一样，但知道他们做得点安，地方无力又做不到，其实现在对父母特别有愧疚感，所以现在我就欠不敢辞职，我爸妈，觉得欠得更多了。	很多帮助	（亲代）	抚养援助的义务化意识	强-弱
	心理支持			
	愧疚感 有心无力	核心家庭的无力感		
	欠得更多了		回报父母	多-少
双：孩子两个小的时候我觉得我父母还能应付，孩子我觉得无论怎样，养孩子是我的责任，不是我父母的，不能再这样下去，老二1岁的时候我就辞职了。	养孩子是我的责任		亏欠父母	多-少
	拖累自己的父母		育儿是代际的共同责任	赞成-反对
			拖累父母	强-弱

在聚焦成年子代的"家庭之爱"时,会发现他们在获得亲代的育儿帮助时,是感激的甚至是愧疚的,他们期待着能与亲代进行对等的交换。如表 4 中的颖给婆婆补交养老保险;如艳很想多回报父母,又因不能对等回馈来自亲代的帮助而不敢再过多麻烦父母;如双不想因养育孩子再拖累父母而辞职回家。从本次诸多访谈对象中,笔者获得的印象是,如图 3 所示,城市家庭从第 1 象限向第 2 象限移动中。与此同时,子代极力地希望不要过多地依靠亲代,但是仅仅依靠自己小家庭的力量却又无法胜任抚育功能,这导致努力独立、拼命挣扎的小家庭,在育儿的日常生活中陷入无力、无奈和自责中。

五 结论

本研究聚焦处于抚育婴幼儿期的成年子代与亲代之间的代际互动,将"育儿谁之责"作为切入点,通过代际的经济援助、日常照看、决策权、家庭之爱这四个维度观察和分析中国城市代际关系是更传统了,还是更现代了。本研究基于家庭是一个历史范畴的概念这一基本思路,将"传统家庭""现代家庭"作为比较轴,援用扎根理论对深度访谈资料进行编码分析后得出以下结论。

首先,并未得出亲代是传统代际关系的捍卫者、牺牲者,成年子代是传统家庭代际关系的破坏者、获益者这一结论。如图 3 的分析结果显示,虽然成年子代在经济上、日常照看上处于对亲代的依赖状态,但子代并不认为那是必得的资源,而是心怀感激甚至愧疚,希望回馈父母,建立与亲代对等的、独立的核心小家庭。

其次,如图 2 所示,在代际的决策权上,并非单向线性地向子代或亲代倾斜,而是依据代际的资源差距形成了或亲代或子代主导,或平等协商式的权力结构。因此对照图 1、图 2 和图 3,会发现中国城市家庭的代际关系出现了如图 4 的变化,即从以"长者为上""互惠互助"为特征的传统家庭(第 4 象限),向以强调"家庭之爱""界限清晰"的现代家庭(第 2 象限)的转变中。

因此,回到最初的疑问,城市家庭中的代际关系究竟是更传统了,还

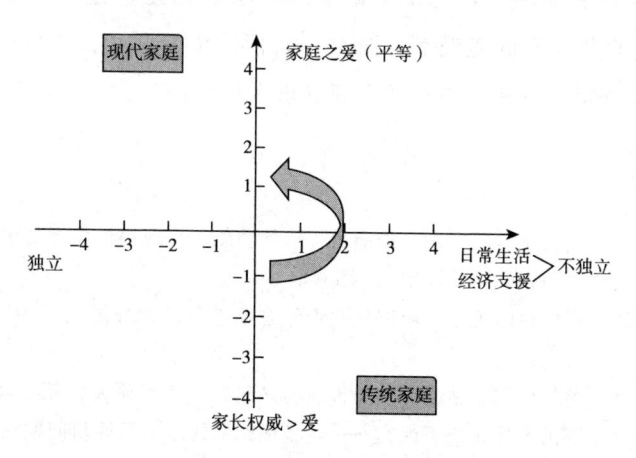

图 4　传统家庭与现代家庭

是更现代了？事实上，伴随着现代化进程和社会转型，特别是我国 2000 年加入 WTO 后进入全球资本市场，对家庭产生的巨大影响逐渐显现。如消费市场将"科学育儿"与育儿消费巧妙地结合起来，引导家庭在"孩子中心主义"的教育理念下，通过消费各种育儿产品来获得"孩子没有输在起跑线上"的笃定感。市场在引导家庭奔跑在重视孩子早教的同时，也形塑着人们的观念，即重视教育的"现代家庭"才是理想家庭。而国家自进入市场经济时期以来，社会政策基于以经济发展为中心，而非以家庭发展为主要目标，因此不仅未将平衡家庭与工作的矛盾、完善学龄前儿童保育系统作为焦点问题，还通过对儒家孝养文化的宣传将抚育赡养功能不断"再家庭化"。因此，作为微观层面的家庭，尽管顺应时代的潮流由传统家庭向现代家庭过渡中，努力从依赖于大家庭的帮助成长为独立的核心家庭。但宏观层面的国家却在构建着传统家庭，将双重责任（赡养老人、抚育儿童）归于家庭，而另一个宏观层面的市场则倡导现代家庭理念，不断提升育儿标准，让家长奔跑在总是赶不上"别人家孩子"的路上。

据此，将微观层面的家庭、个人与宏观层面的国家和市场放在同一个画面时，会发现一个被国家和市场拉扯得左右为难，又不堪重负的家庭。因为这个家庭一边承载着传统家庭的责任，一边怀揣着现代家庭的梦想，而现实是家庭既缺少足够的家庭人口资源、物质资源完成传统家庭的抚育赡养义务，又在财力人力上缺少追求现代家庭独立自主的核心家庭的实力。在上述自相矛盾的境遇下，面对不断精致化的育儿，子代努力在传统与现代之间博弈，在独立与责任之间寻求平衡。

参考文献

郭筱琳，2014，《隔代抚养对儿童言语能力、执行功能、心理理论发展的影响：一年追踪研究》，《中国临床心理学杂志》第6期。

蒋晓平，2012，《逆向代际关系：城市从业青年隐性啃老行为分析》，《中国青年研究》第2期。

康岚，2012，《代差与代同：新家庭主义价值的兴起》，《青年研究》第3期。

刘桂莉，2005，《眼泪为什么往下流？——转型期家庭代际关系倾斜问题探析》，《南昌大学学报》（人文社会科学版）第6期。

刘汶蓉，2012，《反馈模式的延续与变迁：一项对当代代际支持失衡的在研究》，上海社会科学院。

刘汶蓉，2013，《当代家庭代际支持观念与群体差异——兼论反馈模式的文化基础变迁》，《当代青年研究》第3期。

刘汶蓉，2012，《孝道衰落？成年子女支持父母的观念、行为及其影响因素》，《青年研究》第2期。

刘汶蓉，2020，《活在心上：转型期的家庭代际关系与孝道实践》，上海人民出版社。

苗国、陈友华，2019，《社会转型视角下的生育转变与生育政策应对——从子孙后代的"私人产品"属性到"准公共产品"的经济社会学反思》，《人口与发展》第4期。

马春华、石金群、李银河、王霖宇、唐灿，2011，《中国城市家庭变迁的趋势和最新发现》，《社会学研究》第2期。

潘允康、阮丹青，1995，《中国城市家庭网》，《浙江学刊》第3期。

宋璐、李亮、李树茁，2013，《照料孙子女对农村老年人认知功能的影响》，《社会学研究》第6期。

石金群，2015，《独立与依赖：转型期的中国城市家庭代际关系》，社会科学文献出版社。

石金群，2016，《转型期家庭代际关系流变：机制、逻辑与张力》，《社会学研究》第6期。

沈奕斐，2013，《个体家庭iFamily：中国城市现代化进程中的个体、家庭与国家》，上海三联书店。

唐晓菁，2017，《城市"隔代抚育"：制度安排与新生代父母的角色及情感限制》，《河北学刊》第1期。

唐灿、陈午晴，2012，《中国城市家庭的亲属关系》，《江苏社会科学》第2期。

陶艳兰，2018，《养育快乐的孩子——流行育儿杂志中亲职话语的爱与迷思》，《妇女研究论丛》第2期。

谭同学，2010，《桥村有道转型乡村的道德权力与社会结构》，生活·读书·新知三联书店。

吴小英，2006，《代际冲突与青年话语的变迁》，《青年研究》第 8 期。
吴小英，2011，《回归日常生活：女性主义方法论与本土议题》，内蒙古大学出版社。
吴培材，2018，《照料孙子女对城乡中老年人身心健康的影响——基于 CHARLS 数据的实证研究》，《中国农村观察》第 4 期。
王跃生，2019，《社会变革中的家庭代际关系变动、问题与调适》，《中国特色社会主义研究》第 3 期。
肖索未，2014，《"严母慈祖"：儿童抚育中的代际合作与权力关系》，《社会学研究》第 6 期。
肖索未、关聪，2018，《情感缓冲、中间人调节与形式民主化：跨代同住家庭的代际关系协调机制》，《社会学评论》第 9 期。
肖索未、简逸伦，2020，《照料劳动与社会不平等：女性主义研究及其启示》，《妇女研究论丛》第 5 期。
熊跃根，1998，《中国城市家庭的代际关系与老人照顾》，《中国人口科学》第 6 期。
徐友龙、周佳松、凌雁，2019，《"中国式隔代抚育"现象论析》，《浙江社会科学》第 10 期。
杨善华、贺常梅，2004，《责任伦理与城市居民的家庭养老》，《北京大学学报》（哲学社会科学版）第 1 期。
杨菊华、李路路，2009，《代际互动与家庭凝聚力——东亚国家和地区比较研究》，《社会学研究》第 3 期。
杨善华，2011，《中国当代城市家庭变迁与家庭凝聚力》，《北京大学学报》（哲学社会科学版）第 2 期。
阎云翔，2006，《私人生活的变革——一个中国村庄里的爱情、家庭与亲密关系》，龚小夏译，上海书店出版社。
阎云翔，2012，《中国社会的个体化》，陆洋等译，上海译文出版社。
阎云翔，2017，《社会自我主义：中国式亲密关系》，杨雯琦译，《探索与争鸣》第 7 期。
周鹏，2020，《隔代抚育的支持者特征研究》，《北京社会科学》第 3 期。
郑杨：2008，《对中国城乡隔代抚育问题的探讨》，《学术交流》第 9 期。
郑杨，2019，《社会变迁中的育儿模式变化与"母职"重构——对微信育儿群的观察》，《贵州社会科学》第 7 期。
钟晓慧、何式凝，2014，《协商式亲密关系：独生子女父母对家庭关系和孝道的期待》，《开放时代》第 1 期。
Chen, F., G. Liu & C. A. Mair, 2011, "Intergenerational Ties Context: Grandparents Caring for Grandchildren in China." *Social Forces* 90(2).
Chen F, Short S E, Entwisle B, 2000, "The Impact of Grandparental Proximity on Maternal Childcare in China". *Population Research & Policy Review*, 19(6):571-590.

（原载《贵州社会科学》2021 年第 6 期）

中国家庭儿童养育成本及其政策意涵[*]

马春华[**]

> **摘 要**：要确定国家和社会如何集体分担儿童养育的责任，首先就要确定儿童成本的定义，以及如何测量儿童成本。总的来说，儿童成本涉及金钱、时间和工作三种不同的资源，包括直接经济成本、家庭层面的间接成本（时间成本、家庭收入差距/母职收入惩罚）以及集体层面潜在的间接成本。对于儿童直接成本和间接成本的测量有不同的方法，各有其长处和不足之处。作者利用2014年中国家庭发展追踪研究的数据，估算了0~17岁儿童所需的直接经济成本为19.10万元，城市儿童需要27.32万元，农村儿童需要14.34万元，收入越低的家庭儿童成本比重越大。利用第三期全国妇女社会地位调查数据，发现儿童会增加父母操持家务的时间；而在控制其他变量的情况下，每增加一个未成年子女，母亲面临的收入惩罚超过10%。在此基础上，进一步给出了相关政策建议。
>
> **关键词**：儿童成本 直接经济成本 间接时间成本 家庭收入差距/母职收入惩罚

一 背景

儿童的诞生会给生育他们的父母、第三方（诸如其他家庭成员、所有同时代的人、未来的人）和儿童自身都带来成本和收益。在传统社会，儿童的成本和收益都由其父母支出和获得。而在现代社会，在儿童收益日益社会化的情况下，儿童不再是父母的私人物品，而成为公共物品或者社会投资品。如果儿童成本还只是由家庭和父母负担，那么儿童养育就只能够建立在道德承诺和社会规范的基础上（Fobler，1994）。如果这种道德承诺

---

[*] 本文为国家社会科学基金项目"寻找和建构转型期中国的家庭政策体系"（13BSH030）阶段性研究成果。

[**] 马春华，中国社会科学院社会学研究所副研究员。

和社会规范无法维系，同时儿童成本又随着社会经济环境的变化呈上升趋势（Rusterholz & Caroline，2015），那么无法依靠自己或家庭承担儿童成本的夫妇就会选择不生或者少生，整个社会就会面临生育率的持续下降或低迷（DiPrete et al.，2003）。

要解决这个问题，就必须解决儿童成本私人化和儿童收益社会化之间的脱节和错位。现代社会已不可能回到传统社会中的儿童收益私人化，因为国家至少集体承担了儿童义务教育和医疗保健的责任，那么就只能推动儿童成本的进一步社会化，也就是说国家或社会进一步和家庭分担儿童养育的责任，实现儿童成本社会化和儿童收益社会化之间的可持续循环。实现儿童成本社会化的重要方式，包括国家通过儿童津贴、育儿补贴、儿童托育服务等方法来集体分担儿童成本（马春华，2015）。

儿童成本定义和测量，对于确定国家如何分担儿童成本以及确定国家对分担儿童成本的贡献至关重要。而且，仅仅确定父母为了抚养孩子直接支付的经济成本还是不够的，为了能够估算儿童的整体成本，还必须包括和儿童相关的成本（Letablier et al.，2009），如时间成本、机会成本等。不仅如此，儿童成本对于制定其他各种社会和经济政策也极为重要。比如，在收入分配和贫困的研究中，一般都会运用等价尺度来估算相对于家庭收入的儿童成本；在社会保障和所得税减免制度中，儿童成本也是决定给付或者减免水平的关键因素；在司法制度中，在处理意外或者医疗案件时，儿童成本也是决定儿童抚养费水平的重要因素（Percival et al.，1999）。

二 儿童成本的定义

在讨论如何测量儿童成本之前，首先要对儿童成本进行界定。不同的研究者从自己的研究出发，给出了不同的儿童成本的定义。儿童成本的研究最早源于贫困和收入分配的研究。经济学家在这个背景下讨论儿童成本时，更多的是强调儿童对于衣食住行的"基本需求"，也就是说满足儿童最低生活标准所需要的支出，或者是达到贫困线以上生活水平所需的支出等。这些儿童成本的概念更多是在强调市场商品的消费支出（Nelson，

1993)。

但是，除了金钱之外，儿童的成长还需要父母投入大量的时间。在传统家庭中，儿童身上的消费支出包含大量母亲的情感劳动和家庭产品，市场商品只占一小部分，但是这并不意味着传统家庭中儿童成本较低。帕特里希亚·阿普斯（Patricia Apps）和雷·雷斯（Ray Rees）认为儿童成本的主要构成部分是父母的时间。对于儿童来说，父母的时间投入可能比金钱投入更为重要。因此，他们提出用相对于"总体收入"（full income）的概念"总体消费"（full consumption）来定义儿童成本，也就是说儿童成本包括儿童消费的市场物品、家庭生产的物品和以儿童照顾形式表现出来的父母时间。儿童成本是家庭内部消费均衡分配的结果（Apps & Rees, 2000）。

布鲁斯·布拉德伯里（Brauce Bradbury）采用了总体成本的概念。他区分了儿童成本和儿童价格（the price of children）、儿童消费（children consumption）和儿童价值（the value of children），认为由于家庭公共物品的存在，儿童消费高于儿童成本。他认为，儿童成本（the cost of children）指的是真正用于养育儿童的资源。如果不考虑公共物品和家庭公共物品，那么儿童成本就是在儿童身上投入的时间和金钱。如果考虑家庭公共物品，对于父母来说的儿童成本就是在孩子出生后为了维持之前的生活水平所需要的额外收入。布拉德伯里更为重视儿童成本中父母投入时间的重要作用，他对于儿童成本的估算整体是建立在儿童的出生对于父母休闲时间和个人时间影响的基础上的。他用时间分配数据来估算包括儿童商品消费在内的儿童总体成本（Bradbury, 2004; Letablier et al., 2009）。

新古典经济学中的"新家庭经济学"（New Home Economics）强调儿童养育主要涉及两种成本：第一种成本涉及衣食住行、教育费用、医疗费用等成本是机会成本，这些成本不仅会因为这些产品和服务价格的变动而增加，而且会因为家庭的需求增加而增加，也就是贝克尔所指的儿童的质量，他认为这和家庭收入有关。第二种，新家庭经济学家假定妇女工作和养育孩子之间存在普遍的不兼容性。这种不兼容性意味着机会成本，也就是女性因为怀孕、生产和儿童养育减少工作导致未来的收入减少，意味着因为职业中断而导致未来的收入减少、职位升迁受阻等带来的收入减少

(DiPrete et al., 2003)。

总的来说，如图1所示，儿童养育成本涉及了三种不同的资源（时间、金钱和工作），这些资源是由家庭、市场和国家三个领域共同分担的，当然不同的国家各有侧重点（Scheiwe, 2003）。因此，整体的儿童成本可以从这三种资源的使用以及对这三个领域的影响来定义。玛丽-特雷瑟·莱塔布尔（Marie-Thérèse Letablier）等人在给欧盟委员会提交的有关儿童成本研究的综述中，对于儿童成本给出了更为完整和清晰的定义（Letablier et al., 2009）。

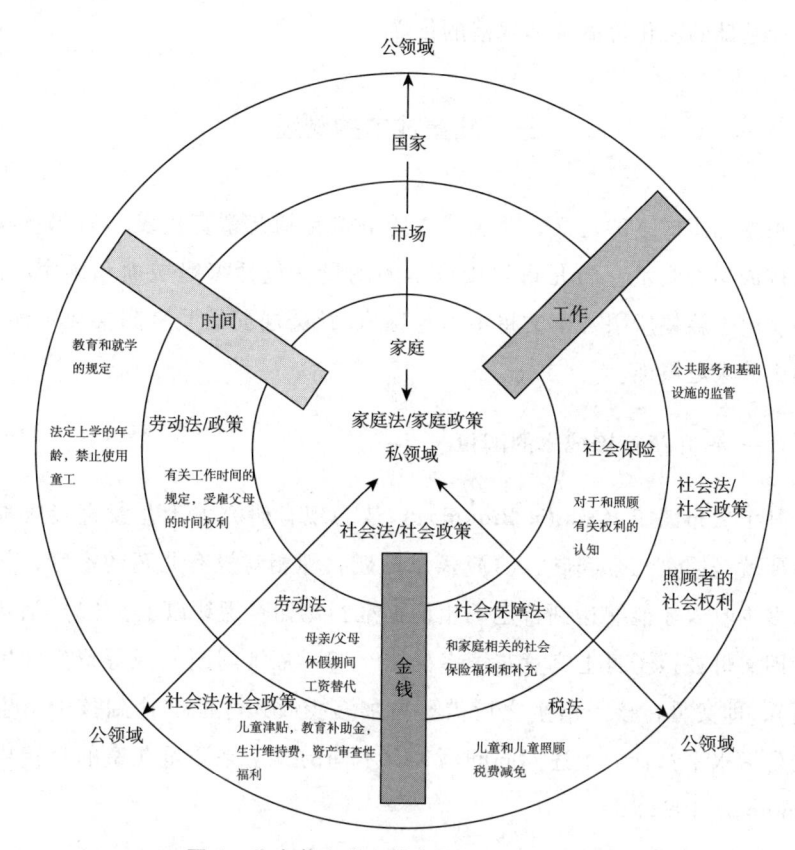

图1 儿童养育成本的资源和制度支持框架
资料来源：Scheiwe, K., 2003。

直接（经济）成本：指婴幼儿出现后，家庭支出的额外成本，比如，食物、衣物、儿童保育、教育、住房等。在英国，一般儿童照料的费用超过家庭每年的食品或者住房平均支出（Viitanen，2005）。

第一类间接成本：主要包括家庭内部无偿的照顾和服务儿童所付出的时间成本，也包括父母的机会成本，诸如职业中断或者工作时间减少带来的收入预期下降、人力资本贬值、重新就业之后的低收入、社会保障福利方面的损失以及在儿童照顾方面投入时间过多的父母离婚后面临的经济风险等。间接成本都不是性别中立的。

第二类间接成本：集体层面潜在的成本。对于儿童保育或者儿童教育的投入不足，会间接影响人力资本的积累和经济发展，也不利于整个社会以之为基础的文化价值观和规范的传递。

三 儿童成本的测量

根据儿童成本的定义，儿童成本的测量包括儿童直接成本的测量和儿童间接成本的测量，而儿童间接成本的测量又包括家庭层面和国家/社会层面。由于篇幅所限，本文将不讨论国家/社会层面的儿童间接成本测量，而集中于家庭层面。

（一）儿童直接成本的测量

马丁·布朗宁（Martin Browning）认为现有研究关于儿童直接成本测量主要就是回答三个问题：（1）需求问题，即相对没有儿童的家庭，儿童需要多少收入才能够达到特定的生活标准？比如贫困线以上？（2）消费问题，即父母在孩子身上究竟花了多少钱？（3）福祉问题（或等价生活标准问题），即父母在孩子出生之后需要增加多少收入才能够达到孩子出生之前的生活水平？针对上述不同问题，有不同的方法来测量儿童的直接成本（Browning，1992）。

1. 需求问题

从需求角度进行儿童成本的讨论，虽然现在相对较少，但在1940年代之前的相关研究中居于支配地位（Cooter & Rappoport，1984）。对于儿童需求的评估并不是建立在特定家庭真正消费的基础上，而是由相关专家根据营养和生理状况确定儿童生活达到一定标准所需要的物品，这些物品就是儿童的成本（Browning，1992）。回答需求问题的测量方法，一般被称为"预算法"（budget approach）或者"预算标准法"（budget standard approach）。桑德斯（P. Saunders）等人把预算标准定义为"在特定的时间特定的地方，特殊种类的家庭为了达到特定生活水平所需要的物品和服务"（Saunders，1998）。如果根据没有孩子的家庭和有孩子的家庭确定预算标准，那么就可以以这些标准为基础去估算儿童成本。预算法的主要问题在于它建立在对于达到特定生活标准所需物品和服务的主观判断的基础上，而这种判断在很大程度上受到文化、习俗或者社会期望的影响（Gray & Stanton，2010）。

2. 消费问题

儿童直接成本和儿童消费之间有着密切的关系。因此从表面上来看，儿童的直接经济成本是可以直接观察到的，也是可以直接测量的。但是，如果对于家庭消费进行解构，就会发现家庭中的消费不仅包括儿童消费支出、成人消费支出，还包括许多家庭成员共同分享的公共物品。布拉德伯里的研究就清楚地区分了儿童消费和儿童成本，他认为如果考虑家庭公共物品，就会发现儿童成本低于儿童消费，构成了儿童消费的下限（Bradbury，2004）。因此，如果考虑家庭的公共物品，就会发现很难从家庭公共物品中分割出包括儿童在内的每个家庭成员的消费支出，也就无法直接测量和计算儿童直接成本（Espenshade，1972）。而且，调查数据也很少包括家庭内部的消费数据（Browning，1992）。那么，如何能够用假设和合理的间接方法来区分出儿童的消费支出？

3. 福祉问题

回应这个问题的是测量儿童成本的等价生活标准法（equivalent living standards），也就是用一个物质性指标来测量不同构成家庭的生活标准，父母要维持孩子出生之前的生活标准所需要的额外收入就是儿童直接成本（Gray & Stanton，2010）。如何构建这个衡量生活标准的指标？19世纪末，恩格尔（E. Engle）提出用家庭在食品支出上的比例作为家庭生活的标准（Engel，1895），哈罗德·瓦茨（Harold Watts）则在恩格尔的基础上把食品支出扩展到包括食品、住房和衣物在内的一组生活"必需品"，这种方法被称为 ISO-PROP（Watts，1977）。这种衡量生活标准的方法受到了很多批评，其中最尖锐的批评认为，用食品支出份额标志着不同规模家庭的福利水平从根本上来说就是不对的（Deaton & Muellbauer，1986），因为使用这个指数来估算家庭生活标准是假定食品在家庭支出中占据较大比例（Bradbury，1994），而大家庭的或者收入较高家庭的消费模式无法满足这个条件（Percival & Harding，2000）。

另外一种测量生活标准的方法就是"成人物品法"（adult goods approach）。这种方法的逻辑在于儿童有需求但是对于家庭没有提供任何资源，因此只有减少其他地方的支出才能够满足他们的需求。儿童直接成本就是成人物品支出的减少部分（Rothbarth，1943）。这种研究方法也受到了很多批评，其中最为严重的是，虽然孩子不会消费成人物品，但是孩子的出生会改变父母的消费偏好（Deaton & Muellbauer，1986），很难找到不会因为孩子出生而消费偏好不变的成人物品（Gray & Stanton，2010）。家庭中所有的物品并非都是私人物品，还有家庭公共物品（Bradbury，1994）。如果用烟酒代表成人物品，被访者提供的数据常常是不准确的，而且家庭消费中它们所占份额过少（Percival & Harding，2000）。为了避免这些问题，后续基于"成人物品法"的研究，会选择"基本物品"（basic goods）（Betson，1990）或者"私人和休闲时间"（Bradbury，2004；Letablier et al.，2009）来代替成人物品衡量家庭的福祉。

许多经济学家对这些方法都不满意，因为它们不是直接来源于效用理论。上面提及的这些方法都面临着同样的局限，它们没有考虑价格的因素。家庭构成的变化会导致家庭购买商品的潜在价格发生变动（Gray & Stanton，2010）。因此，经济学家发展出了"完整需求系统"法（complete demand system methods），用消费者需求理论来定义儿童成本，用儿童所属家庭的消费函数来直接估算。它假定每类物品（需求）、家庭成员的数量和年龄同家庭的福祉之间存在数学关系。一旦确定这种关系，就可能在孩子出生之后为了保持家庭福祉不变要增加多少支出。用家庭消费就能够估算需求方程的参数（Barten，1964；Deaton & Muellbauer，1986）。但是这种方法的假设过于复杂，需要大规模的数据。

这些儿童直接成本测量方法，每一种都有自己的优点，每一种也都有自己的不足之处。其中还没有得到大多数研究者一致认可的方法。不同测量方法获得的儿童成本存在相当大的差异（Gray & Stanton，2010）。如表1所示，估算一个儿童的等价尺度，从巴特完整需求系统法的1.08到成人物品法的1.33，增加一个孩子后家庭支出的增加结果相差25个百分点。同样使用成人物品法，只是一种用"成人服装"作为"成人物品"，另一种用"成人教育"作为"成人物品"，两个结果也相差了18个百分点。

表1 不同方法估算儿童成本的结果

	孩子的数量		
	1（个）	2（个）	3（个）
恩格尔			
食品（除了外卖）	1.22	1.50	1.83
所有食品	1.21	1.45	1.75
罗斯巴特"成人物品法"			
成人服装	1.15	1.32	1.52
成人教育	1.33	1.76	2.33
需求系统法			
巴特（Barten）完整AID法（AID）	1.08	1.16	1.24
价格量表化AI	1.21	1.42	1.63
价格量变化LES	1.12	1.24	1.36
价格量表化GAIDS	1.12	1.23	1.35

数据来源：澳大利亚家庭支出调查1984年和1988~1989年。Lancaster, G. 与Ray, R. 的一篇文章中的表7（Lancaster & Ray, 1998）。

（二）儿童间接成本的测量：家庭层面

1. 儿童养育间接成本的性别化

如果说儿童养育的直接成本是由夫妻双方共同分担的，那么儿童养育的间接成本，无论是无薪的家务劳动、大量照顾时间成本的投入，还是职业中断导致的收入减少，主要都是由母亲承担的。婚姻长期以来一直是为更多承担照顾责任的母亲提供社会保障以及弥补母亲因为养育儿童而付出的机会成本的核心制度，因此婚姻也成为性别化的、在父亲和母亲之间非对称性分配私人儿童成本的组织（Scheiwe, 2003）。对于母亲来说，性别平等的最大障碍是孩子（Fuchs, 1988）。

父母之间的儿童成本不对称性分配,很大程度上来源于社会对于父职和母职不同的界定和要求。父职和母职并非天生的和自然形成的,而是一个被定义的和被规范的角色意识和行为准则(Chodorow,1978)。第二次世界大战之后各国普遍形成了有关称职父母和童年时代的新规范,而精神科医生、儿科医生、心理学家对于儿童发展的研究给这些规范披上了科学的外衣。基于儿童依恋的理论,人们把"好妈妈"定义为在孩子出生最初两年陪伴在孩子身边的妈妈,而且这种话语得到广泛传播。父职和母职被截然分开,母亲作为家庭主妇成为一种霸权模式,被当作女性的天职。只有在家庭经济需要、母亲不得不外出时才具有合法性。除此之外出去工作的母亲都是"坏妈妈"(Rusterholz,2015)。这些都导致了儿童照顾的性别化,导致母亲过多地承担了照顾儿童的责任,承担了儿童养育的间接成本。

在这种情况下,如果国家对于儿童抚养者的弥补过少,或者福利制度改革中没有考虑到母亲承担着不成比例的儿童成本,那么母亲受到的伤害就会更大(Scheiwe,2003)。从时间成本上来说,孩子的出生会强化家庭的性别分工,使母亲牺牲睡眠和休闲时间,甚至减少工作时间来照顾孩子,或者操持和育儿相关的家务劳动,但是男性却很少这样做(Apps & Rees,2000)。而照顾孩子导致的职业中断,对于母亲会产生更为持续的影响。一方面,这会影响女性人力资本的积累,即使以后重新回到劳动力市场也难以全部挽回已有的损失。而且,因为预期到可能的这种职业中断,女性会自己选择进入人力资本积累因职业中断损失有限的职业中,导致职业层次和收入水平的下滑(Budig & England,2001)。另一方面,这会影响母亲养老金的获得。比如,瑞典的养老金改革,更改了养老金的计算方法,不再以女性部分就业的"最好十五年"为基数来计算,而是按照终身的收入和缴费额来计算,这对于阶段就业或者有就业中断的母亲来说都极为不利,增加了女性可能承担的儿童成本(Scheiwe,2003)。因此,研究者强调决定成为妈妈和决定成为爸爸的后果完全不同(Apps & Rees,2000)。

2. 儿童间接成本的测量:时间成本

贝克尔在讨论儿童的成本收益的时候,提出孩子的净成本是家庭为了生育养育孩子所需要支付的直接成本加上父母因此支付的时间成本,减去孩子未来能够为家庭提供的货币收入和劳务现值的余额(贝克尔,2005)。

这说明养育儿童成本中时间成本的重要性。有些研究者认为这部分成本可能比儿童直接成本更为重要，因为父母必须缩短工作时间或者休闲时间、个人时间来支付这部分时间成本。许多父母面临的工作和家庭冲突更多的是时间的限制，而不是经济资源的限制（Apps & Rees，2000）。

与大量研究讨论如何测量儿童直接经济成本相比较，讨论如何测量儿童的时间成本的研究相对较少。测量儿童的时间成本，主要有两种模式，一种模式是把间接成本包含在经济成本中进行估算，讨论女性因为花在工作之外的时间而损失的收入，部分地说明养育孩子有关的时间需求（Apps & Rees，2000；Bradbury，1994；Folbre，2004）。布拉德伯里在讨论儿童的时间成本时，采用"成人物品法"，把成人的休闲时间和私人时间作为"成人物品"。他把时间分配作为家庭决策的关键变量，认为父母决定时间的支出和分配都是为了使家庭福利方程 $W(u_A, u_C)$ 最大化。工资率乘以孩子出生导致的成人休闲个人时间的减少，就是儿童的时间成本；再除以总体收入弹性就是儿童的总体成本（Bradbury，1994）。阿普斯和雷斯把儿童的总体成本定义为儿童消费的物品和父母投入的时间。他们在研究中采用的模型，是家庭决策过程的个体化模式的延伸。他们把所有包括儿童在内的家庭成员，看作拥有独自效用函数的独立个体。成人选择在家务劳动、家庭内部生产、儿童照顾和纯粹休闲之间分配时间。他们也选择在消费品、购买用于家庭生产过程的物品（可能包括儿童照料）之间分配收入。时间和消费分配的核心品质是帕累托最优。通过一系列帕累托最优分配，市场消费品和家庭内部生产的消费品分配给家庭的各个成员。他们的研究发现，如果把时间成本计算在内，儿童成本在传统家庭会从成年男性消费的 24% ~ 40% 上升到 82% ~ 98%，在非传统家庭从 53% ~ 69% 上升到 78% ~ 91%（Apps & Rees，2000）。

另外一种测量儿童时间成本的模式是直接测量父母在育儿中投入的时间。林恩·克雷格（Lyn Craig）和迈克尔·比特曼（Michael Bittman）运用回归方程计算了养育儿童所需要的真实时间成本。他们把儿童的时间成本定义为有孩子的父母和没有孩子的父母在与儿童互动、无偿工作和整体（有偿和无偿）工作等领域时间的差异。他们认为儿童的时间成本不仅表现在直接照顾儿童的时间上，也表现在许多和育儿活动有关的时间分配上。他们的回归方程包括三个因变量：育儿作为主要活动的时间、无偿工作的时间和整体的工作时间。结果发现，第一个孩子的出生对于父母的时间要求是最多的，孩子的出生不仅需要育儿时间，而且增加了家务劳动的时间（Craig & Michael, 2005）。

3. 儿童间接成本的测量：家庭收入差距

儿童间接成本，很重要的一部分就是女性因为生育和养育儿童、承担母职而减少工作时间或者中断职业生涯在经济上遭受的损失。研究中一般都用家庭收入差距（family gap in pay）来衡量这种损失，这类似于性别收入差距（gender gap in pay），也就是说比较母亲（有孩子女性）和非母亲（没有孩子女性）工资收入的差距（Waldfogel, 1998）。因为这是母亲身份给女性造成的收入损失，因此也被有的研究者称为"收入惩罚"（pay penalty）（Davies & Pierre, 2005），或者"母职惩罚"（motherhood penalty）（Grimshaw & Jill, 2015）。

测量家庭收入差距的方法有多种。第一种是直接比较母亲和非母亲的平均工资，然后再比较她们的收入差距。这样做的优势在于清楚而且能够解释。戴维斯（R. Davies）和皮耶尔（G. Pierre）利用欧洲统一的工资数据，比较了欧洲各国的家庭收入差距。他们发现生育两个孩子面临的家庭收入惩罚在英国有25个百分点，在比利时只有2个百分点，在希腊没有差异；而在法国和丹麦，有2个孩子的母亲收入还比没有孩子的平均高5个百分点和3个百分点（Davies & Pierre, 2005）。这种简单明了的测量方法获得的结果，更容易引起决策者和社会的广泛关注，有利于缩小这种家庭收入差距的相关政策的出台（Grimshaw & Jill, 2015）。

但是经济学家认为这种比较母亲身份带来的"原始"工资收入差异是毫无意义的，因为这种方法只考虑了母亲身份对于工资收入的影响，而没有考虑诸如教育、年龄等其他可能对于工资收入产生影响的变量（Grimshaw & Jill, 2015）。经济学家对于家庭收入差距的测量，多基于贝克尔提出的人力资本模型，也就是假定教育、培训和工作经验的投入，能够自动带来更高的生产力和工资收入（贝克尔，2005）。因此，他们会通过回归等统计技术，在分析中会控制受教育程度、年龄等一系列会影响工资收入的人力资本变量，还有工作时间、工作性质（全职或兼职、公共部门或私营企业等）等工作特征，尽可能剥离出母亲身份给工资收入带来的纯粹影响（Budig & England，2001；Pal & Waldfogel，2016）。

米歇尔·布迪格（Michelle J. Budig）和保拉·英格兰德（Paula England）是首次在研究家庭收入差距时，除了控制受教育程度和工作时间，还控制了工作是全职还是兼职的研究者，同时他们还控制了被访者是否参与工会以及被访者的工作是否属于儿童托育等。他们发现美国每多生一个孩子会带来7%的收入惩罚，而对于没有结婚的母亲来说这种惩罚更为严重（Budig & England，2001）。浦西塔·帕尔（Ipshita Pal）和简·沃德福格（Jane Waldfogel）在从历史的角度探讨1967~2013年这将近50年美国家庭收入差距的变化时，控制了年龄、受教育程度、民族-种族、是否移民、职业、工作时间灵活性等变量（Pal & Waldfogel，2016）。虽然较早的研究发现美国家庭的收入惩罚为10%~15%（Korenman et al.，1992），沃德福格认为这是因为美国更为关注性别平等而不是对于母亲的支持（Chodorow，1978；Korenman & Neumark，1992），但是这个纵向研究发现美国的家庭收入差距已经从1967~1968年的7%下降到2011~2013年的1%，1996~1998年家庭收入差距明显缩小（Pal & Waldfogel，2016）。

所有的有关家庭收入差距的研究都面临着一系列的选择性偏差。比如，受过高等教育和赚钱能力更强的女性，比其他女性更容易选择不要孩子，或者选择小家庭，或者工作时间更长，或者在孩子出生之后更快地回到工作岗位。还有生育时间较早的女性，更可能同时离开劳动力市场。另外，收入下降的女性可能会选择母亲身份，或者倾向于选择低收入、非全职的工作（Harkness & Waldfogel，2016），职业中断导致了收入增加缓慢等（Davies & Pierre，2005）。这些因素虽然通过控制变量，通过回归分析、固定效应模型等统计技术能够得到一定程度的解决，但还是存在风险，还有无法观察到的母亲和非母亲之间的显著差异以及母亲之间的异质性等，都可能影响着她们的工资收入水平（Grimshaw & Jill，2015）。

四 中国儿童成本的测量

在这一部分，本文尝试使用全国数据，参考国外对于儿童直接成本和间接成本估算的方法，估算中国儿童的直接经济成本和间接经济成本。国外对于儿童成本的研究已是卷帙浩繁，但是中国这方面的研究还相对较少。现有的多数研究都是从人口控制的角度，基于儿童的消费数据，讨论儿童的成本和效用（田雪原，1989；朱楚珠、张友干，1996；吕红平，1998；高宗涛，2005）。最早的研究见于1979年国家统计局和中国人民大学人口研究所的合作研究，他们估算1978年培养一个婴儿到16岁，费用的总额在农村为4117元，在城镇为7772元，在城市为9583元（刘铮等，1981）。1998年，杨魁孚等采用抽样调查的数据，估算1998年家庭抚养0~16岁儿童总抚养费最低为5.8万元，最高为6.7万元（杨魁孚等，2000）。韩优莉等人估算出1987~2007年不同年龄儿童发展的家庭投入，按照2007年的价格，从1987年的人均4.7万元上升到2007年的16.8万元，20年平均增速为6.6%，最后五年为9.1%（韩优莉等，2010）。国内还有少量研究关注儿童的间接成本，比如机会成本和时间成本（徐安琪，2004；高宗涛，2005）。

除了上面提及的三项研究，其余的相关研究多是基于区域性的数据（冯立天等，1987；朱楚珠、张友干，1996；叶文振、丁煜，1998；徐安琪，2004；李振刚等，2011；刘爽、商成果，2013）。这些研究结果都只能够参考，而不能够用来讨论中国的整体儿童成本。同时，虽然国外进行儿童成本研究的历史已经超过100年，如前文所述已经发展出了相对成熟的方法，但是国内讨论这些方法和使用这些方法的还相对较少。就笔者所见，仅仅有李振刚和尚晓援等在研究中使用了预算标准法（尚晓援、李振刚，2005；李振刚等，2011）。但是由于他们其实是用量化的方法来做质性研究，在很大程度上只能说他们验证了预算标准法在中国的应用。

（一）直接经济成本：基于儿童直接消费数据

中华人民共和国国家卫生和计划生育委员会2014年的中国家庭发展追踪调查，覆盖了全国31个省（区、市），共收集了家庭户问卷32492份，0~5岁儿童问卷7149份。后者包含有关儿童养育的直接经济成本数据。将儿童问卷和家庭户问卷进行匹配，共得到有效样本7149份。

如表2所示，2013年0~5岁儿童的直接消费支出（包括衣食住行、照看、教育和医疗）均值为 10612.64 元，农村为 7966.95 元，城市为 15175.11 元。从整体趋势来看，教育支出随着年龄增长而增长，医疗支出则随着年龄的增长而减少。城乡之间的儿童直接经济成本存在巨大的差异，这也说明城市儿童在医疗和教育方面的支出更高。同时，可以看到，无论城乡，各年龄儿童食品支出都占较大的比重。

表2 2013年分年龄城乡儿童总支出和分类支出的均值情况

单位：元

区域	年龄	食品支出	服装支出	娱乐支出	照看支出	其他支出	教育支出	医疗支出	总支出
农村	0	3311.56	717.39	246.04	50.66	235.90	98.05	2739.51	7399.12
	1	3968.11	896.30	493.89	93.00	219.36	228.63	2422.49	8321.77
	2	3323.74	854.25	506.94	128.01	164.06	811.32	1989.98	7797.54
	3	2663.78	877.88	456.50	67.64	81.76	2546.89	1613.56	8317.01
	4	2428.05	808.34	374.05	83.52	96.44	2913.57	1270.63	7918.25
	5	2518.81	817.98	338.46	86.29	160.61	3047.73	956.22	7913.61
	总计	3109.97	833.44	415.53	85.55	158.72	1438.53	1932.74	7966.95
城市	0	4758.67	1433.47	592.13	858.36	353.30	311.55	2038.17	10358.97
	1	6677.61	1632.02	1012.32	451.70	399.05	1288.55	3079.49	14540.75
	2	5458.00	1762.36	1419.15	454.86	278.64	3257.71	1723.96	14354.68
	3	4460.93	1696.42	1194.57	361.00	411.61	6967.86	1617.26	16709.65
	4	4384.62	1736.74	1590.35	216.93	514.26	8379.43	2186.97	19055.63
	5	4545.78	1785.03	1690.47	271.83	206.29	8437.82	1180.96	18118.18
	总计	5149.28	1659.69	1187.50	456.22	382.62	4228.80	2100.15	15175.11
全国	0	3872.64	995.03	380.23	363.82	281.42	180.83	2468.09	8544.56
	1	4955.17	1164.32	682.75	223.68	284.82	614.76	2661.83	10587.33
	2	4113.22	1190.17	844.37	248.92	206.54	1716.26	1891.57	10228.63
	3	3341.13	1186.39	734.68	178.21	206.22	4213.16	1614.96	11487.05
	4	3113.08	1133.39	799.89	130.23	242.34	4827.25	1591.82	11811.81
	5	3180.16	1133.51	779.59	146.83	175.51	4806.39	1029.85	11256.90
	总计	3858.15	1136.58	698.75	221.54	240.88	2462.22	1994.17	10612.64

数据来源：2014年中国家庭发展追踪调查。

通过相关分析可以发现,无论城乡,0~5岁儿童支出与家庭人均支出和家庭总收入之间都存在显著相关:城市的相关系数分别为0.217和0.288;农村的相关系数分别为0.162和0.255(p值均为0.000)。这一点也可以从表3看出来。总体来说,家庭收入水平越高的,0~5岁儿童的养育成本越高,占家庭人均支出的比重越低。

表3 城乡0~5岁儿童平均支出和家庭人均支出

单位:元,%

家庭总支出	城市			农村		
	0~5岁儿童支出(U1)	家庭人均支出(U2)	比例(U1/U2)	0~5岁儿童支出(R1)	家庭人均支出(R2)	比例(R1/R2)
30000及以下	9226.85	13223.50	69.78	5641.99	9057.88	62.29
30001~45000	8462.25	13514.42	62.62	6231.12	10784.23	57.78
45001~65000	10792.05	16664.88	64.76	7440.46	12710.41	58.54
65001~100000	12779.34	19647.41	65.04	8277.94	15762.46	52.52
100001及以上	18567.40	41196.64	45.07	11748.69	35264.55	33.31
总计	13664.47	25457.73	53.68	7249.20	14291.21	50.72

数据来源:2014年中国家庭发展追踪调查。

注:0~5岁儿童的支出包括衣食住行、照看、教育和医疗等。家庭人均支出为家庭总支出除以家庭同灶吃饭的人数。

(二)间接成本:时间成本

正如前文所述,儿童成本除了直接经济成本之外,更为重要的是包括时间成本在内的间接成本。中国缺乏家庭时间使用的数据,劳动经济学领域也没有有关工资率和劳动供给收入弹性的数据。因此,笔者在这部分只能够根据第三期中国妇女社会地位调查[①]中有关时间使用的数据来初步讨论一下儿童养育的时间成本。这次调查的问卷中区分了照顾儿童和家务劳动的时间,但是数据中只有家务劳动的时间,因此结果很大程度上只具有

---

① 第三期中国妇女社会地位调查,于2010年由全国妇联和国家统计局共同组织实施。调查覆盖了国内31个省(区、市),最后共获得18岁以上个人有效问卷105573份。

参考性质。

如表 4 所示，本文用不同收入水平来衡量家庭的生活标准，比较同样生活标准的情况下，子女对于父母家务劳动时间和休闲时间的影响，也就是说子女的出生是否会使父母牺牲休闲时间来照顾孩子或者操持相关的家务。从表 4 可以看出来，没有孩子的家庭劳动时间比有 1 个未成年孩子家庭每天平均少 18 分钟，休闲时间多 19 分钟，各个收入阶层均是此类情况。但是，通过方差分析可以发现，未成年孩子的数量超过 2 个对于父母的家务劳动时间没有显著影响。收入分组之后的结果显示，高收入阶层的孩子越多，父母的家务劳动的时间越多，但是并没有相应地减少他们的休闲时间，也就是说家务劳动时间的增加并不是因为休闲时间的减少。

表 4　不同收入水平下不同家庭模式家庭平均劳动时间和休闲时间（24 小时之内）

单位：分钟

家庭结构	12000 元及以下 劳动时间	12000 元及以下 休闲时间	12001~24000 元 劳动时间	12001~24000 元 休闲时间	24001~40000 元 劳动时间	24001~40000 元 休闲时间	40000 元以上 劳动时间	40000 元以上 休闲时间	合计 劳动时间	合计 休闲时间
无子女家庭	128.05	199.71	109.33	203.34	103.45	202.93	86.79	191.04	98.57	196.45
核心家庭（1 个孩子未成年）	132.76	174.93	128.02	185.72	114.84	180.96	103.08	171.66	116.59	177.88
核心家庭（2 个孩子未成年）	126.59	167.36	126.92	179.76	126.01	183.40	124.25	179.69	126.16	176.62
核心家庭（3 个以上孩子未成年）	123.62	160.91	130.26	177.80	131.97	183.61	141.76	189.40	128.04	171.34
总计	140.16	192.48	133.32	201.98	122.53	197.71	108.76	188.75	125.40	195.04

注：（1）所有的劳动时间和休闲时间都是回归方程预测值，控制了受教育程度、收入和工作与否。

（2）根据方差分析的结果，家庭模式、收入水平和劳动时间、休闲时间之间都显著相关，P 值均为 0.000。根据 S-N-K 检验，不同家庭模式劳动时间和休闲时间存在显著差异，其中劳动时间中，核心家庭（2 个孩子未成年）和核心家庭（3 个孩子未成年）之间不存在显著差异；休闲时间中，核心家庭（1 个孩子未成年）和核心家庭（2 个孩子未成年）之间不存在显著差异。其余各个水平之间都存在 P 值为 0.000 的显著差异。

数据来源：第三期中国妇女社会地位调查。

分性别来看，如表 5 所示，无论哪种家庭模式，都是女性承担了更多的家务劳动。而且随着未成年孩子数目的增加，父亲和母亲的家务劳动时间都在增加，只是父亲家务劳动时间增加最明显的是从没有孩子到有一个未成年的孩子，而母亲的增加幅度几乎是均等的。同时应该注意的是，不同的家庭模式中，女性的休闲时间也都是超过男性的。这个结果一方面可能是因为两性对于休闲的定义不一样，另一方面可能反映了两性工作时间的差异。

表5 不同家庭模式下男女两性的平均家务劳动时间和休闲时间（24小时之内）

单位：分钟

家庭结构	男		女		合计	
	劳动时间	休闲时间	劳动时间	休闲时间	劳动时间	休闲时间
无子女家庭	89.94	192.16	109.02	201.64	98.57	196.45
核心家庭（1个孩子未成年）	106.79	172.50	125.85	182.95	116.59	177.88
核心家庭（2个孩子未成年）	114.21	170.27	137.02	182.39	126.16	176.62
核心家庭（3个以上孩子未成年）	115.12	166.12	140.95	176.55	128.04	171.34
总计	115.18	189.63	135.00	200.12	125.40	195.04

注：（1）所有的劳动时间和休闲时间都是回归方程预测值，控制了受教育程度、收入和工作与否。

（2）根据方差分析的结果，家庭模式、性别和劳动时间、休闲时间之间都显著相关，P值均为0.000。根据S-N-K检验，不同家庭模式劳动时间和休闲时间存在显著差异，其中劳动时间中，核心家庭（2个孩子未成年）和核心家庭（3个孩子未成年）之间不存在显著差异；休闲时间中，核心家庭（1个孩子未成年）和核心家庭（2个孩子未成年）之间不存在显著差异。其余各个水平之间都存在P值为0.000的显著差异。

数据来源：第三期中国妇女社会地位调查。

（三）间接成本：家庭收入差距/母职收入惩罚

家庭收入差距是测量儿童间接成本的一个重要指标，它衡量了母亲身份给女性带来的可能收入损失。但是，和美国类似，中国也更为强调性别平等和男女同工同酬，而不强调母亲身份给女性带来的不利条件，所以，关注性别收入差距的研究有很多（李春玲、李实，2008；李实、宋锦，2014），而且一致认为不同于其他国家不断缩小的趋势，中国性别收入差距从 20 世纪 90 年代市场化改革以来呈不断加大的趋势（Waldfogel，1998）。但是很少有研究关注母亲身份带来的收入惩罚。

利用第三期中国妇女社会地位调查的数据，表6和表7对比了不同受教育程度之下城镇和乡村的性别收入差距和家庭收入差距。从表6可以看出来，无论城乡，两性收入之间还是存在明显的收入差距的，在农村这种收入差距更为明显。从受教育程度来看，城镇性别收入差距随着受教育程度的提高而减少，但是农村性别收入差距最小的是高中教育程度，这可能是因为农村大专及以上受教育程度的个案较少，分析结果存在偏差。

表6　性别对于收入的影响（分城乡和受教育程度）

受教育程度	男性收入（元）		女性收入（元）		比例（%）	
	城镇（M1）	农村（M2）	城镇（F1）	农村（F2）	城镇（F1/M1）	农村（F2/M2）
初中及以下	28825.17	15552.07	15288.63	8576.51	53.09	55.15
高中或中专	32349.82	21310.31	19824.33	15020.57	61.28	70.48
大专及以上	43291.22	41018.46	37098.24	21887.40	85.67	53.36
合计	35031.70	17190.78	24361.77	9417.71	69.54	54.78

数据来源：第三期中国妇女社会地位调查。

而从家庭收入差距来看，城镇高学历女性面临的性别收入差距最小，但是面临母亲身份带来的收入惩罚却是最大的，这可能是城市高学历女性选择不婚不育的重要原因。这一点也为其他国家的研究所证实（Wilde et al.，2010）。但是初中及以下的女性，母亲身份没有带来收入惩罚，反而带来收入溢价，这一点在农村女性身上表现得更为明显。这说明对于低教育程度女性来说，母亲身份不会影响其收入，这也能够在一定程度上说明为什么低学历的女性倾向生育更多的孩子。这里值得注意的是，母亲身份带来的收入惩罚在农村完全不适用，这可能和城乡女性的职业结构不同，工作对于女性的要求不同有关，需要进一步深入研究。

表7 母亲身份对于女性收入的影响（分城乡和受教育程度）

受教育程度	母亲收入（元） 城镇（U1）	母亲收入（元） 农村（R1）	非母亲收入（元） 城镇（U2）	非母亲收入（元） 农村（R2）	比例（%） 城镇（U1/U2）	比例（%） 农村（R1/R2）
初中及以下	15338.04	8652.03	13713.68	5143.33	111.84	168.22
高中或中专	19824.33	15196.64	26764.15	12780.56	74.07	118.90
大专及以上	32171.87	22428.37	81938.24	17740.00	57.25	126.43
合计	22314.51	9460.08	56190.60	7946.62	39.71	119.05

数据来源：第三期中国妇女社会地位调查。

注：母亲的年龄为18~45岁，包括所有生育过孩子的女性，无论孩子是否已经成年，是否和母亲同住。

为了进一步探讨母亲身份带来的收入惩罚，本文采用线性回归模型对数据进一步分析。这部分的分析基于帕尔和沃德福格的研究（Pal & Waldfogel，2016）。回归方程为 $\ln(wage)_i = \beta_0 + \beta_1 mother_i + \sum \beta_j X_{ij} + \epsilon_i$。因变量为被访者小时工资的自然对数 $\ln(wage)_i$，自变量为父母身份（哑变量）①，控制变量受教育程度和被访者是否住在乡村为哑变量，其余变量为连续变量。母亲的年龄为18~45岁，包括所有生育过孩子的女性，无论孩子是否已经成年，是否和母亲同住（见表8）。

表8 父母身份和未成年孩子数量对于父母小时工资（自然对数）的影响
（线性回归非标准化系数）

模型中的控制变量		男性	女性
模型1：父母身份（没有控制变量）	父母身份	-0.237*** (0.052) $R^2=0.004$	-0.365*** (0.067) $R^2=0.005$
模型2：父母身份+年龄+受教育程度	父母身份	-0.049 (0.051) $R^2=0.174$	-0.147*** (0.062) $R^2=0.282$

---

① 因为分析涉及父亲，所以这里没有如帕尔和沃德福格的研究中直接使用母亲身份，而改为父母身份。

续表

模型中的控制变量		男性	女性
模型3： 父母身份+年龄+受教育程度+ 未成年子女人数	父母身份	0.013 (0.052) $R^2 = 0.179$	-0.040 (0.062) $R^2 = 0.298$
	未成年子女人数	-0.091*** (0.016) $R^2 = 0.179$	-0.173*** (0.016) $R^2 = 0.298$
模型4： 父母身份+年龄+受教育程度+ 未成年子女人数+被访者 是否住在乡村	父母身份	0.0038 (0.051) $R^2 = 0.218$	-0.006 (0.060) $R^2 = 0.298$
	未成年子女人数	-0.070*** (0.016) $R^2 = 0.218$	-0.128*** (0.016) $R^2 = 0.351$

数据来源：第三期中国妇女社会地位调查。

注：*** $p<0.001$，括号中的数值为标准误差（standard error）。

模型1没有加入任何控制变量，从回归系数可以看到，父母身份给男性和女性都带来了收入惩罚，只是给女性带来的收入惩罚更为严重。控制了人力资本因素（年龄和受教育程度），两性的收入惩罚都下降了，但是依然存在，只是男性的收入惩罚不再显著，而女性的依然高达14.7%。控制了未成年子女人数之后发现，子女的人数对于父母收入的负面作用更为明显，这也为其他国家的研究所证实（Budig & England，2001；Davies & Pierre，2005），但是给女性带来的收入惩罚依然更大。即使控制了城乡变量，这个结果也依然没有改变。在控制其他变量的情况下，每增加一个未成年子女，母亲面临的收入惩罚为12.8%，父亲面临的收入惩罚为7.0%。

对于家庭收入差距的原因主要有经济学和社会学的解释。从经济学的角度来看，母亲身份会带来女性人力资本的贬值、职业生涯的中断、工作时间的减少（Joshi et al.，1999）、对工作认同的降低（Hakim，2002），她们更愿意辞去高薪、更有发展前景但是需要承担更多责任的工作，而去寻找低薪、责任少、工作时间灵活的"对家庭友好"的工作（Budig et al.，2001），而这些都会对母亲的收入产生负面的影响。从社会学的角度来看，首先，母亲的身份会使女性在被雇佣和升迁中遭遇歧视，因为社会对于母职的期望和工作对于员工的要求是冲突的（Self，2005）。其次，缺乏儿童保育设施和服务，市场无法协调工作和家庭之间的平衡（Self，2005）。最后，社会对于女性能力的刻板印象贬低了女性的工作，在女性为主导的职业和工作场所中技能和经验都不能够得到公平的回报（Grimshaw & Jill，2015）。

五 儿童成本测量的政策意涵：国家如何分担儿童成本

从前面的分析，我们可以看到，孩子的出生不仅给家庭带来了大量的直接经济成本，而且带来了大量的间接成本。如果根据0~5岁儿童的平均消费支出计算0~17岁儿童所需的直接成本，儿童总体平均需要19.10万元，城市儿童需要27.32万元，农村儿童需要14.34万元。这还是在假设6~17岁的儿童消费结构和0~5岁儿童类似的情况下。实际上，从前面的分析可以看到，儿童的教育支出随着儿童年龄的增长呈直线上升趋势，6~17岁的儿童在教育方面的支出会有大幅的增长，前面估算的数字已经低估了儿童的直接经济成本，而且收入越低的家庭负担越重。时间成本上，本文所使用的数据由于没有区分家务劳动时间和儿童照顾时间，只能够看出儿童增加了父母家务劳动的时间。但是从专项调查可以看到：0~16岁的儿童，父母每天付出的照顾时间超过1个小时；6岁以下的儿童，父母每天付出的照顾时间超过3个小时（高宗涛，2005）。母亲身份带来的收入惩罚方面，每增加一个未成年的孩子，母亲的收入减少12.8%。

对儿童成本各个维度的测量，说明儿童的生育和养育是需要支付大量成本的。虽然政府承担了儿童义务教育和医疗保健的责任，但是大部分的成本还是由家庭承担的。儿童成本私人化已经无力支撑起儿童收益的社会化。那么，国家应该如何帮助家庭来分担呢？根据2007年的欧盟通讯，一方面，国家应该通过补贴或者税收减免等措施，弥补儿童的直接经济成本，帮助家庭不会因为孩子的出生而降低生活水平；另一方面，国家应该给父母提供各种儿童托育服务、课后照顾和教育，改善工作和就业的条件，以减少儿童的时间成本，以及母亲身份给女性带来的收入惩罚。

正如我们分析儿童成本涉及经济成本、时间成本和机会成本，儿童成本主要涉及三类资源：金钱、时间和工作（如图1所示）。儿童成本涉及三类分担者：公领域的政府、社区和私领域的家庭。儿童成本的分配是一个复杂的问题，宏观微观的许多行动者牵涉其中，还要考虑不同的社会和法律制度之间的相互作用。有关儿童成本分配的决策影响着许多群体：包括不同代际群体、不同性别群体、有或没有孩子的家庭、不同类型的家庭（单亲和双亲家庭、已婚和未婚家庭）以及纳税人和社会保障缴费人等大型群体等。而且，儿童成本的分配不仅要决定应该如何在不同群体之间分担，还要决定应该在整个生命历程中如何分配。比如，国家是否应该给孩子更为年幼的家庭更多支持？是否母亲的养老金补贴能够增加她们老年时候的收入（Scheiwe，2003）？

政府的政策可能可以在以下三方面来分担家庭的儿童成本：(1) 提供现金支持（津贴或者税收减免）；(2) 提供相关的假期，比如产假、陪产假、育儿假、照顾病童或者残疾儿童的假期；(3) 提供服务方面的支持，包括对不同年龄儿童的教育、照顾和监护，平衡父母面临的工作和家庭冲突。还有一些相关的政策工具，也能够弥补家庭这几方面资源的损失，比如在住房福利或者社会救助福利方面给儿童提供的补助金、儿童的医疗保险、补充养老金、除了假期以外的工作和就业条件（如灵活工作时间）等。那么，这些政策哪些在帮助家庭分担儿童成本方面更为有效呢？不同的要求（直接或者间接的转移支付、服务、实物，劳动力市场的规则以及父母的时间权利）是否和怎样结合起来？

许多研究认为劳动力市场政策是最为有效的，因为它们能够鼓励就业、提高收入、减少贫困、减少性别收入差距和家庭收入差距。但是这需要建立在家庭的基本需求得到满足、父母能够平衡工作和家庭要求的基础上。只有综合性的政策才能够达到更好的效果。税收减免比补贴能够更为有效地增加平均工作时间和家庭收入，但是更有利于受过更多教育的女性。补贴虽然效率不高，但是更具有正向的再分配作用（Gong & Breunig, 2017）。普惠制的政策虽然在改善儿童贫困、提高有孩子家庭的生活水平方面更为有效，但是为了保证制度的可持续性和有效性，需要和资产审查式的政策相结合。跨国研究表明，不同领域的政策作为一个整体出现效果最好。在对家庭采用了相对多样化的支持政策以及对家庭支持相对有力和持续的国家中，能够发现国家分担儿童成本之后带来较高生育率、较高劳动力市场参与率和较低的贫困率（Thevenon，2008）。

从中国现有的家庭政策来看，无论是儿童的直接经济成本还是间接成本，国家都分担不足。中国没有普惠制的儿童津贴或者税收补贴，而且税收制度都是以个人为单位而不是以家庭为单位，家庭负担的儿童直接经济成本根本没有被考量在内。在时间成本上，中国只有法定产假，但是一方面相对时间较短，另一方面只是惠及部分女性，更大数量的农村女性、非正规就业的女性都被排除在外。儿童托育设施方面，3~6岁儿童的有大幅提高，0~2岁的只是刚刚起步。国家对于儿童成本的分担不足，导致中国的总和生育率持续下降，女性就业率明显下降，儿童贫困发生率高于其他群体，儿童托育市场化，年轻父母负担沉重。而劳动力市场对于将为/身为人母的女性更是不友好，母职带来的收入惩罚超过10%。

因此，本文建议在确定国家参与分担家庭儿童养育成本的前提下实施以下举措：（1）组织有关家庭消费和儿童消费的全国性调查，关注0~17岁的所有儿童，评测不同地域和不同阶层的儿童成本，为制定相应的分担儿童直接经济成本的政策奠定基础。（2）组织有关家庭成员时间使用模式调查，关注儿童照顾给父母带来的时间成本，为制定相应的假期政策奠定基础，也为讨论多长的假期是既有利于女性劳动力市场位置又有利于儿童福祉奠定基础。（3）利用家庭政策来推动新的育儿理念的形成，重新确定母职和父职，因为研究表明儿童成本总的来说还是取决于社会经济环境（Rusterholz，2015）。制定具体的政策时，同时实施多个领域的政策，弥补儿童养育成本政策和收入再分配政策相结合，普惠制的政策（普通家庭）和资产审查式政策（风险家庭）相结合，实物支持和现金支持相结合。同时，强化对于工作家庭平衡的政策支持，更多地采用社会投资的模式。

参考文献

马春华，2015，《重构国家和青年家庭之间的契约：儿童养育责任的集体分担》，《青年研究》第4期。

〔美〕加里·斯坦利·贝克尔，2005，《家庭论》，王献生、王宇译，商务印书馆。

冯立天、王树新、孟浩涵，1987，《新生劳动力培养费用调查研究》，《中国人口科学》第1期。

高宗涛，2005，《家庭生养孩子的机会成本研究》，硕士学位论文，河北大学。

韩优莉、黄成礼、邱月、张前登、郑晓瑛，2010，《中国儿童发展的家庭投入费用变化趋势分析》，《人口与经济》第 6 期。

李春玲、李实，2008，《市场竞争还是性别歧视——收入性别差异扩大趋势及其原因解释》，《社会学研究》第 2 期。

李实、宋锦，2014，《刘小川，中国城镇职工性别工资差距的演变》，《管理世界》第 3 期。

李振刚、尚晓援、张丽娟，2011，《预算标准法与儿童抚养成本研究——以夏县农村儿童抚养成本为例》，《青年研究》第 6 期。

刘爽、商成果，2013，《北京城乡家庭孩子的养育模式及其特点》，《人口研究》第 6 期。

刘铮、邬沧萍、查瑞传，1981，《人口统计学》，中国人民大学出版社。

吕红平，1998，《论子女成本——效用理论在中国的应用》，《人口与经济》第 2 期。

尚晓援、李振刚，2005，《儿童的抚育成本：安徽省阜南县农村儿童抚育成本研究》，《青年研究》第 9 期。

田雪原，1989，《论孩子成本——效益理论和人口控制》，《中国人口科学》第 3 期。

徐安琪，2004，《孩子的经济成本：转型期的结构变化和优化》，《青年研究》第 12 期。

杨魁孚、陈胜利、魏津生，2000，《中国计划生育效益与投入》，人民出版社。

叶文振、丁煜，1998，《中国厦门经济特区孩子抚养费用的研究》，《人口与经济》第 5 期。

朱楚珠、张友干，1996，《中国咸阳部分农村孩子成本与效益研究》，《人口与经济》第 5 期。

Apps, Patricia & Rees, Ray, 2000, "Household Production. Full Consumption and the Costs of Children". IZA Discussion Papers, No. 157. Forschungsinstitut zur Zukunft der Arbeit Institute for the Study of Labor.

Barten, A., 1964, "Family Composition, Prices and Expenditure Patterns", in Hart P., Mill G., Whittaker J., eds. Economic Analysis for National Economic Planning, 16th Meeting of the Colston Society, London, Butterworth.

Betson, M., 1990, "Alternative Estimates of the Cost of Children From the 1980–86 Consumer Expenditure Survey". Institute for Research on Poverty, University of Wisconsin-Madison, Special Report Series No. 51.

Bradbury, B., 1994, "Measuring the Cost of Children". *Australian Economic Papers*.

Bradbury, B., 2004, "The Price, Cost, Consumption and Value of Children", Social Policy Research Center (SPRC) Discussion Paper No. 132, Australia: Sydney.

Browning, M., 1992, "Children and Household Economic Behavior". *Journal of Economic Literature*, Vol. 30, No. 3.

Budig, Michelle J. & England Paula, 2001, "The Wage Penalty for Motherhood", *American Sociological Review*, Vol. 66, No. 2.

Chodorow, Nancy, 1978, "The Reproduction of Mothering: Psychoanalysis and the Sociology of Gender". Berkeley: *University of California Press.*

Cooter, Robert & Rappoport, Peter, 1984, "Were the Ordinalists Wrong About Welfare Economics?" *Journal of Economic Literature*, Vol. 22, No. 2.

Craig, Lyn & Michael Bittman, 2005, "The Effect of Children on Adults' Time-use: Analysis of the Incremental Time Costs of the Children in Australian", SPRC Discussion Paper No. 143.

Davies, R. & Pierre, G., 2005, "The Family Gap in Pay in Europe: A Cross-country Study", *Labour Economics*, Vol. 12, issue 4.

Deaton, S. & Muellbauer, J., 1986, "On Measuring Child Costs: with Applications to Poor Countries". Journal of Political Economy, Vol. 94, No. 4.

DiPrete, T. A., Morgan, S. P., Engelhardt, Henriette & Pacalova, Hana, 2003, "Do Cross-National Differences in the Costs of Children Generate Cross-National Differences in Fertility Rates?" Discussion papers 355, German Institute for Economic Research, Berlin.

Engel, E., 1895, "Die Lebenskosten Belgischer Arbeiter-Familien Fruher and Jetzt". International Statistical Bulletin, No. 9.

Espenshade, T., 1972, "The Cost of Children in Urban United States", Ph. D., Princeton University.

Fobler, Nancy, 1994, "Children as Public Goods". *The American Economic Review*, Vol. 84, No. 2.

Folbre, Nancy, 2004, "Valuing Parental Time: New Estimates of Expenditures on Children in the United States in 2000", presented at Supporting Children in International Context Conference, Princeton, New Jersey.

Fuchs, Victor, 1988, "Women's Quest for Economic Equality". Cambridge: *Harvard University Press*, pp. 147.

Gong, Xiaodong & Breunig, Robert, 2017, "Childcare Assistance: Are Subsidies or Tax Credits Better?" *Fiscal Studies*, Vol. 38, No. 1.

Gray, Matthew & Stanton David, 2010, "Costs of Children and Equivalence Scales: A Review of Methodological Issues and Australian Estimates". *Australian Journal of Labour Economics*, Vol. 13, No. 1.

Grimshaw, Damian & Jill Rubery, 2015, "The Motherhood Pay Gap: A Review of the Issues, Theory and International Evidence", Working Paper No. 1, Gender, Equality and Diversity Branch, ILO. .

Hakim, C., 2002, "Lifestyle Preferences as Determinants of Women's Differentiated Labor Market Careers", *Work and Occupations*, Vol. 29, No. 4, 2002.

Harkness, S. & Waldfogel J., "The Family Gap in Pay: Evidence from Seven Industrialized countries", Research in Labor Economics, Vol. 2, No. 4, A Half Century of Change in the Lives of American Women, 2016, pp. 104-127.

Joshi, H., Paci, P. & Waldfogel, J., 1999, "The Wages of Motherhood: Better or Worse?" *Cambridge Journal of Economics*, Vol. 23, No. 5.

Korenman, Sanders, and Neumark David 1992, "Marriage, Motherhood, and Wages", *Journal of Human Resources*, Vol. 27, No. 2.

Lancaster, G. and Ray, R., 1998, "Comparison of Alternative Models of Household Equivalence Scales: The Australian Evidence on Unit Record Data", Economic Record, 74 (2).

Letablier, Marie-Thérèse, Angela Luci, Antoine Math, Olivier Thévenon, 2009, "The Costs of Raising Children and the Effectiveness of Policies to Support Parenthood in European Countries: A Literature Review". The Report to the European Commission. Directorate-General "Employment, Social Affairs and Equal Opportunities" Unit E1-Social and Demographic Analysis.

Nelson, J. A., 1993, "Household Equivalence Scales: Theory versus Policy?" *Journal of Labor Economics*, Vol. 11, No. 3.

Pal, Ipshita & Waldfogel Jane, 2016, "The Family Gap in Pay: New Evidence for 1967 to 2013", *The Russell Sage Foundation Journal of the Social Sciences*, Vol. 2, No. 4.

Percival, R., Harding, A., and McDonald P., 1999, "Estimates of the Costs of Children in Australian Families, 1993–94". Report prepared for the Department of Family and Community Services, National Centre for Social and Economic Modelling, May.

Percival, R. & Harding, A., 2000, "The Public and Private Cost of Children in Australia, 1993–1994". Discussion paper No. 48, The National Centre for Social and Economic Modelling, University of Canberra.

Rothbarth, E., 1943, "A Note on a Method of Determining Equivalent Income for Families of Different Composition", in Appendix 4 of C. Madge, ed. War-time Patterns of Saving and Spending. *Cambridge University Press*.

Rusterholz, Caroline, 2015, "Costs of Children and Models of Parenthood: Comparative Evidence from Two Swiss Cities, 1955–1970". *Journal of Family History*, Vol. 40, No. 2, 2015.

Saunders, P., 1998, "Using Budget Standards to Assess the Well-being of Families". SPRC Discussion Paper No. 93, Social Policy Research Centre, University of New South Wales, Sydney, 1998.

Scheiwe, Kirsten, 2003, "Caring and Paying for Children and Gender Inequalities: Institutional Configurations in Comparative Perspective". *Journal of Family History*, Vol. 28, No. 1.

Self, S., 2005, "What Makes Motherhood So Expensive? The Role of Social Expectations, Interdependence, and Coordination Failure in Explaining Lower Wages of Mothers", *The Journal of Socio-Economics*, Vol. 34, No. 6, 2005.

Thevenon, Oliver, 2008, "Family Policies in Europe: Available Database and Initial

Comparisons", Vienna Yearbook of Population Research.

Viitanen, Tarja K., 2005, "Cost of Childcare and Female Employment in the UK". *Labour*, 19 Special Issue.

Waldfogel, Jane, 1998, "Understanding the 'Family Gap' in Pay for Women with Children", *Journal of Economic Perspectives*, Vol. 12, No. 1.

Watts, Harold., 1977, "The Iso-prop Index: An Approach to the Determination of Deferential Poverty Income Thresholds", in Marilyn Moon and Eugene Srnolensky, eds. Improving Measures of Economic Well-Being, New York, Academic Press.

Wilde, E. T., Batchelder, L. & Ellwood, D. T., 2010, "The Mommy Track Divides: The Impact of Childbearing on Wages of Women of Differing Skill Levels", National Bureau of Economic Research (NBER), Working Paper No. w16582, Cambridge, 2010.

(原载《妇女研究论丛》2018 年第 5 期)

中国城镇家庭的育儿时间成本[*]

杜凤莲 赵云霞 钟森丽[**]

摘 要：生育成本包括经济成本和时间成本等，仅衡量经济成本会造成育儿成本的低估。本文利用2017年中国时间利用调查（CTUS）数据研究育儿对父母时间配置的影响，估算家庭育儿时间成本，为解释我国生育率低下提供新的视角。研究发现，养育子女会显著增加父母的无酬劳动时间，挤占有酬劳动时间和闲暇时间，且对父母时间配置的影响存在性别差异。机会成本测算表明，"一孩"家庭育儿总时间成本为4.128万元/年，"二孩"家庭为6.404万元/年，母亲的育儿时间成本接近父亲的4倍。随孩子年龄增加，育儿时间成本下降。与育儿经济成本不同，"二孩"抚育在时间成本上存在规模效应，在各年龄段子女中亦有所体现。据此，本文从家庭育儿时间成本补偿、性别和社会照料的角度提出了政策建议。

关键词：时间利用 育儿时间成本 性别差异

一 引言

《中华人民共和国 2022 年国民经济和社会发展统计公报》显示，2022 年末全国人口 141175 万人，比上年末减少 85 万人，人口自然增长率为 -0.60‰，[①] 人口增长出现拐点。国家为提高人口生育率，多次调整人口

---

[*] 本文得到国家社会科学基金项目子课题"非传统安全合作视域下北部边疆经济安全建设研究"（批准号：22VMZ013）、内蒙古自治区"草原英才"工程"人口可持续发展研究"（项目编号：CYYC2010063）的支持。

[**] 杜凤莲，内蒙古大学经济管理学院、内蒙古大学时间利用调查与研究中心教授；赵云霞，内蒙古大学经济管理学院博士研究生；钟森丽，内蒙古大学经济管理学院硕士研究生。

[①] 《中华人民共和国 2022 年国民经济和社会发展统计公报》，国家统计局，2023 年 2 月 28 日，https://www.stats.gov.cn/sj/zxfb/202302/t20230228_1919011.html?eqid=ec830cf1000c5d7100000002642ee4fa。

政策。2002年,中国出台"双独二孩"政策,2013年11月再次调整,允许"单独"家庭生育"二孩",2015年底宣布"全面二孩"政策。2016年、2017年的全国出生人口分别比2015年多131万和68万,[1]新生"二孩"占比由2013年的约30%上升到2017年的50%左右。[2]生育政策的调整重新推动了出生人口数量上升,特别是"二孩"生育率实现大幅提高。为进一步改善人口结构,2021年6月26日印发的《中共中央 国务院关于优化生育政策促进人口长期均衡发展的决定》提出,为促进人口长期均衡发展,实施一对夫妻可以生育三个子女的政策,[3] 8月20日完成《人口与计划生育法》的修改,从法律层面切实保障实施三孩生育政策及配套支持措施。[4]但人口政策的宽松化调整并未能带来生育率的持续性提升(靳卫东等,2018),生育堆积效应已经消退,"二孩"政策的实施未能扭转当前中国生育率低迷的局面(汪伟等,2020)。

对孩子生育数量约束的取消并不意味着生育潜力完全释放。2017年全国生育状况抽样调查结果显示,育龄妇女不打算生育的前三位原因依次是"经济负担重"、"年龄太大"和"没人带孩子",分别占77.4%、45.6%和33.2%。已育有一个孩子不打算生育"二孩"的前三位原因依次为"经济负担重"、"身体原因"和"没人带孩子",分别占69.7%、65.5%和38.0%(贺丹等,2018;刘金菊,2020)。很明显,除经济负担和身体原因外,时间成本已成为中国很多家庭不敢生、不愿生的一个主要原因。

现有研究更多是从家庭消费支出角度关注儿童生育的经济成本。事实上,父母对孩子的时间陪护本身就是人力资本投资的一部分,对孩子认知、情感和社交能力的发展十分重要(Abraham & Mallatt,2022)。养育孩

---

[1] 《2016年中国出生人口达1786万 二孩及以上占比超45%》,新华网,2017年1月23日,http://www.xinhuanet.com/politics/2017-01/23/c_1120364891.htm?isappinstalled=0。

[2] 陆娅楠:《第七次全国人口普查主要数据公布 人口总量保持平稳增长》,《人民日报》,2021年5月12日,http://paper.people.com.cn/rmrb/html/2021-05/12/nw.D110000renmrb_20210512_8-01.htm。

[3] 《中共中央 国务院关于优化生育政策促进人口长期均衡发展的决定》,中国政府网,2021年6月26日,https://www.gov.cn/zhengce/2021-07/20/content_5626190.htm。

[4] 《全国人民代表大会常务委员会关于修改〈中华人民共和国人口与计划生育法〉的决定》,中国人大网,2021年8月20日,http://www.npc.gov.cn/npc/c2/c30834/202108/t20210820_313105.html。

子需要家庭在经济和时间上的双重投入，现有研究估算育儿成本时大多仅考虑直接经济成本，忽略了时间成本。养育子女究竟会对父母的时间分配产生怎样的影响？育儿时间成本又有多高？这是当前育儿成本研究值得探讨的问题。以往研究生育对父母时间配置影响的文献往往集中在生育率自然变化的发达国家，但这些国家的生育行为和生育政策与中国的社会制度、风俗文化与发展情况都有明显差异，研究发现可能与中国的实际情况不相符（赵昕东等，2020）。本文使用的2017年中国时间利用调查数据中"三孩"城镇家庭占比非常低，所以本文聚焦最多两个孩子的家庭进行研究。从时间维度刻画能够细致描述"二孩"出生后父母各类活动时间的调整与变化，为揭示中国家庭生育率低迷提供更细致深入的微观证据。另外，由于时间利用数据可得性的限制，国内多数文献都是测算中国家庭的儿童直接经济成本（韩优莉等，2010），从时间利用角度考察生育放开后中国家庭育儿时间成本的相关文献相对较少。本文利用独特的时间数据优势弥补了中国家庭的育儿时间成本这一研究领域的不足。

本文通过Tobit模型回归分析子女数量和子女年龄对父母时间配置的影响，发现养育子女会显著增加父母的无酬劳动时间，降低有酬劳动时间和闲暇时间，养育子女对母亲时间配置的影响程度更深。本文利用机会成本法估算家庭养育子女的时间成本，发现家庭育儿时间成本存在规模效应，母亲的育儿时间成本远高于父亲，接近父亲的4倍。在子女成长的过程中，家庭育儿时间成本下降，规模效应一直存在。

与已有文献相比，本文的边际贡献主要体现在：在承认育儿对家庭时间配置存在影响的前提下，估算了育儿时间成本与父母分担比例，以及育儿时间成本的规模效应，即不同孩次的边际成本；分析了不同年龄段孩子养育成本的变化；探究了家庭育儿时间成本变化及父母间的性别差异，为推动"三孩"政策实施和进一步调整人口政策及相关配套措施，提高家庭生育率，促进女性劳动参与和延缓人口老龄化趋势提供一定的参考价值。

本文以下部分安排为：第二部分为文献综述与研究假设，主要介绍生育对父母时间配置的影响以及育儿时间成本估算方法，据此提出本文的研究假设；第三部分是数据和描述性统计，主要介绍数据来源、变量选取和数据处理过程，并且对子女年龄及数量与父母时间利用的情况进行描述性统计分析；第四部分是基于机会成本的育儿时间成本估算，利用 Tobit 模型估计家庭生育子女数量对父母时间配置的边际影响系数，在此基础上，通过机会成本法估算家庭育儿的时间成本；第五部分是结论与政策建议。

二 文献综述与研究假设

生育成本研究最先是由莱宾斯坦提出的成本效用理论（Leibenstein, 1957），即生育成本分为直接成本和间接成本。直接成本指从母亲怀胎到孩子自立期间家庭用来照顾子女生活、教育和医疗等费用。间接成本是父母因生育损失的更高工资、发展机会和时间等价值。因此，家庭育儿成本涉及物质、时间和机会成本。Becker（1960）用父母抚养孩子的费用加时间投入作为影子价格的现值，再扣除孩子提供的货币收入和服务的现值得到养育孩子的"净成本"。Bradbury（2004）借助时间分配数据估算了包括儿童商品消费、儿童出生对父母休闲时间和个人照料时间影响在内的儿童总体成本。也有学者强调儿童成本的测度要充分考虑妇女生育的机会成本和生育意愿（Presser, 2001）。

儿童生育的直接经济成本的估算一般采用直接测量法（或支出法）（叶文振、丁煜，1998；王志章、刘天元，2017；马春华，2018）、预算标准法（Saunders, 1998）或等价尺度分析法（Engel, 1895；Rothbarth, 1943；Prais & Houthakker, 1955；Deaton & Muellbauer, 1986；刘娜等, 2021）。马春华（2018）以儿童在衣食住行、教育、医疗以及照料服务等方面的消费支出来衡量育儿经济成本，研究表明养育一个 0~5 岁的儿童的经济成本为 1.06 万元，将儿童从出生养到成年所需经济成本为 19.10 万元。王志章和刘天元（2017）利用 2015 年微观调查数据测算家庭养育"二孩"从孕期到孩子大学毕业的经济成本发现，广州、重庆和武汉养育"二孩"的经济成本超过 70 万元，南昌和潍坊养育"二孩"的经济成本也达到了 50 万元。

家庭公共物品的存在，使得每位成员（包括儿童在内）对家庭公共物品的消费难以分摊，因而直接测量法估算的儿童直接经济成本不可避免地被低估（Bradbury, 2004）。预算标准法关注特殊类型的家庭在特定时间为达到特定生活水平所需要的物品与服务（Saunders，1998）。这种方法需要相关专家依据儿童营养和生理特征来确定儿童达到一定生活标准的所需物品，可能存在主观判断性（Gray & Stanton, 2010）。使用等价尺度分析法估算儿童直接经济成本的核心思想是，孩子出生后父母为恢复孩子出生前的家庭福利标准所需的额外收入。刘娜等（2021）基于等价尺度分析法测算出2016年我国二孩家庭育儿成本相较于一孩家庭更高，并未体现养育成本上的"规模经济"。

除了考虑育儿经济成本外，时间成本也是家庭育儿成本的重要组成部分。本文的主要目的是研究城镇家庭养育子女对父母时间配置的影响，并测算育儿时间成本。与此紧密相关的文献主要集中在两方面：生育对父母时间分配的影响和家庭育儿时间成本的估算。

（一）生育对父母时间配置的影响

抚养子女需要家庭投入大量的时间，这深刻影响了父母的时间配置。孩子出生显著增加了家庭的无酬劳动时间，特别是儿童照料与家务劳动时间。例如，在澳大利亚，有一个0~2岁子女的家庭，儿童照料时间比无子女家庭平均每天多出10.5小时（Craig & Bittman, 2008）。同时，生育影响父母的有酬劳动时间（Craig, 2007），通常母亲照料孩子的时间与有酬劳动时间此消彼长（Aldous et al., 1998）。孩子年龄越小，父母的有酬劳动的时间就越少（张川川，2011；Argyrous et al., 2017）。育儿还会挤占父母的闲暇和自我照料时间，尤其是对于抚育幼儿的在职父母而言（Daly, 2001）。在法国和意大利，孩子使父母的闲暇和自我照料时间平均每天减少2小时（Pailhé et al., 2019）。孩子的出生往往需要父母重新安排家庭内部分工（Apps & Rees, 2001），由于性别角色认知（Bianchi, 2001）和母亲生育的"收入惩罚"，生育之后女性参与市场劳动力的阻碍大于男性（张良、徐翔，2020）。"密集母职"使得女性将更多的精力投入家庭，"父职溢价"则使得男性因为父亲的职责强化了赚钱养家的责任感（王俊、石人炳，2021）。因此，女性往往要承担大部分家庭照料任务，男性则承担更多的有酬工作（Craig & Mullan, 2011；Kotila et al., 2013），这导致父母时间配置出现性别差异，甚至可能强化性别分工（Coltrane & Adams,

2008)。

父母时间分配与孩次有很大关系。第一个孩子使母亲的每日家务劳动时间平均增加2.1小时,"二孩"递增0.8小时,孩子越多的家庭母亲的每日家务劳动时间增加越少(张琪、初立明,2020)。家中最小的孩子0~2岁时,有一个孩子会使父母每天的闲暇时间减少约2小时,有两个孩子则减少3.6小时,生育三个孩子反而会增加父母的闲暇时间(Bradbury,2004),这可能是由于较大的孩子有能力照看较小的孩子(Craig & Bittman, 2005)。孩子年龄对儿童照料和家务劳动时间的影响同样重要,儿童照料时间随着孩子年龄的增加急剧减少(Gustafsson & Kjulin, 1994; Craig & Bittman, 2008)。当父母双方均为全职工作人员时,依据父母放弃的闲暇时间估算儿童时间成本,发现随着孩子年龄的增加,抚育3岁以下的孩子使父母每人每天的闲暇时间减少1.6小时(工作日内),孩子3~14岁时父母的边际闲暇时间成本减至一半,14岁以上儿童不再影响父母的闲暇时间(Ekert-Jaffé & Grossbard, 2015)。

根据上述研究文献,本文提出以下假设:

假设1.1:养育子女会减少父母的有酬劳动和闲暇时间,增加无酬劳动时间。

假设1.2:孩次对父母的时间配置产生不同影响,呈现时间规模效应。

假设1.3:养育子女对父母时间分配的影响存在显著的性别差异,对母亲的影响程度更深。

(二)育儿时间成本的估算

通过直接测量父母育儿活动中投入的时间,来全面测度育儿时间成本的研究不断丰富和发展。这些研究早期是直接根据生育孩子后,额外产生的家庭生产时间(儿童照料时间和家务时间)来计算养育子女的时间成本(Gutiérrez-Domènech, 2010)。例如,有研究通过估算儿童照料时间和家务时间,利用税后工资率得出1984年瑞典家庭养育一个0~7岁孩子的总时间成本共 18.6 万瑞典克朗，养育一个孩子的平均时间成本可达 13.9 万瑞典克朗，占育儿总成本（包括育儿时间成本、儿童商品、服务和住房成本）的七成以上（Gustafsson & Kjulin, 1994）。家务和儿童照料活动的同时进行以及托儿服务的购买通常会干扰家庭生产时间或儿童照料时间的识别和测度（Sayer et al., 2004）。因此，研究者开始转换思路，利用全职工作的父母生育子女后闲暇时间和自我照料时间的变化与无子女的全职夫妇对比来估算养育儿童的时间成本，既避免了需要详细界定家庭生产活动的问题，又解决了父母的在家生产时间、外部托儿服务和劳动力工作之间的替代问题（Ekert-Jaffé & Grossbard, 2015）。有学者认为用工资率乘以孩子出生导致的成人休闲时间和自我照料（睡眠和个人卫生活动）时间的减少，就可以得到育儿的时间成本。Bradbury（2004）使用 1997 年澳大利亚数据对两个子女的家庭进行初步估计，结果显示最小孩子 0~2 岁时的育儿时间成本至少为 1771 美元/周；3~4 岁、5~11 岁时的时间成本分别降至 0~2 岁时的四分之三和二分之一。还有研究使用总时间减去家庭生产时间和有酬劳动时间（包括通勤时间）后的剩余时间作为闲暇时间，依据全职工作的父母放弃的闲暇时间估算育儿时间成本，发现养育一个 3 岁以下孩子的时间成本占夫妇平均就业收入的 27.5%，占全部收入（包括就业收入和闲暇时间的机会成本）的 6.3%；养育一个 3~14 岁儿童的时间成本占夫妇平均就业收入的 13.1%，占全部收入的 3%（Ekert-Jaffé & Grossbard, 2015）。

儿童消费的不仅是市场商品，还包含父母大量的时间投入，父母不得不承担育儿产生的机会成本，特别是对承担主要生育和养育责任的母亲来说。一方面，女性可能因生育子女中断职业而收入减少（Davies & Pierre, 2005），即使后期重回劳动力市场，也会面临工资降低与职业机会损失；另一方面，由于对生育后职业中断现象有所预期，女性在求职时倾向于选择"母亲友好型"工作，这类工作通常收入较低且职业发展空间较小（Budig & England, 2001）。育儿的机会成本更多强调父母（尤其是女性）因生育而放弃工作时间所产生的经济损失，研究中一般都以家庭收入差距或"收入惩罚"来衡量（Pal & Waldfogel, 2013）。

根据上述研究，本文提出以下假设：

假设2.1：母亲的育儿时间成本高于父亲。

假设2.2：随着子女年龄增长，父母的育儿时间成本下降。

假设2.3：家庭养育子女的时间成本存在规模效应。

三 数据和描述性统计分析

（一）数据来源与变量说明

本文使用2017年中国时间利用调查（Chinese Time Use Survey，CTUS）数据，以无子女家庭为参照，考察养育子女对父母时间分配的影响。根据研究内容，利用问卷中"本人与受访者的关系"这一问题、结合家庭成员年龄和婚姻状况选取样本中无子女[①]、一个子女和两个子女的城镇家庭进行研究。进一步地，筛选出孩子年龄在0~18岁、父代的年龄低于法定退休年龄（男性60岁、女性55岁）的家庭。删除变量缺失样本后，得到1995户城镇家庭有效样本，其中无子女家庭445户，一孩家庭1110户，二孩家庭440户。

被解释变量包括有酬劳动时间、无酬劳动时间和闲暇时间，是受访者典型日[②]相关活动时长。有酬劳动时间，是指工作和家庭生产经营时间。工作为在正规、非正规部门从事有报酬的就业活动，但不包括务农。家庭生产经营活动包括以获得收入为目的、以家庭或个人为单位从事的生产经营活动。无酬劳动包括家务劳动和儿童照料时间。闲暇时间由锻炼、娱乐休闲、社交、吃饭、睡眠和个人卫生活动时间构成。本文中的被解释变量分为两个层级，第一个层级是家庭，家庭有酬劳动时间为家庭中父母有酬劳动时间之和，家庭无酬劳动和家庭闲暇时间以此类推。家庭时间分工有可能就是加剧性别不平等的原因。第二个层级是父母各自的时间，用于比较父母的时间分配差异带来的育儿成本差异。

---

① 样本中无子女的家庭是指已婚但还未养育子女的家庭。
② 典型日是指受访者典型的活动时间安排日，例如，对于工作人员，正常的生产劳动日、正常的休息日为典型的活动时间安排日。

本文的核心解释变量是家庭中的子女个数，没有子女取值为0，有一个子女取值为1，有两个子女取值为2。

控制变量从个人特征、孩子特征、家庭特征、社区特征和地区特征等层面进行选取（Hallberg & Klevmarken，2003；Kalenkoski et al.，2005；Guryan et al.，2008）。

个人特征变量包括年龄、健康状况、受教育年限、是否参加劳动。其中，健康状况为离散变量，自评健康状况不好、非常不好＝0；健康状况一般＝1；健康状况好、非常好＝2；受教育年限的取值依没上过学、小学、初中、高中/中专/职高、大专、本科、硕士和博士取值分别为0、6、9、12、15、16、19和23；是否参与劳动为虚拟变量，受访者有酬劳动时间大于1小时或最近一周在职，取值为1，否则取值为0。

家庭特征变量包括子女年龄、家庭人口规模、祖父母是否提供隔代照料、是否拥有自有住房、家庭年非劳动收入。其中，子女年龄处理为子女各年龄段虚拟变量，即家中是否有0~2岁子女、3~6岁子女、7~12岁子女和13~18岁子女，若有对应年龄段的子女取值为1，否则为0；家庭人口规模即家庭成员的人数；若祖父母的儿童照料时间大于0或者最近一周未工作的主要原因是照料儿童，则认定祖父母提供隔代照料，取值为1，否则为0；现有居住房屋属于家庭成员所有，则认为拥有自有住房，取值为1，否则为0；家庭年非劳动收入主要包括各种财产性收入和转移性收入。

社区特征变量包括社区年平均收入、社区是否拥有幼儿园。社区年平均收入是样本中受访者所在社区家庭总收入的平均值，包括工资性收入、经营性收入、财产性收入和转移性收入。社区拥有幼儿园取值为1，否则为0。地区特征变量是城市虚拟变量，以样本所在地级市级别进行控制。

（二）描述性统计分析

表1给出了主要变量的描述性统计结果。在时间配置方面，有子女的父母的有酬劳动时间高于无子女父母，而无酬劳动时间随子女数量的增加而不断增加，但闲暇时间的变化恰好相反。进一步分析发现，父母时间配置变化的性别差异十分明显。总之，生育显著增加了父母的无酬劳动时

间，不断压缩父母的闲暇时间以满足照料孩子的时间需求。

子女特征中，多数样本家庭的孩子年纪都达到学龄以上。家中有 0~2 岁、3~6 岁、7~12 岁、13~18 岁孩子的比例分别为 14.3%、21.3%、31.3%、28.2%。个人特征中，父亲和母亲的平均年龄分别为 40 岁、38 岁；父亲平均受教育年限为 11.95 年，高于母亲平均受教育年限 11.53 年，其中生育二孩的父母受教育水平在三类家庭中最低；健康状况为好和非常好的父母占 65% 左右；父亲的劳动参与率远高于母亲，有孩子的父母的劳动参与率相比无子女父母更高。家庭特征中，平均家庭人口规模为 3.64 人；生育孩子越多，祖父母越有可能参与隔代照料；家庭自有住房拥有率达到 82.5%；二孩家庭的年非劳动收入相比无子女、一孩家庭更高。社区与地区特征中，社区年平均收入 12.39 万元，拥有幼儿园的社区占比 71.0%。

表 1 主要变量的描述性统计结果

变量名称	无子女家庭	一孩家庭	二孩家庭	总体
被解释变量				
父母有酬劳动时间 （小时/天）	12.594 (7.716)	14.348 (7.001)	14.135 (7.300)	13.910 (7.265)
父母无酬劳动时间 （小时/天）	2.591 (2.596)	3.766 (3.877)	4.699 (4.474)	3.710 (3.843)
父母闲暇时间 （小时/天）	31.924 (7.164)	29.338 (5.668)	28.636 (5.923)	29.760 (6.202)
父亲有酬劳动时间 （小时/天）	7.200 (4.648)	8.137 (4.234)	8.424 (4.355)	7.991 (4.376)
父亲无酬劳动时间 （小时/天）	0.657 (1.332)	0.960 (1.815)	0.921 (1.728)	0.884 (1.703)
父亲闲暇时间 （小时/天）	15.848 (4.286)	14.685 (3.635)	14.414 (3.862)	14.885 (3.873)
母亲有酬劳动时间 （小时/天）	5.395 (4.916)	6.211 (4.598)	5.711 (4.954)	5.919 (4.761)
母亲无酬劳动时间 （小时/天）	1.935 (2.077)	2.806 (3.129)	3.778 (3.733)	2.826 (3.139)

续表

变量名称		无子女家庭	一孩家庭	二孩家庭	总体
母亲闲暇时间（小时/天）		16.076 (4.339)	14.653 (3.364)	14.222 (3.540)	14.875 (3.700)
核心解释变量					
子女数量（个）		0	1	2	0.9975
控制变量					
父亲年龄（岁）		45.465 (10.739)	38.370 (7.099)	38.327 (5.837)	39.943 (8.364)
父亲受教育年限（年）		11.512 (3.633)	12.619 (3.376)	10.718 (3.038)	11.953 (3.455)
父亲健康状况（%）	不好、非常不好	12.135	4.955	6.136	6.817
	一般	29.633	25.946	24.773	26.516
	好、非常好	58.202	69.099	69.091	66.667
父亲是否参与劳动（是=1，否=0）		0.881 (0.324)	0.950 (0.219)	0.952 (0.213)	0.935 (0.247)
母亲年龄（岁）		43.472 (10.549)	36.223 (6.706)	36.159 (5.355)	37.826 (8.078)
母亲健康状况（%）	不好、非常不好	12.809	5.495	5.000	7.018
	一般	31.236	26.126	25.455	27.118
	好、非常好	55.955	68.378	69.545	65.865
母亲受教育年限（年）		10.928 (3.935)	12.283 (3.542)	10.241 (3.469)	11.530 (3.720)
母亲是否参与劳动（是=1，否=0）		0.681 (0.467)	0.800 (0.400)	0.730 (0.445)	0.758 (0.428)
0~2岁子女（有=1，无=0）		0	0.144 (0.351)	0.284 (0.452)	0.143 (0.350)

续表

变量名称	无子女家庭	一孩家庭	二孩家庭	总体
3~6岁子女 （有=1，无=0）	0	0.212 (0.409)	0.432 (0.496)	0.213 (0.4010)
7~12岁子女 （有=1，无=0）	0	0.319 (0.466)	0.614 (0.488)	0.313 (0.464)
13~18岁子女 （有=1，无=0）	0	0.325 (0.469)	0.459 (0.499)	0.282 (0.450)
家庭人口规模 （人）	2.292 (0.681)	3.723 (0.969)	4.770 (1.019)	3.635 (1.243)
祖父母是否提供隔代照料 （是=1，否=0）	0	0.160 (0.367)	0.189 (0.392)	0.131 (0.337)
家庭是否拥有自有住房 （是=1，否=0）	0.775 (0.418)	0.853 (0.354)	0.805 (0.397)	0.825 (0.380)
家庭年非劳动收入 （万元/年）	2.689 (14.974)	2.266 (8.217)	3.350 (17.646)	2.599 (12.499)
社区年平均收入 （万元/年）	10.659 (9.635)	13.393 (12.082)	11.874 (13.697)	12.389 (11.952)
社区是否拥有幼儿园 （是=1，否=0）	0.677 (0.469)	0.709 (0.455)	0.752 (0.434)	0.710 (0.454)
样本量	445	1110	440	1995

注：父亲健康状况、母亲健康状况为离散变量，不好、非常不好=0；一般=1；好、非常好=2；表中呈现的是样本均值，括号内为标准差。

数据来源：根据2017年中国时间利用调查（CTUS）数据计算得到。

图1至图3分别刻画了无子女、养育一个子女与两个子女对父母、父亲和母亲时间配置的影响。从有酬劳动时间看，有酬劳动时间变化对母亲一方的影响更深，尤其是最小孩子0~6岁时对母亲的有酬劳动时间存在比较强的负向影响。父亲有酬劳动时间对子女数量的反应相对平缓，子女数量对父亲的工作时间影响不显著。

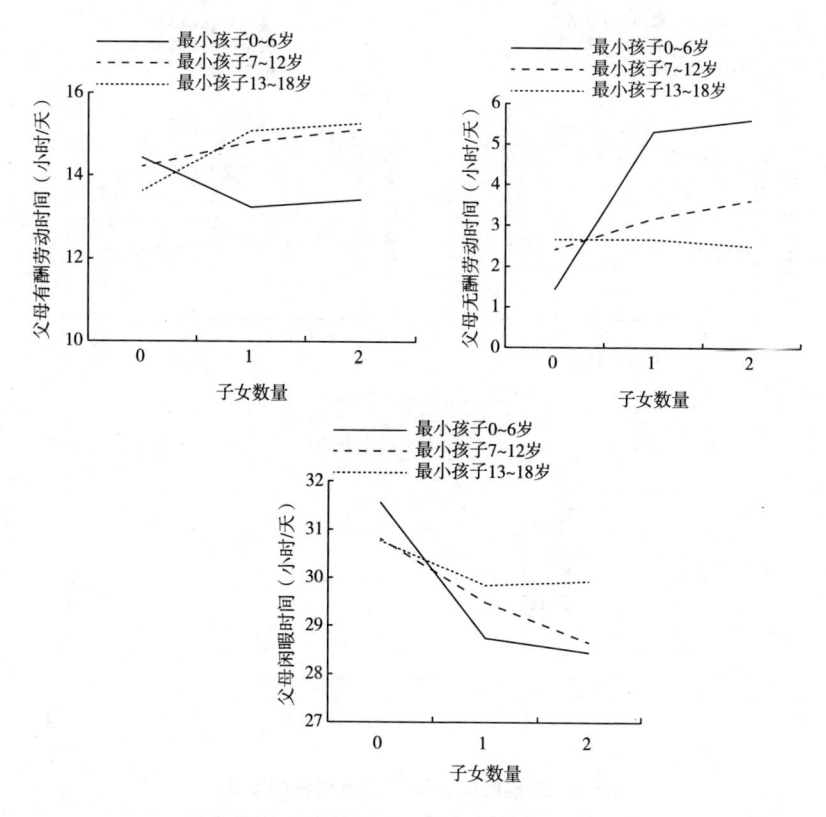

图 1 父母时间分配随子女数量的变化

数据来源：根据 2017 年中国时间利用调查（CTUS）数据计算得到。

从无酬劳动时间看，子女数量与父母的无酬劳动时间呈正相关，子女年龄对父母无酬劳动时间的影响比子女数量的影响更大。最小孩子 0~6 岁时父母的无酬劳动时间最长。随着孩子年龄的增加，无酬劳动时间逐渐下降。分性别来看，父亲与母亲无酬的劳动时间的变化不同：抚养学龄前儿童的父亲的无酬劳动时间随子女数量的增加先上升后下降，母亲的无酬劳动时间却随子女数量的增加不断增加。

从闲暇时间看，父母闲暇时间与子女数量呈负相关。每增加一个孩子，父母闲暇时间和母亲闲暇时间都减少，"二孩"对母亲闲暇时间的影响比父亲更大。一个 0~6 岁子女使父母整体的闲暇时间减少 3 小时左右，其中父亲和母亲分别减少约 1 小时和 2 小时闲暇时间。此外，随着最小孩

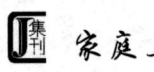

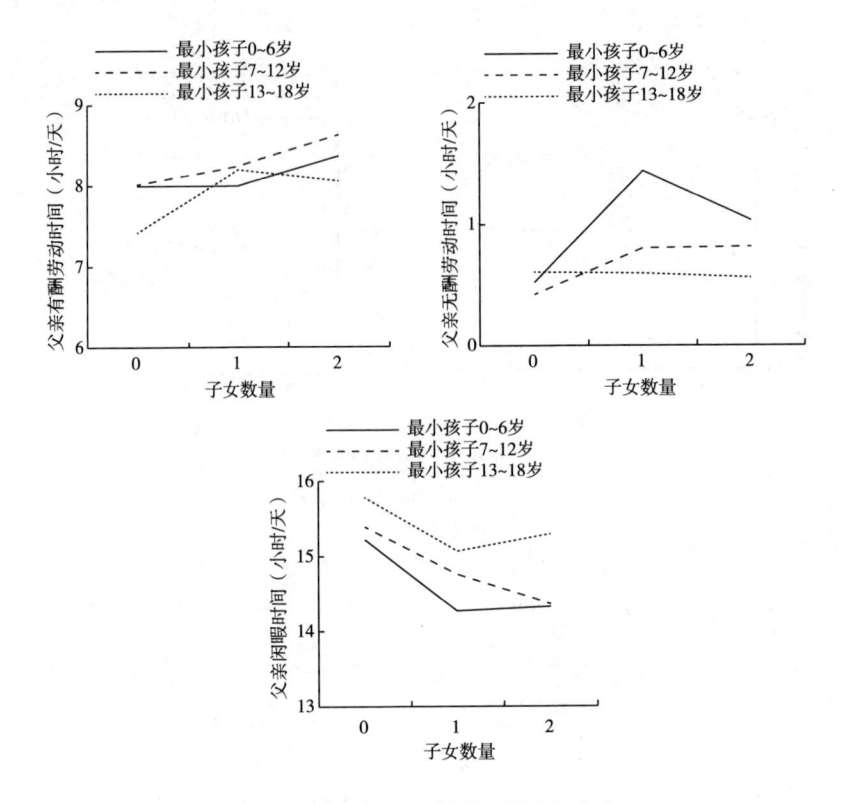

图 2　父亲时间分配随子女数量的变化

数据来源：根据 2017 年中国时间利用调查（CTUS）数据计算得到。

子年龄的增加，父母、父亲和母亲的闲暇时间受到的影响都逐渐减小，第二个孩子对闲暇时间的影响远小于第一个孩子的影响。

综合图 1 至图 3 可以发现：第一，最小孩子年龄对父母时间配置的影响十分显著，育儿时间成本随子女年龄增加而下降；第二，在不控制其他变量的情况下，第一个孩子对父母时间分配的影响更显著，育儿时间成本可能存在规模效应；第三，育儿对母亲时间分配的影响明显大于父亲，传统家庭内的分工依然存在。

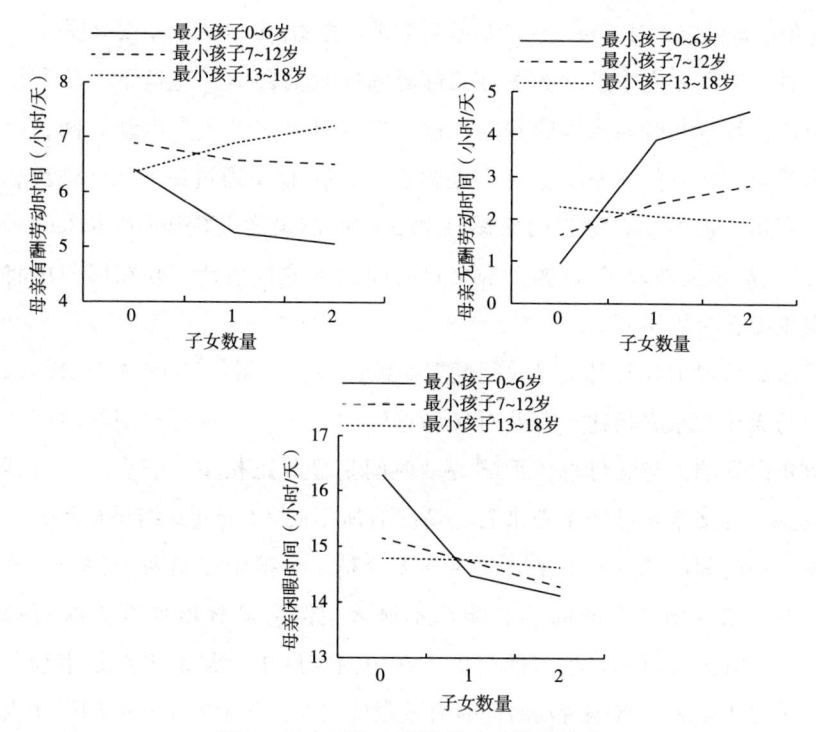

图 3 母亲时间分配随子女数量的变化

数据来源：根据 2017 年中国时间利用调查（CTUS）数据计算得到。

四 基于机会成本的育儿时间成本估算

（一）育儿对父母时间分配的影响

为考察育儿对城镇父母时间配置的影响，本文采用以下计量模型进行回归分析：

$$Y_i = \alpha_0 + \alpha_1 childnum_i + \alpha_2 X_i + \lambda_i + \mu_i \tag{1}$$

其中，被解释变量 Y_i 表示父母的时间配置，包括有酬劳动时间、无酬劳动时间和闲暇时间；核心解释变量 $childnum_i$ 表示家庭子女数量的分类变量，若家中孩子数分别为 0、1、2，则变量 $childnum_i$ 依次取值 0、1、2；X_i 为控制变量，包括孩子特征、父母个体特征、家庭特征、社区特征和地区特征变量；λ_i

是省份固定效应,对不可观测的地区效应进行控制;μ_i 表示模型误差项。

首先考虑家庭中子女数量对父母时间配置的影响。这是下一步利用机会成本估算育儿时间成本的基础。被解释变量是父母各类活动时间,存在较多零值,此时使用 OLS 估计存在偏误,Tobit 模型通过最大似然估计,在时间利用分析中具有更强的敏感性和更高的准确度(Foster & Kalenkoski, 2013)。故本文选取 Tobit 模型对父母时间配置进行估计,并在回归中将标准误聚类在市级层面。

表 2 呈现了育儿对父母时间配置影响的边际结果。Panel A 部分结果显示,与无子女家庭相比,育儿对父母总体的有酬劳动时间和闲暇时间产生显著负向影响,与父母总体无酬劳动时间呈显著正相关,假设 1.1 得到数据支持。分父亲和母亲单独来看,情况有所不同。Panel B 结果显示,父母有酬劳动时间的减少并非来自父亲,无论是一个孩子还是两个孩子,养育子女对父亲有酬劳动时间的影响都不显著,但会显著增加其无酬劳动时间,降低其闲暇时间。这可能是由于在中国家庭中,父亲仍然是市场劳动力的主要提供者,有酬劳动时间具有较强的刚性,父亲的工作时间受子女数量的影响较小。Panel C 的结果则呈现与 Panel A 相同的规律,即对母亲来说,育儿会降低自身有酬劳动时间和闲暇时间,增加无酬劳动时间。

分孩次来看,Panel A 部分结果显示,与无子女的家庭相比,养育一个子女使父母总体无酬劳动时间共增加 2.379 小时/天,有酬劳动时间和闲暇时间分别减少 2.264 小时/天和 3.246 小时/天;养育两个子女对父母每天的无酬劳动时间需求增加 4.661 小时,有酬劳动时间减少 4.393 小时,闲暇时间减少 5.004 小时。也就是说,相比养育一个子女,养育"二孩"会使父母每天额外增加 2.282 小时无酬劳动,同时减少 2.129 小时有酬劳动和 1.758 小时闲暇。显然,从有酬劳动时间和无酬劳动时间的变化来看,抚育"二孩"并未表现出明显的时间规模效应,仅父母闲暇时间的变化呈边际递减规律。对父亲和母亲各自来说,规律相同(Panel B 和 Panel C),假设 1.2 仅适用于父母的闲暇时间。

很明显,养育子女对父母时间分配的影响有显著的性别差异,对母亲有酬劳动时间和闲暇时间的挤占更多,影响程度是父亲的 2 倍左右(有酬劳动时间更高),这验证了夫妻无法平等地分担孩子对时间需求的影响,使传统家庭性别分工程度加深（Craig & Mullan，2010）。假设1.3得到验证。

表2 育儿对父母时间配置的影响

	有酬劳动时间（小时/天）	无酬劳动时间（小时/天）	闲暇时间（小时/天）
	Panel A 父母		
一个子女	-2.264***	2.379***	-3.246***
	(0.704)	(0.186)	(0.527)
两个子女	-4.393***	4.661***	-5.004***
	(1.011)	(0.432)	(0.760)
控制变量	控制	控制	控制
城市固定效应	控制	控制	控制
样本量	1995	1995	1995
	Panel B 父亲		
一个子女	0.015	0.631***	-1.119***
	(0.417)	(0.014)	(0.333)
两个子女	-0.054	1.261***	-1.724***
	(0.617)	(0.027)	(0.500)
控制变量	控制	控制	控制
城市固定效应	控制	控制	控制
样本量	1995	1995	1995
	Panel C 母亲		
一个子女	-2.268***	1.794***	-2.062***
	(0.464)	(0.145)	(0.316)
两个子女	-3.955***	3.535***	-3.213***
	(0.615)	(0.344)	(0.474)
控制变量	控制	控制	控制
城市固定效应	控制	控制	控制
样本量	1995	1995	1995

注：子女数量参照组：无子女；子女年龄参照组：家中有0~2岁子女；母（父）亲健康状况参照组：身体状况差、非常差；*** $p<0.01$，** $p<0.05$，* $p<0.1$；括号里的数值为城市层面的聚类稳健标准误；Tobit模型呈现的是边际估计结果，下同；在中国社会文化背景下，已婚的夫妻在婚后往往会选择至少生育一个孩子，更多的内生问题来源于已生有一个子女的家庭是否选择生育第二个孩子。为了进行稳健性检验，采用当地出生率和自然增长率作为家庭是否生育第二个孩子的工具变量进行估计。使用条件混合过程（Conditional Mixed Process，CMP）估计的结果与表2对应的系数显著性一致。

数据来源：根据2017年中国时间利用调查（CTUS）数据计算得到。

表3展示的是各年龄段子女对父母时间配置的影响。对于父亲而言，无论是一孩家庭还是二孩家庭，各年龄子女对其有酬劳动时间的影响均不显著，再次验证了父亲的有酬劳动时间较为刚性。随着子女年龄增加，父亲有酬劳动时间增加的幅度下降，闲暇时间减少的幅度下降。在一孩家庭中，有0~6岁孩子时，父亲无酬劳动时间增加0.787小时/天，闲暇时间减少1.259小时/天；有7~12岁子女时，父亲无酬劳动时间增加0.195小时/天，闲暇时间减少0.790小时/天；有13~18岁子女时，父亲无酬劳动时间增加0.081小时/天，闲暇时间变化不显著。对相应年龄段的二孩家庭，父亲的无酬劳动时间分别增加0.585小时/天、0.760小时/天、0.496小时/天；父亲的闲暇时间分别减少1.498小时/天、1.076小时/天、0.584小时/天。养育"二孩"，父亲的无酬劳动时间并未呈现规模效应，闲暇时间则在孩子处于低年龄段（0~6岁和7~12岁）时呈现规模效应，在孩子处于高年龄段（13~18岁）时没有体现。孩子处于高年龄段时，为了孩子更好地成长、顺利升学，父亲可能会牺牲闲暇时间来陪伴和监督孩子，造成父亲闲暇时间在"二孩"上未呈现规模效应。

对于母亲而言，在一孩家庭中，孩子处于0~6岁、7~12岁和13~18岁时，无酬劳动时间分别增加2.033小时/天、0.930小时/天、0.633小时/天；闲暇时间分别减少1.797小时/天、1.095小时/天、0.719小时/天。仅0~6岁的孩子会显著减少母亲的有酬劳动时间，为1.554小时/天，其他年龄段的孩子对母亲的有酬劳动时间影响不显著。对相应年龄段的二孩家庭来说，母亲的无酬劳动时间分别增加2.142小时/天、2.296小时/天、1.611小时/天；闲暇时间分别减少1.996小时/天、1.303小时/天、1.232小时/天；有酬劳动时间分别减少2.478小时/天、1.576小时/天，当孩子处于13~18岁时对母亲有酬劳动时间的影响不显著。以上分析发现，母亲闲暇时间的规模效应存在于各年龄段子女中，有酬劳动时间的规模效应仅体现在0~6岁的孩子中。

表3 各年龄段子女对父母时间配置的影响

子女年龄阶段（岁）		父亲			母亲		
一孩	二孩	有酬劳动时间（小时/天）	无酬劳动时间（小时/天）	闲暇时间（小时/天）	有酬劳动时间（小时/天）	无酬劳动时间（小时/天）	闲暇时间（小时/天）
0~6	—	0.030	0.787***	-1.259***	-1.554***	2.033***	-1.797***
		(0.370)	(0.018)	(0.321)	(0.353)	(0.192)	(0.312)
7~12	—	0.479	0.195***	-0.790**	-0.378	0.930***	-1.095***
		(0.378)	(0.006)	(0.312)	(0.354)	(0.158)	(0.334)
13~18	—	0.494	0.081***	-0.402	0.096	0.633***	-0.719***
		(0.344)	(0.005)	(0.284)	(0.365)	(0.119)	(0.274)
7~12	0~6	0.112	0.954***	-1.351**	-2.380***	3.369***	-2.915***
		(0.608)	(0.021)	(0.561)	(0.477)	(0.404)	(0.484)
13~18	0~6	1.182	0.691***	-2.119***	-0.899	1.013**	-1.352**
		(0.933)	(0.013)	(0.713)	(0.886)	(0.452)	(0.594)
13~18	7~12	0.198	0.227***	-0.624	-0.317	0.731**	-0.676**
		(0.829)	(0.006)	(0.643)	(0.679)	(0.307)	(0.315)
0~6	0~6	0.700	0.585***	-1.498***	-2.478***	2.142***	-1.996***
		(0.489)	(0.012)	(0.426)	(0.527)	(0.275)	(0.438)
7~12	7~12	0.514	0.760***	-1.076**	-1.576***	2.296***	-1.303**
		(0.630)	(0.014)	(0.500)	(0.489)	(0.362)	(0.611)
13~18	13~18	0.412	0.496***	-0.584**	-0.710	1.611***	-1.232**
		(0.609)	(0.011)	(0.282)	(0.553)	(0.257)	(0.489)
控制变量		控制	控制	控制	控制	控制	控制
城市固定效应		控制	控制	控制	控制	控制	控制
样本量		1995	1995	1995	1995	1995	1995

注：以2010年城镇总和生育率作为各年龄段子女数的工具变量，对父母时间配置进行估计，估计结果显著性与表3一致；*** $p<0.01$，** $p<0.05$，* $p<0.1$；括号里的数值为城市层面的聚类稳健标准误；Tobit模型呈现的是边际估计结果。

数据来源：根据2017年中国时间利用调查（CTUS）数据计算得到。

（二）机会成本法估算育儿成本

与无子女的家庭相比，生育子女后的父母时间配置发生变化，父母不得不承担或多或少的育儿任务，导致有酬劳动时间和闲暇时间减少，无酬劳动时间增加。闲暇时间能带来正效用，甚至可分配至有酬劳动时间以获得收入，所以因育儿被迫减少的闲暇时间对父母来说也是一种成本（Bradbury，2004）。利用机会成本法（Dong & An，2015），选取父母有酬劳动和闲暇时间损失的角度来估算育儿时间成本。以工资率对时间价值进行估算，对于非就业者，机会成本根据他们的潜在工资或是保留工资进行估算（Sousa-Poza et al.，2001）。劳动工资率的计算需要获取劳动收入。本文有酬劳动时间包括劳动力市场工作时间与家庭生产经营时间，因此劳动收入包括工资性和经营净收入[①]。为尽量避免生育对劳动工资率的影响，利用 Heckman 自选择模型[②]对没有工作的父母进行劳动收入预测，以估计他们的潜在工资或保留工资。然后，利用劳动收入和有酬劳动时间对无子女家庭、一孩家庭和二孩家庭三个子样本，分性别计算平均劳动工资率。此处采用平均劳动工资率衡量的原因是最小化机会成本对劳动力市场生产率较高的个人劳动赋予过高价值（Budlender，2010）。

测算结果见表4，可以看出，无论是从父母总体还是分样本估算，育儿时间成本存在明显的规模效应。由父母时间配置估算结果可知，相比父亲，母亲的有酬劳动时间大大减少，闲暇时间受影响的程度更深。因此，父母各自分担的育儿时间成本不同。结果显示，养育一个孩子时，父母总育儿时间成本为 4.128 万元/年，父亲为 0.901 万元/年，母亲为 3.227 万元/年，母亲的育儿时间成本是父亲的约 3.6 倍；养育两个孩子时，父母总育儿时间成本为 6.404 万元/年，父亲为 1.336 万元/年，母亲为 5.067 万元/年，母亲的育儿时间成本是父亲的约 3.8 倍，母亲在育儿中的时间成本更高。这也表明在中国传统文化的影响下，生育之后母亲会损失更多机会成本来照料孩子。由此，假设 2.1 和假设 2.3 得到验证。

[①] 工资性收入是指就业人员通过各种途径得到的全部劳动报酬和各种福利，包括受雇于单位或个人、从事各种自由职业、兼职和零星劳动得到的全部劳动报酬和福利。经营净收入是指住户或住户成员从事生产经营活动所获得的净收入，是全部经营收入中扣除经营费用、生产性固定资产折旧和生产税之后得到的净收入。

[②] 模型选取孩子数量和家庭非劳动收入对数作为是否工作的工具变量，同时控制了性别、年龄、年龄的平方、健康状况、受教育程度、工作经验、工作经验的平方以及城市固定效应。

表 4 育儿时间成本的测算

	父亲			母亲			总育儿时间成本（万元/年）
	有酬劳动时间损失（小时/天）	闲暇时间损失（小时/天）	时间成本（万元/年）	有酬劳动时间损失（小时/天）	闲暇时间损失（小时/天）	时间成本（万元/年）	
一个子女	0	1.119	0.901	2.268	2.062	3.227	4.128
两个子女	0	1.724	1.336	3.955	3.213	5.067	6.404
"二孩"	—	—	0.435	—	—	1.840	2.275

数据来源：根据 2017 年中国时间利用调查（CTUS）数据计算得到。

进一步考虑各年龄段子女对父母时间配置影响不同，根据子女年龄分段测算父母的育儿时间成本。从表 5 的具体结果可以发现，在子女年龄较小的时候，家庭投入的时间成本较高，随着子女逐渐长大，家庭总育儿时间成本下降。一孩家庭中，0~6 岁子女家庭总育儿时间成本为 4.270 万元/年，7~12 岁子女为 1.656 万元/年，13~18 岁子女为 0.423 万元/年。对相应年龄段的二孩家庭，总育儿时间成本分别增加 4.072 万元/年、1.354 万元/年、0.464 万元/年。可见，在各年龄段子女中，育儿时间成本存在边际递减趋势。分阶段来看，随着孩子年龄增加，父母育儿时间成本逐渐降低，且在二孩家庭中，随着孩子年龄增加，父母育儿时间成本的差距缩小。由此，假设 2.2 得到验证。

表 5 各年龄段子女育儿时间成本的测算

子女年龄阶段（岁）		父亲			母亲			总育儿时间成本（万元/年）
一孩	二孩	有酬劳动时间损失（小时/天）	闲暇时间损失（小时/天）	时间成本（万元/年）	有酬劳动时间损失（小时/天）	闲暇时间损失（小时/天）	时间成本（万元/年）	
0~6	—	0.000	1.259	0.911	1.554	1.797	3.359	4.270
7~12	—	0.000	0.790	0.806	0.000	1.095	0.850	1.656
13~18	—	0.000	0.000	0.000	0.000	0.719	0.423	0.423
7~12	0~6	0.000	1.351	0.776	2.380	2.915	4.437	5.213
13~18	0~6	0.000	2.119	1.923	0.000	1.352	1.311	3.234
13~18	7~12	0.000	0.000	0.000	0.000	0.676	0.225	0.225
0~6	0~6	0.000	1.498	3.208	2.478	1.996	5.134	8.342
7~12	7~12	0.000	1.076	0.680	1.576	1.303	2.329	3.010
13~18	13~18	0.000	0.584	0.293	0.000	1.232	0.594	0.887

数据来源：根据 2017 年中国时间利用调查（CTUS）数据计算得到。

五 结论和政策建议

当前,生育成本过高是影响育龄家庭生育意愿的重要抑制因素。本文利用 2017 年中国时间利用调查(CTUS)数据,分析养育子女对城镇父母时间分配的影响,并以此为基础估算家庭育儿时间成本。研究表明:第一,家庭子女数量对父母有酬劳动时间和闲暇时间有显著负向影响,对父母无酬劳动时间有显著正向影响。同时,养育子女对父母时间分配的影响存在显著的性别差异。父母有酬劳动时间的减少并非来自父亲,无论是一个孩子还是两个孩子,养育子女对父亲有酬劳动时间的影响都不显著。相比父亲,抚育子女对母亲时间分配的影响程度更深。随着子女数量的增加,母亲往往牺牲大量有酬劳动和闲暇时间来满足儿童照料的需求。第二,无论从父母整体还是分开来看,有酬和无酬劳动时间并未随着养育孩子数量的增加呈现明显的规模效应,仅闲暇时间表现此特征。第三,以机会成本估算发现,养育一个子女的家庭育儿总时间成本为 4.128 万元/年,养育两个子女为 6.404 万元/年,存在明显的规模效应。母亲的育儿时间成本接近父亲的 4 倍。第四,在各年龄段子女中,育儿时间成本存在边际规模递减趋势。

本文研究结果的政策含义主要包括:第一,应当在当前一系列降低养育、教育成本的政策设计中,充分考虑家庭时间成本。例如,把抚养孩子视为父母为社会提供的一项服务。第二,家庭育儿活动中女性承担了大部分时间成本,需要在政策设计中加入性别视角。支持有条件的地方提供男女相对平等的父母育儿假,以分担女性的育儿压力。第三,增加对学龄前儿童的社会照料,扩大幼儿托管服务,给予家政行业快速发展的优惠条件,分担沉重的家庭照料责任。这些在一定程度上可以帮助女性快速重返职工岗位,并缓解生育带来的家庭负担。

参考文献

韩优莉、黄成礼、邱月、张前登、郑晓瑛,2010,《中国儿童发展的家庭投入费用变化趋势分析》,《人口与经济》第 6 期,第 7~12 页。

贺丹、张许颖、庄亚儿、王志理、杨胜慧，2018，《2006~2016 年中国生育状况报告——基于 2017 年全国生育状况抽样调查数据分析》，《人口研究》第 6 期，第 34~45 页。

靳卫东、宫杰婧、毛中根，2018，《"二孩"生育政策"遇冷"：理论分析及经验证据》，《财贸经济》第 4 期，第 130~145 页。

刘金菊，2020，《中国城镇女性的生育代价有多大？》，《人口研究》第 2 期，第 33~43 页。

刘娜、李小瑛、颜璐，2021，《中国家庭育儿成本——基于等价尺度福利比较的测度》，《人口与经济》第 1 期，第 50~67 页。

马春华，2018，《中国家庭儿童养育成本及其政策意涵》，《妇女研究论丛》第 5 期，第 70~84 页。

汪伟、杨嘉豪、吴坤、徐乐，2020，《二孩政策对家庭二孩生育与消费的影响研究——基于 CFPS 数据的考察》，《财经研究》第 12 期，第 79~93 页。

王俊、石人炳，2021，《中国家庭生育二孩的边际机会成本——基于收入分层的视角》，《人口与经济》第 4 期，第 96~107 页。

王志章、刘天元，2017，《生育"二孩"基本成本测算及社会分摊机制研究》，《人口学刊》第 4 期，第 17~29 页。

叶文振、丁煜，1998，《中国厦门经济特区孩子抚养费用的研究》，《人口与经济》第 6 期，第 24~28+57 页。

张川川，2011，《子女数量对已婚女性劳动供给和工资的影响》，《人口与经济》第 5 期，第 29~35 页。

张良、徐翔，2020，《家庭照料影响劳动参与存在性别差异吗》，《财经问题研究》第 8 期，第 111~120 页。

张琪、初立明，2020，《养育孩子会使女性家务劳动时间增加多少？——家务劳动时间细分的视角》，《人口与经济》第 5 期，第 30~43 页。

赵昕东、李翔、王宏利，2020，《生育二孩是否影响流动人口家庭储蓄——基于 2016 年全国流动人口动态监测调查数据》，《宏观经济研究》第 5 期，第 102~110 页。

Abraham, Katharine G. & Justine Mallatt. 2022, Measuring Human Capital. *Journal of Economic Perspectives*, 36(3), 103-30.

Aldous, Joan, Mulligan, Gail M. & Thoroddur Bjarnason. 1998, Fathering over Time: What Makes the Difference? *Journal of Marriage and the Family*, 60(4), 809-820.

Apps, Patricia & Ray Rees. 2001, Household Production, Full Consumption and the Costs of Children. *Labour Economics*, 8(6), 621-648.

Argyrous, George, Lyn Craig & Sara Rahman. 2017, The Effect of A First Born Child on Work and Childcare Time Allocation: Pre-post Analysis of Australian Couples. *Social Indicators Research*, 131, 831-851.

Becker, Gary S. 1960, *An Economic Analysis of Fertility: Demographic and Economic Change in Developed Countries*. Columbia: Columbia University Press.

Bianchi, Suzanne M. 2001, Maternal Employment and Time with Children: Dramatic Change or Surprising Continuity? *Demography*, 37(4), 401-414.

Bradbury, Bruce. 2004, *The Price, Cost, Consumption and Value of Children*. Sydney: Social Policy Research Centre, UNSW.

Budig, Michelle J. & Paula England. 2001, The Wage Penalty for Motherhood. *American Sociological Review*, 66(2), 204-225.

Budlender, Debbie. 2010, *Time Use Studies and Unpaid Care Work*. New York: Routledge.

Coltrane, Scott & Michele Adams. 2008, *Gender and Families*. Lanham: Rowman & Littlefield.

Craig, Lyn & Michael Bittman. 2005, The Effect of Children on Adults' Time-use: Analysis of The Incremental Time Costs of Children in Australia. *Infant Behavior and Development*, 30, 97-113.

Craig, Lyn. 2007, How Employed Mothers in Australia Find Time for Both Market Work and Childcare. *Journal of Family and Economic Issues*, 28, 69-87.

Craig, Lyn & Michael Bittman. 2008, The Incremental Time Costs of Children: An Analysis of Children's Impact on Adult Time Use in Australia. *Feminist Economics*, 14(2), 59-88.

Craig, Lyn & Killian Mullan. 2010, Parenthood, Gender and Work-Family Time in the United States, Australia, Italy, France, and Denmark. *Journal of Marriage and Family*, 72(5), 1344-1361.

Craig, Lyn & Killian Mullan. 2011, How Mothers and Fathers Share Childcare: A Cross-National Time-Use Comparison. *American Sociological Review*, 76(6), 834-861.

Daly, Kerry J. 2001, Deconstructing Family Time: From Ideology to Lived Experience. *Journal of Marriage and Family*, 63(2), 283-294.

Davies, Rhys & Gaelle Pierre. 2005, The Family Gap in Pay in Europe: A Cross-country Study. *Labour Economics*, 12(4), 469-486.

Deaton, Angus S. & John Muellbauer. 1986, On Measuring Child Costs: With Applications to Poor Countries. *Journal of Political Economy*, 94(4), 720-744.

Dong, Xiao-yuan & Xinli An. 2015, Gender Patterns and Value of Unpaid Care Work: Findings from China's First Large-scale Time Use Survey. *Review of Income and Wealth*, 61(3), 540-560.

Ekert-Jaffé, Olivia & Shoshana Grossbard. 2015, Time Cost of Children as Parents' Foregone Leisure. *Mathematical Population Studies*, 22(2), 80-100.

Engel, Ernst. 1895, *Die Lebenskosten Belgischer Arbeiter-Familien Früher und Jetzt*. Dresden: C. Heinrich.

Foster, Gigi & Charlene M. Kalenkoski. 2013, Tobit or OLS? An Empirical Evaluation Under Different Diary Window Lengths. *Applied Economics*, 45(20), 2994-3010.

Gray, Matthew & David Stanton. 2010, Costs of Children and Equivalence Scales: A Review of Methodological Issues and Australian Estimates. *Australian Journal of Labour Economics*, 13(1), 99-115.

Guryan, Jonathan, Erik Hurst & Melissa Kearney. 2008, Parental Education and Parental Time With Children. *Journal of Economic Perspectives*, 22(3), 23-46.

Gustafsson, Björn & Urban Kjulin. 1994, Time Use in Child Care and Housework and The Total Cost of Children. *Journal of Population Economics*, 7(3), 287-306.

Gutiérrez-Domènech, Maria. 2010, Parental Employment and Time with Children in Spain. *Review of Economics of the Household*, 8, 371-391.

Hallberg, Daniel & Anders Klevmarken. 2003, Time for Children: A Study of Parent's Time Allocation. *Journal of Population Economics*, 16, 205-226.

Kalenkoski, Charlene M., David C. Ribar & Leslie S. Stratton. 2005, Parental Child Care in Single-Parent, Cohabiting, and Married-Couple Families: Time-Diary Evidence from the United Kingdom. *American Economic Review*, 95(2), 194-198.

Kotila, Letitia E., Sarah J. Schoppe-Sullivan & Claire M. Kamp Dush. 2013, Time in Parenting Activities in Dual-earner Families at the Transition to Parenthood. *Family Relations*, 62(5), 795-807.

Leibenstein, Harvey. 1957, Economic Backwardness and Economic Growth: Studies in the Theory of Economic Development. *Population (French Edition)*, 126(1), 1349-1350.

Pailhé, Ariane, Anne Solaz & Maria Letizia Tanturri. 2019, The Time Cost of Raising Children in Different Fertility Contexts: Evidence from France and Italy. *European Journal of Population*, 35, 223-261.

Pal, Ipshita & Jane Waldfogel. 2013, The Family Gap in Pay: New Evidence for 1967 to 2013. *RSF: The Russell Sage Foundation Journal of the Social Sciences*, 2(4), 104-127.

Prais, Sigbert Jon & Hendrik S. Houthakker. 1955, *The Analysis of Family Budgets*. Cambridge: Cambridge University Press.

Presser, Harriet B. 2001, Comment: A Gender Perspective for Understanding Low Fertility in Post-transitional Societies. *Population and Development Review*, 27, 177-183.

Rothbarth, Erwin. 1943, Note on a Method of Determining Equivalent Income for Families of Different Composition. In Charles Madge (eds.), *War-Time Pattern of Saving and Expenditure*. Cambridge: University Press, 123-130.

Saunders, Peter. 1998, *Using Budget Standards to Asses the Well-Being of Families*. New South Wales: Social Policy Research Centre, UNSW.

Sayer, Liana C., Suzanne M. Bianchi & John P. Robinson. 2004, Are Parents Investing Less in Children? Trends in Mothers' and Fathers' Time with Children. *American Journal of Sociology*, 110(1), 1-43.

Sousa-Poza, Alfonso, Hans Schmid & Rolf Widmer. 2001, The Allocation and Value of Time Assigned to Housework and Childcare: An Analysis for Switzerland. *Journal of Population Economics*, 14(4), 599-618.

(原载《劳动经济研究》2023 年第 3 期)

·第三部分 儿童照顾社会支持探索·

中国儿童托幼服务公共化：整体框架和地方实践

马春华[*]

摘 要：儿童托幼服务的公共化，重点是国家承认儿童照顾是国家和社会的"公共责任"，国家必须通过投入公共资源来介入儿童照顾，意味着让所有儿童都能够获得优质平价的托幼服务的过程，主要是通过政府在托幼服务的供给端投入公共资金来实现。在服务经费供给的全部/部分由公共资金承担的情况下，服务输送者可以采用不同的公共化策略，包括公办公营和各种形式的公私合作模式。2010年之后，中国儿童托幼服务公共化取得了极大的进展，其整体推动模式是把儿童托幼服务纳入公共服务框架，把托幼服务作为（混合）公共物品（服务）的一种来提供给儿童和家庭。在资源约束的情况下，根据对于3~5岁儿童和0~2岁儿童的不同定位，分别划归为普惠性非基本公共服务和非基本公共服务，两者的公共化也采取了不同的模式。而在国家的整体政策框架下，承担儿童托幼服务供给主要责任的地方政府，基于地方的具体情境，进行了制度的地方再造，形成了不同的儿童托幼服务公共化的地方实践模式。但如何进一步推动儿童托幼服务公共化，中央和地方仍然面临巨大的挑战。

关键词：公共化 公共服务 托幼服务

一 问题的提出

中国生育水平持续低迷不前，常年徘徊在1.5~1.8之间（陈卫，2021），相应的生育政策调整也没有带来预期效果（汪伟等，2020；靳卫东等，2018；石人炳等，2018），因此研究者开始关注生育政策之外的更多因素，诸如儿童的养育成本（马春华，2018）、价值观（郑真真，2021）、公共服务（梁城城、王鹏，2019）和社会保障（康传坤、孙根紧，

---

[*] 马春华，中国社会科学院社会学研究所副研究员。

2018）等。大量研究发现，儿童照顾"家庭化"供给减少（U. Beck，1992；Nancy Fraser，2016）所带来的"照顾赤字"，是生育率持续下降的重要原因（A. R. Hochschild，1995；钟晓慧、郭巍青，2017；曾远力，2018；马春华，2022）。

儿童照顾"去家庭化"是填补这个赤字的来源。根据考斯塔·埃斯平-安德森（Gøsta Esping-Andersen）的理论，儿童照顾的"去家庭化"主要有两个方向，一个是"市场化"供应（market provision），自由主义福利体制国家偏重采用；一个是"公共化"供应（public provision），社会民主主义福利体制国家偏重采用（Gøsta Esping-Andersen，2009）。从这些国家的实践来看，前者常常会造成和强化社会不平等，导致服务购买者、照顾者和被照顾者三方皆输的结果（傅立叶、王兆庆，2011；邱志鹏，2012）：供给不足，价格昂贵，品质没有保障，照顾者的工作条件和薪酬都得不到保障（和建花，2017），进而可能造成生育意愿的下降（陶艳兰，2022）；而后者既可以让儿童普遍享受平价优质的照顾服务，又可以让女性兼顾工作和家庭，在就业率提升的情况下提高生育率（Gøsta Esping-Andersen，2002；Gøsta Esping-Andersen，2009）。

儿童照顾"公共化"的概念，强调的是国家承认儿童照顾是"公共责任"（N. Folbre，1994；Gøsta Esping-Andersen，2009），应该成为国家和社会集体分担的"公共事务"，国家必须通过投入"公共资源"来介入儿童照顾（马春华，2015）。儿童照顾"公共化"的主要策略，是在儿童托幼服务的"供给端"注入"公共资金"，构建公共化的儿童托幼服务（childcare services）[①]体系（傅立叶、王兆庆，2011；邱志鹏，2012）。国家有责任通过幼儿托幼服务公共化来介入儿童照顾成为各国的普遍共识，但如何构建儿童公共照顾体系，各国因其不同的福利体制和政治文化背景而有所不同：在公共儿童托幼体系发展水平最高的瑞典，政府给予私立和

[①] childcare services，一般翻译为"儿童托育"。后来在许多国家之中，特别是 OECD 国家中，为"早期儿童照顾和教育"（Early Childhood Education and Care，ECEC）所取代，因为前者的着重点更多是"照顾"，而后者还包含"教育"。在中国现在的学术和政策话语语境中，"儿童托育"被用来指称 0~2 岁的儿童照顾，而"学前教育"被用来指称 3~5 岁的儿童照顾。本文讨论的儿童照顾，同时包括 0~2 岁和 3~5 岁的儿童，因此用"儿童托幼服务"来统称两者。

公立的托幼机构类似的待遇（刘毓秀，2011）；在公共儿童托幼体系发展最早的丹麦，政府出资以非营利组织为中介，聘用居家保姆，提供平价的儿童居家照顾服务；而日本通过认证方式，通过补贴私营儿童幼托机构提供平价高质托幼服务，通过税收优惠鼓励雇主提供儿童托幼服务；荷兰政府则直接向私立机构购买儿童照顾服务给家长使用（邱志鹏，2012）。

在新中国成立之初，为了鼓励女性进入劳动力市场，中国曾经在城市以单位为基础建立了儿童公共托幼服务体系（岳经纶、范昕，2018；李放、马洪旭，2021），但是改革开放之后，"生产主义"福利体制导致已有的公共儿童托幼服务体系趋于瓦解。随着儿童托幼服务的市场化和商品化，"入园难"逐步成为普遍的社会问题。为了解决适龄儿童入园的需求，改善学前教育品质，促进人力资本的积累，《国家中长期教育改革和发展规划纲要（2010-2020年）》第一次明确提出，要建立"政府主导、社会参与、公办民办并举"的儿童学前教育（托幼）服务体系。

政府从此把儿童照顾纳入公共政策的框架，把其作为公共服务体系的一部分，系统重建儿童公共托幼服务体系。在此之后，特别是为了应对儿童照顾危机和支持生育，国家陆续出台针对3~5岁儿童和0~2岁儿童的不同政策文件，形成了公共化推进的整体框架，各个地方政府在整体框架之下形成了不同的地方实践。本文尝试分析在中国现有的情境下，在重新划分国家、市场、社会和家庭在儿童照顾供给责任的过程中，国家是如何推动儿童托幼体系的公共化的？国家、市场、社会和家庭之间是如何博弈的？在地方实践层面上，地方政府如何在地方情境之下进行制度再造？地方层面的政府、市场、社会和家庭之间是如何博弈的？中央和地方政府是如何互动的？如何能够推动儿童公共托幼服务的有效供给？

二 核心概念和分析框架

儿童托幼服务，最早源自非正规照顾领域，是19世纪末慈善组织或者宗教组织设立的针对贫困或者低收入家庭的儿童托育中心，1882年里斯本出现了全球第一所公立幼儿园（Mancur Olson，1971）。但直到20世纪中叶，在妇女解放运动和女性主义理论的共同推动下，儿童照顾公共化才成为欧洲各国的共识和共同选择（刘中一，2022），北欧各国陆续开始构建普惠和高品质的儿童公共托幼服务体系，作为对于工作父母不可缺少的支持（J. Lindgren，1978）。

中国的儿童公共托幼服务体系重建至今已经超过十年，较少有研究从公共化的角度讨论在中国儿童托幼体系的构建中与儿童托幼服务供给过程中不同主体之间的博弈。刘中一从女性主义的角度讨论了"儿童公共照顾"（儿童照顾公共化）（Mancur Olson，1971），提出了"服务+津贴+票券"的儿童公共照顾资源的政府综合给付模式（刘中一，2022）；华怡佼讨论了0~3岁儿童的公共托育服务供给中政府、市场、第三部门各自的责任（华怡佼，2018）；陶艳兰从政策理念、政策逻辑和政策路径角度提出构建整合性公共托育体系（陶艳兰，2022）；还有研究讨论了儿童早期教育公共服务体系的构建（孙艳艳，2015；刘中一，2017；王传薇、田雨，2017）。

这些研究中，许多对于核心概念，比如"儿童托幼服务""公共托幼服务"等并没有给出明确定义，实际上前者定义中潜含了对于儿童照顾在国家、市场、社会和家庭之间责任分担的理念，后者包含了对于公共化概念的理解，比如公共化和公立化之间的关系等。这些都影响了研究的分析和结论。因此，本文首先尝试对于这些核心概念做出界定，然后讨论分析框架。

（一）核心概念

1. 儿童托幼服务

儿童托幼服务是儿童照顾的一种模式。联合国在1956年对于儿童托幼服务的定义，是把其作为一种福利，用于"补充而不是替代父母照顾孩子"，填补母亲因外出工作没有办法照顾孩子的空缺的组织化服务（Alfred Kadushin & Judith A. Martin，1988）。全美儿童福利联盟（Child Welfare League of America，CWLA）给出了类似的定义："学龄前及学龄儿童的父母因外出工作或者其他原因离开家庭时，在一天之中的某段时间内，由一个团体式的设施或者家庭式的托幼机构，给予孩子适当的安置，以协助家长提供儿童保护照顾及发展所需的各种经验。"（G. W. Foster，1971）

由此可见，在20世纪五六十年代，儿童照顾还是被看成父母和家庭的主要责任，国家只是在需要的时候提供补充，其主要目标是支持工作父母兼顾工作和亲职。随着各国对于儿童的定位从"儿童是家庭的"转向"儿童是国家的"，或者"儿童是家庭和国家的"（Lorraine Fox Harding，1997），各国的儿童托幼服务，也被"早期儿童照顾和教育"（Early Childhood Education and Care，ECEC）所取代："给在义务教育年龄以下的儿童提供照顾和教育的所有安排，无论环境如何，资金来源是什么，开放的时间有多长，或者具体项目的内容是什么。"（OECD，2001）ECEC面对所有儿童，旨在促进儿童的早期发展，着眼于儿童人力资本的培养和积累。瑞典把获得高品质的ECEC作为每一个儿童的权利，而把提供高品质的ECEC作为全社会的任务。①

ECEC强调对于学龄前儿童统一连贯的决策和服务供给方式，但是中国的学龄前儿童一直还被区分为"0~2岁"和"3~5岁"两个组②：前者是"儿童托育"，是支持工作父母的福利供给，主管部门是卫健委；后者是"学前教育"，作为终身教育的开端，主管部门是教育部。因此，中国的"儿童托幼服务体系"由两者构成，它们适用的政策文本不同，国家介入的时间存在将近10年的差异，其公共化推进方式和程度也存在明显差异。本文把这两个体系统称为"儿童托幼服务体系"："给在义务教育年龄以下的儿童提供照顾和教育的所有安排"，可以有不同的儿童托幼服务设施，但是不包括学龄儿童的课后托管等服务。

2. 儿童托幼服务的公共化

"公共化"（going public）这个概念，最早是挪威女性主义政治学家赫尔加·玛丽亚·赫内斯（Helga Maria Hernes）在界定北欧家庭事务公共化时提出来的，在西欧等国家把家庭事务市场化的时候，"北欧是将之整合进入公共部门管理……这种公私界限的划分承认照顾年幼和年长者的价

---

① Ministry of Education and Science in Sweden. 1999, Early Childhood Education and Care Policy in Sweden. https://www.oecd.org/education/school/2479039.pdf.
② 国际上一般用0~2岁和3~5岁来给学龄前儿童分组，这样幼儿的年龄是连续的而不是重叠的，在数据分析的时候也便于区分不同年龄的孩子。中国相关政策文件中，一般用"3岁以下"指称"0~2岁"儿童，用"学前三年"指称"3~5岁"儿童。

值，是一种公共关怀的制度化和人性化的组织形式"（Helga Maria Hernes，1987）。北欧照顾公共化建立在普遍主义价值观的基础上，强调获取公共照顾是公民的一种权利，由地方政府提供均一服务（A. Anttonen & L. Häikiö, 2011）。北欧的公共化模式在很大程度上是一种理想类型，提供了照顾公共化的最终目标（A. Anttonen, 2005）。

照顾"公共化"，强调的是照顾突破私领域的边界，进入公领域，成为应该由国家和社会集体分担的"公共事务"。所谓的"公共化"，指的是政府规划投资、介入取得主权，并依据公共的概念有效地进行公共监督和管理（邱志鹏，2012）。儿童托幼服务"公共化"的主要策略是政府在儿童托幼服务的供给端投入公共资金，以期提供公益、普惠和优质的儿童托幼服务，使父母能够负担儿童生育和养育的支出（邱志鹏，2012；王兆庆，2017）。把公共资金投入"需求端"，被称为儿童托幼服务的"准公共化"（quasi-public childcare services），因为这种模式在一定程度上带有"市场化"的色彩，父母用这些津贴在市场上购买托幼服务（M. Estévez-Abe & Y. S. Kim, 2014），而政府难以对服务的品质、价格以及保教人员的工作条件等进行公共管理和监督（邱志鹏，2012）。①

儿童托幼服务供给端，包括"服务经费的提供与授权"和"实际服务输送者"两个层面（B. Gidron et al., 1992）。儿童托幼服务公共化，强调的是"服务经费的提供与授权"中公共资金的投入，"实际服务输送者"的公共化可以采取不同的策略：（1）如北欧社会民主主义国家那样，通过"公营"或"公有"的组织体制，由政府直接提供儿童托幼服务（邱志鹏，2012）；（2）如保守主义国家那样，采取公私合作的模式，由政府和"第三部门"的非营利组织合作，协同提供儿童托幼服务（王兆庆，2017；邱志鹏，2012）；（3）如自由主义国家那样，通过认证方式，让市场化的儿童托幼机构获得公共资金的补贴，或者采购市场化的儿童托幼服务来提

---

① 根据我国台湾地区2018年出台的有关少子化对策的文件，政府运用公共空间，来增建和新办的幼儿托育服务被称为"托幼公共化"，包括托幼自办的公立幼儿园、政府补助的公建民营的托婴中心、社区公共托幼家园，以及非营利幼儿园等；而"托幼准公共化"，则是指政府和既有的私人保姆、托婴中心、幼儿园合作，调整既有的服务性质，同时依据家庭经济条件协助家庭支付每月不同额度的托幼费用，减轻家庭的育儿负担（王舒芸，2021）。

供给家庭使用（OECD, 2018）。根据积极性福利观点，不论公私部门以何种形态运作，只要在后两种策略中国家能同时发挥公共管理和监督作用，价格、劳动条件和照顾品质就都可以得以保证（傅立叶、王兆庆，2011）。

儿童托幼服务的公共化程度，是一个连续谱系。"去市场化"（de-marketization）、"去商品化"（de-commodification）和"去私有化"（de-privatization）被用来测量儿童托幼服务的公共化程度：（1）"去市场化"指服务的价格不由供需决定，而是受到国家"控制价格"或者"控制需求"等政策的干预；（2）"去商品化"指服务交易的价格不等于成本，国家通过补贴等政策承担了部分成本；（3）"去私有化"指的是服务提供者更多是公共部门而不是私人部门。基于这几个指标，可以看到"实际服务输送者"的不同策略的公共化程度不同：公办公营的儿童托幼服务公共化程度最高，政府和非营利组织合作的"公建民营"或者"民办公助"的儿童托幼服务公共化程度居中，政府和市场化合作提供的儿童托育服务公共化程度最低，也因此被称为儿童托幼服务的"准公共化"模式（王舒芸，2021）。不同国家构建的公共化的儿童托幼服务体系，包括中国在内，实际上包含这三种策略的不同组合。即使是在瑞典等北欧国家，20世纪90年代以后，也从照顾的纯粹公共提供服务转向"照顾的混合生产"（mixed-care production），比如准市场化、契约外包等（A. Anttonen & L. Häikiö, 2011），同时结合"公私部门"的资源（林怡君，2019）。

（二）分析框架：公共服务理论

中国在重建儿童托幼服务体系之初，就将其纳入公共服务体系，从公共服务的角度推动儿童托幼服务公共化。而公共服务本身"公共性"的特征，保证了儿童托幼服务在公共化的脉络上形成和发展。因此，本文尝试从公共服务理论的角度来分析，中国儿童托幼服务公共化推进的过程，以及不同的主体之间的定位和相互作用。

1. 公共物品

在经济学领域，随着对于公共服务理论讨论的不断深入，公共服务和公共物品的研究交织在一起，从公共物品的逻辑来定义公共服务成为主流（柏良泽，2008）。所谓"公共物品"（public goods），是相对于"私人物品"(private goods)而言的。公共物品理论的奠基者萨缪尔森把"公共物品"定义为"集体消费的物品"(collective consumption goods),强调公共物品消费的"非竞争性"(non-rivalry)(Paul A. Samuelson,1954)。穆斯格雷夫将受益的"非排他性"(non-excludable)引入公共物品的定义中(Richard Musgrave,1959)。消费的"非竞争性"和受益的"非排他性",成为当代经济学中定义公共物品的核心标准(Hal R. Varian,1992)。

实际上,真正能够符合纯粹的"公共物品"和"私人物品"定义的物品很少,更多的物品具有混合性质,也就是同时具有公共物品和私人物品的性质。具有"非竞争性"和"排他性"的混合物品,被布坎南称为"俱乐部物品"(club goods)(James M. Buchanan,1965),具有"竞争性"和"非排他性"的混合物品,被奥斯特罗姆称为"公共池塘资源"(common pool resources)(Vincent Ostrom & Elinor Ostrom,1977)。

表1 公共物品、私人物品和混合物品的划分

	消费的竞争性	消费的非竞争性
受益的排他性	私人物品(如宅基地等)	俱乐部物品(准公共物品,如运动俱乐部、剧院等)
受益的非排他性	公共资源物品(如公共鱼塘等)	公共物品(如地方消防、国防、全球气候减缓措施等)

资料来源:根据相关文献整理。

这些物品之间的边界是模糊的和变动的(Jesse Malkin & Aaron Wildavsky,1991),因为公共性(publicness)是一种社会建构,可能受到物理特征、消费状况、价值观、品位、法律、道德和社会规范以及技术可能性等的影响。比如,教育的公共性就是不确定的:高等教育的文凭是私人物品,但是从所有人都能因整体受教育水平提升带来的经济繁荣而受益的角度来看,其又是公共物品。义务教育因为对于所有人都是非竞争性和非排他性的,所以是公共物品,但是普惠的学前教育则因为非竞争性和排他性成为准公共物品,市场化的学前教育则因为竞争性和排他性成为私人物品。

因为公共物品的外部性,公共物品的提供往往与市场失灵有关。由于搭

便车等问题的存在,加上群体成员的理性和自利,自由市场无法提供公共物品,迫使政府在公共物品的供给中发挥重要的作用(Paul A. Samuelson, 1954)。但是,随着第三部门的发展,市场和政府部门的差异性增强,公私伙伴关系不断加强,公共物品并不必然是由国家提供的,第三部门和私人部门也可以参与公共物品的供给,特别是对于同时具有公共物品和私人物品特性的混合物品(俱乐部物品和公共资源物品)的供给来说。①

2. 公共服务理论

"公共服务"理论的出现,最早可以追溯到19世纪末的德国。当时著名的财政学家阿道夫·瓦格纳(Adolf Wagner)在讨论政府职能和公共财政的关系时,提出了作为政府职能的"公共服务",强调政府应该有专门安排用于公共服务的公共财政,用于发展文化教育,增进社会福利(毛程连,2003)。20世纪初期法国的法学家莱昂·狄骥(Leon Duguit)提出应该把公共服务作为公法基础,掌握权力的人应该"负有行使手中权力来组织公共服务,并保障和支配公共服务的义务……任何因其与社会团结的实现和促进不可分割而必须由政府来加以规范和控制的活动就是一项公共服务"(莱昂·狄骥,1999)。

当福利国家的出现要求政府直接生产和提供公共物品时,利用公共物品的特性来讨论公共服务的性质和供给成为主流。萨缪尔森把政府的公共职能描述为"政府要在高效、高水平地提供公共物品和公共服务时,满足公众的公共需求,提高社会资源的配置效率"(Paul A. Samuelson, 1954);奥斯特罗姆指出公共服务具有非排他性、不可分割性和不可测量性,既可由公共部门来提供,也可由私人部门来提供(Vincent Ostrom & Elinor Ostrom, 1977)。新公共管理理论的出现,使公共服务概念日益凸显,政府的基本职能不再被看作行使行政权力而是提供公共服务,并且强调经济、效率和效益至上。基于对于新公共管理理论反思出现的新公共服务理论,强调公共服务的价值更多应该是以公共利益为依归(珍妮特·登哈特、罗伯特·登哈特,2004),"公共性"上升为解读公共服务的核心因素(姜晓

---

① Inge Kaul. Public Goods: Taking the Concept to the 21st Century. http://www.yorku.ca/drache/talks/pdf/apd_kaulfin.pdf.

萍、陈朝兵，2018）。

"公共服务"的概念在2002年进入中国的政策话语，但是对于"公共服务"的概念和相关理论分歧较大，一直没有形成共识（林怡君，2019；黄新华，2014；姜晓萍、陈朝兵，2018），主流是从公共物品的逻辑来定义公共服务（温家宝，2004；马庆钰，2005）。公共服务的概念是公共物品概念在政治学上的回归（黄新华，2014）。虽然这个主流维度受到了很多批评，但是从公共物品的角度来界定公共服务依然是一个有效途径："公共性"是两者的本质特征，源于公共需求，满足公共利益，服务所有公民。两者的供给都是政府主导的，但可以通过授权或者委托第二部门（私人部门）和第三部门（非营利组织）参与供给（European Parliament，1997；林怡君，2019；黄新华，2014；姜晓萍、陈朝兵，2018）。

基于以上的讨论，本文把公共服务定义为：由政府主导的，源于公共需求，为了实现公共利益，向全社会提供的各种公共物品和混合（公共）物品（服务）的总和。如图1所示，公共服务的供给内容包括纯粹公共物品和混合（公共）物品；公共服务的正当性和源起都有赖于公共需求，目的是实现公共利益，让所有公众能够共享社会福利；公共服务的供给主体是由政府主导的多元主体，市场/私人部门和第三部门都可能通过政府委托或者认证等方式参与公共物品的供给，但是公共服务的设计、委托、监管等都由政府负责，不同情境下的公共服务范围也由政府界定；公共服务的对象是全体公民。

在中国政策语境中，2002年讨论转变政府职能的时候，"公共服务"首次出现在政策文本中，并被确定为政府的基本职能之一（姜晓萍、陈朝兵，2018）。2006年，《中共中央关于构建社会主义和谐社会若干重大问题的决定》提出具有中国特色的"基本公共服务"的概念（李实、杨一心，2022），主要是让财政资金更多用于民生保障方面的公共服务（金人庆，2006）。2012年的《国家基本公共服务体系"十二五"规划》和2021年的《"十四五"公共服务规划》先后定义了"基本公共服务"和"普惠性非基本公共服务"：前者涉及的是公民生存和发展的基本需求，后者是更高层次的需求。前者是纯粹公共物品，其供给是政府的公共职责，但可以同时引导市场主体和公益性社会机构补充供给；后者是

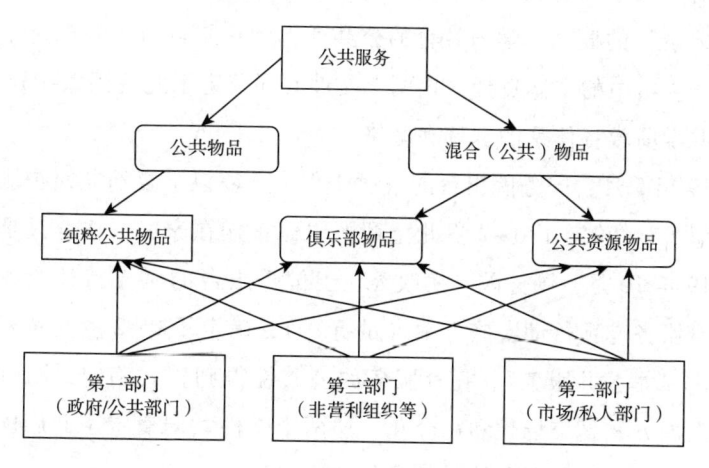

```
                    公共服务
                   /        \
            公共物品        混合（公共）物品
           /                /            \
    纯粹公共物品      俱乐部物品      公共资源物品
```

图1 公共服务的构成和供给

混合公共物品，在市场供给不足时，政府通过支持公益性社会机构或者社会主体供给。虽然儿童公共托幼服务体系从重建之初就被纳入公共服务体系，但是只有在普惠性幼儿园就读的家庭经济困难儿童、孤儿和残疾儿童的学前教育被纳入基本公共服务，3~5岁儿童的学前教育被纳入普惠性非基本公共服务供给，而0~2岁儿童的托幼服务属于非基本公共服务供给，[①] 国家推动0~2岁和3~5岁儿童托幼服务公共化也采用了相应的不同方式和逻辑。

三 国家层面儿童托幼服务公共化的框架和路径

2010年7月，《国家中长期教育改革和发展规划纲要（2010－2020年）》的出台，标志着中国的儿童托幼政策摆脱了"市场化"的路径（和建花，2017），重启公共化托幼服务体系的建设。2010年11月，国务

---

① 相关政策文件中，没有对"非基本公共服务"给出更为明确的定义，但是从后面的分析可以看到，2019年出台的《支持社会力量发展普惠托育服务专项行动实施方案（试行）》，明确把0~2岁儿童托育服务定义为非基本公共服务。没有"普惠性"的限定词，托育服务也属于公共服务，属于混合公共物品，只是公共性较弱，在服务供给中政府的作用更弱。

院出台的《关于当前发展学前教育的若干意见》首次提出了"学前教育公共服务体系"的概念，学前教育的公共性得到正式认可，并确定了地方政府在服务供给中的主体责任。这两个文件共同奠定了此后国家构建3~5岁儿童公共学前教育体系的基调和脉络。

2019年5月，国务院出台的《关于促进3岁以下婴幼儿照护服务发展的指导意见》，确定了0~2岁儿童照顾主体责任在家庭，托育只是补充作用。2019年10月，国务院、发改委、卫健委出台的《支持社会力量发展普惠托育服务专项行动实施方案（试行）》，确定了0~2岁儿童托育服务属于"非基本公共服务"，托育服务的公共性得到正式确定，同时确定了公共化发展方式是市场化和社会化。这两个文件共同奠定了此后国家推动0~2岁儿童公共托育服务体系建设的基调和脉络。

（一）中国公共儿童托幼服务体系的构成

1. 整体架构

根据相关的政策文件，中国现在的幼儿园，根据供给主体和资金投入，主要分为公办（公立）幼儿园、公办（公立）性质幼儿园和民办幼儿园。（1）公办园，即由教育行政部门利用国家财政性教育经费依法设立的幼儿园，也即教办园。（2）公办性质园，即指除教育行政部门外的其他党政机关、事业单位、地方企业、集体（包括街道和村集体）①及部队等利用国有资产或者集体资产设立的幼儿园，包括其他部门办园、事业单位办园、地方企业办园、集体办园以及部队办园等。②（3）民办园，是指由国家机构以外的社会组织或个人利用非国家财政性经费依法设立的幼儿园（庞丽娟等，2021）（见图2）。

---

① 集体办幼儿园：办园的土地归国家或者村（居）所有，由街道、村（居）投资建设，在行政上隶属于街道办事处或者村（居）社区，业务主管单位是教育局，日常经费来源于保教费收入，享受政府财政资金的资助。
② 教育部2020年出台的《县域学前教育普及普惠督导评估办法》规定，公办园和公办性质园统称为"公办园"。

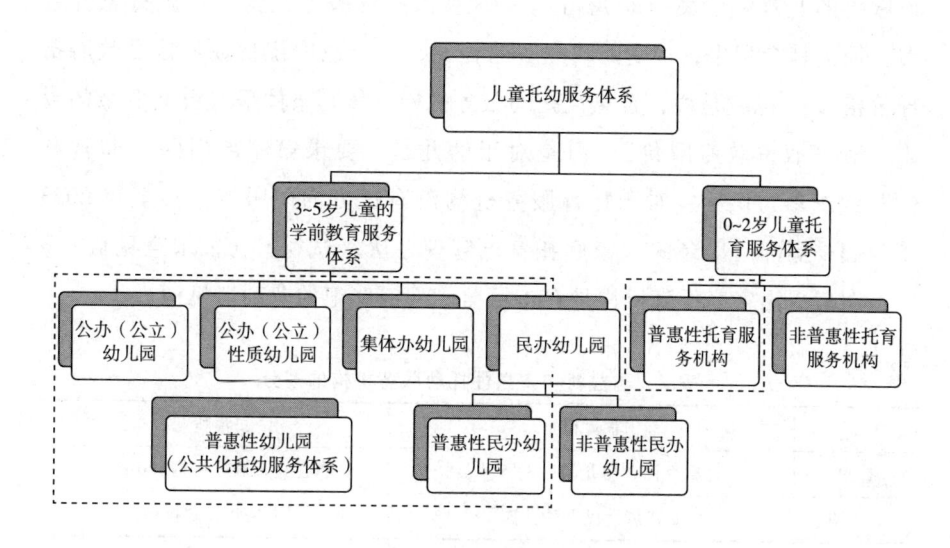

图 2　中国儿童托育服务体系构成

说明：

（1）集体办幼儿园属于公办性质幼儿园，但是因为其曾经在托幼服务体系中占据主导位置，所以这里把集体办幼儿园单列出来。

（2）虚线框出的部分，指的公共托幼服务体系的构成，由"普惠性幼儿园"和"普惠性托育服务机构"构成。"普惠性幼儿园"包括各种性质的幼儿园：公办园、公办性质园（包括集体办幼儿园）和民办普惠园。

资料来源：笔者根据儿童托幼服务相关政策文件整理。

2. 非营利和普惠性托幼服务机构

"非营利性托幼服务机构"和"普惠性托幼服务机构"，是中国公共儿童托幼服务体系中两个完全不同的概念，但二者是相关文件中的关键性概念。所谓"非营利组织"（nonprofit organization，NPO）是指不以营利为目的组织或团体，其核心目标是关注和公共利益相关的议题，在政府管理和监督下承担提供公共服务的责任（T. Wolf，1990）。第三部门参与公共服务的供给，既体现了社会责任，也反映了它们实现公共利益的愿望。它们不禁止赚取利润，但是禁止分配利润，而且利润的使用必须合乎组织设立的目标（Henry B. Hansmann，1980）。

如表2所示，普惠性民办幼儿园，指的是"通过教育部门认定、面向大众、质量合格、接受财政经费补助或者政府其他方式扶持、收费执行政

· 189 ·

府限价的非营利性民办幼儿园"。① 普惠性托育服务机构"实施普惠性收费，面向社会招生，接受财政经费的补助，实行政府定价或者接受政府指导价格"。② 也就是说，普惠性托幼服务机构，核心条件是"公共资金的投入"和"收费政府限价"。但是对于幼儿园，要求第三部门的"非营利性"组织参与供给；对于托育服务机构没有这方面的限制，甚至在2023年卫健委等部门出台的《家庭托育点管理办法（试行）（征求意见稿）》中，明确提出家庭托育机构是在市场监管部门登记的营利性机构。

表2 非营利和普惠性托幼服务机构的划分

	非营利	营利
普惠	普惠性民办幼儿园（3~5岁）	普惠性托育服务机构（0~2岁）
非普惠	非普惠性民办幼儿园	市场化托幼机构

资料来源：笔者根据相关的政策和文献整理。

（二）公共儿童托幼服务体系构建的底层逻辑

儿童照顾公共化，意味着国家意识到自己在儿童照顾上应该承担的责任。但是国家和家庭、市场、社会在照顾供给上的责任如何划分，国家应该承担多少责任，对于0~2岁和3~5岁儿童，国家有不同的定位：对于3~5岁的儿童，"地方政府是发展学前教育的责任主体"；对于0~2岁的儿童，"家庭对婴幼儿照护负主体责任"。在此基础上，国家陆续出台了针对3~5岁儿童和0~2岁儿童的不同政策文件，形成了不同的公共化推进的整体框架。

1. 3~5岁儿童：基于社会投资逻辑的普惠性非基本公共服务体系

延续1956年的定位（和建花，2017），2010年出台的《国家中长期教育改革和发展规划纲要（2010-2020年）》，再次确定了3~5岁儿童托幼服务属于学前教育，是终身教育的一部分，是进行人力资源积累的起点。这明显带着社会投资的逻辑，强调儿童早期人力资本的积累，因为其决定

---

① 参见教育部2020年出台的《县域学前教育普及普惠督导评估办法》。
② 中央相关政策没有给出明确定义，《支持社会力量发展普惠托育服务专项行动实施方案（试行）》中只说普惠托育是"质量有保障、价格可承受、方便可及的托育服务"。这里的定义是源自2020年出台的《福建省关于做好婴幼儿照护服务和普惠托育服务试点工作的通知》。

了他们未来的生活机会，而且比其他阶段的投入能够带来更大的回报（Flavio Cunha & James J. Heckman，2009）。而对于整个社会和国家来说，"对于现在儿童的稳定投资将减少未来成年人的福利问题"（Gøsta Esping-Andersen，2002）。随后出台的诸如《关于报送学前教育三年行动计划的通知》等一系列相关政策，都是基于类似的社会投资逻辑。

3~5岁儿童的学前教育，在2010年的《国务院关于当前发展学前教育的若干意见》中被明确纳入"公共服务"，确定了学前教育的"公共性"；在2021年的《"十四五"公共服务规划》中被纳入"普惠性非基本公共服务"，进一步确定了国家在学前教育供给中应该承担的主要责任。普惠学前教育，作为消费具有一定竞争性的混合公共物品（公共资源物品），国家通过财政性补助、政府购买服务、土地划拨、税费减免等方式，鼓励社会资本参与学前教育的供给，实现"公办民办并举"的多元供给体系。但是，实际上对于3~5岁儿童学前教育公共化，国家越来越偏重公办公营机构的发展，[①] 最终形成的是公办公营为主，公办民营、民办公助为辅的模式。

2. 0~2岁儿童：基于社会福利逻辑的非基本公共服务体系

0~2岁儿童的托育服务，从1951年的《中华人民共和国劳动保险条例》开始，就一直定位为只有职工才能够享受的社会福利和劳动保障（和建花，2017），0~2岁儿童照顾的主体责任一直归家庭和父母。2019年的《支持社会力量发展普惠托育服务专项行动实施方案（试行）》，更是把托育服务归于"非基本公共服务"，提出要坚持"社会化托育服务"，国家通过每个新增托位1万元的补贴，来引导市场主体主导普惠托育服务的供给。

2022年的《关于进一步完善和落实积极生育支持措施的实施意见》，第一次提出要实施"公办托育服务能力建设项目"，2023年开始试行的家庭托育点，形式上类似我国台湾地区的"公共托育家园"（郑珮宸等，2020），但是实质上是推动市场监管部门登记的市场化主体"家庭托育点"的建设。[②]

[①] 2021年的《"十四五"学前教育发展提升行动计划》明确提出，到2025年，普惠性幼儿园的覆盖率达到85%以上，公办园在园幼儿占比要达到50%以上。

[②] 根据2023年的《家庭托育点管理办法（试行）》，除了对于师生比、幼儿人数等有规定，甚至没有提及政府的补贴，或者公共资金的注入。

虽然在2021年的《"十四五"公共服务规划》中，普惠托育服务被纳入"普惠性非基本公共服务"，但是到目前为止，实际上0~2岁儿童托育服务公共化，最终形成了以公办民营、民办公助等公私合作为主的市场化普惠模式，国家更多承担引导、监管等职能。

四 国家层面儿童托幼服务公共化的效果

从国家政策的定位和取向来看，3~5岁儿童学前教育服务体系，呈现较强的公共化倾向，特别是作为纯粹公共物品的公办公营幼儿园的比例日渐提高，从2010年至今已经极大地扩大了公共化的学前教育服务的供给。相对而言，0~2岁儿童的托育服务体系，公共化倾向相对较弱，更多有赖于公私合作，甚至是市场部门提供服务供给，从2019年至今还处于起步和摸索阶段，0~2岁儿童入园率也远低于其他国家。从图3可以看出，儿童托幼服务中国家财政资金（公共资金）的投入无论是在整体教育经费还是儿童托幼经费中，都在逐年增加，即儿童托幼服务体系的公共化程度在不断加深。但直到2019年我国儿童托幼经费中财政性教育经费占GDP的比重才超过了0.2%，而OECD国家中最低比例的国家都达到了0.3%。

图3 教育经费和儿童托幼经费中国家财政经费的投入

说明：2012年数据缺失，下图同。

数据来源：1995~2020年《教育统计年鉴》；GDP和国家财政性教育经费见国家统计局年度数据，https://data.stats.gov.cn/easyquery.htm?cn=C01。

图4显示了相似的趋势。值得注意的是，虽然很多研究都认为改革开放之后，国家逐步撤出了儿童托幼服务的供给（岳经纶、范昕，2018），原来依托集体或者单位构建的儿童公共托幼体系逐渐解体（李放、马洪旭，2021），但是20世纪90年代的儿童托幼体系中，国家财政性教育经费投入依然居于主导地位。

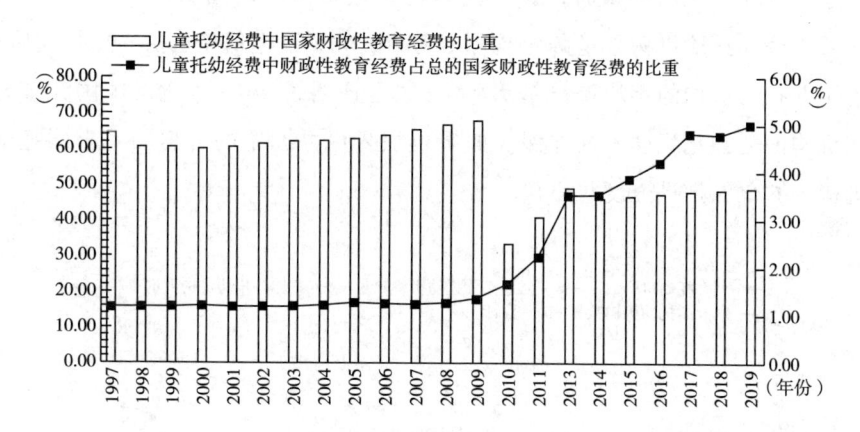

图4 历年儿童托幼经费中国家财政性教育经费的比重
数据来源：1995~2020年《教育统计年鉴》；GDP和国家财政性教育经费见国家统计局年度数据，https://data.stats.gov.cn/easyquery.htm?cn=C01。

2010年是中国重建公共儿童托幼服务体系的起点。在政策的支持下，大量社会资本涌入儿童托幼服务体系，儿童托幼经费中国家财政性教育经费（公共资金）的比例大幅下滑，一直到2019年比例也没有超过50%，没有回到2010年之前。托幼服务资金的公私比例接近1∶1，但是还是私人部门资金占比稍高。

（一）儿童托幼服务机构中公办性质托幼机构数量的变动

如图5所示，中国的儿童托幼机构数量在21世纪初经历了大幅下滑，从2000年的17.58万所下降到2001年的11.17万所，达到近20年来的谷底。造成这个结果的原因是集体办托幼机构大量关停，从1995年的11.49万所迅速下降到2005年的2.41万所。公办性质托幼机构数量也从1995年的2.32万所下降到2010年的0.38万所。公办托幼机构数量则从2005年开始缓慢增长,① 2005~2012 年的年均增长率为 5.35%；2013 年之后进入快速增长期，2013~2020 年的年均增长率为 13.60%。

和公办性质托幼机构数量呈现的变动趋势不一样，民办托幼机构的数量整体上保持稳步增长的趋势，从 1995 年到 2020 年的年均增长率为 8.72%，超过同期公办托幼机构数量的年均增长率 6.52%。但是到 2010 年重建公办儿童托幼体系时，民办托幼机构数量的年均增长率只有 5.08%，远低于公办托幼机构数量的年均增长率 13.60%，也低于公办+公办性质+集体办托幼机构的年均增长率 9.9%。这也证明了 2010 年之后中国儿童托幼机构的公共化程度不断加深。如果再加入民办园中的普惠园，中国托幼机构公共化的推进速度将更快。

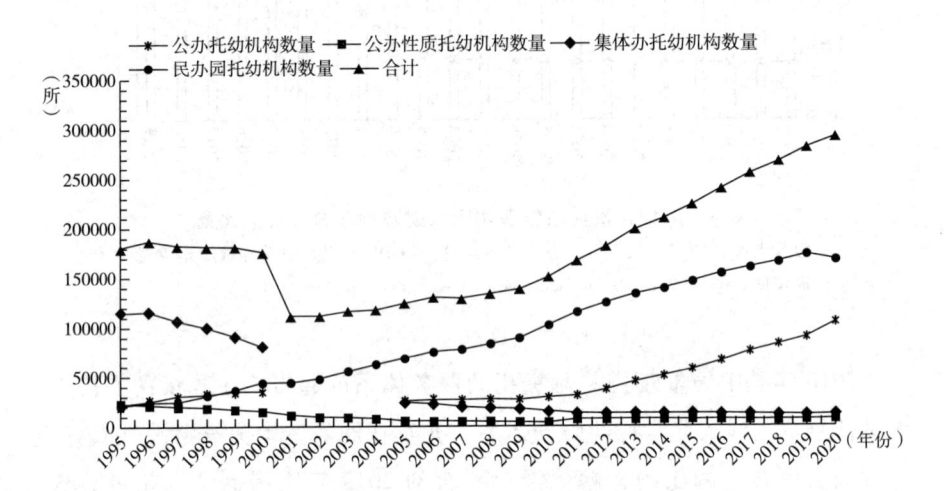

图 5　历年不同主体创办托幼机构数量的变化

说明：
1. 2001~2004 年有关托幼机构数量的数据，没有区分集体办幼儿园和公办性质幼儿园，所以"集体办托幼机构"和"公办托幼机构"没有包括这些年份的数据。
2. 数据没有区分针对 0~2 岁儿童的托育机构和 3~5 岁儿童的幼儿园。因此，虽然统计年鉴中统称为"幼儿园"，但本文改为"托幼机构"，强调其包含针对 0~2 岁儿童的托育机构。

数据来源：1995~2020 年《中国教育统计年鉴》。

---

① 虽然缺少 2001~2004 年的独立数据，但是能够看到，公办幼儿园在 1995 年（21561 所）和 2005 年（25688 所）的数量基本持平。

图 6 展示了不同主体创办的儿童托幼机构所占的比重，能够更加清晰地呈现公私两个部门儿童托幼服务的供给状况：20 世纪 90 年代，儿童托幼机构中占支配地位的是集体办托幼机构。但是进入 21 世纪后，在经济体制改革和社会改革背景下，集体办及公办性质托幼机构被视为"包袱"，大规模关停消失（庞丽娟等，2021），占比急剧下降，到 2020 年已经不足 5%。因此，虽然公办托幼机构数量呈现明显的上升趋势，但总体来看一直是民办托幼机构占据主导地位，2011 年占比最高，达到了 69.21%，2020 年还高达 57.58%。

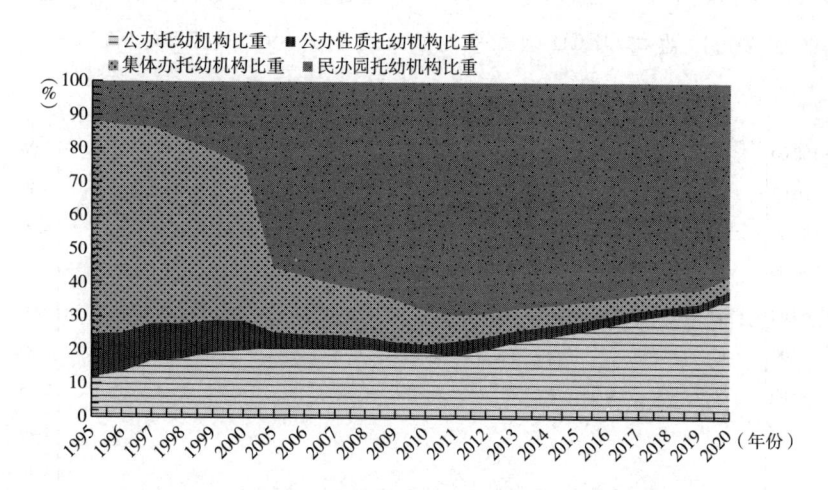

图 6 历年不同主体创办儿童托幼机构占比的变化

说明：

1. 2001~2004 年有关托幼机构数量的数据，没有区分集体办幼儿园和公办性质幼儿园，所以"集体办托幼机构"和"公办托幼机构"没有包括这些年份的数据。

2. 数据没有区分针对 0~2 岁儿童的托育机构和 3~5 岁儿童的幼儿园。因此，虽然统计年鉴中统称为"幼儿园"，但本文改为"托幼机构"，强调其中包含针对 0~2 岁儿童的托育机构。

数据来源：1995~2020 年《中国教育统计年鉴》。

虽然从服务供给机构的数量来看，公私比达到了 4∶6，但是民办托幼服务机构中还有相当高比重在提供具有不同公共化程度的普惠托幼服务。根据《2020 年全国教育事业发展统计公报》，全国的普惠园（包括公办园、公办性质园和普惠民办园）的比例为 80.24%（教育部，2021），而公办园和公办性质园的比例为42%，也就是说约有38%的公私协作的普惠园，纯粹的民办园只有不到20%。

（二）不同年龄段儿童托幼服务的供给模式

1. 0~2岁儿童和3~5岁儿童入园率

提高幼儿入园率，让所有的儿童都能够享受平价高质的照顾服务，是推动儿童托幼服务体系公共化的主要目标，也是进而推动生育率提高的一个重要政策工具。如图7所示，3~5岁儿童入园率总体上呈上升趋势，2005~2020年的年均增长率为6.04%，2020年超过了2018年设定的85%这一目标，[1] 也接近欧盟和OECD国家平均值（分别为89.5%和87.1%）。[2]

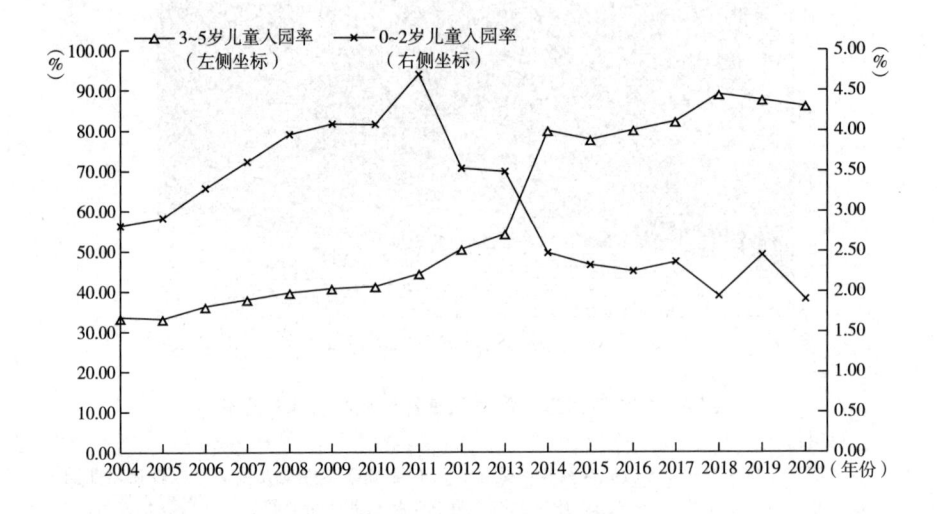

图7 历年不同年龄段儿童入园率

说明：儿童入园率=儿童在园的数量/同年龄段儿童的总数。
数据来源：2004~2020年《中国教育统计年鉴》，2005~2021年《人口与就业统计年鉴》。

比较而言，0~2岁儿童入园率极低，而且从2011年达到峰顶（4.70%）后就开始呈现下降趋势。2019年有小幅反弹，但2020年又下降到2004年以来的最低点1.91%。以0~2岁儿童入园数据来估算，大概每千人中有

---

[1] 参见2018年出台的《中共中央 国务院关于学前教育深化改革规范发展的若干意见》。
[2] 参见OECD Family Database，https://www.oecd.org/social/family/database.htm。

0.56个儿童入托，低于"十三五"规划每千人 1.5 个托位供给的目标。①2020 年，中国 0~2 岁儿童的入园率，远低于欧盟国家和 OECD 各国的平均值（分别为 32.6%和 36.0%），也低于韩国（63.1%）和日本（41.3）%等东亚国家的平均值。②

2. 0~2 岁儿童托育服务供给：私人部门为主，公共部门为辅

从 0~2 岁儿童入园率可以看出，实际上这个年龄段的儿童主要还是由家庭来照顾。不到2%的入托儿童在不同性质的托育机构中的分布也非常不均衡。如图 8 所示，给 0~2 岁儿童的托育服务供给中，民办托育机构占主导位置，各类主体创办的托育机构中儿童的总量变化趋势和民办托育机构中儿童数量的变化趋势几乎同步。公办性质托育机构中的儿童数量和民办机构中的儿童数量不在一个数量级上。

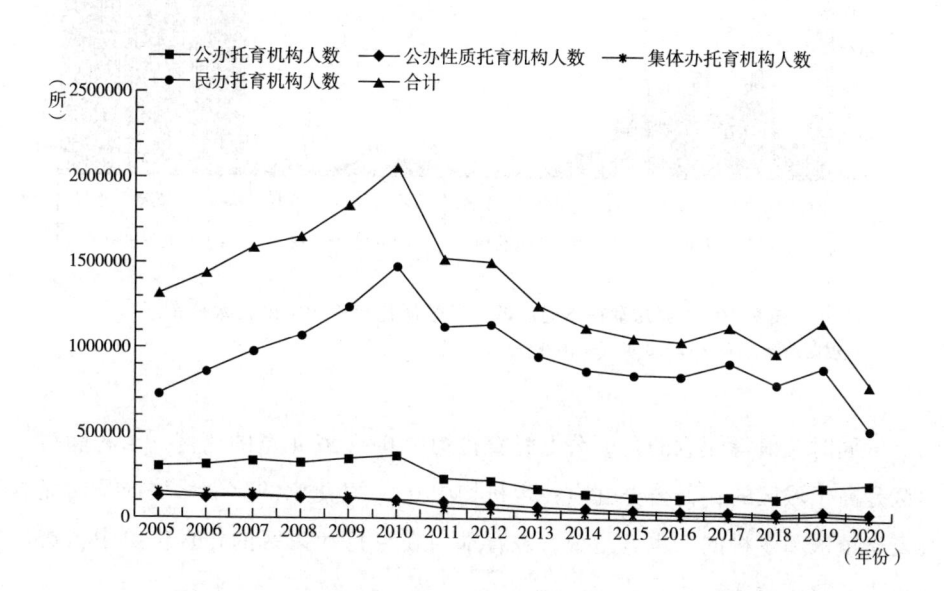

图 8　0~2 岁儿童在不同主体创办的托育机构中的数量变化
数据来源：2005~2020 年《中国教育统计年鉴》。

---

① 因为无法获得现在托位供给的数据，所以只能用入园儿童数量来估算。现有托位供给数量≥入园儿童数量。也就是说，2020 年，全国人口每千人中只有 0.56 个儿童入托，在完成"十三五"规划（每千人 1.5 个托位）的情况下，0~2 岁儿童托育设施的空置率是 62.67%。

② 相关数据参见 OECD Family Database, https://www.oecd.org/social/family/database.htm。

因为没有普惠托育机构的数据，所以无法知道入园的 0~2 岁儿童中有多少在普惠托育机构中，以及其中公办民营和民办公助等公私协作的普惠托育机构的数量，但是民办托育机构在托育服务供给中占据主导位置是毋庸置疑的。从图 9 可以看到，即使把所有儿童分成城区、镇区和乡村三类区域，这个结论也是成立的。

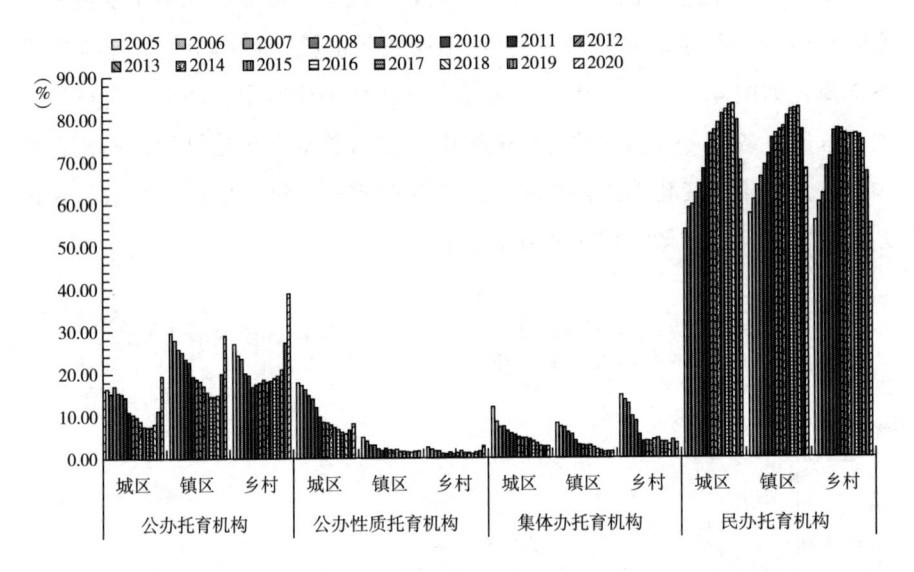

图 9　0~2 岁儿童在不同区域不同性质托育机构中的人数分布
数据来源：2005~2020 年《中国教育统计年鉴》。

同时，值得注意的是，公办托育机构中 0~2 岁儿童的比例，乡村和镇区是高于城区的；而公办性质托育机构中 0~2 岁儿童的比例，城区是明显高于镇区和乡村的。也就是说，教育部门在乡村和镇区的托育供给中占据更为重要的位置。

从图 9 也可以看出，随着国家从 2019 年开始重视 0~2 岁儿童托育服务供给，开始在托育服务上投入更多的公共资金，公办托育机构比例明显上升，而民办托育机构的比例在同步下降，特别是在乡村地区，这可能也和民办托育机构更愿意选择在城区发展有关。但是同时应该注意到，如图 10 所示，城区儿童入托数量远远高于镇区和乡村，特别是在 2010 年之后。所以无法根据乡镇公办托育机构比例更高，就认为国家在这些地区投入了更多公共资金，但是至少说明国家在这些地区的儿童托育上承担了一定的责任，而不像以往研究认为的乡村的儿童照顾更多地依靠乡村集体（岳经纶、范昕，2018）。

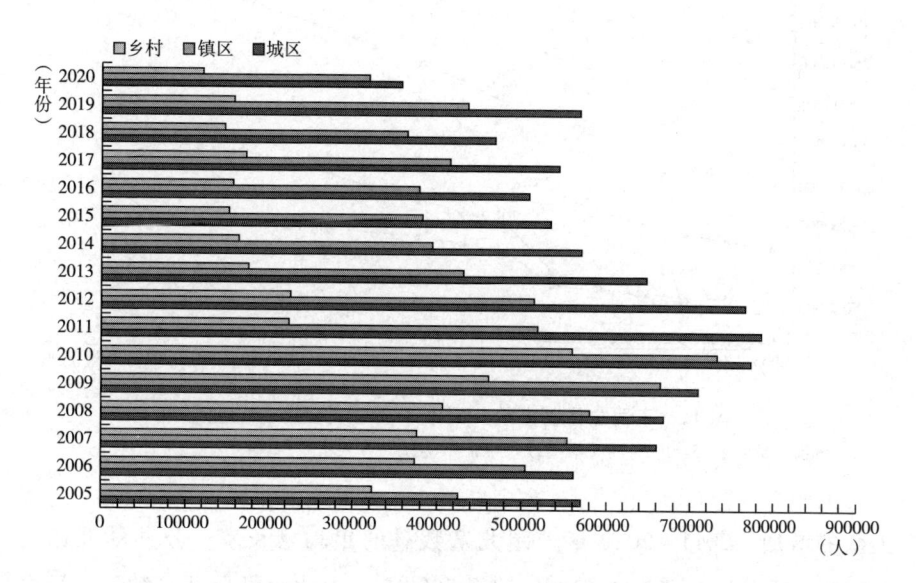

图 10 不同区域 0~2 岁儿童在托数量的变动

数据来源：2005~2020 年《中国教育统计年鉴》。

3. 3~5 岁儿童学前教育供给：公共部门为主，第三部门为辅

和 0~2 岁儿童以家庭照顾为主不同，3~5 岁儿童以托幼机构照顾为主，占比最高的 2018 年达到了 88.98%。同时，如图 11 所示，在 3~5 岁儿童照顾的供给中，公共部门的公办幼儿园、公办性质幼儿园和第三部门/私人部门的民办幼儿园，都是重要的供给主体。根据《2020 年全国教育事业发展统计公报》，2020 年普惠幼儿园儿童的占比为 84.74%。其中，公办幼儿园儿童占比 50.43%，民办普惠园儿童占比 34.31%。因此，3~5 岁儿童的学前教育供给，形成了以公共部门为主、第三部门为辅的模式。

随着 2010 年国家开始重建 3~5 岁儿童公共化学前教育体系，这种供给模式逐步形成。3~5 岁儿童的入园总量，在 2010 年之前，主要依赖民办幼儿园人数的增加。2005~2010 年入园儿童数量的年均增长率，公办幼儿园为 5.87%，民办幼儿园为 17.20%。在 2010 年后则更多依赖公办幼儿园

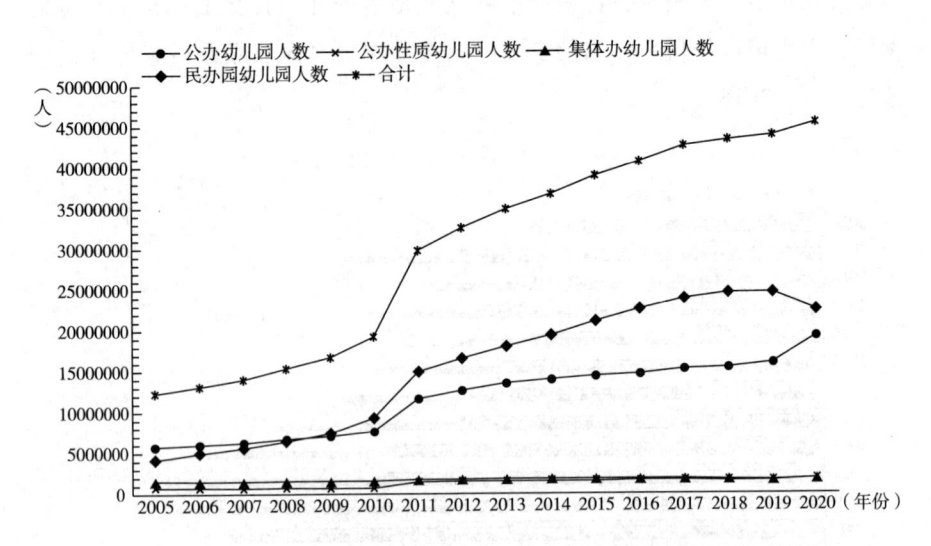

图11 不同主体创办幼儿园中3~5岁儿童数量的变化

数据来源：2005~2020年《中国教育统计年鉴》。

人数的增加：2011~2020年入园儿童数量的年均增长率，公办幼儿园为5.74%，民办幼儿园为4.64%。到了2020年，公办幼儿园儿童数量和民办的基本各占一半。

图12显示了类似的结果，分区域来看，公办幼儿园和民办幼儿园共同主导了3~5岁儿童托幼服务的供给。比较而言，城区的公办幼儿园的比例更低，但是公办性质幼儿园比例远高于镇区和乡村，这也和公办性质幼儿园的创办主体党政机关、事业单位、地方企业等更多集中于城市地区有关。而民办幼儿园在乡村的比例更低，这可能是因为城市地区更容易吸引第三部门或者市场部门等主体创办幼儿园。同时，这也说明和0~2岁儿童类似，教育部门在乡村的3~5岁儿童托幼服务供给中发挥重要的作用。

如图13所示，和0~2岁儿童在托人数变动趋势不同，在2010年之前，3~5岁儿童在园人数，乡村超过镇区和城区；2010年之后，镇区开始居于首位；2018年开始，城区才居于首位。因此，2010年之前，在乡村公办幼儿园比例远高于城区，且总人数也超过城区的情况下，如果假设城区、镇区和乡村生均投入规模一致，那么国家在乡村的3~5岁儿童托幼服务上的投入可能超过城区。但是到了2010年之后，城区3~5岁儿童入园

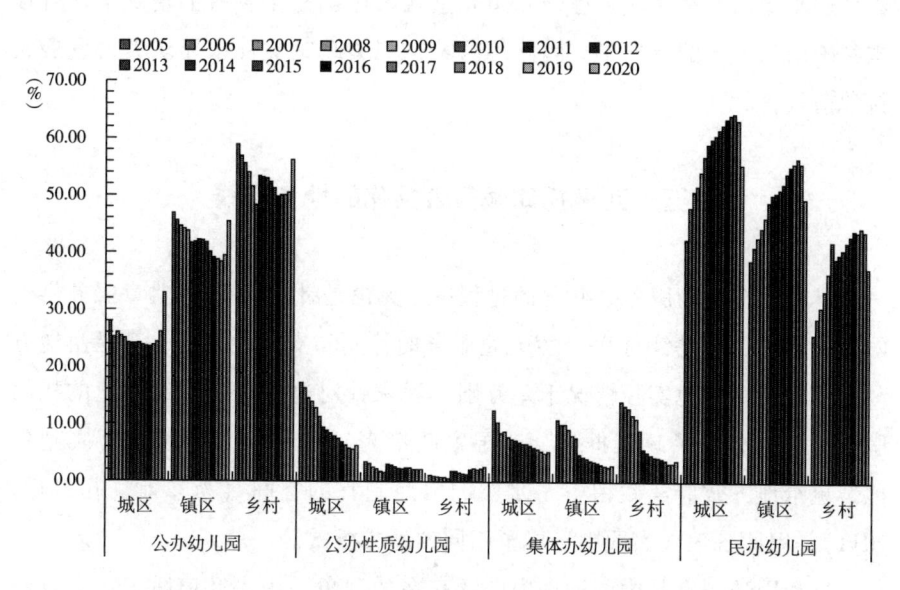

图 12　3~5 岁儿童在不同区域不同性质幼儿园的人数分布

数据来源：2005~2020 年《中国教育统计年鉴》。

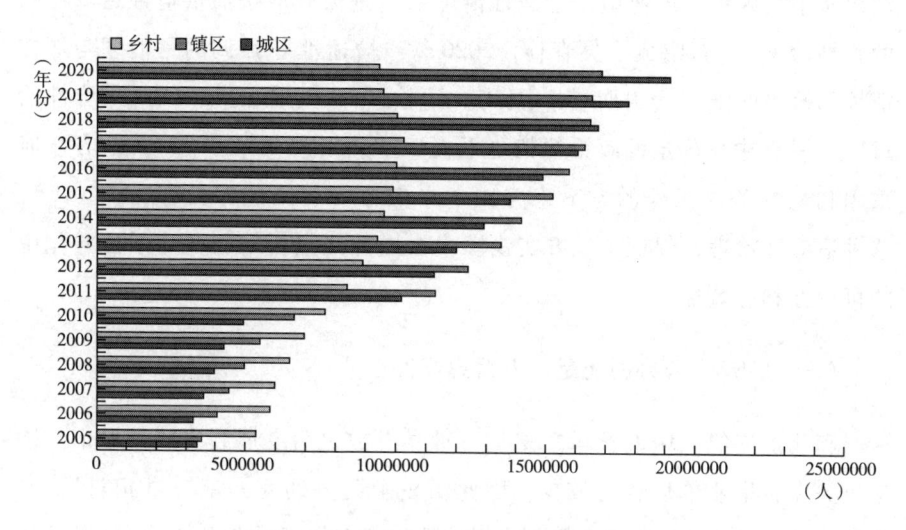

图 13　不同区域 3~5 岁儿童在园数量的变动

数据来源：2005~2020 年《中国教育统计年鉴》。

数量逐步增加,在城区公办幼儿园儿童入园比例低于乡村的情况下,就很难判断国家投入的差异了。因此,国家在相关政策文件中要求大力发展农村学前教育。

五 儿童托幼服务公共化的地方实践

推动儿童托幼服务公共化的过程中,无论是针对3~5岁儿童服务供给的主体责任,还是针对0~2岁儿童服务的补充和支持性责任,都是由地方政府承担的。各地实际情况千差万别,国家针对这两个年龄组儿童的托幼服务公共化制定了政策框架,让国家政策真正能够从顶层设计落实到各地,也给地方政府实践留下了足够的因地制宜的空间(贺东航、孔繁斌,2011),因此各地在实践中形成了不同的地方模式。

这种因地制宜是中国治理中广泛存在的现象,中央政府赋予地方政府相当大的自主空间(周雪光,2011),中国地方政府因此获得了相当大的自主性(Y. Qian & C. Xu, 1993)。地方政府依据当地实际情况采取相应办法落实中央政策,即所谓"适应性治理","地方政府按照恰适性逻辑进行的弹性治理"(石绍成、吴春梅,2020)。"恰适性"强调的是治理与地方情境的恰当匹配(詹姆斯·G. 马奇、约翰·P. 奥尔森,2011),"弹性治理"也是在中央确定的政策框架之下(B. Walker et al., 2006),地方政府采用和地方条件匹配的方案来完成中央任务(石绍成、吴春梅,2020)。这种适应性治理,保证了地方实践模式在推动儿童托幼服务体系公共化中的可行性和有效性。

(一)SZ:公办园还是民办普惠园?

和北上广等大城市不同,SZ是在改革开放之后发展起来的大城市,国家机关和企事业单位相对较少,因此历史上公办幼儿园就一直相对稀少。同时,SZ的人均GDP是全国平均值的数倍,在全国排名前列;[1] 外来常住

---

[1] 根据《2010年国民经济和社会发展统计公报》,2010年,SZ的人均GDP为91241元,是全国人均GDP 29748元的3.07倍;根据《2022年国民经济和社会发展统计公报》,2022年,SZ的人均GDP为183274元,是全国人均GDP 85698元的2.14倍。

人口一直是户籍人口的数倍以上。① 在这种情况下，在已定的国家政策框架下，如何建设公益普惠、高品质、多样化的学前教育服务体系？

1. 2010年之前：学前教育市场化，市场经济逻辑

20世纪90年代到2010年之前，儿童托幼服务建设的政策特点是"重社会、轻政府""重市场、轻公益"（和建花，2017）。作为中国市场化程度最深的城市之一，SZ希望把学前教育服务的供给责任更多地委托给社会和市场。SZ把学前教育定位为"准公益"，在新建公办幼儿园上有所保留。2006年，SZ还把原本就不多的公办幼儿园中的22所市属公办（性质）幼儿园，转到国资系统的幼教中心统一管理，2008年SZ市政府要求这22所公办（性质）幼儿园转制注册为民办幼儿园，遭到了幼儿园和老师以停课的方式抵制。②

当时改革办的负责人说："我们当时想把体制先调整，让公办幼儿园和现有的大多数民办园处于同一个起点上，让所有的幼儿园处于同一个水平、同一个体制，再建立一种新的由政府对学前教育进行资助的模式。"③在幼儿园和教师的抗议之下，公办转民办没有实现。2019年8月，这22所幼儿园从公办（性质）幼儿园转归市教育局管理，重新成为公办幼儿园。④ SZ这种学前教育改革的理念一直延续到了2010年之后。

2. 2010~2018年：民办普惠园为主体，适应性治理逻辑

（1）SZ重建儿童公共学前教育体系的地方情境和对顶层设计的理解

SZ是后发大城市，历史上遗留的公办（性质）幼儿园较少。SZ常住人口中户籍人口和非户籍人口数量倒挂，导致SZ根据户籍人口确定的机构和人员的编制严重不足，而公办幼儿园的教师等是需要占用事业编制

---

① 2013年，全市常住人口1374万人，其中常住户籍人口311万人，常住非户籍人口1063万人，参见《2013年SZ国民经济和社会发展统计公报》；2022年，全市常住人口1766.18万人，其中常住户籍人口583.47万人，常住非户籍人口1182.71万人，参见《2022年SZ国民经济和社会发展统计公报》。
② 新浪新闻中心，2008，《SZ 22所幼儿园停课抵制公办改民办》，https：//news.sina.com.cn/c/p/2008-03-05/150915082206.shtml。
③ 深圳卫视深视新闻，2019，《SZ幼儿园：公办的难，私立的贵》，https：//k.sina.cn/article_ 6321540324_ 178cb0ce402700h0k7.html。
④ 教育部，2019，《SZ 22所幼儿园从"企业办"回归公办》，http：//www.moe.gov.cn/jyb_xwfb/s5147/201911/t20191111_407740.html。

的。同时，外来人口众多也决定了对于学前教育服务的需求是多层次和多种形式的。这就是 SZ 在中央的要求下开始重新构建公共学前教育体系的地方情境。

儿童公共学前教育体系建设的顶层设计，把学前教育纳入"公共服务体系"，强调学前教育的"公益性"和"普惠性"。而公共服务的供给，正如前面所分析的那样，除了公共部门，还可以由私人部门和第三部门提供。除了公办公营的幼儿园，公办私营、民营公助的幼儿园都具有不同程度的公共性，都能够满足学前教育的"公益性"和"普惠性"要求，这也和顶层设计中提出的"政府主导、公办民办并举"的发展体制一致。

（2）SZ 重建儿童公共学前教育体系中的适应性治理

基于 SZ 的地方情境，在国家政策设定的框架内，SZ 根据自己对于顶层设计的理解，对于制度空间进行了地方再造，走出了重建（建设）[①] 儿童公共学前教育体系 SZ 模式。正如《SZ 学前教育发展行动计划（2015－2017 年）》开篇所说："我市学前教育坚持公益普惠的方向，走出了一条具有自身特色的发展之路。以普惠园为主体，以财政定向奖补为调控手段，构建起广覆盖、保基本、有质量的学前教育公共服务体系。"SZ 市政府明确提出要通过实施学前教育二期计划，"强化学前教育 SZ 质量，树立学前教育 SZ 标准"。

儿童公共学前教育体系 SZ 模式，和中央政策的核心要求一样，强调学前教育体系的"公益性"和"普惠性"，但是基于 SZ 的地方情境，为了实现这个目标，更为现实可行的是以民办普惠园为主体，而不是公办民办并举；政府不是学前教育服务的直接输送者，而是在学前教育的供给端投入大量公共资金（财政定向奖补），包括对于民办普惠园的奖励、在园儿童的健康成长津贴（抵扣保教费和书费）、保教人员长期从教津贴等。实际上，当时政府认为 SZ 模式更有利于实现教育公平和社会公平。[②]

[①] 对于以前就没有公共学前教育体系的 SZ 来说，这次学前教育改革更多是"建设"而不是"重建"。

[②] 根据 SZ 市教育局的统计，SZ 的 62 所公办园，一年支出 2.3 亿元，平均每一所接近 400 万元，在公立幼儿园就读的儿童大概占所有儿童的 7%。而 503 所民办普惠园一年补贴 2 亿元，加上培训奖励 1 亿元，长期从教津贴 1 亿元，一共 4 亿元，平均一所接近 80 万元，成本远低于投入一所公办园，在普惠园就读的儿童大概占所有儿童的 37%。

同时，SZ市政府认为虽然学前教育被纳入公共服务体系，但公共服务的供给并不限于公共部门，第三部门或市场部门也可以参与公共物品的供给。同时，和欧盟对于公共服务的定义类似，除了政府提供的免费公共服务之外，他们认为公共服务实际上也是一种经济活动，是可以被定价和营利的，比如公交车、水、电、煤气等（European Parliament，1997）。因此，SZ模式委托市场专业主体提供学前教育服务，支持不同的主体通过股份制、混合所有制、合伙制等方式创办幼儿园，引导这些幼儿园转为普惠园。对于幼儿园进行营利性和非营利性管理，鼓励已有营利性普惠园转为非营利性幼儿园。

SZ模式在构建儿童公共学前教育体系的方式上进行了地方再造，同时对于顶层设计的改革目标进行了扩充。SZ模式的"普惠性"不仅惠及所有户籍的学龄前儿童，还包括所有符合当地人口政策的非SZ户籍的儿童。SZ模式在学前教育供给侧的公共资金投入，增加了儿童健康成长津贴。[①] SZ模式2017年设立的学前教育供给目标，毛入园率超过98%，普惠园覆盖率达到60%以上，[②] 超过了中央所设定的目标。实际上，2013年底，SZ幼儿园总共1313所，其中公办园62所、民办普惠园503所，这两类幼儿园的覆盖率为43.03%。2018年底，SZ幼儿园总共1771所，普惠园覆盖率超过80%，达到了中央要求2020年应实现的目标。

3. 2018年之后：大规模民办转公办，科层治理逻辑

（1）学前教育发展路径转向：从适应性治理转向科层治理

为了进一步完善学前教育公共服务体系，推进学前教育普及普惠安全优质发展，满足人民群众对幼有所育的美好期盼，2018年11月7日，中共中央、国务院出台了《关于学前教育深化改革规范发展的若干意见》，"公益普惠"依然是学前教育发展的基本方向和原则，"坚持公办民办并

---

① 虽然表面上是投入需求侧，但是实际上是只有在园的儿童才能申请，而且直接抵扣费用，实际上还是投入了供给侧。按每生每年1500元的标准给予补贴，每名儿童每年只享受1次补贴，在园期间最多可享受3年补贴。补贴经费中的1300元（每生每月130元，每年按10个月计算）用于抵减在园儿童家长缴纳的部分保教费，200元由幼儿园用于在园儿童免费体检及购买儿童读物等。

② 根据对SZ市教育局的访谈，设定这个目标，是因为SZ学龄前儿童中大概只有60%符合当地人口政策。也就是说，虽然从数字看是60%，但实际上是学龄前儿童全覆盖。

举，加大公共财政的投入"。政府主导的责任是"学前教育规划、投入、教师队伍建设、监管等"，而不是直接提供学前教育服务。

中央的学前教育改革规划的总目标，是2020年"全国学前三年毛入园率达到85%"（公益），"普惠性幼儿园覆盖率（公办园和民办普惠园在园幼儿占比）达到80%"（普惠），各地要"结合本地实际"（地方情境），"着力构建以普惠性资源为主体的"办园体系。对于公办园的比例给出了明确要求，"2020年全国原则上达到50%"，但"各地可从实际出发确定具体发展目标"。这个文件的基本精神和2010年的保持一致，公益普惠依旧是基本原则，最大的不同是强调了公办园的主导地位，但是依然留下了地方政府根据地方情境进行适应性治理、开展制度地方再造的空间。

可是，在中央有关学前教育改革框架保持稳定和一贯的情况下，通过适应性治理已经建成公共学前教育体系SZ模式的SZ，学前教育体系公共化路径却来了一个大转向：从大力发展民办普惠园，强调以民办普惠园为主体构建公共学前教育体系，转为按照中央的政策要求，开始大力发展公办园。在2019年的《SZ关于进一步深化改革促进学前教育普惠优质发展的意见》中，明确提出"到2020年公办园在园儿童比例占比达到50%"，而省级设定的标准是"2020年各地级以上市及县（市、区）公办幼儿园占比达到30%以上"。

（2）提升公办园的比例：强制大规模民转公

如何在不到两年时间内大幅度提升公办园的比重？《SZ关于进一步深化改革促进学前教育普惠优质发展的意见》要求"大力发展公办幼儿园，以新建幼儿园为主，转化存量幼儿园为辅"。但是在具体细则上并非如此，"将承办协议到期的现有政府产权幼儿园全部转为公办幼儿园"，"承办期间未达到市一级办学等级或存在违法违规问题的，一律交回所在区教育行政部门"，"鼓励承办协议未到期的提前转型"，甚至"鼓励原村集体、国有企业利用自有资产创办的幼儿园转为公办幼儿园"。实际上根据教育部的政策，这些公办性质的幼儿园本来就是公办园的一部分。

2018年底，SZ各类幼儿园共1771所，其中公办园共68所，占比3.8%；2020年底，SZ各类幼儿园共1881所，其中公办园856所，占45.5%，公办园在园儿童占比提高到51.6%，普惠园在园儿童比例为

86.2%，2020年的公办幼儿园数量比2018年增加了788所。但根据SZ市政府工作报告，2019年和2020年共新增幼儿园110所。如果这些新增的幼儿园全都是公办园，那么这两年有678所幼儿园完成了民转公。收回政府产权民办园成为发展新型公办园的主要路径，SZ幼儿园"民转公"的主要路径如表3所示。

表3 SZ幼儿园"民转公"的主要路径

类别		具体内容
回收回购	回收	根据项目土地出让合同的约定，对明确为政府产权但未移交的已建成小区配套幼儿园，由各区政府予以回收
		回收政府部门、事业单位或群团组织用于承办、承包或出租的政府产权小区配套幼儿园及其他幼儿园，转为公办幼儿园或移交给所在区教育行政部门
	回购	明确政府应以成本价回购的已建成小区配套幼儿园，由各区政府予以回购
		结合区域学前教育发展需要，采取协商补偿等方式，回购非国有（含集体所有）产权或产权性质不明晰的小区配套幼儿园
规范使用	政府产权	新建政府产权小区配套幼儿园全部办成公办幼儿园
		承包合同（协议）到期的现有政府产权小区配套幼儿园全部办成公办幼儿园
	国企产权	新建国企产权小区配套幼儿园全部办成公办幼儿园
		现有国企产权小区配套幼儿园已办成民办幼儿园的，转为公办幼儿园
		用于承办、承包或出租办园的，承办合同（协议）到期后转为公办幼儿园，鼓励提前转为公办幼儿园
		改变用途的，恢复原功能并办成公办幼儿园
	非国有产权	非国有（含集体所有）产权小区配套幼儿园全部转为普惠性幼儿园，鼓励转为公办幼儿园
工作期限	2020年9月底之前	采取措施将非国有（含集体所有）产权的小区配套幼儿园转为普惠性幼儿园
		将国企产权小区配套民办幼儿园转为公办幼儿园
		将改变用途的恢复原功能后办成公办幼儿园
		将承办合同（协议）未到期的政府产权小区配套幼儿园转为普惠性幼儿园
	2020年底前	完成应交未交、应回购未回购的政府产权小区配套幼儿园移交、回收、回购等工作

资料来源：《SZ市人民政府办公厅关于印发SZ市小区配套幼儿园治理工作实施方案的通知》（2019年9月18日）。

从表3可以看出，除了新建（配建、补建）的政府（国企）产权幼儿园全都转为公办园之外，更多是如《SZ关于进一步深化改革促进学前教育普惠优质发展的意见》所说的回收回购，即依靠原民办园的转制。虽然其中还规定"如果承办期间达到市一级及以上办学等级的，原承办方可以在区行政教育部门的委托下继续管理"，但是第一批要强制改制的已建成的340所社会组织或者个人承办的政府产权幼儿园（公建民营园）中有30多所省一级幼儿园、200多所市一级幼儿园，大部分是优质民办普惠园。公办园、民办普惠园都属于普惠学前教育，那么这种改制如何增加SZ的普惠学前教育的供给？

（3）SZ的新型公办园和民办普惠园

从表4可以看出，如果基于"公益"的角度，SZ的新型公办园和民办普惠园没有实质上的差异，都是就近入学，对于户籍和非户籍学生没有区别对待。实际上，公办园的门槛更高，因为对于父母身份有明确的要求，不仅要有居住证，而且对于居住时间、社保都有要求。而能够获得SZ居住证的，要有稳定居所和合法稳定职业，或者属于人才引进，抑或在SZ接受中高等学历（职业）教育。[①] 也就是说，父母从事非正规就业或者居所不稳定的儿童是被公办园排斥在外的。

表4 SZ新型公办幼儿园和民办普惠性幼儿园的对比

	新型公办园	民办普惠园
定义	本市行政辖区内经市、区政府（含新区管委会）批准成立，利用国有资产、集体资产和财政性教育经费创办，实行"以事定费管理"，在事业单位登记管理部门依法登记，提供普惠性学前教育服务的幼儿园	依法设立、办学规范、科学保教、收费合理、面向大众提供普惠性学前教育服务的民办幼儿园
定位	辐射引领作用	应与公办园协同均衡发展。在教师职称评审等方面，与公办园享有同等待遇

---

① 参见《SZ市居住证条例》，2014年10月30日SZ市第五届人民代表大会常务委员会第三十二次会议审议通过，2019年4月24日SZ市第六届人民代表大会常务委员会第三十三次会议修订。

续表

	新型公办园	民办普惠园
创办方式	1. 本市教育行政部门（或与其他组织合作）、事业单位和群团组织利用政府所有或政府租赁的资产创办 2. 本市其他组织利用自有的国有（或集体所有）资产与所在区教育行政部门合作创办 3. 区教育行政部门利用财政性教育经费与本市其他组织合作创办	国家机构以外的社会组织或者个人
法律性质	事业单位法人，事业编制	民办非企业法人或者公司法人
经费来源	按生均标准给予财政拨款，保教费、基建等都由各区按需拨付财政经费	社会力量投资，保教费由政府按照每生每年不低于6000元的标准给予奖励性补助
监管部门	公办幼儿园实行市级统筹、以区为主的管理体制	各区教育行政部门
政府奖励	1. 优质办学奖励：通过市一级评估的奖励30万元，通过省一级评估的奖励40万元，获得示范性幼儿园称号的奖励50万元 2. 对承担课题的幼儿园给予一次性补助	
员工身份	事业单位编制，属于人事关系，少量"合同工"	劳动合同，属于劳动关系
教师资质	100%大专以上学历	大专以上学历达到90%以上
教师收入	岗位聘用管理，按需设岗，以岗定薪	教师个人最低应发工资不低于政府公布的当年全市职工最低工资标准的2.5倍
教师福利	为聘用的教职工购买五险一金，根据实际情况逐步建立年金制度	全园教职工工资福利支出总额占当年保教费收入与政府补助收入之和的比例不低于60%，其中政府产权幼儿园该比例不低于70%，依法为教职工足额足项购买社会保险和缴存住房公积金
政府津贴	幼儿园保教人员长期从教津贴：450（满3年）~1500元/月（满10年）	
入学资格条件	父母至少一方具有SZ户籍或者持有具有使用功能的SZ居住证，且在SZ居住满1年，连续缴纳社会保险（养老保险和医疗保险）满1年，儿童所在家庭住址与所申报幼儿园须在同一个社区或小区，并持有家庭居住证明材料	就近入学，儿童所在家庭住址与所申报幼儿园须在同一个社区或小区，并持有家庭居住证明材料
收费	840（未定级）~1080元/月（省一级园）	750~1800元/月（各区不同）

续表

	新型公办园	民办普惠园
在园儿童健康成长补贴	按每生每年1500元的标准给予补贴，每名儿童每年只享受1次补贴，在园期间最多可享受3年补贴	
班级数	6~12个班（其中小班25人、中班30人、大班35人、混合年龄编班30人）	
师生配比	全体教职工与幼儿比应不低于1∶7，全体保教人员与幼儿比应不低于1∶9	

资料来源：《SZ关于进一步深化改革促进学前教育普惠优质发展的意见》（2019年）、《SZ公办幼儿园管理办法》（2019年）、《SZ普惠性幼儿园管理办法》（2021年）、《SZ学前教育机构设置标准》（2019年）、《SZ学前教育专项经费奖励和资助项目实施细则》（2013年）。

从"普惠"的角度来说，新型公办园和民办普惠园都是限价的，虽然存在收费的差异，但是最高收费差异只有960元。而且这两类幼儿园的儿童都可以享受在园儿童健康成长津贴，同时财政都按生均给予补助，民办普惠园生均补贴达到6000元。教师的工资福利待遇也是一致的。从"优质"的角度来看，教师的各种培训评优是一样的，对于专职教师资质有10%的差异，但这是可以通过培训来提高和弥补的。也就是说，在政府的扶持之下，民办普惠园能够和新型公办园一样提供公益、普惠和优质的学前教育服务，在2019年之前SZ也一直是这么做的。

如果民办普惠园和新型公办园一样能够实现中央政策对于公共学前教育服务体系"公益"、"普惠"甚至"优质"的核心要求，SZ为什么要改变原有的学前教育发展模式，从适应性治理转为科层制治理？特别是在《中共中央 国务院关于学前教育深化改革规范发展的若干意见》实际上给地方政府的适应性治理留下了足够的制度地方再造空间的情况下？如果说未来3~5年SZ会因人口政策调整而面临学位压力剧增的情况，实际上通过创办民办普惠园更容易缓解这一困境，因为同样的资金能够撬动更多社会资本的投入，能够提供更多平价优质的服务。更何况，SZ新型公办园增加主要是通过在短期内将优质民办普惠园转为公办园实现的。在这种情况下如何能够缓解公共学前教育服务的供需矛盾？

（二）JJ：市场化普惠托育服务

JJ地处东南沿海，在经济上处于全国百强县的前列，居民收入相对较高。[①] 受到历史文化传统的影响，JJ保留了浓厚的家庭主义氛围，重视家庭、家族、邻里和老乡等关系；同时，JJ并不保守，敢于创新，敢于尝试，政府对于民间各种创新更多持支持态度（王春光，2023）。JJ在经济发展上敢为全国先，但2010年之前在儿童公共托育服务体系上一直投入不足。2012~2021年，JJ在学前教育上砥砺奋进，公共化（"普惠""公益"）的学前教育资源供给有了极大增加。从2019年开始，JJ开始构建0~2岁儿童公共化（普惠）的托育服务体系。

1. 政府的逻辑：普惠非基本公共服务供给市场化

以2019年出台的两份文件构成的0~2岁儿童托育服务公共化的国家政策，其基本框架是"政府引导、多方参与、社会运营、普惠可及"。也就是说，普惠托育服务的供给，主要依赖公办民营、民办公助等市场化机构。政府不直接参与服务供给，而是通过政策引导，在供给侧投入公共资金来推动儿童托育服务的公共化。

虽然JJ民间慈善力量强大，集体层面养老抚幼的历史悠久，但是由于0~2岁儿童托育服务本身的特殊性，以及JJ本身在此之前的托育市场有一定程度的发育，JJ在构建普惠性儿童托育服务体系的时候，还是更多依赖市场部门的供给。比如，2020年JJ第一批获得省级普惠托育服务试点称号的是MX教育集团。JJ后续依靠这个教育集团探索了一系列普惠儿童托育服务供给模式。2021年出台的《JJ促进3岁以下婴幼儿照护服务工作实施意见》也更多地强调行业市场的引导作用。到目前为止，JJ所有的托育机构都是在市场监管部门备案的营利性市场化机构，尚未有一家公办（性质）托育机构。

在依靠市场提供托育服务的同时，为了提供普惠托育服务，JJ强调在托育供给侧进行结构性改革，各级政府都有财政（公共）资金投入普惠托

---

① 2022年，全国人均GDP为85698元，JJ为154762元，后者约是前者的1.8倍；全国人均可支配收入为36883元，JJ为51467元，后者约是前者的1.4倍（数据来源于《2022年国民经济和社会发展统计公报》）。

育试点。根据JJ卫健委的统计,从2020年到2022年,JJ的普惠托育试点中,省级和地级市级的共11个,县级市的共14个,共投入公共资金842万元。① 这25个普惠托育试点都是市场化的普惠托育机构,由私人部门提供公共化托育服务。这些机构为JJ提供了1425个普惠托位。同时,还有54家普惠幼儿园提供了1523个普惠托位,JJ的普惠托位供给量总计2948个。现在注册运营的托育服务机构为56家,普惠托育机构的比例为44.64%;提供的托位总量为4696个,普惠托位的比例为62.78%,在县级市中居于领先位置。

国家政策把0~2岁儿童的托育服务归为"非基本公共服务",但是JJ在2022年把普惠托育纳入为民办实事的项目,纳入党建邻里服务中心建设,纳入对于政府绩效的考核,使其类似于保障基本民生的"基本公共服务"。但是政府的角色还是和在"非基本公共服务"中一样,不参与服务的直接提供,而是支持市场主体来提供各种服务,包括政府直接购买服务。据统计,JJ的0~2岁儿童总量大概为49474人,② 已提供托位4696个,托位数占儿童总量的比例为9.49%。这些儿童托育机构的实际入托率并不是100%,平均入托率大概为60%,最高的也不超过85%。按照平均入托率来计算,JJ的0~2岁入托的幼儿占该年龄段幼儿的比例大概为5.70%,高于全国0~2岁儿童平均入托率。

2. 企业的逻辑:公私密切合作的集团化经营

JJ在构建0~2岁儿童普惠托育服务体系的时候,鼓励市场化主体参与普惠非基本公共服务的供给,给JJ托育行业市场的发展提供了相当大的空间。那么,市场营利性经营主体如何能够在政府仅提供一次性公共资金补助的情况下,可持续提供普惠性(限价)托育服务?MX教育集团下属的

---

① 普惠托育机构的所有公共资金的投入都来自各级试点经费:2020年,省级试点对于每个托位补贴1万元,2021年对每个托育试点(不少于60个托位)补助50万元,2022年补助30万元;地级市给每个试点补助50万元,JJ对于本级试点每个补助20万元。

② 根据2019年、2021年和2022年《JJ国民经济和社会发展统计公报》,JJ这三年的年末常住人口数量为211.9万人、206.9万人和207.6万人;人口出生率为11.6‰、8.01‰和6.07‰。根据JJ"七普"数据,2020年常住人口为206.2万人,因为人口出生率数据未能找到,所以本研究使用了该省2020年人口增长率9.21‰。基于这些数据,计算2020年、2021年和2022年JJ的出生人口分别为19254人、16545人和13948人,合计49747人。

MXAM 儿童之家的经营模式让我们得以一窥。MXAM 是 JJ 整个托育行业的先行者，它在整个托育服务体系的供给中起示范作用，其在 2017 年创办、2020 年扩建的第一个大型托育机构 BS 园是 JJ 当年唯一落地的省级普惠托育示范点。①

MX 教育集团在 2020 年真正参与普惠托育服务供给之前，就因为参与学前教育体系的开发、提供育婴师和保育员的培训和鉴定，和政府建立了密切合作关系。同时，MXAM 旗下最大的综合性托育园 BS 园实际在 2017 年就开始运营，到 2019 年底已经能够提供 60 个托位，积累了市场化运营托育服务机构的丰富经验。因此，BS 园能够在 2020 年成为首批省级普惠托育示范园，并且扩建成为包括乳儿班、托小班、托大班和混龄班，能够提供 200 个托位的大型综合性托育园。这个规模在全国来说都是比较大的，因为孩子年龄相对较小，对于托育老师的需求比较多，② 所以规模是受限的。同时因为普惠托育试点不能高收费，所以单独的普惠托育服务机构无法通过规模化效应来持续提供平价优质的儿童托育服务。

在这种情况下，凭借 JJ 政府的支持，MXAM 采用了集团化经营方式来实现这个目标。MXAM 通过把不同模式的托育园整合成为一个集团，采用"1+3+n"的托育服务运营模式来实现规模化效应：总部负责统一的财务、物流、人力、市场营销，下面的三类普惠托育园区和具体的各个园区负责服务供给。到目前为止，MXAM 一共开设了七个不同类型的公私合作的普惠托育园区：（1）民办公助，政府一次性投入建设资金的补贴，MXAM 负责建设和运营，包括大型综合性园 BS 园（200）③、新型社区独立中型园 BL 园（72）、嵌入式社区小型园 JF 园（40）、工业园区服务型 LJ 园（70）；（2）公建民营，国企文旅集团负责建设，MXAM 负责运营，包括纳入"党建+邻里中心"的社区托育园 HT 园（70）和 SS 文旅妇女儿童中心托育园（100）；（3）福利性公建民营，MXAM 和事业单位 JJ 医院分院合作，帮助医院运营 40 个托位的托育室。

因为民办公助的托育园是各级政府的普惠托育试点，所以政府根据托

---

① 当时 JJ 所在地区的省级示范点有两家，JJ 只有 MXAM 的 BS 园这一家。
② 乳儿班、托小班和托大班的师生比分别为 1∶3、1∶5 和 1∶7。
③ 括号中是托育机构能够提供托位的数量。

位的多少提供一次性的建设补助，运营场地都是 MXAM 购买或者租赁的，即使是位于国企开发小区的 BL 园和 JF 园也是如此。这些和政府不同合作模式的普惠托育机构中，工业园区服务型 LJ 园和 SS 文旅妇女儿童中心托育园不属于 JJ，其他五个园区一共提供了 422 个普惠托位，占 JJ 可提供的普惠托位的 29.6%。2023 年笔者在 BS 园调研的时候，因为疫情等原因，加之 JJ 本地家族氛围浓厚，孩子更多是由父母或者祖父母在照顾，所以在园儿童只有 105 人，托位利用率只有 52.5%。但是根据访谈材料，其他园区存在等位的现象。

JJ 的普惠托育机构每三年申请一次，MXAM 的 BS 园因为第一批被纳入省级普惠托育试点，时间已经快满三年了。但是 MXAM 还在考虑是否继续申请普惠托育试点，因为政府补贴只有扩建时候的一次，后续运营都需要靠托育机构本身。在要保持"普惠"价格的情况下，可能存在一定的难度。JJ 政府没有考虑提供更多支持，而是在考虑对于现有的市场化普惠托育模式进行调整，包括让公办园和民办普惠园把托幼服务向下延伸到 2 岁，在社区中建设嵌入式托育机构，但是后者的运营可能还要依赖市场化主体，除非政府推动非营利组织更深入这个领域。JJ 的市场化普惠托育模式在未来可能面临更多挑战。

六 讨论：如何进一步推动儿童托幼服务公共化

中国的儿童托幼体系公共化的路径已被纳入公共服务体系。作为混合公共物品，国家不断增加在供给侧的公共资金投入，推动其一步一步实现。但是由于国家对于 0~2 岁儿童和 3~5 岁儿童照顾责任在国家、市场和家庭之间的定位不同，不同年龄段儿童的托幼服务是采取不同的公共化策略。服务经费中公共经费的投入类似，但是规模存在很大差异；而实际服务的提供，则在公办公营、政府和第三部门合作、政府和市场合作等公共化程度依次递减的公共化策略中，采取了明显不同的公共化策略组合。

对于 0~2 岁儿童，照顾的主要责任还是归家庭和父母，因此国家对于自己的定位是，不直接参与服务供给，而是通过资金投入引导托育行业和市场，提供普惠托育服务，形成以公办民营、民办公助等公私合作为主的公共化程度相对较弱的模式。对于3~5岁儿童，学前教育被纳入整个教育体系，成为国家和个人积累人力资本的开端，因此主要责任归国家。在这样的背景下，不但国家投入公共资金鼓励社会力量办学，而且地方政府承担了服务供给的主体责任，形成了从公办民办并举走向公办为主、公私合作为辅的公共化程度更强的模式。

从儿童托幼服务公共化的结果也可以看出，3~5岁儿童学前教育服务体系在公共化的道路上推进得更远；0~2岁儿童托育服务体系的公共化程度在2019年之后有了较大推进。2020年，虽然从托幼机构的数量上来说，民办托幼机构略占优势（57.58%），但是如果区分不同性质的托幼机构中的儿童数量可知，0~2岁儿童中，66.8%都在民办托育机构中；3~5岁儿童中，49.57%在民办园，其中还有34.31%在民办普惠园中。

（一）需要进一步讨论的问题

"公益、普惠和优质"的儿童公共托幼服务，不仅应该提供给3~5岁的儿童，也应该提供给0~2岁的儿童。在现在3~5岁儿童入园率接近90%的情况下，0~2岁儿童缺乏照顾可能成为抑制生育的重要因素。为了进一步推动托幼服务体系的公共化，可能还有一些问题需要考量。

1. 如何进一步提高儿童的入园（托）率

2020年，3~5岁儿童入园率达到86.01%，其中84.74%的幼儿在普惠园（公办园+民办普惠园），这是经过十年努力推动学前教育公共化的重要成果。但是，即使是2018年曾经达到的88.98%的入园率，实际上也没有达到2002年巴塞罗那峰会提出的90%的目标（Sara Flisi et al., 2022），和许多处于前列的国家差距更大。因此，虽然有些地区出现了幼儿园因为缺乏生源而关闭的现象，但是实际上3~5岁儿童的入园率还有进一步提升的空间，学前教育公共化的进程还有推进的空间。

0~2岁儿童的入托率在2011年最高时也才达到4.70%，远低于巴塞罗那峰会提出的33%的标准，也低于日韩和中国台湾儿童的入托率（王舒芸，2021）。"十四五"规划提出，每千人拥有0~2岁儿童托位数，要从"十三五"时期的1.5个增加到4.5个。但是，实际上2020年每千人只有0.56个儿童入托，也就是说还有一半以上的托位没有被利用。因此，一方面要考虑如何提供更多托位,特别是公共化程度更高的托位;另一方面可能需要考虑如何提高入托率,分析入托率不高的原因。否则,可能会造成设施空置。如果是普惠托位,还会导致公共资金的浪费。

2. 儿童公共化托幼服务的多元供给

在理论层面,现代社会中的公共物品、混合公共物品和私人物品之间的界限是模糊的、不确定的,而公共部门、私人部门和第三部门都可以参与这些物品的供给,只是各自的地位存在差异;在实践层面,儿童托幼服务公共化可以采用不同的策略,不同国家的公共化路径都是几种不同策略的组合,只是各自的偏重不同,中国儿童托幼服务的公共化路径也证明了这一点。因此,无论是从理论层面还是实践层面,儿童托幼服务公共化的供给都是多元的。

中国重建儿童学前教育体系明确设定的目标,是要给儿童提供公益、普惠和优质的学前教育服务。从 SZ 的学前教育实践模式来看,无论是公办公营的幼儿园还是民办普惠园都可能实现这个目标。前者在普惠上做得更好,因为幼儿入园的价格更低;后者在公益上做得更好,因为对于幼儿的家庭背景要求更少。在政府投入同样的公共资金的前提下,后者能撬动更多社会资本,可能惠及更多的儿童。[①] 而在优质服务方面,教育部门可以提供培训和管控,也可以通过组建家委会等组织进行监督,还可以通过第三方进行测评。而且民办普惠园还能够满足家长对于服务时间及内容上的弹性服务要求。

中国儿童托幼服务体系公共化,目标是通过公共化提供"保证儿童安全、收费合理、家长满意"的托幼服务,就像政府工作报告中所提及的,这样的托幼服务无论是公办还是民办,政府都应该支持。儿童托幼体系完全市场化、过度商品化导致托幼服务收费高昂、品质没有保证,适龄儿童无法获得可及和可负担的托幼服务,这是儿童托幼服务公共化和政府介入

[①] 基于另外一个地区的调查,当地 86 所公办(性质)幼儿园的幼儿总共 29311 人,平均每个幼儿园的幼儿数量约 341 人;184 所民办幼儿园的幼儿总数是 31762 人,平均每个幼儿园约 173 人。地方政府给予的补贴是公办(性质)幼儿园和民办幼儿园每个幼儿生均补贴 700 元,但是每个 12~15 个班(360~450 人)的公办幼儿园的建造经费都在 5000 万元以上,还有高额的运营经费。这一方面会对地方财政造成巨大的压力,另一方面投入高、效益低,不符合公共投资的经济效益要求。

的背景。但是否就能因此要求3~5岁儿童托幼服务中公办公营的托幼服务一定要占据主导位置？还是只要能够提供普惠的托幼服务就可以？或者无论是公办公营占主导位置，还是公私合作成为主力，让地方政府根据地方情境进行选择？

对于0~2岁儿童的托育服务来说，是否能够在公共化的道路上更进一步？因为0~2岁儿童更加年幼，需要更为精细、专业化的照顾，国家能否更多地介入0~2岁儿童托育服务，或者更多地参与直接提供服务，或者给予民办普惠托育机构更多的资金支持？MXAM的工作人员在访谈中分析了他们的成本结构：人力资源成本占45%~50%，房租成本占10%~15%，水电等成本占5%~10%，管理成本占10%，毛利大概是15%~20%。按照这种集团化经营模式，下面的普惠托育园至少五年才能够回本。同时，成为普惠托育园也意味着，除了限价，其余早教班等业务也不能经营，导致托育市场存在劣币驱逐良币的现象。这也是他们考虑是否继续申请普惠试点的重要原因。在他们这种托育园都存在生存问题的情况下，2023年开始出台的家庭托育点，作为最小规模的托育机构，如果纯粹走市场化的路径，如何保证服务品质和儿童的安全性？是否会导致更多0~2岁儿童无法接受托育服务？

3. 托幼整合的可能性

对于3~5岁的儿童，因为缺乏全国幼儿园托位数供给的数据，所以无法知道现有托位数相对于儿童数量的占比，也无法知道这个占比和入园率之间的缺口有多大。但是随着中国出生率的持续下滑，2022年出生人口已经不足1000万，因此可能会出现幼儿园因缺乏生源难以维系的状况。而0~2岁儿童的托育服务因为起步晚，供需缺口相对较大，JJ调研中托位闲置的情况应不普遍。因此，通过托幼整合来满足两方面的需求，是一些政府部门下一步的规划，也是许多幼儿园的下一步计划。

关于0~2岁儿童托幼服务的供给，JJ计划下一步进行托幼整合，利用生源不足的民办园，为0~2岁儿童提供更多的服务。国家对于0~2岁儿童和3~5岁儿童的定位不同，因此他们分属的主管机构也不同。如果要进行托幼整合，可能会涉及卫健部门和教育部门如何进行合作。已有一些地方做了不同的尝试，给出了两种解决方案：一种方案是上海模式，0~2岁儿童的托育也归教育部门主管,"学前教育与托育服务一体规划、一体实施、一体保障";① 另一种方案是卫健和教育部门联合发文,共同推动托幼一体化,确定其中不同部门的责任、权力和分工。

从幼儿园的角度来说,学前教育和托育服务存在很大的差异,对于硬件、软件都有不同的要求,特别是对于老师的资质也有不同的要求。虽然我们访谈的民办园都表示有考虑要向下延伸,把托育服务包括其中,但是在实际实施中,也存在很多需要仔细考虑的问题:对政府部门来说,需要考虑如何进行一体化的监管和治理;对于托幼机构来说,无论是公办园、民办普惠园还是民办园,都需要考虑如何提供一体化的服务。

(二)相关的政策建议

1. 国家在进一步完善儿童托幼服务公共化的整体框架时,应该给地方政府留下更大的自主空间,让地方政府通过适应性治理来建设切实有效的儿童托幼服务公共化地方性框架和路径

一方面,儿童托幼服务公共化的核心是给儿童提供"公益、普惠和优质"的托幼服务。只要能够达到这个目标,无论是公立托幼机构,还是公私合作的托幼机构,其发展都应该得到鼓励。而且这两类托幼机构本身各有所长,公立机构的服务品质更有保障,公私合作的托幼机构运营模式更加灵活多样。只有彼此补充,才可能给父母提供更多的选择,使托幼服务公共化政策更加有效。这可能也是进一步提高儿童入园(托)率的可能路径。

另一方面,根据中央政策的规定,公共托幼服务体系供给的责任主体是地方政府。根据以责确权、权责一致的原则,应该给地方政府提供足够的自主权力。让地方政府厘清当地托幼服务建设的已有路径,讨论如何能够使有限公共资金惠及更多的儿童,并通过需求调查了解父母对于儿童托育的需求偏好,包括对于不同的儿童托幼服务供给主体的倾向,来确定地方性的框架和路径。中央政策只是对于普惠托幼服务总的比例给出明确要求,但是对于供给主体不做明确要求。

---

① 参见 2022 年出台的《上海市学前教育和托育服务条例》。

2. 各地对于区域内现有的公办托幼机构和公私合作托幼机构状况进行细致的调查

为了真正了解在推动儿童托幼服务公共化过程中，不同供给主体的作用、各自的优劣之处以及可能进行的互相补充，应该对于公办托幼机构、公私合作托幼机构的详细运营情况进行调查，包括分布区域、招生情况、人员薪资、服务措施、合作契约、家长满意度、运营困难等，了解公共部门、私人部门和第三部门在其中扮演的角色以及在推动儿童托幼服务公共化进程中彼此的关系等。这一方面可以给地方政府制定地方性儿童托幼服务公共化框架提供基础；另一方面也可以在公私合作的时候，了解该如何对不同供给主体提供支持和公共资金投入。国家在给各地进行公共资金支持的时候，不仅要依据各地的经济发展水平，也要考虑各地儿童托幼服务公共化的现状和发展框架。

3. 制定更加完整和系统性的儿童公共照顾政策体系

儿童托幼服务是儿童照顾政策的一部分，儿童托幼服务本身又是由学前教育和儿童托育组成的。要建立完整和系统性的儿童公共照顾政策体系，首先要考虑国家层面托幼整合的可能性。0~6岁儿童对于教育和照顾的需求是无法切割的，特别是在中国的学前教育资源渐趋饱和，而托育资源还存在巨大缺口的情况下，托幼整合可能也是可以充分整合公共资源的办法。虽然有许多问题需要进一步思考，但是一些地方政府已经开始的先行尝试可能给决策提供有益的参考。

在推动儿童托幼政策公共化的基础上，制定更为完整的儿童公共照顾政策体系：从居家式儿童托育服务、儿童托幼机构，到儿童课后照顾；从公立、公私合作，到社区、家长互助。同时，构建完整的儿童照顾体系，允许公共部门、私人部门和第三部门同时积极参与儿童托幼服务供给，通过良性竞争来提供公益、普惠和优质的儿童托幼服务。为保障儿童权利、提高生育率提供良好的环境，也为国家未来的经济社会发展储备足够的人力资本。

参考文献

柏良泽，2008，《"公共服务"界说》，《中国行政管理》第2期。

曾远力, 2018,《青年女性生育二孩决策和家庭支持关系研究》,《当代青年研究》第3期。

陈卫, 2021,《中国的低生育率与三孩政策——基于第七次全国人口普查数据的分析》,《人口与经济》第5期。

傅立叶、王兆庆, 2011,《照顾公共化的改革与挑战》,《女学学志：妇女与性别研究》第29期。

和建花, 2017,《中国3岁以下儿童托幼政策与事业发展回顾》,《中国妇运》第1期。

贺东航、孔繁斌, 2011,《公共政策执行的中国经验》,《中国社会科学》第5期。

华怡佼, 2018,《我国"二孩政策"下0-3岁儿童公共托育服务供给体系研究——以上海为例》, 上海师范大学硕士学位论文。

黄新华, 2014,《从公共物品到公共服务——概念嬗变中学科研究视角的转变》,《学习论坛》第12期。

姜晓萍、陈朝兵, 2018,《公共服务的理论认知与中国语境》,《政治学研究》第6期。

教育部, 2021,《2020年全国教育事业发展统计公报》。

金人庆, 2006,《完善公共财政制度 逐步实现基本公共服务均等化》,《农村财政与财务》第12期。

靳卫东、宫杰婧、毛中根, 2018,《"二孩"生育政策"遇冷"：理论分析及经验证据》,《财贸经济》第4期。

康传坤、孙根紧, 2018,《基本养老保险制度对生育意愿的影响》,《财经科学》第3期。

莱昂·狄骥, 1999,《公法的变迁》, 郑戈、冷静译, 辽海出版社。

李放、马洪旭, 2021,《中国共产党百年托幼服务供给研究：变迁历程、演进逻辑与未来展望》,《社会保障研究》第5期。

李实、杨一心, 2022,《面向共同富裕的基本公共服务均等化：行动逻辑与路径选择》,《中国工业经济》第2期。

梁城城、王鹏, 2019,《公共服务满意度如何影响生育意愿和二胎意愿——基于CGSS数据的实证研究》,《山西财经大学学报》第2期。

林家靖、谢桦, 2017,《创新办园机制 扶持集体办幼儿园发展——访厦门市湖里区教育局局长吴雪慧》,《福建教育》第47期。

林怡君, 2019,《就业、家庭和通往性别平等的生命历程体制》, 台湾中正大学社会福利研究所博士学位论文。

刘毓秀, 2011,《北欧普及照顾与充分就业政策及其决策机制的台湾转化》,《女学学志：妇女与性别研究》第29期。

刘中一, 2017,《家庭式托育的国际经验及其启示》,《人口与社会》第3期。

刘中一, 2022,《我国儿童公共照顾资源政府给付方式》,《宁夏社会科学》第1期。

刘中一, 2022,《母职、儿童公共照顾与托育服务的政策意涵——女性主义相关论述解析》,《贵州社会科学》第8期。

马春华, 2015,《重构国家和青年家庭之间的契约：儿童养育责任的集体分担》,《青年研究》第 4 期。

马春华，2018，《中国家庭儿童养育成本及其政策意涵》，《妇女研究论丛》第 5 期。

马春华，2022，《去家庭化和儿童非正规照顾：欧洲跨国比较研究》，《社会学研究》第 4 期。

马庆钰，2005，《公共服务的几个基本理论问题》，《中共中央党校学报》第 1 期。

毛程连，2003，《西方财政思想史》，经济科学出版社。

庞丽娟、贺红芳、王红蕾、袁秋红，2021，《不同性质幼儿园教师待遇保障研究：现状、原因分析与政策建议》，《教师教育研究》第 3 期。

邱志鹏，2012，《台湾幼儿托育制度之研究》，"行政院"研究发展考核委员会。

石人炳、陈宁、郑淇予，2018，《中国生育政策调整效果评估》，《中国人口科学》第 4 期。

石绍成、吴春梅，2020，《适应性治理：政策落地如何因地制宜——以武陵大卡村的危房改造项目为例》，《中国农村观察》第 1 期。

宋少鹏，2011，《"回家"还是"被回家"？——市场化过程中"妇女回家"讨论与中国社会意识形态转型》，《妇女研究论丛》第 4 期。

孙艳艳，2015，《0-3 岁儿童早期发展家庭政策与公共服务探索》，《社会科学》第 10 期。

陶艳兰，2022，《中国儿童照顾政策建议的碎片化与整合性公共托育体系建构》，《当代青年研究》第 3 期。

汪伟、杨嘉豪、吴坤、徐乐，2020，《二孩政策对家庭二孩生育与消费的影响研究——基于 CFPS 数据的考察》，《财经研究》第 12 期。

王传薇、田雨，2017，《公益性早期教育多中心供给模式研究》，《经济研究导刊》第 17 期。

王春光，2023，《地方性与县域现代化实践—基于对太仓与晋江持续近三十年的调查》，《社会学研究》第 3 期。

王舒芸，2021，《托育公共及准公共化政策效益评估期末报告》，台湾"卫生福利部"社会及家庭署。

王兆庆，2017，《托育公共化的最后一块拼图：0-2 岁托育政策》，《社区发展季刊》第 159 期。

温家宝，2004，《政府工作报告——2004 年 3 月 5 日在第十届全国人民代表大会第二次会议上》。

岳经纶、范昕，2018，《中国儿童照顾政策体系：回顾、反思与重构》，《中国社会科学》第 9 期。

曾远力，2018，《青年女性生育二孩决策和家庭支持关系研究》，《当代青年研究》第 3 期。

詹姆斯·G. 马奇、约翰·P. 奥尔森，2011，《重新发现制度：政治的组织基础》，张伟译，生活·读书·新知三联书店。

珍妮特·登哈特、罗伯特·登哈特，2004，《新公共服务》，丁煌译，中国人民大学出版社。

郑珮宸、王百芳、王兆庆,2020,《"家"从何来?初探社区公共托育家园的照顾现场》,《社区发展季刊》第169期。

郑真真,2021,《生育转变的多重推动力:从亚洲看中国》,《中国社会科学》第3期。

钟晓慧、郭巍青,2017,《人口政策议题转换:从养育看生育——"全面二孩"下中产家庭的隔代抚养与儿童照顾》,《探索与争鸣》第7期。

周雪光,2011,《权威体制与有效治理:当代中国国家治理的制度逻辑》,《开放时代》第10期。

A. Anttonen & L. Häikiö. 2011, Care "Going Market": Finnish Elderly-care Policies in Transition. *Nordic Journal of Social Research*(2).

A. Anttonen. 2005, Empowering Social Policy: The Role of Social Care Services in Modern Welfare States. In O. Kangas (eds.), *Social Policy and Economic Development in the Nordic Countries*. London: Palgrave Macmillan.

A. R. Hochschild. 1995, The Culture of Politics: Traditional, Post-Modern, Modern, Cold-Modern, and Warm-Modern Ideals of Care. *Social Politics* 2.

Alfred Kadushin, Judith A. Martin. 1988, Child Welfare Services. In Allyn, Bacon B. Gidron, L. M. Salamon & R. M. Kramer (eds.), 1992, *Government and the Third Sector: Emerging Relationships in Welfare States*. Jossey-Bass.

B. Walker, G. Lance, K. Ann, F. Carl, C. Steve & S. Lisen. 2006, A Handful of Heuristics and Some Propositions for Understanding Resilience in Social-Ecological Systems. *Ecology and Society* 11(1).

European Parliament. 1997, Public Undertakings and Public Service Activities in the European Union. Economic Affairs Series Working Document.

Flavio Cunha & James J. Heckman. 2009, *The Economics and Psychology of Inequality and Human Development*, Cambridge: National Bureau of Economic Research.

G. W. Foster. 1971, The Child Welfare League of America: Publications on Day Care. *Child Youth Care Forum* (1).

Gøsta Esping-Andersen. 2002, *Why We Needs A New Welfare State*. New York: Oxford University Press.

Gøsta Esping-Andersen. 2009, *Incomplete Revolution: Adapting Welfare States to Women's New Roles*. Cambridge: Polity Press.

Hal R. Varian. 1992, *Microeconomic Analysis*. New York: Norton.

Helga Maria Hernes. 1987, *Welfare State and Women Power: Essays in State Feminism*. Oslo: Norwegian University Press.

Henry B. Hansmann. 1980, The Role of Nonprofit Enterprise. *The Yale Law Journal* 89(5).

J. Lindgren. 1978, Finland. In Kamerman, S. B. & Kahn, A. J. (eds.), *Family Policy: Government and Families in Fourteen Countries*. New York: Columbia University Press.

James M. Buchanan. 1965, An Economic Theory of Clubs. *Economica* 32(125).

Jesse Malkin & Aaron Wildavsky. 1991, Why the Distinction between Public and Private Goods Should be Abandoned. *Journal of Theoretical Politics* 3.

Lorraine Fox Harding. 1997, *Perspectives in Child Care Policy*. Routledge: Taylor & Francis.

M. Estévez-Abe & Y. S. Kim. 2014, Presidents, Prime Ministers and Politics of Care: Why Korea Expanded Childcare Much More than Japan. *Social Policy & Administration* 48(6).

Mancur Olson. 1971, *The Logic of Collective Action: Public Goods and the Theory of Groups*. Cambridge, MA: Harvard University Press.

N. Folbre. 1994, Children as Public Goods. *American Economic Review* 84 (2).

Nancy Fraser. 2016, Contradictions of Capital and Care. *New Left Review* 100.

OECD. 2001, *Starting Strong: Early Childhood Education and Care*. Paris: OECD Publishing.

OECD. 2018, *Engaging Young Children: Lessons from Research about Quality in Early Childhood Education and Care, Starting Strong*. Paris: OECD Publishing.

Paul A. Samuelson. 1954, The Pure Theory of Public Expenditure. *The Review of Economics and Statistics* 36(4).

Qian, Y., and C. Xu, 1993, Why China's Economic Reforms Differ: The M-form Hierarchy and Entry/Expansion of the Non-state Sector. *Economics of Transition* 1(2): 135–170.

Richard Musgrave. 1959, *A Theory of Public Finance*. New York: McGraw Hill.

Sara Flisi, Zsuzsa Blasko & Elena Stepanova. 2022, *Indicators for Early Childhood Education and Care: Reconsidering Some Aspects of the Barcelona Target for Younger Children*. European Commission.

T. Wolf. 1990, *Managing A Nonprofit Organization*. New York: Simon & Shuster.

U. Beck. 1992, *Risk Society: Towards a New Modernity*. London: Sage Publications.

Vincent Ostrom & Elinor Ostrom. 1977, A Theory for Institutional Analysis of Common Pool Problems. In Garrett Hardin & John Baden (eds.), *Managing the Commons*. San Francisco, CA: W. H. Freeman.

Y. Qian & C. Xu. 1993, Why China's Economic Reforms Differ: The M-form Hierarchy and Entry/Expansion of the Non-state Sector. *Economics of Transition* 1(2).

（原载《妇女研究论丛》，2023年第4期）

抚育私人化困境及社会化公共养育探索

施芸卿[*]

摘　要：近年来，我国的生育鼓励政策效果不甚明显，其背后是养育成本高、压力大的困境。转型进程中，国家支持不足、社会力量缺失、市场化过度导致的抚育私人化和内卷化，是当前抚育困境的根源。抚育私人化的另一面是公共性的缺失，尤其是在我国计划经济传统的延续下，对社会化的公共支持缺乏想象，符合转型后社会特点的国内经验尚处于探索之中。由此，本文借用美国社会的育儿体验，以城市公共空间和校内外养育支持系统为切入点，探讨建构一个多样化的公共养育社会环境的更多可能，以回应当前的抚育困境。最后，呼唤一种更具社会公共性的、扎根社区的、多主体合作的协力育儿体系，重塑国家、社会、市场和家庭在抚育中的职责边界，以弥合制度张力，回应现代化转型。

关键词：抚育私人化　社会化公共支持　多主体合作　协力育儿

一　抚育私人化困境和现实问题

伴随我国快速的现代化进程，人口老龄化问题日益严峻，目前，总和生育率已跌破警戒线。为鼓励生育，国家政策多次发力，自2011年和2013年实施"双独"和"单独"二孩政策后，2016年底，实施全面"二孩"政策。国家统计局数据显示，仅在放开初期的2016年迎来一个小高峰，当年人口出生率为12.95‰，为2011年以来的新高，但此后持续下滑至2019年的10.48‰。可见，二孩政策虽然提升了二孩的生育率（陈卫，2019），但对总人口出生率的效果并不明显。"不想生""不敢生"的社会现实问题背后，是社会变迁中由抚育私人化引发的双重困境。

---

[*] 施芸卿，中国社会科学院社会学研究所副研究员。

当前我们的抚育，对大多数家庭来说，都处于一种两面夹击的困境：一方面，在养育过程中能得到的来自家庭之外的实质支持很少；另一方面，对孩子的要求却在层层加码，亲职被高度精细化。我们无法接受一个"平庸"的孩子，但追求的又是一个几近"不可能"的孩子，他们被期待既能在层层应考中胜出，又充满西方新教育理念所倡导的创造力和自主性。

双重困境背后，是在社会转型背景下，国家、市场、社会、家庭对抚育职责分工的重组。随着单位制解体，公有部门先从照顾领域中撤出，又随着教育市场化，进而从教育资源中逐步撤出，计划经济时期"我们的孩子"，日益变成当前"我家的孩子"。国家的撤出为市场让出大片空间，而家庭从市场中换取所需的过程，成为育儿在实践中日益私人化的过程。加之生育政策的影响，儿童价值凸显，家内人力物力都向下高度集中。这一过程中出现的问题，如经济资源不足、市场信任不够等，不得不由祖辈投入代际劳力、父母加大工作强度或集中经济资源等家内策略来勉力应对，其他部门在此过程中缺失。

这背后可见两股张力。一是对儿童价值的认识，以转型前后为界，以提供的实质支持为衡量，之前是家内低、国家和社会高，之后是家内高、国家低且社会缺失。二是儿童培养目标的变化，以素质教育推行前后为界，之前的应试教育与当时的社会安排衔接；之后的素质教育，虽与全球化进程下的个体社会崛起统一，却与仍在延续的总体性社会的各项制度安排之间存在张力。素质教育带来的"个性抚育"的呼声渐高，但主要成本由家庭和市场机构承担，使当前的儿童抚育继私人化后进一步呈现内卷化。由此，当下各家所体会到的养育儿女之难，源于社会变迁后对抚育的公共支持不足，尤其是国家支持撤出后社会化公共支持体系一直未得以生长，加重了儿童养育的家庭负担，导致了当前诸如"不敢生""不想生"等诸多现实层面问题。

二 文献综述与研究问题

抚育私人化的另一面，是儿童养育的公共性，这与不同国家的社会发展进程及背后对儿童价值和公私属性的认识息息相关。历史地看，随家庭经济模式从前现代到现代的转型，儿童经历了一个在成人视野中从无到有，又随消费社会兴起，从"有价"变成"无价"的过程（维维安娜·泽利泽，2018）。但"无价"的儿童属于谁？是单个家庭的财富，还是全社会的未来？换言之，抚育是否被作为一项社会再生产任务而由全体来承担，这在各国有非常不同的理解，衍生出不同的抚育支持体系。

就我国而言，生儿育女传统上属于家庭私事，在新中国成立后的不同阶段，国家有过不同程度的介入，儿童照顾政策经历了一个"建构—解构—部分重构"的过程（岳经纶、范昕，2018）。但即使是在计划经济时期，公共托育一度达到高峰，也并不意味着儿童照顾是公共责任理念的兴起，国家仍倾向于最大化家庭的"抚老育幼"责任，最小化国家的支持作用（张亮，2016）。改革开放后，育儿职责更是在市场的作用下向家庭深度内卷，"照顾危机"凸显。当前家庭作为照料责任的托底者的负担过重，已引起普遍重视，近年来，学界有"将国家带回家庭"（吴小英，2020）的呼声，希望国家能为家庭承担挡风遮雨的责任，建立家庭友好的政策支持体系。

不过，从家庭政策领域出发的对抚育的公共性与私人性的辨析及对抚育的公共支持的讨论，多从育儿过程中的具体主体和具体环节切入，如儿童养育成本（马春华，2015）、托幼政策（佟新、杭苏红，2011）、二孩下的亲职抚育困境（陈雯，2017）等，虽然直接明了，但对公共性的理解较为狭窄，强调国家自上而下的政策支持，缺乏进入具体日常生活的实践过程，也缺乏对自下而上的社会化公共支持路径的想象。在当前社会变迁、中西交融的背景下，对"公共"和"支持"的理解都亟须拓宽，需要跳出对计划经济时期传统的路径依赖。对前者而言，需更关注当前随市场化深入、社会力量崛起，正在逐渐浮现的基于社会自发提供的公共性；对后者而言，也不应局限于以原有公共托育为典型的底线、根本性的支持，而应对育儿支持体系加以拓宽，将养育儿女所生发的具体生活场景带入进来。由此，本文着眼于儿童抚养和教育的整个过程，侧重其中能与学校、社区和城市互动且共享资源的方面，以美国低龄儿童养育实践为参考，来讨论拓展社会化的公共育儿支持的多种可能，以回应我国当前抚育公共化支持不足的困境。

（一）抚育私人化与城市公共空间

随着城市化进程的不断推进，我国城市面貌焕然一新，但城市规划中"人"和"儿童"的视角仍十分欠缺。儿童抚育的国家支持不足、社会支持缺失且商品化和私人化过度的现状，在城市空间安排中同样体现出来，这是被传统家庭研究及政策视角所忽视的维度。

空间安排与人的生活息息相关，一个亲子友好的城市空间，能够在很大程度上减轻抚育负担、支持育儿生活。但长期以来，我们的公共空间中专门为儿童设计、安全可及、朴素自然的活动场所有限，大多数时候，儿童只能在小区健身器材上、马路旁的绿化带中或停满车的小区空地上玩耍。而与之共存的另一面是，专门为儿童设计的空间被包裹在消费的场景下出现，如迪士尼、欢乐谷等大型主题乐园，或商场融合教育、服装、饮食为一体的亲子层，或是高价商品房小区中配套的儿童游乐园。这些空间的使用往往需要一定甚至不菲的经济付出，且不少空间装饰繁复，外观大于其实际能满足的玩耍需求。由此，从以儿童为视角的城市空间安排，来审视我们当下转型过程中对抚育的公共支持，可以看见一个颇为悖谬的场景：一面是处于城市公共空间缝隙之中的儿童，一面是被包裹在消费华丽外衣下的儿童。换言之，在家庭和市场中被极度重视的儿童，在城市的公共空间中却是被遗忘的。这使得儿童照顾和陪伴在家庭之外无处安放，若不屈从于商业场所，就无处可去。这种倾向既带来了不健康的儿童，他们被给予丰富的物质的同时，患上了自然缺失症和交往缺失症，[①] 也加重了父母和家庭的养育负担。

值得欣慰的是，近几年来，以儿童为主体的空间建设逐渐从消费领域延伸至公共领域，以城市规划学界为主，出现了一系列的尝试，沈瑶等（2018）提出以街道空间为关键切入点，以儿童参与为核心方法，以社区为

---

① 张海水（2013）指出，即便不考虑经济成本，营利性的儿童游乐场所也不能取代公共的儿童游戏空间。张海水指出，营利性的儿童游乐场不是真正意义上属于儿童的游戏空间。前者的逻辑是追求"刺激"，最大限度地刺激儿童的感官以及由此而来的顾客的"盲目消费"，长期在这些场所进行游玩会打乱儿童平和的心智。这种儿童自身参与度极小、自主性很少发挥的机械活动，与真正意义上的游戏相差很远。

关键层级，从游戏空间网络切入构建儿童友好的城市空间环境；刘悦来和寇怀云（2019）则探索以社区花园为公共空间载体来构建儿童友好社区的方式，提出花园空间友好和服务空间友好策略等。规划师们的实践致力于以空间设计带动和提升儿童在城市空间中的参与感，探索一条有中国特色的儿童友好城市建设之路，收效明显。但这在我国尚处于起步阶段，现有的国内探索尚不能勾勒出城市中潜在的、可能由不同层次的公共主体运营的、具有抚育支持功能的各类城市公共空间的全貌，及育儿作为一种公共生活嵌入城市生活的逻辑，本文希望借对他国案例的探讨进一步拓展视野。

（二）抚育私人化与儿童个性养育

除缺少普惠型、社会化的公共空间支持体系外，当前在中国，养育之难不仅在"养"，更在于"育"。改革开放后形成的"教育双轨制"一方面使优质公有教育资源流失，另一方面放任市场成为汲取家庭资源的"无底洞"（渠敬东，2019）。教育成为抚育私人化、内卷化的重要场域，密集母职（Hays，1996）进一步延伸，出现"教育拼妈"（金一虹、杨笛，2015）、"母职经纪人"（杨可，2018）等现象。教育加码带来了家庭职责的加码，双系成员全面卷入，形成关于儿童"养"与"育"（肖索未，2014）之间的精细分工，甚至极端化到"养"的不同方面（饮食、接送）、"育"的不同方面（不同学科），其背后同样是公共支持的缺失。

这一教育加码以培育面向未来、具有竞争力的儿童为理想，实践中主要体现在以个性培养、兴趣发掘、综合能力拓展为重心的儿童个人特色和自主意识的培养上，也被统称为"素质教育"或"博放教育"。[①] 这一理念脱胎于美国新教育观，与中国转型后"个体社会的崛起"契合。儿童被日益当成一个逐渐浮现的主体，保护儿童的创造力、提倡"玩中学"、培养批判性思维等，在国家大力推广的素质教育语境下获得正当性，继而由形形色色的市场机构赋予与国际接轨的先进性，成为城市中，尤其是中上

[①] 刘云杉（2016）提出以"精约"和"博放"取代传统的"应试"和"素质"教育的说法。"精约教育"强调严格的制度与纪律，养成习惯、砥砺品格、磨砺意志，用"苦中苦"或"苦中乐"来实现"人上人"的目标；"博放教育"致力于将约束降到最低，主张解放学生，让学生在集体之外成长，让每个学生可以变得伟大。

层大力践行的教育目标。

但值得注意的是，当前，这一教育目标主要在家庭和市场机构——私领域——中完成，小至各种课外兴趣班，大至各种民办中小学，市场提供了纷繁的选择，但都以转嫁于家庭的不菲成本为代价。这种私人化的儿童个性培养目标，缺乏公共性支撑的制度土壤，既无法生产真正的主体性，又无法与中国社会更根本的深层结构联结，在日常育儿实践中体现为三个方面。

第一，被化约的个性。以低龄儿童为例，学前接受的各种市场化早教、艺术、外语启蒙，多以保护创造力、启蒙自主性为卖点，但孩子入学后即面临学校的纪律要求，尤其当前大城市中，出于人口密度、学校规模、育儿成本等种种原因，及科技进步带来的可能，这一代孩子面临的是前所未有的严苛、精细的权力技术。[①] 由此，被新教育理想鼓励的"天性释放"与入学后的规训之间产生张力，协商的结果是一种可展现的、又无损于纪律规范的个性：体现在学校是以选修课、才艺展示、各类竞赛展现的素质教育成果；体现在孩子上，则是由艺术、体育、学科竞赛等体现的"特长"。这种技能性的化约，限制了真正主体性的生长，难以驱动由内而外的探索。

第二，无根的个性。虽然校内课程看似更丰富，但校内规则增强、在校时间缩短、课间自由活动受限、课后时间又被市场机构占据，使得同学间有意义的互动时间很少，学校教育中的社会化功能减弱。加之当前城市居住环境中邻里疏离、家内兄弟姐妹欠缺，使得儿童在学校教育之外同样缺少稳定的横向联系和支持性的社会环境。由此，个人的发展与自我、他人和社会脱离，"教育本该是社会团结的技术，教育成就却以个体主义的方式导致社会的分裂"（刘云杉，2016）。

第三，有价的个性。当前课外机构盛行，看似内容丰富，实则性质单一，几乎皆为民办市场机构，其中又以大型连锁机构为主力，缺少其他类

[①] 例如，孩子们每日着装、就餐、排队、举手、坐姿甚至说话音量都有规定，课间不允许在走廊追逐打闹。客观来说，普遍的高密度环境是出现严苛要求的一个原因，以笔者所了解的北京北五环外密集居住区中的某小学为例，一个年级可达到9个班、380人的规模。

型的不同主体——如社会群体或公有部门——提供更公平的支持。不同阶层差距扩大,家庭资源纵向往下聚集,孩子们的竞争需要全家作战。

这三个特点,显示了我们当前对儿童个性培养路径单一所导致的问题。究其根源,在于我们对儿童主体性的塑造,仍被包裹在总体性社会对原子化个人统一性的要求之中,其间的冲突和断裂,无法通过单一路径解决。换言之,社会化的公共养育路径的缺失,同样在如何培养一个素质教育理念下的理想儿童上体现出来,儿童的个性培养同样需要公共性的支持,需要一个家庭、学校、社区互为整合的养育体系。

由此,本文希望以我国现实为关切,从上述城市公共空间安排和儿童个性养育的系统支持两个方面,参考他国实践拓展经验边界,丰富我们对于社会化的公共支持路径的想象,并最终回应在社会转型背景下,国家、市场、社会、家庭对抚育职责分工重组的关切。

三 案例与方法

文章以抚育的公共支持为焦点,侧重其中社会化、多元主体运作的方面,这在我国尚属一个前瞻的领域。对美国社会的观察分两个部分,前半部分从空间切入,勾勒城市中具有抚育支持功能的各类公共空间的全貌,并分析其背后不同层次的公共性主体如何为家庭育儿生活提供支持;后半部分从对儿童的个性培养切入,观察学校、社区、课外教育机构等主体如何为培养一个有主体性的儿童提供微观公共性基础,从而使得其周围的小环境得以自洽。需要指出的是,本文并不致力于讨论城市空间或者教育本身,或是两个国家的制度比较,而只是想借由这两个日常生活中最触手可及的层面,反思中国当下的转型,即国家、市场、社会、家庭在育儿实践中分工的现状及未来的可能性。更具体地说,社会性公共养育路径的缺失导致的养育负担过重,是我国当下面临的重要问题,也是本文所立足的现实关怀,但这在美国的脉络下并非他们最急迫的问题。本文无意将美国案例作为样本,之所以借用,只是由于我国当前这方面的实践处于刚刚起步的状态,积累尚不充分,边界还亟待拓宽,而这在美国的语境下有长久的传统。因此,本文希望借由他国的实践,对公共支持背后可能的多元主体及其合作方式做一个梳理，以此来扩充我们认清自身现状所需的想象力。在美国自身的脉络下，更根本的问题比如社区邻里的衰落使得教育不平等加剧，公立教育质量越来越难以保证等，但这已不再属于本文希望讨论的社会化公共抚育支持这一范围。

此外，还需说明的是，就世界范围内对抚育的公共支持而言，美国亦非最佳案例，一些欧洲国家乃至日韩，都有超出其的可圈可点之处。本文以美国 B 市为例，一方面是出于对我国当前因抚育私人化引发的困境的关切。抚育私人化源于市场对家庭及教育的侵入，从这个角度，美国可谓市场化程度最高的代表之一，以至于著名社会学家阿利·霍克希尔德（2014）专门著书对私人生活能被外包的程度、商品化的边界进行讨论。另一方面，美国社会内部差异巨大，B 市是美国的一个以文化上的多元平等著称的小城市，在社会参与的历史和氛围上具有典型性，因此，结合这两个因素，B 市的观察能较有针对性地回应本文的核心关注点：在整个儿童抚育过程被市场高度侵入的状态下，社会化的公共性支持能提供哪些可能，对此加以弥补和平衡？

B 市位于北加州，与旧金山隔湾相望，占地面积 27.1 平方公里，2010 年美国人口普查结果显示，B 市共有人口 112580 人。B 市公立教育传统悠久，拥有美国排名第一的公立大学 B 大学，不过较之高等教育，中小学公立教育资源在全美的排名不算靠前，人均投入一年 8000 美元左右。本文资料来源于笔者 2018~2019 年在该市生活期间所做的田野调查，以低龄儿童养育的公共支持为焦点，重点考察了城市的空间安排和校内外制度安排两个方面。在城市空间安排上，走访了各层级的儿童相关机构，与工作人员和家长交谈；在学校制度安排上，以 C 小学为重点，参与学校家长教师联合会（PTA，Parents and Teacher Association）发起的部分会议、学校志愿服务（如拍卖、嘉年华、阅读节等），并对部分老师和家长进行了访谈。此外，笔者还收集了相关文件资料，并查阅了有关历史资料。本文遵循民族志的准则，见闻及反思仅限于当地。

四 城市空间：多主体的公共养育支撑

城市空间是育儿公共支持的重要方面，B市有大量面向公众、低成本、专门化的亲子活动空间，承担辅助育儿功能。空间运营需要主体，形态丰富的公共育儿空间背后，是源自国家和社会的不同层次的"公共性"推动的多元主体，主要有三大类型：国有力量为主的公立图书馆、社会运动驱动的社区游乐场，以及非营利组织运营的儿童体验中心。此外，各主体还灵活协作，生产出第四类基于市民文化活动的即兴、流动育儿空间。

（一）国有力量支持为主的公共图书馆

公立图书馆以联邦、州和市三级政府资助为主，是美国市民生活和城市空间的重要组成部分，从三个方面支持了城市育儿生活。

一是密度高。据美国图书馆协会统计，全美共有公立图书馆16536座，犹如毛细血管遍布城乡各处。以B市为例，共有总图书馆1个、社区图书馆4个及工具图书馆1个，4~5平方公里就有一个，具有很好的可及性。二是服务范围广。最重要的是全年龄覆盖，每个图书馆都设有专门的儿童阅览区，提供从0岁开始的幼儿读物，并设有亲子共读、儿童玩耍区，提高对儿童阅读中难免的吵闹的容忍度。此外，图书馆还与各博物馆、儿童机构及视频网站合作，提供优惠门票和免费资源，丰富城市亲子生活。三是"活"的社区中心。除资源外，图书馆每周都组织丰富的常规活动，同样覆盖全年龄段的儿童，并各有侧重。

以2020年3月为例，为儿童（kids）提供的活动有：各年龄段的故事或读书会（婴幼儿阶段至4~5年级）、家庭故事会、亲子游戏工作坊、家庭瑜伽；提供材料或技术指导的乐高搭建、国际象棋、编织俱乐部、手工工作坊；提供生活服务的免费诊所、心理咨询室等。为青少年（teens）提供的活动则更有技能性，如：动漫俱乐部、诗歌之夜、虚拟现实、SAT辅导、计算机初学辅导、编程、ESL（非英语母语者英语提高)、写作、演讲、领导力培训等。

——笔者根据图书馆网站整理

此外,还有贯穿全年的特色活动,如科学、女性、黑人、太空等不同主题月及合唱、戏剧、音乐会等演出,大量非营利组织或个人志愿者参与其中。其中,市图书馆和社区图书馆还略有不同,社区图书馆周末的手工活动规模更小、设施更简单、成员联结更为紧密,图书馆因之成为社区生活的纽带。

(二)社会运动推动的社区游乐场

游乐场在美国的发展有悠久的历史,是一个由社会力量和公共参与推动的典型例子。"游乐场运动"(playground movement)始于18世纪中期,旨在以"基于社区的休闲"来应对工业化及城市化的危机:拥挤不堪的邻里、疲惫不堪的工人及在危险环境中玩耍的贫困儿童。随后,在运动的推动下,游乐场的意义被不断丰富:从个体休闲到社区整合,再到教育功能,进而到覆盖全年龄段的娱乐活动,最后扩展至全民艺术和福利。在这个过程中,社区娱乐也日益结构化和组织化:美国游乐场协会(American Playground Association)于1900年成立,后演变为国家休闲协会(National Recreation Association),即今日的国家休闲和公园协会(National Recreation and Park Association)。在运动的推动下,美国的游乐场数量在四十年间增加了数倍,从1909年336个城市有1535个游乐场,增长至1948年1917个城市有13520个游乐场,[1]奠定了游乐场和公园在市民生活中的重要地位。从形态上看,也经历了初期的沙子游乐场(1866~1930年)、固定模式游乐场(1930~1970年)、麦当劳游乐场(1970~1980年)、冒险游乐场(1980~1990年)几个主要阶段,直至当前与艺术结合更紧密的新式游乐场及街区中的即兴游乐场(pop-up playground),体现了随着时代的变迁,

---

[1] 参见百科全书网站中词条"Playground Movement"的内容,https://www.pgpedia.com/p/playground-movement。

全社会对想要培养怎样的孩子的一再思考。①

至今，游乐场仍是城市中面积最大、可及性最高的公共育儿空间。它们高密度地嵌于居民区周边，对儿童有很好的可及性。不同于商场里令人眼花缭乱的大型游乐设施，这些由攀爬、滑行、钻筒、走梯、荡秋千等功能部件组合而成的无动力游乐场朴素、安全，有两大特点：一是分龄，分为5岁以下儿童（toddle）、5~12岁儿童（kid）和青少年（teenage）三组，配以不同的秋千、滑梯或球类运动场地；二是设施本身安全坚固、转角光滑，地面铺以很厚的橡胶、沙子、软木屑，孩子即便跌落也能得到很好的保护。公园中常常竖着一块牌子，"Welcome to Your Park"，时刻提醒市民们在自己城市中的主体性。

（三）非营利组织运营的儿童体验中心

儿童博物馆是非营利组织运营的典型类型，全美有2000多个专门的儿童博物馆。不同于传统博物馆、亲子乐园和早教中心，儿童博物馆旨在营造一个非正式的婴幼儿学习场所，并提供一定的照料服务。大型儿童博物馆通常由政府以提供低价土地、购买服务等方式支持，企业及基金会捐赠，当地非营利公益组织运营。B市的儿童博物馆规模较小，由一群父母及教育者创立，主要依靠门票和捐赠运营，以学龄前儿童为主要服务对象，以艺术启蒙为特色，此外还有搭建、戏水、阅读、模拟农场、超市购

---

① 游乐场作为对工业化、城市化的回应而兴起。全美第一个游乐场是1885年在波士顿街头出现的"沙子公园"（sand garden），旨在为在街头巷尾车流中穿梭的孩子提供安全玩耍的地方，并解决社会隔离问题。随后的理念演变为有监管的玩耍有助于孩子的道德培养和身心健康，并且，休闲娱乐还有助于社区团结。因此，在第二阶段，心理学家、儿童发展专家参与游乐场设计，旨在通过运动开发儿童的体育技能、提高其社交能力等，游乐场逐渐成为城市标配，并延伸到乡村。这一阶段奠定了分年龄设计、以中心装置为主导、分块计算成本及严格的安全原则，影响至今。随后进入"游乐场的麦当劳化"阶段，大量重复的游戏机械使玩耍也进入了标准化模式，限制了孩子的想象力和好奇心，使人们再一次反思：安全的界限在哪里？是不是需要把风险重新带回游乐场？由此，第四阶段的"冒险/垃圾游乐场"（adventure/junk playground）兴起，设计者收集旧箱子、管子、石头、绳索等，让孩子使用铁锤、锯子、刷子等工具创造自己的游乐场。与原先对风险的完全摒除不同，这些游乐场中有一定的风险，但在成人监管下可控，为了能使孩子在尽量真实的环境中体会梦想实现的快乐。参见翟静《美国户外游戏场的演变》，《美术研究》2011年第8期；Amanda Erickson, "The Politics of Playgrounds, a History", 2012年3月14日, https://www.citylab.com/design/2012/03/politics-playgrounds-history/1480/。

物等几个区域。

与此类似的还有儿童戏剧、舞蹈、画室等小型机构，特点都是兼具亲子性与社区性。以 B 市儿童博物馆为例，一方面，它提供与校内教育衔接的灵活照料时间，成立父母社群，并不定期地举办木偶剧、儿童画展、音乐会等活动，促进学习和交流；另一方面，它以雇用本地兼职大学生、艺术家和音乐人，为社区提供志愿服务等方式扎根社区，为各类以儿童与家庭为服务对象的团体和机构提供聚集的场所，成为有价值的社区资源。

这一类别下的另一种典型空间来自以大学为首的大型教育及科研机构的资源辐射。B 大学艺术博物馆在专项基金的资助下，开展每月一次的"画廊+工作室"儿童艺术公益项目，由本地艺术家带领孩子们看展览并创作；在全美科技领先的 L 实验室设有儿童探索中心；认知实验室则通过儿童认知游戏来招募实验被试者；学校下属植物园也不定期地开展植物认知教育；等等。此外，学生活动也常以城市中的儿童为对象，如女科学家日、校园开放日等，多以简单易上手的科学小实验为主，为儿童从小创造"亲科学、亲艺术"的氛围，提供了多样化、低成本的育儿空间。

（四）多方协作生产的流动空间

除上述各种不同层次的公共主体运营的常规空间外，笔者在田野中还观察到另一类极有特色的流动空间，即由多方协作生产的大量"节/日（Festival/Day）"活动。这些活动常临时占据广场、公园、街道等公共空间，小至某家庭/社区俱乐部在广场自发的街头募捐演奏，大至节假日的市民狂欢，其频率之高，使之成为家庭生活的重要内容，也因之提供了不可忽略的公共育儿资源。

以公有部门为引导，不拘一格的承办主体（个人、机构、市民团体、政府部门）是公共文化生活生产的强大动力。B 市公园和休闲管理部作为城市官方活动主办者，组织的特色活动贯穿全年，如：

> 传统节日类：复活节（在公园中组织孩子捡彩蛋）、万圣节（某社区要求各家都做好装饰让人们来讨糖）、国庆节（水滨码头的烟花和音乐表演）、圣诞节（街区特色装饰）、地球日（海滩清洁）等；

城市特色类：风筝节（海滨风筝表演和自由放风筝）、巧克力粉笔节（某街区人行道的艺术家粉笔画）、公园系列音乐节（市内各绿地上的乐队演奏、手工艺设摊）、社区电影节（社区绿地提供爆米花）、帆船节（海滨/帆船出海体验、儿童冒险游乐场）等；

体育运动类：儿童水上运动、儿童三项全能、滑板、足球等。

——笔者根据 City of B 官网整理

对于公共育儿支持而言，这类流动、即兴（pop-up）空间最重要的启示在于城市空间使用的灵活性。在一场盛大的市民节日中，笔者观察到这类临时节庆空间甚至还可以通过"封路"创造。活动当日，警察在预定路段两端设下路障使之成为临时步行街：主干道供市民团体进行趣味游行；道路两侧摆设小摊，包括地方特色手工艺品等，间杂数个小吃摊和乐队；两端则是儿童游乐区，活动当天搭建摩天轮、海盗船等大型游乐设施，活动后即拆除。

这种城市空间的使用方式令人印象深刻，其背后有两大支持，一是灵活友好的城市空间管理制度，街道经批准后可以用做市民公共活动场所，并有警察协助维护秩序，提高了城市公共空间的利用形式和效率。二是各主体间"搭积木式"的空间协同生产机制，使大型活动可复制且易更新，并有很好的兼容性。在这些频繁发生的活动中，只需要将主题活动板块、儿童娱乐板块、小吃快餐板块、地方手工艺板块等有序拼搭起来，就便捷有效地生产了不同的流动育儿空间。

由此可见，在这四类空间的作用下，育儿生活与城市生活融为一体。这背后是国家、社会组织、小型市场机构等不同层次的公共性力量的推动和合作。这些空间规模通常不大，但有强社区性、高可及性和多元主体运营的特点，如毛细血管一般使家庭育儿生活嵌入城市生活，体现了社会对于抚育的向心力。

五 儿童养育：互为整合的公共养育环境

正如非洲古语所言，"养一个孩子需要一个社区"。抚育环境中便利可及的公共支持意义重大。在我国当前的抚育现实下，社会化的公共养育路径缺失，加之抚育要求的提升，由此造成的缺口主要由市场机构弥补，尤其体现在素质教育语境下的个性/特长培养上。这种完全由一家一户自己承担的方式导致了个性培养的化约、无根和有价。在此，以B市为例，回到当下盛行的以个人主义为基础的"美国新教育观"所生发的具体社会情境，可以看到，在当地，对儿童个性的理解更为宽泛，并有扎根于学校、社区和课外机构的公共性基础，各主体之间功能互补，从而使整个制度从个人、家庭到国家、市场、社会互为整合，减少了制度之间的冲突和张力。

（一）基础性的校园支持

美国社会的"个性"养成，基于一套看得见"个人"的制度安排。"看见儿童"的新教育理念，从家庭到校园连续贯通，以公立学校为例，虽然其已被普遍认为较之私立学校，对儿童的个性需求照顾不足，但将孩子视为独立主体的理念仍随处可见，体现为如下几个方面。

从直接的教学来看，一是最直观的教室陈设：教室里有个人名字的地方不下十处，大多融入教学设计中。墙上有全班成员的自画像；走廊里有各人写作展示；每人各有一个邮箱放当天的学校材料，还有一个阅读盒子和一个作业盒子放自己的学习资料。二是教学方法，如声名在外的分级阅读体系，老师根据每个人的能力水平给出不同难度的学习材料。此外，老师对孩子可能受到的从众压力极为警惕，"你可以和别人不一样"（It's OK to be different）/"你不一定要做某事"（You don't have to do…）是常听到的两句话。

在教学之外，孩子常有机会在学校活动中展现自己的个性，如学校举办的万圣节、睡衣阅读日，孩子们可以穿得千奇百怪来到学校，低年级的孩子还可以带上自己的玩偶。日常校园行为规范的约束也较少，仅对考勤较为严格，而在日常课堂和队列中则可以形态各异。

这一原则也改变了学生与老师的关系。C小学的班级以老师的名字命名，每个班主任都有自己的固定教室，不随孩子升级。不同教室的陈设、资源因老师能力和风格的不同而差异巨大。在每学年结束前夕的班级展示中，孩子可以任意参观各个教室，选择自己心仪的下一学年的老师。

大体上，就对个性化的支持而言，学生在公立学校与校外教育机构内体验到的氛围没有明显冲突。两者的区别只在于，私立机构的老师学生比更高，对个性的照顾更细致，且可以在一定程度上填补学校的空缺，如提供学校放假时段对孩子的照顾，或开设学校没有的课外班。在这套连续的环境中，个性的展现是立体的，不局限于技能，① 每个人都有被看见的机会，而不必一定要成为"榜样"。

（二）平衡性的社区支持

对儿童个性发展友好的外部环境不仅体现在校园中，还延伸到校外的社区和共同体中。以学校筹款活动为例，公立学校的经费除学区拨款外，还有一大部分需自筹，C 小学 2019 年度的筹款目标为 16 万美元，为此，PTA 设计了两场大型活动——"抽奖"和"拍卖"，前者以学生为主，后者以家长为主——来调动学生和家长为学校募捐的积极性。在"抽奖"中，学生们需要卖出学校下发的空白奖券，为此，孩子们在超市门口、社区游乐场等地各显神通，或卖自己烘烤的曲奇，或转卖超市的点心并附赠自制饮料，或卖各式小手工作品等，以获得来往路人的支持，为学校筹款。"拍卖"则是年度最盛大的筹资晚会，家长们自愿买票参加。在此，孩子们的个性得到另一种形式的展现——独一无二的竞拍品，其中的大部分与孩子们的在校生活有关，如由全班每个人的美术作业制成的装饰画，或集体创作的班级绘本等，仔细翻阅，每个人的特色跃然纸上。

从某种程度上来说，个性发展是把双刃剑，对个性化的鼓励，不可回避的另一面是整体结构松散、个人意识过强。在此，由单一的校园环境向更全面的社区共同体的延伸还起到了平衡作用，使个性化过程同样成为社会化过程。个人需求与社会需要之间的平衡是个人主义下教育的重要方面，正如一位资深的 K 班班主任 A 女士在访谈中所说：

---

① 当然，美国也有对儿童技能性的个性培养，被称为"竞争性课外活动"，指由大人组织的、有参与记录和奖项的活动，如国际象棋、舞蹈、体育运动（Levey, 2013）。

对于 K 班刚入学的孩子，我们会有一个"工具包"（toolkit）来教他们一些基本规则，其中有一个"个人空间工具"（personal space tool）。我告诉孩子们，这就像我们每个人都有个大泡泡。我有我的泡泡，你也有你的。当你需要空间的时候，可以说："不要戳破（pop）我的个人空间泡泡（personal space bubbles）！"这样他们就比较好理解。

但我们还有另外一个，叫共情工具（empathy tool），我会教他们摆出天平的手势（动作：双手左右摊开），这边是"我需要的是什么"，另一边是"我们的团队需要的是什么"，这样衡量左右两边的重量（动作：双手一上一下），找到自己与他人的需要、情绪、处境之间的平衡。这里的关键是"我关心自己，我也关心别人"。

——C 校 PTA 教师代表 A 的访谈，2019 年 3 月 11 日

（三）多样化的课后支持

作为个性培养的方式之一，课外班也是题中之义。美国公立小学放学早、假期多，儿童的教育普遍没有祖辈介入，"三点半后"同样是个难题。公共化的课后支持的基本策略是将基本照顾和进阶照顾分离，前者以国家和社会为主，后者以市场和社会为主。

基本照顾被称为课后托管（after-school care），以提供食物、安全等基本照料为主，辅以简单的阅读、数学指导，主要为衔接儿童放学与父母工作时间，这对低收入家庭，尤其是母亲尤为重要。① 公立部门在其中扮演了重要角色，根据学生家庭情况，B 市提供两个支持力度不同的项目：

B 项目由联邦政府儿童营养办公室及儿童发展部、加州教育部为主资助，致力于创造一个"安全、有营养的环境"，支持每个孩子达

---

① 《美国三点半以后托班研究报告》显示，83%的父母认为托班帮助他们保住了工作，75%的父母（其中80%的母亲）认为托班使他们工作时更安心。低收入家庭更需要晚托项目，如果有机会，50%的低收入家庭希望孩子能参加一个晚托项目，而更高收入家庭的孩子只有34%会选择参加。参见 http：//www.afterschoolalliance.org/AA3PM/。

成"学业优秀、情感发展、生活健康、自我表达"的目标。B 项目在所有项目中的支持力度最大：照料时间最长（全年 240 天提供，含早晚托）、减免力度最大（费用依家庭收入分档，对在州平均收入 40% 以下的家庭免费）、全市学生皆可申请。经济条件最差、照顾需求最迫切的家庭可获得优先权，申请需提供：(1) 家庭需求原因（如找工作、工作、求学等）；(2) 家庭申请资格；(3) 家庭收入；(4) 家庭规模；(5) 家庭住址证明。此外，对进入项目之后的接送、付款、请假等都有严格规定。

——B 市学区（教育局），《B 项目家庭手册（2018 年 7 月）》

L 项目由加州教育部为主资助，没有联邦资金介入，在上学日（180 天）提供，仅限本校学生申请，费用依家庭规模和收入分为如下六档减免，无全免（见表 1）。

表 1　L 项目学生家庭规模和收入与每月托管费用

单位：美元

2 人家庭收入	3 人家庭收入	4 人家庭收入	5 人家庭收入	6 人及以上家庭收入	5 天费用	4 天费用	3 天费用	2 天费用	1 天费用
0~1819	0~1949	0~2166	0~2512	0~2859	60	55	40	28	16
1820~2328	1950~2651	2167~3032	2513~3618	2860~4331	85	80	60	44	25
2329~2838	2652~3353	3033~3769	3619~4422	4332~5061	175	160	125	85	50
2839~3355	3354~3953	3770~4392	4423~5280	5062~6069	295	280	215	150	86
3356~3839	3954~4742	4393~5646	5281~6549	6070~7452	415	395	305	215	124
3840 及以上	4743 及以上	5647 及以上	6550 及以上	7453 及以上	475	450	350	245	140

注：参见 B 市学区（教育局）《L 项目家庭手册（2018 年 7 月）》。

可见，由联邦或州经费介入的公立部门支持构成课后托管的主体，从表 1 中的收费标准来看，对低收入家庭有明显倾斜。因减免相对较大且易申请，且能得到校车接送，这类托管班名额相对紧张，有时需要排队。为弥补这一缺口，大量社会组织也参与其中。这类组织多由本地社区发起，有少量费用减免名额，收费介于公立部门和市场机构之间，能自行安排接送或申请校车。除基本照顾外，社区社会组织提供的托管还会结合自身优势开展特色活动，如传统非营利组织 YMCA 自带场馆可提供游泳课；JCC 附近有岩石公园，孩子常由老师带去户外活动；[①] BYA 则与大学生志愿者合作，侧重提升孩子的阅读、数学和社交水平等。[②]

进阶照顾则被称为"充实性课程"（enrichment class），类似我们理解的课外班，提供基于个人兴趣的技能学习，如 STEM 科学课、戏剧、美术、编织、烹饪、二外、国际象棋等，小型市场机构在其中扮演了重要角色。较之基本照顾，收费较高，四十分钟一节课需 20~30 美元。在节假日中，这类课程演变为各类主题"营"（camp），以便孩子的兴趣得到集中强化。以 B 市提供的夏令营导览为例，项目共计 13 大类，年龄跨度 5~15 岁，涉及艺术、游乐、信息技术、自然教育、水上运动等多个方面。

夏令营成为美式育儿中支持儿童个性发展的一个重要方式，由上述可见，进阶照顾的选择极为丰富，但价格不菲，每周在 300~450 美元不等。因此，除市场机构之外，社会组织和公立部门也有加入，提供了更多的选择。

各类兴趣"俱乐部"（club）是美国常见的社会组织，以成员的志愿服务降低成本，延展了个性培养的社会可及性。以 C 帆船俱乐部为例，俱乐部向公众开放，学生只需交 99 美元即可成为 3 个月的会员，由俱乐部成员带领学习帆板冲浪课程。夏令营也同样，社区中心提供的夏令营分为艺术、探索、运动三类，虽不及市场机构细致，但胜在经济实惠，一周收费 100 美元左右。此外，如 B 市公园和休闲部门利用公园资源提供户外营服务，B 大学利用下属教育学院、科学实验室和植物园等提供特色夏令营活动，也因其质优价廉而备受孩子和家长的欢迎。

可见，与城市育儿空间类似，课后支持中最鲜明的特点也是主体多元、性质多样。其中，公有部门和非营利组织扮演了重要角色；小型市场化机构也具有一定的公益性，与社会组织边界模糊；没有大型市场化的教

[①] 基督教青年会（YMCA）及犹太社区中心（JCC）是遍布全国的两个常见的社区中心，源于宗教，发展至今已经成为综合型社区服务机构，日常活动中基本没有宗教内容。
[②] BYA 全称为"B 市青年选择"（B City Youth Alternatives），参见 https://www.byaonline.org/about-us/our-mission/our-mission。

育企业。几乎所有机构都有很强的在地性，整体环境富于公共性，为儿童的个性发展铺设了多条路径。

六 迈向更具公共性的育儿想象

转型后国家支持不足、社会力量缺失、市场化深入导致的抚育私人化和内卷化，是当前我国儿童抚育困境的根源，为此，我们期待一种重回公共性的抚育想象。本文借对美国社会育儿的观察，以城市公共育儿空间和校内外支持系统为切入点，探讨拓展育儿公共支持的多种可能，以回应当前我国的这一困境。

在此，以抚育为议题，有必要重新探讨中西方在不同的历史、文化、制度脉络下对于"公共性"的两套不同的想象。在中国的语境下，更容易看到的是一种源于国家的、自上而下的公共性，更侧重于"公"的逻辑。以城市育儿空间为例，虽然近年来城市公园、博物馆、市民公共文化空间等场所正日益增加和完善，但仍基本沿循一贯的大规模、大投入、专门化运营管理的思路。其优点在于实施效率高，可以在很短的时间内查漏补缺，达到不断更新的基本要求，但缺点是由于成本过大而难以普及，较之我们城市的居住密度，此类设施存在可及性不够、过于拥挤、到访成本过高等问题。这种公共性带有总体性社会延续的国家福利性质，市民是被动的接受者，而不是主动的参与者，使用体验较为单一，对于育儿和家庭的支持还停留在浅层。

相形之下，对 B 市的观察则展示了另一种源于社会、自下而上的公共性，更侧重"共"的逻辑。如前文所述，无论是城市育儿空间，还是互为整合的学校、社区和课外机构，都呈现一种小规模、多样性的状态，运营主体或基于在地社会组织，或基于兴趣团体，形成一种分散、协同的网络结构。这种方式下，社会组织的成长相对缓慢，也难以形成很大的规模，但能较好地促进内部交流，满足家庭对抚育的多样化需求，同时，与社区、城市的融合也较为深入。

当前，随着时代的进步，"个人"的可见度正在提升，社会力量在逐步释放，我国也正在探索治理现代化转型的有效路径，以对多元主体有更多的包容。与此同时,"将国家带回家庭"的呼声也希望国家能为家庭承担挡风遮雨的责任,建立家庭友好的政策支持体系。可见,随着转型的不断深入,中西传统下这两套有不同侧重的公共性脉络需要有一定程度的融合。

值得欣慰的是,在本文收集材料和写作的同时,"儿童友好城市"建设正在我国得到大力推进,深圳、长沙、上海、北京等地纷纷响应,并进行了大量的探索。在知网中以"儿童友好城市"为关键词搜索,研究数量自 2017 年后呈现快速增长趋势,2018 年 40 篇,2019 年 59 篇,2020 年 68 篇,并从建筑规划领域拓展到教育、政治、社会等领域。在新阶段的探索中,儿童友好被上升到关于儿童权利的更高层次,儿童可以"自由表达自己想要一个怎样的城市,并有能力去影响城市里有关他们自己的决策";可以"参与到家庭、文化、城市或社区及社会生活中的事物"(宗丽娜、文爱平,2020)。伴随这些尝试和讨论,一条有中国特色的儿童友好城市建设之路正在探索中。具体来说,我国需要在政府主导下引入多方主体,形成一套以社区为着眼点的、更具社会公共性的协力育儿支持体系。这一方向,不仅有助于增强家庭韧性,使其在承担人类自身再生产的重任时不那么孤立无援,也有助于弥合"个人的崛起"与我国独特社会体制之间的张力,从而从家庭和社区层面,回应当前治理现代化转型中的问题。

参考文献

阿利·霍克希尔德,2014,《我们如何捍卫私人生活:外包、便捷背后的破坏》,朱钦芦译,中信出版社。

陈卫,2019,《中国的两孩政策与生育率》,《北京大学学报》第 5 期。

陈雯,2017,《亲职抚育困境:二孩国策下的青年脆弱性与社会支持重构》,《中国青年研究》第 10 期。

翟静,2011,《美国儿童户外游戏场的演变》,《美术教育研究》第 8 期。

金一虹、杨笛,2015,《教育"拼妈":"家长主义"的盛行与母职再造》,《南京社会科学》第 2 期。

刘悦来、寇怀云,2019,《上海社区花园参与式空间微更新微治理策略探索》,《中国园林》第 12 期。

刘云杉,2016,《自由的限度:再认识教育的正当性》,《北京大学教育评论》第 2 期。

马春华,2015,《重构国家和青年家庭之间的契约:儿童养育责任的集体分担》,《青年研究》第4期。

渠敬东，2019，《教育成为家庭资源无限投放的无底洞》，搜狐网，https://www.sohu.com/a/735786113_227820?scm=1019.20001.0.0.0&spm=smpc.csrpage.news-list.1.1704769393605iVyTXYL。

沈瑶、刘晓艳、云华杰、刘梦寒，2018，《走向儿童友好的住区空间——中国城市化语境下儿童友好社区空间设计理论解析》，《城市建筑》第34期。

佟新、杭苏红，2011，《学龄前儿童抚育模式的转型与工作着的母亲》，《中华女子学院学报》第1期。

维维安娜·泽利泽，2018，《给无价的孩子定价：变迁中的儿童价值》，王水雄译，华东师范大学出版社。

吴小英，2020，《走出家庭主义的想象舒适圈》，《社会政策研究》第1期。

肖索未，2014，《"严母慈祖"：儿童抚育中的代际合作与权力关系》，《社会学研究》第6期。

杨可，2018，《母职的经纪人化——教育市场化背景下的母职变迁》，《妇女研究论丛》第2期。

岳经纶、范昕，2018，《中国儿童照顾政策体系：回顾、反思与重构》，《中国社会科学》第9期。

张海水，2013，《儿童游戏的缺失与游戏在儿童世界的价值——以儿童博物馆为例》，中国社会科学网，http://www.cssn.cn/sf/bwsf_zhlwz/201310/t20131022_447333.shtml。

张亮，2016，《中国儿童照顾政策研究——基于性别、家庭和国家的视角》，上海人民出版社。

宗丽娜、文爱平，2020，《儿童友好型城市的中国特色之路》，《北京规划建设》第3期。

Amanda Erickson. 2012, The Politics of Playgrounds, a History, https://www.citylab.com/design/2012/03/politics-playgrounds-history/1480/.

Levey H. L. 2013, *Playing to Win: Raising Children in a Competitive Culture*. University of California Press.

S. Hays. 1996, *The Cultural Contradictions of Motherhood*. New Haven and London: Yale University Press.

（原载《学术论坛》2021年第1期）

制造亲密空间：公私困境下托育服务的本土化路径*

郭 戈**

摘 要： 家庭常被认为是最适合婴幼儿成长的空间，因此，在社会托育服务的建设阶段，能否放心地将3岁以下儿童送出家庭、交由专业照护者进行集体托育是影响有需家庭做出入托决策的重要障碍。本文以空间理论为视角，亲密性空间为研究框架，通过分析B市一家托育机构的建设过程，探索解决当下公共托育制度与私人抚育文化间冲突的机构建设路径。研究发现，建设集家庭-机构-社区于一体的亲密性托育空间能有效满足家庭对社会照护服务的个性化与情感性需求，提升家长对托育服务的信任程度。该路径需由经营者、育婴师、家长、幼儿、社区等众多行动者共同参与，推动机构在物质空间上嵌入城市与社区生活、在精神空间上复制家庭教养、在社会空间中营造关系密切的育儿支持网络。

关键词： 社会空间 亲密性空间 公私困境 托育服务建设

一 问题的提出

2019年被称为托育服务的"发展元年"，从国家到地方出台了一系列鼓励及规范托育服务发展的政策法规，并引发了资本与市场的热烈反应。然而，政府鼓励托育服务发展的举措能否达到预期效果，新生的托育行业是否能被公众接纳？有调查显示，部分已开办的托育服务机构并未获得预想中的认可。例如，上海市早在2018年就发布了《关于促进和加强本市3

---

* 本文系国家社会科学基金青年项目"疫苗公共卫生事件中的信任困境与信任重建"（项目编号：19CSH061）的阶段性成果。
** 郭戈，北京科技大学社会学系讲师。

岁以下幼儿托育服务工作发展的指导意见》，该文件发布以来陆续诞生了63家通过审核、拿到政府告知书的托育机构，但这些机构的实际入托率尚不足60%，一些机构还正在面临因为生源不足、亏损运营而即将关闭的考验。① 相似的状况还发生在我国其他城市，在托育服务发展较为迅速的南京，虽然家长托育需求强烈，但不少"刚需家庭"却迟迟没能付诸行动，托育机构仅被当作2.5岁以后儿童正式入托前的短暂过渡；② 在山东临沂，出于对"集体生活无法满足婴幼儿精细需求"的担忧，前期备受期待的托育服务响应者寥寥，出现了"叫好不叫座"的状况。③ 在托育服务建设初期，不少有照护需求的公众仍对这项被"寄予厚望"的社会服务持谨慎态度。

笔者参与调查的数家婴幼儿托育机构也正面临类似的发展困境。虽然很多家庭正在遭遇不同程度的养育难题，但在现实选择中，绝大多数家庭却对将3岁以下的孩子送入一个陌生的、由外人掌管的机构顾虑重重。不同于家庭空间特有的私人化特征，婴幼儿照护机构作为公共空间多受制于看护人员"一对多配比"与偏重生活照料的机构定位；而相关机构为了同时满足多名幼儿的需求也多采取开放式布局、集体化的教养方式，以及非亲属的专业看护人身份。这些都与家庭照护中私人化、密集化、个体化、情感化的育儿文化存在一定差距。婴幼儿本身的脆弱性、密集母职的深入人心、家庭照护细致入微的"优越性"，以及近年来有关托育机构和幼教行业的信任问题，都加重了父母将婴幼儿送出家庭、送入机构的疑虑，更凸显了我国婴幼儿抚育服务发展面临的制度与文化间的"公私困境"。

在我国托育制度建设的重要时期，社会化托育制度与家庭主义抚育文化间存在明显错位。一面是政府对社会托育服务的支持以及市场和从业者对托育行业发展的乐观预期，另一面是公众对这一服务"最柔软群体"的行业的谨慎与怀疑态度；一面是0~3岁儿童机构照护服务的集体化照料模

---

① 上海大调查：《上海63家通过审核的托育机构为何有一半托额都空着？》，2019年2月25日，https://sh.qq.com/a/20190225/004939.htm。
② 王若晶：《南京实践：职业妈妈对托育机构的期待》，2021年5月2日，https://m.thepaper.cn/newsDetail_forward_12455371.htm。
③ 《沂水县诸葛镇反映民办托育机构发展情况、存在的困难问题及建议》，2020年11月19日，http://www.yishui.gov.cn/info/9358/208751.htm。

式,另一面是家庭与主要监护人对婴幼儿抚育工作的私人化与个性化的期待。在公共抚育制度与私人抚育文化的冲突下,我们有必要关注托育服务政策可能遭遇的落地难、适应难问题。而针对我国制度变迁过程中可能出现的滞后问题,阎云翔(2006)指出,公领域的社会制度变革其实并非即时即刻地发挥作用,更多时候它会被推迟或者消解,生活经验和官方历史分期也存在常态性的错位。他还提醒研究者关注容易被忽视的私领域中的社会事实,妥善处理公共生活与私人生活之间的关系,尤其要善用私人生活资料来思考和解释社会制度变迁。何雪松(2010)据此提出,如何在凸显"私"的过程中形成具有整合意义的"公"是制度建构的核心难题。以上对制度变迁与公私关系的讨论也将我们的视线引向以下研究问题:在托育制度转型期,社会化托育机构如何调和公共托育制度与私人抚育文化间的"公私冲突",并提供令家庭信任、父母满意的托育服务。

二 文献综述与研究框架

(一)有关托育服务建设的文献综述

国内相关研究方面,针对我国社会托育服务尚未健全的发展现状,有关0~3岁婴幼儿托育服务的研究主要集中在托育公共服务体系的建设上。刘中一(2018)从历史的角度回溯新中国成立以来托育服务的发展进程,认为当下托育服务的热潮并非简单的历史复兴,而是人口转型与城乡发展一体化的必然。杨菊华(2019)关注现有托育服务发展中的现实困境,指出托育服务须突破"有需欠供""有教欠保""质量欠护"等现实阻碍。杨雪燕等人(2019)以比较研究的视野分析了包含丹麦等国在内的福利国家的托育服务模式,在此基础上提出了针对中国构建0~3岁婴幼儿托育服务体系的政策建议。罗峰和崔岩珠(2020)关注现行托育政策的执行困境,从行动者转移偏差的角度发现相关政策落地难现象背后的利益纠葛与权力博弈。

国际相关研究方面,研究多集中于对发达国家托育服务的考察,除了从宏观层面比较不同国家的托育服务模式,研究者还着重关注托育服务中多元主体的发展现状与行动逻辑。鲍尔（Bower）（1991）通过对2岁前在托育中心生活过的儿童的追踪调研，发现育婴师的专业性以及日托开展活动的丰富程度影响儿童的身心发育状况。达拉（Darla）等人（1989）比较了不同社会阶层父母对日托的选择，发现早期教育已成为社会再生产的重要一环。赫斯（Hess）（2015）关注了主要照看人的综合素养对婴幼儿健康水平的影响，认为照护人的学历、执业年限等因素将对婴幼儿的身心健康产生影响。克伦（Karen）（2012）围绕"延伸母职"的概念，分析了机构托育方式对女性职业发展与主体性建构的积极影响。

总的来说，现有国内研究主要从上层设计的视角对我国0~3岁婴幼儿托育服务系统的发展规划与现实困境展开研究，对微观层面的机构建设经验缺少必要的关注，对0~3婴幼儿照护服务的研究仍停留在探索、展望、宏观规划层面。相关国际研究虽然注意到了多元主体在照护机构发展中的重要性，并基于自身较为成熟的体系提供了丰富的建设经验，但其建设路径与发展经验脱离了我国的生育文化及婴幼儿照护理念，也无法回应我国托育服务发展所遭遇的本土困境。

（二）"制度亲密性"框架下的托育服务建设路径

在我国托育事业的发展历程中，来自制度的"亲密性"曾为公众跨越公私之困、接受公共照护服务创造条件。在这里，亲密性是指近来学术界解决公共与私密二元冲突，建构公私间相互参照、相互渗透关系的重要概念（刘珩，2017）。个体化加剧了公私领域、社会与个人、人格性与非人格性关系的分离，在这样的背景下，拥有交互作用的亲密系统被分离出来，并开始被寄予抚慰人心、弥合裂痕的厚望（尼克拉斯·卢曼，2019）。亲密性是个人反思与制度化反思的重叠，从而使得一种亦公亦私的"集体亲密性"成为可能（刘珩，2017）。

新中国成立初期，亦公亦私的单位体制为家庭提供令人放心的托育服务。在计划经济体制的保障下，以解决职工育儿困难为目的的公共托育体系开始建立。此时，公共托育制度所依托的单位被称为"公家"，公家不仅要为职工创造劳动机会，提供福利保障，还要为其解除参与社会劳动的后顾之忧。长此以往，由单位制形成的集体主义生活空间开始形成了一个交织公私情感的熟人社会：照护人既是"公家"雇用的劳动者，也是和孩子的父母一同劳动、生活的"熟人"，这也是其非职业信任的重要来源。孩子不再是个人和家庭的私有物，而是国家的希望，是"共产主义接班人"。因此，由"公家"出面照料自己的孩子，不仅理所当然，也令人放心。

20 世纪 90 年代，随着市场经济改革的深入，企业中的集体主义传统开始瓦解，其社会服务功能开始丧失——作为职工集体福利的公共托育制度也不复存在，照顾婴幼儿的责任便重新落入家庭。"儿童属家庭私有"的观念也再次回潮。与此同时，"计划生育""优生优育"也开始改变家庭的生育观念与教养意识，唯有家庭成员才是值得信赖的照护者，唯有家庭空间才是适合婴幼儿生活的安全环境已成为全社会在早期儿童照护中的共识。婴幼儿集体化养育的亲密制度基础已全面瓦解。

（三）"亲密性空间"分析框架的提出

综上所述，面对新时期托育服务发展所面临的公私困境，我们需要寻找新的研究框架。近年来，公共与私密关系在空间关系上发生的变化引起了学者的关注，把空间作为理解公私关系的新框架成为一些研究的新尝试。公共空间中公的领域与私的领域并不是截然分开的，甚至是可以相互转化的。以空间为分析框架来研究公私关系，尤其是寻求空间中的私密性，有可能形成一种理论的生长点。而"空间"概念本身在 20 世纪后期开始出现的转向也为这一分析框架的形成提供了契机。列斐伏尔主张，空间是社会关系的产物，其形式乃是社会过程的结果。空间的物质属性、主观意义和社会作用实际上是一个整体，相互影响，不可分割。这种空间的概念转向将空间从物理的客观实在和主体的感性经验，即物质空间和精神空间的二元对立关系中抽离出来，成为联结主体和客体、弥合精神和物质的中介，作为人与人、人与社会之间互动关系的一种体现，空间是社会关系的总和（丁月牙，2016）。

本研究所理解的亲密性空间是亲密性概念的一种融通形式，它以社会空间为阐释框架，以空间实践所形成的社会性作为公共空间与私密空间所共享的"亲密性中介"（丁月牙，2016），从表层看，亲密性空间是指个人或者家庭要求所处环境具有隔绝外界干扰的作用，可以按照自己的意愿支配自己的环境（杨冬梅，2016），在此空间内，个体能在亲密性空间中产生并共享私人情感，填补人与人之间的空间，缩短个体之间的距离；从里层看，亲密空间促生了公私在国家、文化和社会等公共领域展示中的"共谋关系"（刘珩，2017）。在此空间内，公共与私人、社会与个人、人格性与非人格性、内与外的二元割裂被进一步抑制与弥合。

笔者以"亲密性空间"为框架，结合三位一体的空间观念，从三个维度探索日托机构建设的路径：第一，从物质空间出发，重点考察日托空间的物质性场景，探索在疏离的城市空间中建设空间亲密性的可能；第二，从精神空间出发，重点考察日托空间内那些具有象征意义的场景，探索在集体抚育环境中建设空间私密性的可能；第三，从社会空间出发，重点考察空间中栖息者与使用者的社会关系，探索在个体化背景下通过重建、强化个人社会网络来实现空间亲密化的可能。

（四）研究方法与田野概况

为了了解托育机构的建设过程，笔者选取了位于 B 市某社区内的一家家庭式托育机构——贝儿日托，从 2018 年 5 月该机构筹办开始，进行了为期 16 个月的田野调查，通过参与式观察和访谈，记录托育机构建设与发展中的现实困境与建设路径。园长兼投资人大文是笔者的主要访谈对象，具体的访谈对象包括参与、影响机构建设的经营者、育婴师、家长、幼儿、社区工作人员、政府部门工作人员等众多行动者。贝儿日托主要为 0~3 岁儿童提供早 8 点至晚 5 点的日间照护服务。在机构创办初期，由于市场对托育服务接受度不高，招生工作曾一度陷入困境。与此同时，该日托的筹备、建设阶段正值我国社会化托育服务建设的开端。建立健全托育服务的管理体制与机制，引导社会以多种形式提供托育服务，构建托育服务体系也成为与一个小型日托机构建设命运齐头并进的社会背景。这既是机构建设的起点，也是行业发展的机遇，更是社会抚育制度与文化转型的关卡，笔者寄希望于通过对一个机构的追踪式观察，探索一个行业的本土化路径。

三 亲密性物质空间的建设

提起托育机构的空间性，人们首先想到的是机构的物质空间，即机构的地理位置以及机构范围内所有物质的总和，它们是日托保育、教育活动得以开展的前提条件。

（一）何处立锥：城市空间的"再嵌入"困境

2018 年 5 月，在贝儿日托成立伊始，机构创办者大文迫切希望自己能够开办一家合法的托育机构。然而，当时的婴幼儿托育行业尚处缺乏政府立法与职能部门监管的真空地带，因而日托无法以托育机构的身份在 B 市取得合法的运营资质，这也直接影响大文的选址方案。方案一是租用商业住房，以早教机构的名义进行工商注册，进而以"打政策擦边球"的方式半公开地开展 0~3 岁婴幼儿的托育服务。方案二是像多数小型托育机构一样，选择住宅用地，开办法律及教育部门管辖外的"家庭式托育"机构，也就是所谓的"黑日托"。沿着两种方案，她先是寻找商业用地，却发现商业用地多处在人流量密集的商场或沿街地段，缺少适合儿童外出活动的室外场地。加之环境嘈杂、空间密闭性也较强、空气对流差，不利于婴幼儿的身心健康发展，实在不是开办日托的最佳选择。因此，大文转而寻求住宅用地。本以为在鳞次栉比的住宅区中选址易如反掌，但比较后大文却发现可选择范围依然有限。例如，一些老旧小区中公共绿地有限、小区内业态复杂，部分小区人车不分流、公共设施的安全隐患过多，还有些缺乏无障碍设置，使用婴儿推车十分不便。对于初入托育行业的大文来说，在城市中寻求一块适合开办托育机构的场地是她面临的首要"难事"。

城市空间是社会变迁的发生场所，蕴藏着社会变迁过程中的社会分层和利益争夺等社会问题，是"城市中各种力量成长、组合和嬗变"的承载空间，可以概括为"城市空间重构与社会结构变迁相伴而生"（张京祥等，2008）。因此，时空变化构成了社会变化的最基础层面，即在经济、社会制度的转型背景下，原有的社会空间被重新划分，这种划分"也不仅是地理意义上的划分，还是一种经济、社会、政治地位的空间分化，一种制度化的空间隔离"（景天魁，2013）。因此，站在社会空间的角度来分析育儿场地资源的匮乏，很容易发现这样一个事实——我国城市空间规划存在严重的基础资源不平衡的状况，这也是限制托育服务发展的重要因素。

改革开放以来，我国城市化发展效果显著，为满足迅速增长的城市人口的需要，建设者不断改建原有的老旧空间，拓展新的空间。这种空间的重组、延伸也制造出更多空间之间的不平衡状态。满足经济效益与城市运转功能的商业空间和政治空间不断集聚，而人的生活空间却被挤压与割裂，部分被认为是"边缘性功能"的空间被逐步压缩，作为家庭照护补充资源的社会照护服务功能就在其中。城市化发展牺牲了"部分人"的空间需求。之所以是"部分人"，是因为在"求发展"的城市空间规划逻辑之下，便捷的交通、高密度且低廉的住房成本、拉动消费的商圈等都致力于满足劳动力对空间的需求。而婴幼儿、老年人、残疾人等话语权较少的非劳动力人群的空间需求则被严重漠视与挤压。

（二）"在社区中"：城市中的私密空间

几经权衡，园方最终选定了一栋属住宅用地性质的联排别墅。园方期待这片空间能给孩子创造安静、安全生活的空间。一番准备工作之后，贝儿日托于2018年6月1日低调开张。前来咨询、预约参观的家长都是居住在本小区的居民，且这种情况并没有随着机构知名度的提升发生太大变化。考虑到时间成本，几乎所有家长都认同距离与道路安全是选择托育、托幼机构时首要考虑的因素。但相较于3岁以上的儿童，家长对婴幼儿送离家庭的"安全距离"有"更近"的要求。不少家长表示，他们更放心将娇弱的婴幼儿送到所居住社区的托育机构。这不仅是空间距离上的数字量化，还因为在社区内部，幼儿依然与家庭共享一个相对封闭的空间，他能在熟悉的绿地广场活动，能在安保人员的守护下享受整洁、安全的社区环境，能在内部监控设施下获得"无死角"的安全感。如果孩子有身体不适或其他突发状况，家人也能第一时间将其接回家中照料。

帕克指出，社区是在一定地域范围内被组织起来的相互依存、相互竞争的生态体系，人们在这里共同生活、分工合作（金小丽，2019）。而在现代城市生活中，社区开始成为建构个体地缘认同的重要基础，并成为以理性选择、利益、契约为基础的社会组织形式。社区生活既是城市生活的片段，也是人们在城市生活中的全新聚合。如果以空间的形式透视社区，我们不难发现，社区边界区分了居住空间与城市公共空间，二者呈现"内与外"的空间关系，"内"即私密领域，"外"即公共空间（张悦文，2017）。在此意义上，社区空间边界作为各个领域间的接缝，既保障了社区内部空间不会受到外部力量的侵占，又为居住者提供了满足私密需求的领域，营造安心、安全的氛围（张悦文，2017）。这既是一种公私领域的物质化分界，也是社会界限的具体化表达。而比起对外界不安定因素的排斥，社区最重要的意义还是其内生的信任与安全感，这种信任能使生活于其中的民众更加放心。因此，对婴幼儿来说，位于本社区内的"邻托"无疑具有更高的私密性与安全感。而作为嵌入城市空间的第一步，选址于社区内部也将有效地拉近托育机构与家庭间的社会距离。

四 亲密性精神空间的建设

出于不同的教育理念与社会角色，不同行动者对日托空间也有不同的想象与理解，他们希冀按照自己的设想对日托的物质空间进行装点与改造，以使它更加符合心目中的理想托育机构形象。例如日托空间中的作为符号的标志性物品，这种有意识的空间规制建构了日托机构作为婴幼儿生活成长空间的意义，为空间中的行动者提供了对照护理念的价值认同和具体行为上的指南，既能给初到日托机构的人留下专业的印象，又能给那些在机构中工作与生活的行动者以潜移默化的提示和影响（苏尚锋，2012）。

（一）教室里的专业教育：家长主义下的选择

贝儿日托是一家以蒙特梭利教育体系为主导的托育机构，无论是在师资培训、家园沟通、保教理念还是空间布局之上，园方都积极贯彻并推动该理念的执行，并以理论和实践相结合的方法凸显自己的专业性。进入教室，特制的蒙氏教具被收纳在原木色的托盘中、整齐地摆放在贴墙而立的矮柜上，供幼儿自主取用，园方会向参观者解释说这样类型的玩具与陈列方式更符合儿童心智发育的规律，并有助于培养幼儿的注意力。对家长来说，这些色彩柔和、材质自然、造型特别的教具的确与他们在市场上看到的那些色彩鲜艳、声音响亮的声光电玩具不同，给参观的家庭留下了深刻印象。园方试图通过专业的教具使家长确信：拥有专业知识背书的机构才是高品质早教的典范，身为家长，选择这里就是替自己的孩子选择了集托育、教育为一体的优质服务，是"父母之爱子，则为之计深远"的表现——这样的投入与倾尽全力亲自看护儿童并无区别。

从消费语境看，现代社会中的父母之爱很难逃脱消费文化的建构（林晓珊，2018）。在此过程中，儿童也发生了异化：作为爱的焦点，他们开始成为彰显家庭阶层与品质生活的符号，是对父母是否尽力履行亲职的注脚。市场在大众传媒中的操纵重构了健康、幸福与成功孩子的形象，也彻底颠覆了传统的育儿观念（林晓珊，2018）。亲子关系的表达与生产也不得不屈从于消费行为——那些不为孩子早期教育买单的父母被认为是不负责任的。知识经济的兴起进一步加剧了教育在社会分化和社会竞争中的关键作用。近年来，在我国社会结构中，向上流动的空间日益狭窄。教育似乎成了为数不多向上流动的制度性"出口"。在此背景下，家庭将投入子女教育作为其向上流动的重要基石，这也使得父母在教育方面的比拼越发激烈（金一虹、杨笛，2015）。这不仅意味着家长对孩子的投入与选择将成为影响他们未来人生的重要因素，也使那些标榜科学、专业与正统的教育产品成为父母趋之若鹜的紧俏资源。此类"家长主义"与前述"消费主义"的联手也更新了家长对托育服务的认知——托育服务是一种重要的早期教育资源，它可以弥补家庭在早教上的缺失与不足。很显然，那些标榜能够助力儿童未来发展的产品最能迎合家长的诉求。

（二）每日常规中的个性化养育：复制家庭教养

家庭教养又称家庭教养方式、父母教养方式，是父母在抚养、教育子女的日常生活中所表现的一种行为倾向（王春杰、王卓健，2010）。在早期教育阶段，基于亲密育儿理念的流行，家庭教养的"优越性"备受推崇。在此背景下，为了缩短机构养育与家庭教养的差距，消除家庭对机构集体化管理和无差别教养的担忧，园方会配合家庭共同塑造儿童个体化的生活需求，并提出个性化的园内教养方案。在儿童入园伊始，园方便会结合婴幼儿健康发育的需要与家长共同拟定孩子在园期间的每日常规手册，并提示老师据此开展工作。从内容上看，常规手册往往以儿童的活动时间表为框架，重点关注婴幼儿的饮食禁忌（过敏食物与信仰回避）、排便规律、入睡时间、个性特点、家长对园内生活的期待等。以期通过尊重家庭教养风格、关注儿童既定惯习的方式来破除家庭对集体化生活"过于粗糙"的刻板印象。与此同时，为了缓解监护人对非家庭照护中儿童依恋情感发展不足的担忧，在孩子入园两周后，日托便会依据孩子的情感依恋偏好为其指定主带老师，从而确保园内照护者的稳定。主带老师不仅负责回应孩子在园期间的生活与情感需求，还将承担与家长沟通、更新孩子在园身心状态、记录孩子每日生活细节的责任。

一种主流观念是，儿童应享有精心设计的个性化养育方案。这是因为，当儿童被从成年人中区分出来后，其"特殊性"便不言而喻：其对家庭与社会来说都有充满希望的特殊价值与天真人格，一旦受到伤害，那些"童年创伤"将对其人生造成恒久的影响，为此，儿童理应获得特殊的资源与呵护。落实在早期教育阶段，这种"特殊且弱"的儿童观更有助于改善孩子的弱势地位，促进家庭对儿童照顾从"以成人为中心向以孩子为中心"的转变，并无时无刻不在提醒父母采用更加亲密与精细化的育儿方法，这也成为家庭难以信任机构照护能力"充足且恰当"的关键。显然，面对家庭的现代育儿需求，若仅强调育儿环境的专业性、试图在家庭外部建构全新的"集体化训育空间"根本无法回应家庭重视心灵成长的教养预期。这也是一些标榜高尚设计、优越教育理念的机构未能赢得家庭信赖的重要原因。这就要求日托在建设过程中，尊重家庭的教养方式，呵护儿童在家庭生活中的习惯与规律，珍视儿童的个性化诉求，构建儿童家庭抚育的"平行空间"。

五 亲密性社会空间的建设

列斐伏尔指出，空间中弥漫着社会关系，它不仅被社会关系支持，也生产社会关系和被社会关系生产（Lefebvre H., 1991）。这种社会关系是指人与人、人与组织、组织与组织之间因交流和接触而实际存在的一种纽带联系。作为劳动过程,托育机构的建设将创造出新的劳资关系,而作为居民参与社会生活的据点,托育服务的延伸还将引发社区关系的重构。

(一)妈妈老师:情感劳动下的劳资关系

为了维护机构的稳定运行,减少教师流失,给孩子提供稳定、温暖的园内生活,园方尤其强调已婚育教师的"妈妈老师"身份,并为这些妈妈老师提供平衡育儿及工作的劳动机会,以敦促她们产出优质的情感劳动。首先,贝儿日托为处于育龄期的女性职工创建生育友好型的工作环境,以帮助职业照护者妥善处理母职与工作间的冲突。在招聘主班教师时,机构会优先考虑孩子正处于学前教育阶段的女性教师。园方还以仅收取半价费用的方式鼓励员工将孩子带入日托抚育,使照护人自身的育儿困境首先被"示范性"地解决。最"鼎盛"时期,共有6位老师的9个孩子在日托生活。虽然她们的个人所得报酬在扣除子女托育费用后并不丰厚,但这份能妥善处理照护人自身母职与职业发展间冲突的工作仍吸引了不少产后失业的女性。在此基础上,日托也会在机构招生宣传中着力凸显、强调"妈妈老师"们身为"家庭照护者"与"职业照护者"的双重身份,从而强化"母亲"身份背后的照护经验、情感投射与道德义务。对母性与母职的社会认知成为建构家庭对机构信任的关键。对家长来说,"老师也是妈妈""老师的孩子也在日托生活"无疑带给他们十足的信心。例如,在食品安全问题频发的今天,以身为"母亲"的初心去挑选适合儿童的食材远比以"营利者"的身份去控制成本更值得信赖。在这里,妈妈老师在家庭内部的性别角色帮助她们赢得了更多的职业信任。

在早期教育领域,人才的流失一直是困扰机构运营者的重要问题,待遇低、社会地位不高、工作强度大、从业者对职业认同水平不高等问题都是教师离职的原因。有赖于机构对情感劳动的塑造,贝儿日托的教师人力资源一直较为稳定,其重要原因就是机构积极应对职工自身的母职与工作困境。事实上,育婴师如何履行自身母职的问题一直是困扰职业照护服务发展的难题。在对跨国保姆的研究中,霍克希尔德借用"全球保姆链"的比喻,描绘了上游富裕国家女性与下游母国贫困女佣间母职的"排他性"——女佣背井离乡地从事照护劳动虽维持了雇主的母职回馈,却不得不在与自己子女的关系中处于"母职缺席"状态（蓝佩嘉，2011）。而在寻求热爱与温情的婴幼儿照护行业中，这种对劳动者本身情感的漠视既不利于维持从业人员的工作稳定，也损害了职业照护者的情感输出。可以看到，与传统服务业相比，情感劳动中组织与员工的关系经历了由"压抑性控制"到"支持性共生"的转向（胡鹏辉、余富强，2019）。托育机构不再仅从外部对员工进行管理和约束，而是积极寻求与员工情感价值的内在一致。这种对劳动过程的柔性控制不仅加深了育婴师本人对职业的认同与理解（胡鹏辉、余富强，2019），也提高了员工对工作的满意程度，进而有利于机构提升服务品质，帮助机构赢得家庭对其服务的信赖。

（二）共育小组：育儿支持网络中的人际关系

相较于社会对3~6岁幼儿教育的关注，早期育儿责任的私人化分配方案极易使家庭成为缺乏社会支持的"婴幼儿养育孤岛"。基于社区邻托的线下育儿小组则为打破该局面提供了可能：得益于日托服务的地缘效应，原本陌生的家庭在这里相识相知，部分家庭已结成了共同育儿的伙伴关系，正通过寻求非市场化、带有公共拓展潜力的社群支持来缓解家庭内部的育儿焦虑。笔者发现，在加入贝儿日托的家庭中存在多个规模不大、结构松散、功能各异的育儿小组：儿童学习小组、儿童艺术小组、吐槽交流小组、周末遛娃小组，等等。家长会出于自身的育儿需要，灵活地结成、加入具有不同功能、不同爱好的小组。为提升机构的知名度，日托也乐见此类育儿小组的发展，并积极为有需要的家庭提供信息或活动场地。例如，重视孩子音乐学习的家长，会利用自身资源邀请名师前往日托授课，费用则由所有参与活动的家庭共同分摊。这种同质化的共育小组为养育者提供了更有力的支持，在此过程中，家庭的社会交往诉求也得到了最大限度的满足。

基于社区邻托的共育小组重新塑造了中国社会在社区范围内的人际关系范式。以差序格局来维持互动的传统中国社会一直讲人情、重关系，而现代化进程不仅敲开了差序格局赖以存续的乡土社会的封闭之门，也使城市社区生活中的"熟人社会"逻辑难以立足。一方面，人口的快速流动使得"熟人社会"中的稳定关系难以维持；另一方面，都市中处处围墙的空间区隔与围墙内钢筋水泥建构的牢固大门也使社会交往变得更加难得。在独立的单元楼房之间，在森严的防盗门禁之间，传统社会的亲密生活模式已然消解。除此之外，越发追求隐私与安全感的个体生活也使得原本模糊不清的公私界限愈加清晰——熟人社会中的亲密性已经被理性而有秩序的公共生活所取代。公众习惯了陌生与匿名所带来的"安全感"，却也怀念守望相助的温情与互助。而在日托建构的互助育儿空间中，公共生活与私人生活的清晰边界被育儿伙伴间的亲密互动所取代，为解决育儿问题，参与者将这种关系延伸至日托之外，形成邦内尔（Bunnell）等笔下的城市"友谊网络"（friendship network）（卢衍衡、钱俊希，2019），这种非正式的、临时性的集体活动隐含着熟人社会的轮廓，并引发成员对亲密性的更深入需求，还意外地回弹至日托空间内，使得空间使用者的情感愈加深厚。

六 小结

照护精神是婴幼儿托育服务建设的核心。人类学家凯博文对照护的"在场性"讨论则将照护关系延伸至社会空间的不同维度（凯博文，2021）。对于照护者与被照护者，这既是一种物理空间的并置——他们需要在同一物质空间中共呼吸，也是一种精神空间的共享——他们用心体会对方的感受，更是社会空间的嵌入。无论是照护者还是被照护者，都不应成为社会苦难中的孤岛。在凯博文动情的描述中，我们了解了"在场"的意义："在场"作为一种情感和道德结果，是对既有行政命令霸权的挑战，也是对僵化照护关系的反思，是对冰冷、疏离人际关系的修复，更是对寰宇内人间悲苦的关切。

在人口结构失衡、老龄化日趋严重、照护资源严重紧缺的社会背景下，我们该如何优化本土照护服务、如何确保多元行动主体在照护空间中的"在场性"？凯博文虽未直接给出答案，却给出了寻找答案的方向，"在场就好像是一种力量，会让我们的友谊变得更有活力，会加深我们的亲密关系"（凯博文，2021）。亲密性有望成为我们实现在场的关键。不同于西方社会对"生人社会"的接纳，面对由疏离人际关系带来的社会区隔，我们更倾向于通过恢复公共生活中的"集体形态"来应对。从关系强度看，这种发源于现代都市生活中的人际关系显然无法与乡土社会中以亲缘为基础的社会纽带相提并论，却也缓解了社会中的疏离与隔阂，并塑造了一个介于陌生人与熟人之间的过渡空间：身处其中的人们既熟悉彼此，又维持了一定程度上的陌生与匿名（卢衍衡、钱俊希，2019）。

基于以上发现，在托育服务建设的新阶段，面对主流育儿文化与公共托育制度间的摩擦与碰撞，我们可以尝试从制度、文化与社会关系入手，以家庭、机构、社区为框架去建构婴幼儿社会照护服务中的亲密性空间。首先，家庭仍是最基本、最重要的婴幼儿照护单位。人的社会化进程始于家庭，它既是人类生存繁衍的基础，又是个体亲密情感、人格发育的起点。在此基础上，作为政府引导托育服务发展的方向，"家庭为主、托育补充"的原则不仅突出了家庭在儿童照料中的核心地位，还明确了家庭外照护资源的必要性。这也意味着，全社会积极发展托育服务的目的并非取代家庭，而是支持家庭更好地履行照护责任。其次，托育机构在建设中应明确自身服务的对象，尊重本土育儿文化，以婴幼儿权益为核心营造温馨的园内环境，倡导家园合作的托育新形式，为有需家庭提供"拟家庭化"的育儿支持服务。最后，社区应充分发挥地缘与基层组织上的优势，积极营造育儿友好型社区文化，为面临育儿困境的家庭提供形式多样、内容丰富的本地育儿支持。这既是对家庭育儿空间的扩展，也是对社会托育服务功能的延伸。

参考文献

丁月牙，2016，《行动者的空间——甲左村变迁的教育人类学研究》，广西师范大学出版社，第78页。
何雪松，2010，《制度建构的结构基础："变"与"不变"》，《社会科学》第4期。
胡鹏辉、余富强，2019，《网络主播与情感劳动：一项探索性研究》，《新闻与传播研究》第2期。
金小丽，2019，《概念史视域下 Community 概念的演化》，《未来传播》第1期。
金一虹、杨笛，2015，《教育"拼妈"："家长主义"的盛行与母职再造》，《南京社会科学》第2期。
景天魁，2013，《时空社会学：一门前景无限的新兴学科》，《人文杂志》第7期。
凯博文，2021，《照护：哈佛医师和阿尔茨海默病妻子的十年》，姚灏译，中信出版社。

蓝佩嘉，2011，《跨国灰姑娘》，吉林出版集团有限公司。

林晓珊，2018，《"购买希望"：城镇家庭中的儿童教育消费》，《社会学研究》第4期。

刘珩，2017，《文化亲密性与中国社会公共生活的组织方式》，《思想战线》第4期。

刘欣欣、时立荣、艾茹，2008，《社区的组织网络关系建设——对北京市朝外街道社区组织间资源的分析》，《北京科技大学学报》（社会科学版）第4期。

刘中一，2018，《我国托育服务的历史、现状与未来》，《经济与社会发展》第4期。

卢衍衡、钱俊希，2019，《从"熟人社会"到"生人社会"：广场舞与中国城市公共性》，《地理研究》第7期。

罗峰、崔岩珠，2020，《行动者转译偏差：政策执行何以陷入"困局"？——以S市托育政策执行为例》，《甘肃行政学院学报》第2期。

尼克拉斯·卢曼，2019，《作为激情的爱情：关于亲密性编码》，范劲译，华东师范大学出版社。

苏尚锋，2012，《学校空间论》，教育科学出版社。

王春杰、王卓健，2010，《幼儿父母教养方式研究综述》，《唐山师范学院学报》第2期。

阎云翔，2006，《私人生活的变革：一个中国村庄里的爱情、家庭与亲密关系：1949~1999》，上海书店出版社。

杨冬梅，2016，《私密性和公共性的共处关系及其应用——以商住一体的百货大楼屋顶绿化的概念设计为例》，《美术教育研究》第19期。

杨菊华，2019，《新时代"幼有所育"何以实现》，《江苏行政学院学报》第1期。

杨雪燕、高琛卓、井文，2019，《典型福利类型下0-3岁婴幼儿托育服务的国际比较与借鉴》，《人口与经济》第2期。

张京祥、吴缚龙、马润潮，2008，《体制转型与中国城市空间重构——建立一种空间演化的制度分析框架》，《城市规划》第6期。

张悦文，2017，《社区边界的内涵与开放式社区的边界》，《上海城市规划》第1期。

B. Bower. 1991, Infant Daycare: Nothing Beats Quality. *Science News*140.

Darla F. Miller & Mark B. Ginsburg. 1989, Social Reproduction And Resistance In Four Infant/Toddler Daycare. *The Journal of Education*171.

Karen Christopher. 2012, Extensive Mothering: Employed Mothers' Constructions Of The Good Mother. *Gender and Society*26.

Kelsey N. Hess. 2015, Examining Correlations Between Area Crime Rates, Daycare Center Licensing Violations, Caregiver Discipline Techniques, And The Deviant Behaviors Of Preschoolers. Oklahoma State University.

Lefebvre H. 1991, *The Production of Space*. Oxford UK: Blackwell Ltd.

（原载《宁夏社会科学》2021年第4期）

·第四部分 生育友好与生育支持政策·

何以生育友好？
——基于国际经验和中国情境的分析

吴 帆[*]

摘 要：中国已进入三孩生育政策时代，如何在生育新政之后把握政策机会窗口，提振人们的生育意愿和生育水平，任务迫在眉睫。目前中央和地方政府陆续出台的支持生育配套措施，显示了政府促进中国人口长期均衡发展的坚定决心。在这一关键时期，理解和科学回答哪些生育支持政策更具效果且对家庭更为友好，是明确政策发展方向、关键内容和未来影响的应有之义。通过对国际经验和中国情境的分析，宏观政策规划、性别平等和家庭发展视角、多样化的公共服务以及重视文化友好环境建设等，应该成为中国生育友好的核心原则和关键性支持策略。

关键词：生育友好 生育支持政策 家庭政策 生育意愿

一 问题的提出

低水平的生育率和生育意愿已经成为中国人口现状的一个基本事实。根据《中国统计年鉴（2021）》的数据，2020年全国人口出生率为8.52‰，自然增长率为1.45‰，创下1978年以来的最低纪录。第七次全国人口普查数据表明中国的总和生育率（TFR）为1.3，意味着我国已进入世界低生育率国家行列。此外，国家统计局在七普数据发布会上公布的平均生育意愿为1.8，这对于中国而言是一个非常危险的信号，因为大多数低生育率（TFR≤1.5）和极低生育率（TFR≤1.3）的国家和地区的平均生育意愿都高于2.1。人口学家认为，低于更替水平的生育意愿（sub-

---

[*] 吴帆，南开大学社会工作与社会政策系教授。

replacement fertility intensions）意味着低生育率国家进入了一个新的阶段（Goldstein et al.，2003）。世界价值观第七轮调查（2017~2020）也进一步证明了中国青年群体的低生育意愿。[①] 对 80 个国家和地区的 29 岁及以下年轻人的生育意愿（"你想要几个孩子？"）的调查结果显示，中国年轻人的生育意愿主要集中在一孩和二孩上。相对而言，中国年轻人自愿不育的比例不高，一个孩子都不想要的比例为 16.4%，远低于 80 个国家和地区 29.7%的平均水平。但是，中国年轻人生育多孩的意愿非常低，想要 3 个及以上孩子的比例为 5.9%（低于 12.9%的平均水平）。在低生育率和低生育意愿的双重挤压下，中国旨在提升生育率的政策与社会文化环境可能更为复杂，面临的群体差异性和社会紧张程度也可能更加突出。

在对中国当前人口生育率形势有一个清醒的判断以后，进一步厘清生育支持政策的哪些具体举措能够达成预期目标，以及政策设计的初衷是否能真正对生育及家庭友好，对于正处于提振生育率政策窗口期的中国而言，是明确生育支持政策发展方向、关键内容和未来影响的应有之义。

二 低生育率和低生育意愿的主要原因及政策应对

中国的生育率和生育意愿水平为什么如此之低？虽然不同学者的解释有所不同，但总体上可以归为两类因素，分别为结构性因素和个体因素。一方面，高昂的生育成本、社会压力和职业竞争是造成低生育意愿的重要因素。学者普遍认为生育成本变化是城乡意愿生育水平总体下降的主要因素（靳卫东、宫杰婧、毛中根，2018），有限的家庭经济收入限制了流动人口继续生育的意愿（李荣彬，2017），生育成本急剧上升且由家庭承担以及生育收益社会化使得家庭不愿意生育（杨华磊、张文超，2019）。王志章和刘天元运用微观调查数据测算中国生育二孩的基本成本，发现生育成本的居高不下成为家庭生育意愿不高的主要影响因素。其中，广州、重庆和武汉生育二孩的成本均超过 70 万元（王志章、刘天元，2017）。此

[①] World Value Survey, Data & Documentation, https://www.worldvaluessurvey.org/WVSOnline.jsp.

外，高房价不仅推迟了女性的生育年龄（Clark W. A. V., 2012），而且降低了女性的生育率（Dettling L. J. & Kearney M. S., 2014），中国的情况也是如此。倪云松发现无论从城市层面还是个体层面，房价上升对20~44岁女性的生育都具有不利的影响（倪云松，2021）。而市场化条件下职场中激烈的竞争和职业发展压力令年轻人疲于为生计奔波，大幅提高了生育的机会成本，进而降低了生育意愿。

另一方面，受到个体主义、单身文化、更为宽松社会环境的影响，年轻人对于晚婚、晚育、少育，甚至是不婚、不育的接受程度更高。第二次人口转变理论将低生育率归结为个人主义、物质主义、女权主义等后现代性的集中体现（Lesthaeghe R. & Van de Kaa D., 1986）。风笑天在探讨一孩育龄人群的二孩生育意愿时，就提出影响二孩生育意愿的根本原因或许是育龄夫妇内在的生育需求，而非经济条件、个人精力或祖辈支持（风笑天，2017）。陈卫民和李晓晴认为收入提高刺激了个人向上社会流动的欲望，对生育意愿起抑制作用，因此生育意愿的降低主要源自价值观而非生育成本的变化（陈卫民、李晓晴，2021）。陈滔和胡安宁的研究发现，个体主义与家庭主义这两类生育动机共同作用于中国家庭的生育行为，其中个体主义生育动机会促使个体拥有更低的生育意愿并更晚结婚，从而降低生育子女的数量（陈滔、胡安宁，2020）。一项基于60后、70后与80后生育意愿代际比较的实证研究显示，20世纪80年代出生的育龄妇女少生、晚生、优生的意愿更加明显，以孩子为中心的观念也在弱化（李建新、骆为祥，2009）。而且，生育偏好也深受个体家庭生活和成长环境的影响（靳永爱、宋健、陈卫，2016）。独生子女在原生家庭的影响下倾向于保持低生育模式，生育意愿显著低于非独生子女（于潇、梁嘉宁，2021）。

一般来说，结构性压力所抑制的生育意愿主要受到外生变量的限制，具体表现为生育赤字（fertility deficit），即个人和家庭的生育意愿和实际生育之间存在差距，是一种未能得到满足的生育需求，因此通过有针对性的生育支持政策能在一定程度上得到释放。但是，价值观、生活方式等个体因素导致的低水平生育意愿则是内生的，很难在短期内通过具体的政策支持得到即时的改变。但是，相对乐观的是，与进入低生育率的发达国家相比，对于正处于社会、经济和文化迅速变化之中的中国而言，结构性因素对于生育意愿和生育率的影响力要远远大于低生育率的发达国家。因此，放开约束性生育政策、制定积极的生育支持政策是当下提升生育率的重要机会窗口。学者曾提出"十三五"时期是我国构建友好型生育政策体系、提高生育率的战略窗口期，否则将面临生育率失去弹性、人口负增长惯性强化的双重危机（茅倬彦、申小菊、张闻雷，2018）。但实际上，迄今为止尚未形成一个生育友好的社会环境，普通公众仍倾向于将生育和养育视为家庭责任（范昕、庄文嘉、岳经纶，2019）。

在令人担心的生育率困局中，国家于 2021 年 6 月出台了《关于优化生育政策促进人口长期均衡发展的决定》，对中国在未来 15 年构建系统的生育支持政策体系提出了进一步要求。随着一对夫妻可以生育三个子女政策的出台，国家层面修订了《人口与计划生育法》，各省也陆续修订了《人口与计划生育条例》，不仅删除了与三孩政策不匹配的一些规定，也出台了一系列配套支持措施来鼓励生育。目前已颁布实施的生育支持政策主要分为三类。第一类是经济支持类，即通过经济补贴或费用减免来降低家庭的直接生育成本，具体包括取消社会抚养费、清理和废止相关处罚规定、发放生育津贴（育儿补贴金）、实现优生健康检查免费全覆盖等。第二类是服务支持类，即通过替代性或补充性的公共服务减轻家庭在儿童照料方面的负担，如构建 0~3 岁儿童普惠托育服务体系、进一步增加幼儿园的数量、提供早教服务等。第三类是时间支持类，通过给予父母在产前和产后休假的权利，为家庭抚育婴幼儿提供时间支持，缓解女性和家庭在生育后的时间短缺和照料压力，主要包括产假、陪产假、育儿假等。

从目前各省所修订《人口与计划生育条例》的具体情况来看，已出台的举措主要集中于为新生儿父母提供更多的时间支持。一是延长产假和陪产假，在已修订《人口与计划生育条例》的省份中，除了少数地方未对产假的天数做出调整外，绝大多数省市都进一步延长了产假，多为增加 60 天，延长至 158 天，如上海、北京等地。而且，北京规定经所在单位同意，可以再增加假期 1~3 个月。有的省市的产假更长，如重庆将产假延长至 178 天，河南延长至 190 天。陪产假则多为 10 天或 15 天，如上海规定陪产假为 10 天，北京规定陪产假为 15 天，也有一些省市的陪产假更长，如重庆为 20 天、河南为 30 天。上述这些措施为女性履行母职提供了更充分的时间支持，也通过陪产假鼓励和支持男性积极参与对育儿责任的分担。二是设立育儿假，《人口与计划生育法》规定有条件的地方设立父母育儿假后，各省积极响应中央政策出台育儿假相关条例。在目前出台的育儿假相关条例中，多数省份为夫妻双方各 10 天或共 10 天，也有省份规定育儿假为 15 天。育儿假不仅有利于减轻女性负担，鼓励男性对抚幼责任的共同承担，也有助于整个社会性别友好文化的构建。此外，虽然修订后的《人口与计划生育法》规定国家要采取财政、税收、保险、教育、住房、就业等支持措施，减轻家庭在生育、养育和教育等方面的负担，《"十四五"公共服务规划》也明确到 2025 年，每千人拥有 3 岁以下婴幼儿托位数 4.5 个，但在各省修订的《人口与计划生育条例》中，还未见或少有在教育、住房和就业等领域直接支持家庭和夫妻双方的操作化措施，而针对 0~3 岁儿童普惠托育服务的落地政策目前也尚不明确。

相关生育配套措施的颁布反映了政府对提振个人和家庭生育意愿的坚定决心，但也引起了一些讨论和争论。已出台的政策主要体现为时间支持，尤其是在延长女性的产假方面比较慷慨。但是，这项政策主要指向刚完成生育的女性，而且产假期限的延长客观上更加强化了女性的生育和养育责任。同时，延长产假给用人单位，尤其是给企业雇用女性员工带来了一定的经济压力，有可能加重劳动力市场对女性的母职惩罚（motherhood penalty）。母职惩罚主要包括成为母亲后要面对的职业中断、职业发展劣势积累、职业发展机会减少、母职工资惩罚等。因此，延长产假会进一步增加女性生育的机会成本，可能对女性职业发展造成负面影响，进而抑制女性的生育意愿。虽然对于女性和家庭而言，时间支持是生育支持的重要组成部分，能够在很大程度上缓解新生儿给家庭和女性带来的压力，但是单一强化时间支持也极有可能偏离政策制定的初衷，或者说单项政策的效果可能会非常有限。一方面，生育支持政策的体系化需要一定的时间周期，我们应该尊重政策制定及实施的一般规律，所以对于进一步的政策完善及其效果的判断也有待持续观察和探讨；另一方面，现有政策过于强调时间支持（延长产假）或者仅停留于单一的时间支持上，也可能源于决策者对女性职业发展和母职困局的认识不够充分。它山之石，可以攻玉，对于处于完善生育支持政策关键时期的中国而言，深入理解和把握其他进入低生育率或极低生育率国家的相关政策及其效果，对中国进一步完善生育支持政策有一定的借鉴意义。

三 哪些生育支持政策更有效？——基于国际经验的探讨

对于低生育率国家和地区而言，究竟哪些政策能有效提升个人和家庭的生育率是学者和政策制定者始终在关注的问题。虽然在不同国家，生育支持所依赖的文化传统和福利政策理念大相径庭，政策内容、政策力度和实施效果也不尽相同（Caldwell J. C., Caldwell P. & McDonald P., 2002; McDonald P., 2000），但一些针对生育支持政策效果评估的研究还是在一定程度上得到了某些一致性的结论。

一般而言，少有国家或地区用直接的生育支持政策来表述相关的政策框架，低生育率国家的生育支持主要嵌入于旨在支持家庭功能发挥和提升家庭发展能力的家庭政策体系中。而家庭政策客观上会对生育产生一定的激励作用，因此对生育支持政策的效果评价主要来自对家庭政策的评估。比林斯利和费拉里尼认为与生育关联最直接、最密切的家庭支持政策有两类，一是重在支持"单薪家庭"的传统家庭分工模式下的家庭政策，二是重在支持"双薪家庭"的性别平等分工模式下的家庭政策（Billingsley S. & Ferrarini T., 2014）。前者的政策对象是由男性养家的传统家庭，政策内容具体包括婚姻补贴、生育补贴、照护津贴或育儿补贴等。后者强调夫妻共同承担养家糊口和经营家庭的责任，鼓励夫妻双方享有带薪育儿假，并强调丈夫必须休一定时间的育儿假。从理论上看，无论哪类家庭政策都可以降低生育和育儿的直接成本和机会成本，因而在客观上都具有鼓励生育的功能。研究显示，一揽子家庭政策中的每一项政策工具（带薪假、婴幼儿照料和财政转移支付等）都对生育率具有积极作用，而且综合使用这些政策的效果更好（Luci A. & Thvenon O., 2013）。一项针对香港645名育龄妇女的调查显示，税收减免、延长育儿假、实现弹性工作制等生育支持政策会提高妇女的风险管控能力，降低育儿成本，进而提高其生育意愿（Wong C. et al., 2011）。另一项实证研究也表明，包含休假政策、托育服务、住房政策和工作时间立法等内容的家庭政策会有效提高生育率（Lake L. & Adam K. C., 2020）。这说明涵盖在家庭政策体系中不同方面的生育支持措施都能够发挥一定的作用，但深入分析不同的具体措施，仍然可以发现它们对生育率的影响程度是不同的。

首先，家庭政策支持对不同孩次的生育影响是不同的。学者对欧洲21个国家16000名男性和女性样本的"欧洲社会调查"（European Social Survey）数据的分析显示，传统家庭分工模式的家庭政策和性别平等分工模式的家庭政策，都与男性和女性生育第一个孩子的意愿呈正相关，但性别平等分工模式的家庭政策仅与生育第二个孩子的意愿呈正相关，家庭政策与生育第三个或更多孩子的意愿之间的关系不显著。另有学者根据挪威1995~2004年的数据，分析了育儿假、正规儿童照料服务和儿童津贴等政策与生育率的关系，结果显示育儿假对生育第二个孩子的影响最大，儿童津贴对生育第三个孩子的决策影响最明显（Lappegard T., 2010）。

其次，经济支持的效果比较有限。财政支持对总和生育率发挥微小且短期的正向影响，产假补贴对生育的影响尚未明确。虽然有学者发现薪酬补贴率会影响生育时间，但不会影响生育水平（杨菊华、杜声红，2017）。朱荟和陆杰华的研究也表明，现金补贴对欧洲家庭生育决策并未产生预期的作用（朱荟、陆杰华，2021）。还有研究认为现金补贴只对第一孩生育有正向作用，但对第三个子女的出生没有显著影响（Laroque G. & Salanie B., 2004）。

再次，对时间支持所产生影响的判断不尽一致。学者基于不同国家的实证研究，认为产假延长对生育率具有正向影响（Adsera A., 2004; Hoem J., 2005），但这些积极影响会因国家和具体的经济社会状况而有差异（Luci A. & Thevenon O., 2011），也会因同一个国家的不同政策周期而产生不同的结果。如奥地利1990年所实施的育儿假延长政策，对生育率产生了显著的正向作用，但1996年实施的育儿假的缩短政策并没有带来显著的负面影响（Lalive R. & Zweimüller J., 2009）。还有研究认为产假延长会降低生育水平（D'Addio A. C. & D'Ercole M. M., 2005）。值得一提的是，一些研究发现，相比于仅包含母亲的休假政策，涵盖父亲和母亲在内的休假政策在提高生育率方面的作用更为明显（Lake L. & Adam K. C., 2020）。

复次，服务支持，尤其是正规的儿童照料对生育有积极的影响。基于北欧国家的研究证实了儿童保育对生育率的正向作用（Rindfuss R. R. et al.，2010）。抚幼服务对欧洲家庭生育决策存在显著的正向影响（朱荟、陆杰华，2021），托育服务和住房政策的作用力明显高于其他的支持政策。在全面二孩政策的背景下，加大托育服务供给，降低托育服务费用，为育龄女性提供普惠可及的婴幼儿照料支持，是提升中国二孩生育意愿的有效政策（李婉鑫、杨小军、杨雪燕，2021）。

最后，性别平等政策导向有利于鼓励生育。一项研究指出，生育率与性别歧视呈现 U 形关系，当性别平等指数较低（0.6 以下）时，性别平等指数与生育率成反比；当性别平等指数较高（0.6 以上）时，性别平等指数与生育率呈正相关关系（Recoules M.，2011）。另一项基于对 17 个欧洲国家家庭政策和生育率之间关系的实证研究发现，具有促进女性发展和社会性别平等取向的家庭政策更有利于鼓励生育，因为这种家庭政策不仅降低了女性的生育成本的机会成本，也鼓励丈夫积极承担照料子女和家务的责任（吴帆，2016）。学者也指出在提供生育支持的过程中，必须纳入并突出社会性别视角，强调政策对夫妻双方的支持，从而避免单纯地对母职进一步强化（杨菊华，2019）。

基于国际经验，我们可以形成以下基本判断：一是，家庭政策的不同方面都可能会对生育产生积极影响，换言之，综合性的家庭政策能发挥更好的作用。但是，不同的生育支持政策所产生的效果有所不同。二是，相对于经济支持和时间支持，服务支持的积极效果得到了学者更为一致的肯定。因为服务支持，尤其是正式的育儿照料更有助于女性兼顾职场角色和母职角色，更有利于平衡工作与家庭。三是，政策内含的性别平等理念非常重要，不能单一地强化母职，而是要通过政策安排鼓励和支持男性参与儿童照料的责任分担，如强调夫妻共同的休假政策比母亲休假政策的效果更好。四是，需要注意的是，家庭政策是一个系统性的政策安排，需要不同维度和不同领域的生育支持政策，能够让具有差异化和多元化的个人与家庭需求得到满足。

四 中国情境下的生育支持政策的原则和关键性支持

中国情境下的生育困境既具有与低生育率发达国家一致的共性，也具有本土情境的差异性。共性在于都受到了现代化和个体主义的影响，女性对生育具有更多的自主权，也更加追求自我价值和个人的职业发展。但是在中国，传统性别文化对女性履行母职的文化规范根深蒂固，制度设计层面也未能真正摆脱这一刻板印象，女性总是被认为理应在家庭中承担主要的照料责任。虽然近年来中国女性的劳动力参与率有所下降，但中国家庭仍然普遍是双薪家庭，夫妻同时参与劳动才能维系家庭功能的正常运转。同时，新时代的女性对职业发展和个人社会价值实现的诉求也更为强烈。而且，从全球来看，中国女性的劳动力参与率相对较高，尤其是育龄妇女的劳动力参与率处于较高水平。根据国际劳工组织（International Labour Organization，ILO）的数据，中国 2020 年总体劳动力参与率为 67.47%，其中男性为 74.84%，女性相对较低，为 59.84%，但处于 25~29 岁、30~34 岁、35~39 岁、40~44 岁这 4 个年龄段的女性劳动力参与率分别为 84.76%、82.88%、83.42% 和 83.71%。在女性劳动力参与率较高的瑞典，这 4 个年龄阶段的女性劳动力参与率分别为 84.04%、88.25%、90.9% 和 92.47%。[①] 这说明中国育龄妇女的劳动力参与率水平并不低，这一客观现实加剧了中国女性履行母职和职业角色之间的冲突。另一个基本事实是，长期以来中国的公共政策将家庭视为一个自组织的福利单位，认为抚幼、养老等均为家庭内部的责任，只有残缺家庭和困境家庭才能享有一定的经济补贴和公共服务。这种政策导向未能在过去营造一个家庭友好的制度氛围，也导致民众对外部支持政策的主观感受不佳，因此民众在进行生育决策时，也往往更多从个人和家庭的角度考虑生育与养育负担，缺乏对社会政策和公共服务的基本信任。因此，虽然目前生育支持政策的力度在加大，但公众对政策态度的转变和积极的政策体验仍需要一个较长的时间

---

① International Labour Organization, Labour Force Participation Rate by Age and Sex-ILO Modelled Estimates, https：//ilostat.ilo.org/data/.

周期。

基于国际经验和中国本土情境，中国的生育支持政策应该秉承以下几个基本原则。

第一，在宏观上进行统一的政策规划，形成一个真正的生育友好及家庭友好的制度环境。生育支持政策虽然分为不同的方面，但彼此之间存在内在联系，它们对生育决策和行为既有独立的影响，也有交互的影响。只有各项政策统一协调、共同发挥作用，才能使生育率维持在一个相对较高的水平上。从宏观政策设计出发，经济支持不应仅体现为发放津贴和生育补贴，而是要从缓解结构性压力的角度，考虑个人和家庭的收入稳定性，以及可能面临的失业风险压力等因素，展开有针对性的支持与扶助；时间支持政策也不能只关注母亲假期的长度，而是要鼓励父亲分担抚幼责任，并为双薪家庭，尤其是女性设置更为弹性的工作制度。

第二，从性别平等视角审视和反思中国目前的生育支持政策。从政策受益对象的角度，经济支持的政策对象是整个家庭和夫妻，服务支持重在减轻女性的负担，而时间支持政策的主要受益者则是母亲。所谓的"受益"是指为母亲提供了更为充裕的时间支持，但这类支持也意味着进一步强化了女性履行母职的责任。本质上，这项举措对双薪家庭中的女性并不友好，可能会造成更为严重的母职惩罚。因此，生育友好不能仅强化或主要强化女性的家庭角色，而是要兼顾女性的工作-家庭平衡，鼓励男性对育儿的共同参与。北欧的生育率和女性劳动参与率相对更高，除了其在法律层面对同居家庭、单亲家庭等多元化家庭的承认，北欧的性别平等指数在全球范围内也是最高的，因此有利于女性兼顾母职和工作角色。性别平等视角非常值得中国生育支持的政策制定者借鉴。

第三，相对于生育津贴等经济支持与延长产假等时间支持措施，多样化的公共服务产品更为持续，也受到了个人和家庭更为普遍的利用。在不同的家庭政策中，欧洲和经合组织（OECD）国家整体上更愿意利用公共服务产品，而非时间支持政策。其中的主要原因是产假时间越长，越可能造成女性在劳动力市场的劣势积累，造成严重的母职惩罚。多样化的公共服务产品主要包括正式的育儿服务、儿童教育等方面，这些服务能够有效缓解家庭，尤其是母亲在儿童养育方面的时间压力与困境。在女性教育程度日益提高、主体性意识更强和更加追求个人生活品质的现代社会，女性对社会价值实现的追求是一个普遍趋势，因此针对抚幼和儿童教育等的公共服务产品受到了更多女性和家庭的欢迎。

第四，从文化的视角构建生育支持政策。生育文化是一个社会中所存在的有关生育问题的思想认识、价值观念、社会心理、制度法律、风俗习惯、社会规范、行为方式的总和（风笑天，2022）。一方面，目前的生育支持政策主要指向积极的生育文化，提倡公众对生育和养育孩子持有正向的态度，这是对过去长期生育限制条件下生育文化的彻底颠覆，公众需要较长的时间来调整和接受；另一方面，更为重要的是，积极的生育文化应该显示对家庭和夫妻生育决策的充分尊重，注重对家庭隐私权和决策权的充分尊重，给予家庭和夫妻生育决策的自主空间。因此，应该通过政策支持和友好生育文化来鼓励有意愿的家庭和夫妻实现生育意愿，而非"一刀切"地要求家庭和个人为人口均衡发展和宏观人口结构的合理化作出贡献。

第五，进一步完善劳动力市场和收入分配制度。对于个人和家庭的生育意愿和生育决策而言，就业的稳定性和就业质量、收入水平和收入的稳定性等都是关键性的考量因素，因此，减轻来自经济的结构性压力是营造生育友好社会的重要条件。当前，许多年轻人和家庭的就业和收入面临较大的风险和不稳定性，来自经济方面的压力也在一定程度上抑制了生育意愿。如何解决这些问题，缓解家庭和个人在就业方面的压力，也是政策应该关注的关键点。

总之，生育支持政策应该是一套组合拳，既不能是某项政策的单边突进，也不应仅停留于生育支持和养育支持，而且决策者应该将生育支持纳入整体的宏观政策体系进行统一考量，纳入家庭发展支持政策中进行统筹安排。与此同时，生育支持政策的核心指向和关键性内容应该是性别平等，能让劳动力市场中的女性和男性兼顾工作和家庭。尤其是生育给女性带来的职业发展风险和压力，可能会导致一些有生育意愿的女性和家庭主动放弃生育二孩或三孩；同时，如果缺乏有效的政策支持，会给女性带来育儿-职业发展难以平衡的困境，进一步加剧性别不平等。因此，如何支持女性的育儿-职业发展平衡，也应该成为支持政策的关键内容。此外，生育支持政策应该能给不同需求的个人和家庭提供多样化的支持，即有不同诉求和生育意愿的个人和家庭都能从政策中获取相应的支持。例如，对于在生育之后有意愿继续留在劳动力市场中的女性，政策应该能有效地支持她们兼顾家庭与工作，通过正式的育儿照料服务、灵活的弹性工作安排等方式，将生育对女性职业发展的负面影响降到最低。对于那些生育之后想回到家庭承担抚育责任的女性，可以通过生育补贴、产假、育儿假及其他一些保障让她们及其家庭获得更好的支持。

五 余论

在明确生育支持政策的原则和关键性内容的基础上，我们有必要不断反思目前已出台相关措施的一些思路，并能够根据实际情况和民众的真实需求不断进行调整和改善。

首先，生育支持是否要特别强调对一孩、二孩、三孩等不同孩次的政策差别？本质上，除了分孩次的生育津贴、分孩次的托育费用补贴减免等，一孩、二孩和三孩的配套支持措施应该是一样的，因为个人和家庭生育照料和抚养不同孩次所面临的负担和困境基本是一致的。更为重要的是，生育和养育一孩或二孩所带来的体验，会在一定程度上影响夫妻和家庭是否生育二孩或三孩的意愿与决策。有学者也提出，良好的生育体验、贯穿生命历程的生育支持政策能够降低育儿成本，有效缓解当前育龄人群的生育焦虑（祁静、茅倬彦，2020）。这说明个人和家庭对生育与养育的主观感受也会给是否继续生育的决策带来深远影响，这其中也包括家庭在生育一孩或二孩时所获取的生育支持政策，以及对政策支持力度的主观体验。

其次，虽然现在已经进入三孩政策时代，但是全面二孩放开后所释放的生育率并不尽如人意。在深入讨论三孩生育配套措施时，是否应首先科学评估全面放开二孩后一系列生育支持政策的真实效果？由此才能为进一步提振三孩生育意愿提供一个科学且合理的基础。

最后，决策者和政策制定者应从家庭发展的视角理解和构建系统的生育友好支持政策，兼顾短期的生育激励策略和长效的制度及文化建设。作为生育决策和生育行为的主体，个人和家庭对生育的选择充分体现了他们的主观意愿和理性选择。一方面，政策要充分尊重个人和家庭的生育决策权利，并在政策制定时考量整个家庭对生育和养育责任的共同承担，而非简单地强化女性的母职责任；另一方面，政策要将生育支持纳入整个家庭发展支持体系中，将直接的生育激励，如发放生育津贴、延长产假等，与减轻结构性压力，如改善劳动力市场中的收入分配制度等，有机结合起来。政策能从支持和协助家庭充分发挥其经济功能、照料功能、情感功能等整体功能的视角来提升家庭的发展能力，而非简单地从宏观人口结构出发来干预个人的生育决策。简言之，鼓励生育政策必须以尊重人们自主的选择和决策为前提，通过生育友好的制度安排和社会文化环境来减轻生育成本压力和提高生育福利。

参考文献

陈滔、胡安宁，2020，《个体主义还是家庭主义？——不同生育动机对生育行为的影响效应分析》，《江苏社会科学》第 2 期。

陈卫民、李晓晴，2021，《阶层认同和社会流动预期对生育意愿的影响——兼论低生育率陷阱的形成机制》，《南开学报》（哲学社会科学版）第 2 期。

范昕、庄文嘉、岳经纶，2019，《生，还是不生——全面二孩时代生育配套政策调整的公众态度研究》，《学术研究》第 12 期。

风笑天，2017，《城市两类育龄人群二孩生育意愿的影响因素研究》，《东南大学学报》（哲学社会科学版）第 3 期。

风笑天，2022，《三孩生育政策与新型生育文化建设》，《新疆师范大学学报》（哲学社会科学版）第 1 期。

靳卫东、宫杰婧、毛中根，2018，《"二孩"生育政策"遇冷"：理论分析及经验证据》，《财贸经济》第 4 期。

靳永爱、宋健、陈卫，2016，《全面二孩政策背景下中国城市女性的生育偏好与生育计划》，《人口研究》第 6 期。

李建新、骆为祥，2009，《生育意愿的代际差异分析——以江苏省为例》，《中国农业大学学报》（社会科学版）第 3 期。

李荣彬，2017，《子女性别结构、家庭经济约束与流动人口生育意愿研究——兼论代际和社会阶层的影响》，《青年研究》第 4 期。

李婉鑫、杨小军、杨雪燕，2021，《儿童照料支持与二孩生育意愿——基于 2017 年全国生育状况抽样调查数据的实证分析》，《人口研究》第 5 期。

茅倬彦、申小菊、张闻雷，2018，《人口惯性和生育政策选择：国际比较及启示》，《南方人口》第 2 期。

倪云松，2021，《房价、房产与生育行为——基于 CHFS 数据的分析》，《经济问题》第 11 期。

祁静、茅倬彦，2020，《生命历程视角下的生育支持政策研究》，《福建师范大学学报》（哲学社会科学版）第 2 期。

王志章、刘天元，2017，《生育"二孩"基本成本测算及社会分摊机制研究》，《人口学刊》第 4 期。

吴帆，2016，《欧洲家庭政策与生育率变化——兼论中国低生育率陷阱的风险》，《社会学研究》第 1 期。

杨华磊、张文超，2019，《生育红利、生育意愿与生育支持》，《上海经济研究》第 7 期。

杨菊华，2019，《生育支持与生育支持政策：基本意涵与未来取向》，《山东社会科学》第 10 期。

杨菊华、杜声红，2017，《部分国家生育支持政策及其对中国的启示》，《探索》第 2 期。

于潇、梁嘉宁，2021，《中国独生子女生育意愿研究——基于生育代际传递视角》，《浙江社会科学》第 11 期。

朱荟、陆杰华，2021，《现金补贴抑或托幼服务？欧洲家庭政策的生育效应探析》，《社会》第 3 期。

Adsera A. 2004, Changing Fertility Rates in Developed Countries: The Impact of Labor Market institutions. *Journal of Population Economics* (1).

Billingsley S. & Ferrarini T. 2014, Family Policy and Fertility Intentions in 21 European countries. *Journal of Marriage and Family* (2).

Caldwell J. C., Caldwell P. & McDonald P. 2002, Policy Responses to Low Fertility and Its Consequences: A Global Survey. *Journal of Population Research* (19).

Clark W. A. V. 2012, Do Women Delay Family Formation in Expensive Housing Markets? *Demographic Research* (27).

D'Addio A. C. & D'Ercole M. M. 2005, *Trends and Determinants of Fertility Trends: The Role of Policies*. Paris: OECD Publishing.

Dettling L. J. & Kearney M. S. 2014, House Prices and Birth Rates: The Impact of the Real Estate Market on the Decision to Have a Baby. *Journal of Public Economics* (110).

Goldstein J. R., Lutz W. & Testa M. R. 2003, The Emergence of Sub-Replacement Fertility Ideals in Europe. *Population Research and Policy Review* (5-6).

Hoem J. 2005, Why Does Sweden Have Such High Fertility. *Demographic Research* (22).

Lake L. & Adam K. C. 2020, Family Policies, Social Norms and Marital Fertility Decisions: A Quasi-experimental Study. *International Journal of Social Welfare* (4).

Lalive R. & Zweimüller J. 2009, How Does Parental Leave Affect Fertility and Return to Work? Evidence from Two Natural Experiments. *The Quarterly Journal of Economics*

(3).

Lappegard T. 2010, Family Policies and Fertility in Norway. *European Journal of Population* (1).

Laroque G. & Salanie B. 2004, Fertility and Financial Incentives in France. *CESifo Economic Studies* (3).

Lesthaeghe R. & Van de Kaa D. 1986, *Twee Demografische Transities? Bevolking-Groei en Krimp*, *Mens en Maatschappij*. Deventer: Van Loghum Slaterus.

Lesthaeghe R., Van de Kaa D. 2002, Bevolking-Groei en Krimp, Mens en Maatschappij, Policy Responses to Low Fertility and Its Consequences: A Global Survey. *Journal of Population Research* (1).

Luci A. & Thevenon O. 2011, *The Impact of Family Policy Packages on Fertility Trends of OECD Countries*. Washington: Population American Association.

Luci A. & Thvenon O. 2013, The Impact of Family Policies on Fertility Trends in Developed Countries. *European Journal of Population* (4).

McDonald P. 2000, Gender Equity in Theories of Fertility Decline. *Population and Development Review* (3).

Recoules M. 2011, How Can Gender Discrimination Explain Fertility Behaviors and Family-friendly Policies? *Review of Economics of the Household* (4).

Rindfuss R. R., Guilkey D. K., Morgan S. P. & Kravdal O. 2010, Child-care Availability and Fertility in Norway. *Population and Development Review* (4).

Wong C., Tang K. & Ye S. 2011, The Perceived Importance of Family-friendly Policies to Childbirth Decision among Hong Kong Women. *International Journal of Social Welfare* (4).

（原载《中华女子学院学报》2022年第2期）

制度边界与文化弹性：生育友好的不同维度解读

吴小英[*]

> **摘　要**：本文意在指出，在当前人口负增长的挑战下，社会公共政策的制定者和研究者应如何做出调整和反思，并考虑到可能存在的制度边界和文化弹性对生育友好政策的影响。本文认为，仅仅围绕生育问题本身的讨论已经过时，需要有不同层面和维度的多重解读。
>
> **关键词**：生育友好　制度边界　文化弹性

2023年初，跟人口生育相关的两则新闻先后冲上了热搜榜，引起了令人意想不到的网络关注。一则是国家统计局在新闻发布会上公布的2022年中国人口总数比上一年下降85万的消息，这意味着中国从此进入了人口负增长阶段。回顾上一次人口负增长已是半个多世纪之前（1961年），不过那是非正常因素造成的，之后很快回到了增长的轨道。但这一次是在过去十多年来国内总和生育率不断下降、人口增长数量持续下行的趋势中发生的，即使生育政策不断放宽也未能使这种趋势发生扭转或者出现明显的缓解，人口专家及相关部门对此早已忧心忡忡。事实上，2020年第七次人口普查的数据公布之后，就曾有人口学家预言，中国人口的零增长或负增长将会在"十四五"期间出现，最快可能在2025年或者2024年之前到来。[①]

另一则新闻是2023年1月30日四川省卫健委发布的有关生育登记服务管理办法的最新规定，取消了以往要求登记对象提供结婚证明的限制条件。虽然发布者一再澄清这是为了将生育登记的重心回归人口监测及生育

---

[*] 吴小英，中国社会科学院社会学研究所研究员。
[①] 南开社会工作，2021，《意料之中与意料之外：对七普数据的解读与分析》，微信公众号"南开大学政府学院"，6月9日。

服务的本位，丝毫没有鼓励非婚生育的意思，但其背后放宽生育合法化的认证条件、不再强调生育与婚姻的捆绑这一前提是显而易见的。由此引发的关注和争议，同当年国家出台"离婚冷静期"的情景相当类似，带有鲜明的代际和阶层分化特点，即偏中产、更年轻的一方（尤其是年轻女性或长期以来处在被歧视边缘的单身妈妈们）更多持赞成和欢迎态度，甚至有"终于等到这一天了"的激动和共鸣；而偏下层或更年长的一方则不少持担忧和质疑态度，仿佛新规一旦推行，则可能引发婚育乱象。

这两则新闻引发的热议，表明人口老龄化和少子化问题已经跳出单纯由政府与专家独揽话语权的时代，进入寻常百姓用身体和意识投票的时代。人口治理也从自上而下单向度的管控模式，回归民众个人及其家庭共同参与并与政策相互博弈而做出选择的模式。本文无意加入这场争论，也不想就争议各方的论点或担忧进行一一评判，只想理性地探讨一下，如今不管你愿不愿意、担不担心，在人口负增长已经实实在在到来的背景下，作为社会公共政策的制定者或者研究者，该如何顺应这个时代做出各自的调整和反思，同时也想讨论一下在生育制约与支持的问题上，是否可能存在制度无法跨越的边界以及文化自身蕴含的弹性，因而所谓"生育友好"可能存在不同层面、不同维度的多重解读？概言之，无论如何，仅仅拘泥于生育本身来谈论生育，这样的思路可能早就过时了。

一　松绑与激励：生育支持的两个面向

人口负增长是低生育率叠加人口老龄化起作用的结果，因而其实质并非人口总量问题，而是人口的结构性问题，已经成为全球范围内许多发达国家共同面对的难题。之所以成为标志性的警戒线，是因为根据学界对多个低生育率国家的研究，一旦走上人口负增长的轨道，逆转的可能性就微乎其微了，因而有所谓"低生育率陷阱"一说。中国"七普"数据公布的总和生育率为1.3，已进入所谓超低生育率国家的行列。更为严峻的是，与许多低生育率国家不同，过去十年来中国人的生育意愿也长期保持在低位，"七普"公布的数据只有1.8，甚至低于更替水平（2.1），这被人口学家认为是个极其危险的信号。也就是说，国内目前的低生育水平，是低生育率和低生育意愿双重作用的结果，二者之间的差距，即"生育赤字"的存在，意味着尚有一部分生育需求出于各种原因未能得到满足而有待释放出来，因而也给全社会提供各种可能的生育支持留下了机会窗口（吴帆，2022；吴帆、李建民，2022）。

这些在人口学家那里专业而精准的宏观数据和概念术语解析，在普通百姓人家可以通俗地概括为"不敢生"、"不能生"和"不想生"三种类型。过去十多年来中央和地方政府不断出台的各种生育相关的支持配套政策，主要就是为了尽可能填补"生育赤字"的缺口，针对的是前两种类型。从政策取向来看，基本上可以区分为松绑与激励两个面向，包括清除制度层面的障碍和制约，即包容性生育政策，以及提供引导性的支持和服务，即积极生育政策。

生育政策的松绑主要体现在国家层面上对独生子女政策的松动和调整，包括从2013年开始实施的单独二孩政策，到2016年的全面二孩政策，再到2021年的全面三孩政策，对违反《计划生育条例》者的处罚和社会抚养费的逐步解除，以及一些地方法规中与生育登记、孩子户口登记等相关的具体流程和手续的日益放宽或简约化。而激励性的生育政策主要体现在经济、时间和托育服务方面的支持性政策，经济方面如生育保险、津贴、税收减免等常规性的支持政策，还有最近一些地方政府相继出台的针对二孩、三孩家庭的一次性现金补贴或者住房贷款等相关优惠政策。时间方面主要指的是各级政府或单位部门针对职场年轻父母规定的带薪休假制度，包括产假、陪产假、育儿假等。三孩政策出台后，各地先后不同程度地延长或新增了跟生育、养育相关的假期，并将部分假期政策从过去仅限于女性的设置延伸到男性，这当然受到欧美发达国家流行的工作与家庭平衡战略的影响，目的是让男性更多地参与家庭育儿，尽管在力度上还十分有限。托育服务方面主要是指针对公共育儿机构、人员和服务设施等的配套支持政策，包括推进0~3岁儿童公共托育机构的建设、面向幼儿园或幼教事业的各类支持政策，以及公共场所母婴设施的配置和服务等，不过目前这些尚处于起步阶段。

可以看出，激励政策中的前两类（经济和时间政策）主要通过对家庭功能的辅助和增强来支持生育；后一类（托育服务政策）则是通过对家庭功能的补充或替代来支持生育，这在西方福利体系及社会政策框架中分别被归于家庭主义和去家庭化政策，已成为世界范围内破解少子老龄化难题时常用的政策工具（吴小英，2020）。其主要依据是基于儿童的家庭生育、养育、教育成本的计算，包括通常由家庭整体来承担的直接成本，以及更多落在女性身上、具有鲜明性别化特征的间接成本（如"母职惩罚"）（马春华，2018）。而在这个政策工具箱中，有研究发现各项政策对于提升低生育水平虽然有一定的积极作用，但总体上十分有限，综合使用这些政策的效果更佳，这意味着决定人们生育选择背后的理由远非那么单一。与此同时，相对于经济和时间方面的支持政策，最有效的还是托育服务方面的支持，以及政策取向中所包含的性别平等理念（马春华，2018；吴帆，2022）。有学者指出，日韩等东亚社会长期低迷的生育率，很大程度上源于不利于女性兼顾事业和家庭的社会制度、市场制度以及传统的家庭模式和性别文化规范。正是公私领域在市场中的不同制度逻辑，导致了女性面临工作-家庭角色之间的剧烈冲突而选择少生或不生（计迎春、郑真真，2018）。

也就是说，无论是家庭导向还是个体导向的政策设计，生育支持若没有国家的兜底都已经很难奏效，同时仅仅通过国家推行的积极生育政策，即使短期内生育率有一定程度的提升，长期看来其效果也并不如人意。有学者指出，欧美发达国家在生育方面已经进行了长期的探索，且生育配套支持政策已相对完善，但除了北欧等福利国家依靠普惠性的去家庭化政策在一定程度上避免了"低生育率陷阱"之外，至今未曾有一个国家的生育率回升至更替水平，日韩等东亚国家甚至在原有低生育率水平基础上又出现了进一步下滑的趋势（陈友华、孙永健，2022）。这意味着个人和家庭自主选择的生育，一定存在制度本身无法跨越的边界。

二 制度边界与文化弹性：从"人口"到"人"

公共政策的复杂性或者局限性，就在于它无法止于纸上谈兵，须通过"落地"后的实效才能看出究竟。因此政策制定者需要从一开始就了解政策对象的想法和需求，否则很可能无法实现政策目标。当然政策实施的手段在此起到至关重要的作用。有学者指出,我国从过去立足于控制人口数量、降低人口生育率到如今以适度提高人口生育率、促进人口均衡发展为目标,其政策导向经历了从计划生育时期的"抑制性生育政策"到全面放开后的"激励性生育政策"的转向。相应地,其政策工具也由原先以法律干预、行政处罚和经济手段等为主的强制性工具,转向以动员、服务、激励等为主的倡导性和支持性工具(刘中一,2021)。这种转向带来的最大变化,在于政府的角色如同家长的角色一样退居幕后,投票权回到了民众个人和他们所在的家庭手里,因此政策制定者或者研究者首先需要将政策对象从"人口"转向"人"。因为归根到底,人口不仅仅是经济社会发展版图上的一个数据,也不仅仅是经济学家口中的一个个劳动力或者被供养者,而是一个个活生生的、充满想法、欲望及变数的人。

这种从"人口"到"人"的转向,其实在半个多世纪以来的人口学研究趋势中已有清晰的体现。随着避孕、人流等技术的成熟和普及,避免"非意愿生育"成为可能,人口学中所谓理想子女数、期望子女数、打算生育子女数等概念的区分及其测量,将民众想不想生、能不能生、敢不敢生的问题层层剥开并细化,生育意愿与生育行为之间的逻辑关联被提到重要位置。而在关于生育意愿影响因素的考察中,研究者不仅关注社会经济、制度等结构性因素的制约,也强调文化和价值观念变化带来的影响(吴帆,2020)。颇具影响力的第二次人口转变理论作为西方国家解释低生育率现象的重要理论框架,其核心观点就是个体主义的兴起与观念的变革使得婚姻对个体的吸引力下降,生育与婚姻逐步解绑,动摇了婚育的制度性基础。也就是说,这次人口转变的社会驱动力主要来自人们观念上的变化所导致的家庭领域变革,包括对婚姻制度的冲击以及传统家庭功能的进一步瓦解(李婷等,2022;於嘉、谢宇,2019)。因此其关注点已经从人口转向家庭,有学者甚至直接称之为一种与人口转变并行或者相融合的"家庭转变",其中家庭本身也不再是人口结构分析中常见的家户概念,而是着眼于"人"的、形态丰富多样的、多元而灵活的概念(宋健等,2020)。

当我们将生育问题的主角从"人口"转向"人"时,自然而然就将其背后的家庭拉到了台前:人是处在家庭之中的,他们不仅是国家人口和社轻人来说，不婚不育可能不需要理由，而结婚生育才恰恰需要理由。有研究发现日益扩大的丁克一族中流传着这样的说法，"丁克不需要理由，生孩子才需要理由，而且需要一个好理由"（齐鑫，2022）。有关生育态度和动机的诸多调查也显示，青年人中传统功利主义的生育观正走向式微，而非功利主义价值观日益凸显，并逐渐从家庭主义生育观向追求人生价值和体验的个体主义生育观转变（田宏杰等，2022）。这也是将生育问题的焦点转向"人"之后难以回避的，即构建生育友好的配套政策体系固然重要，但对于提升生育意愿能起到多大的作用，还要看我们所处的是否是一个真正意义上的生育友好社会。

三 从生育友好政策到生育友好社会：营造"人间值得"的氛围

2022年7月发布的《关于进一步完善和落实积极生育支持措施的指导意见》，明确指出"将婚嫁、生育、养育、教育一体考虑，尽力而为、量力而行，综合施策、精准发力，完善和落实财政、税收、保险、教育、住房、就业等积极生育支持措施，落实政府、用人单位、个人等多方责任，持续优化服务供给，不断提升服务水平，积极营造婚育友好社会氛围，加快建立积极生育支持政策体系，健全服务管理制度，为推动实现适度生育水平、促进人口长期均衡发展提供有力支撑"。这一文件所传达的婚育一体、多部门配合、各方合力的积极生育政策方案，以及明确提出的"营造婚育友好社会氛围"的精神，都显示了政府在人口生育立场上聚焦"人"和家庭、从宏观管控模式向微观服务模式转变的理念。

需要指出的是，生育友好政策与生育友好社会并非一个概念，后者比前者包含了更加丰富而深刻的内涵。生育友好政策通常是指对生育制约的放宽和对生育行为的支持和鼓励政策，即前面提到的制度层面的生育障碍解除以及支持性的积极生育措施，包括直接或间接的婚孕产养教等一条龙服务及其相关配套政策，根据服务对象、目标和受益者的差异可以区分为"家庭友好"的生育政策和"性别友好"的生育政策。总体来说，生育友好政策希望通过各项面向生育者、孩子及其家庭的服务，来打消那些想生会发展战略中的一块砖，也是"家庭合作社"的一员，更是自我心目[中规]划的想成为的自己。然而政策制定者或许忽略了此时的"家"已经不[是彼]时的"家"，中国传统家庭中生育的两大功能——"传宗接代"和"养[儿]防老"，在当下社会已经丧失了以往那种不容置疑的强正当性及可行[性。]虽然学界对于中国是否存在西方意义上的第二次人口转变尚存在争议，[但]是 21 世纪以来一些典型的特征，如初婚年龄的推迟、结婚率和生育率的[下]降、同居率及离婚率的上升等在中国社会均已出现。这中间可以看到代际、性别和文化之间的差异甚至冲突，所以"催婚""催育"的压力成为很多年轻人，尤其是青年女性需要面对的考验。而互联网上满屏应对策略的传播，却表明父辈及其所代表的那种传统婚育价值观，在年轻一辈这里已然失去了权威性，不再被视为理所当然，而是更多面临被搁置，甚至被嘲弄、被抵抗的命运。2021 年国内一项针对大学生婚育观的调查结果显示，中国大学生的婚育观尽管并未出现西方式的所谓"去制度化"的转型性变革，其价值基础也已发生了根本改变，婚育在传统观念中的保障性功能以及传宗接代的意义已经极大淡化，年轻人更强调恋爱、婚姻和生育基于个体意义的价值，包括互助进步、精神寄托、情感陪伴以及对自身成长的意义等（李婷等，2022）。

所有这些意味着来自国家的生育制约或支持政策需要直面全新的家庭变革，理解和适应无论实践中还是观念上已今非昔比的家庭多样化形式，而不是回避或者试图矫正。政府在这一点上或许跟家长的处境类似，除了高调地松绑和默默地支持，别无他法，因为结婚与生育虽然不是一种纯粹的私人实践，但始终有制度无法抵达的边界，这种边界本身是由文化的弹性所带来的。学界和媒体近些年来热衷于讨论年青一代"恐婚恐育"的现实理由，无不是生育、养育、教育孩子的成本越来越高，经济收入和就业的不确定性风险加大，房价上涨使得家庭不堪重负，婚姻的脆弱性让人望而却步等。这当然是一种将生育问题下沉到普通"人"的处境来加以考量的视角，各级各地政府密集出台的各种生育放宽和支持政策，也都是基于这样一种功利的理性人假设，试图通过生育支持和服务政策的供给来降低成本、提振生育的信心。

然而现实中或许还需要我们再转换一下思路，因为对于当代的许多年而不敢生、不能生的人群的顾虑，弥补可能的"生育赤字"缺口。有学者将生育友好政策中的"生育支持政策"与"鼓励生育政策"进行了区分，认为二者的目标人群虽然一致，但前者关注的是人，通过政策支持手段来提升女性在整个生育过程中的幸福感和获得感，更能体现性别平等的视角；而后者关注的则是生育水平的高低，各种刺激和鼓励生育的政策往往会给女性增加无形的压力，更容易将女性物化为生育工具（刘鸿雁、王晖，2023）。虽然生育的支持和鼓励政策之间并不见得那么界限分明，因而是否存在明确的性别倾向还有待观察，但至少说明生育友好政策的政策理念或者实践路径的不同，可能会导致差异化的结果。

有学者在比较国际经验的基础上指出，鼓励生育政策对于未来中国生育率回升的预期效果可能十分有限，原因之一就在于对低生育率的认知偏误使得现有生育配套支持措施过度聚焦"不敢生"群体，却忽略了"不想生"、"不能生"与"不让生"群体，致使刺激生育率的效果不佳（陈友华、孙永健，2022）。还有学者在比较中西方第二次人口转变特征后发现，中国在生育方面呈现几个极为不同的特点：一方面，生育观念在年轻群体中发生了很大变化，在受教育程度较高的群体中变化更为剧烈，且女性的变化比男性幅度更大，如大学本科及以上的"90后"男性和女性的不生育倾向都有明显上升，对女性生育必要性的认同度大幅下降，同时对女性单身生育的态度也更加宽容；另一方面，跟西方国家相比，中国的青年人在行为上选择婚外生育和婚内主动不育的比例依然很低（於嘉、谢宇，2019；於嘉，2022）。这种观念和行动上的脱节，反映了现有生育制度和文化对于"丁克"、同居及单身妈妈等群体还缺乏足够的包容度。

处在"不敢生"和"不想生"之间的"不能生"群体，是在生育上身处边缘化位置的群体，他们通常是有强烈生育意愿却因身体和身份原因而被迫选择不育的人群，包括常见的因健康和年龄等因素无法自然生育的不孕不育人群、因亲密关系破裂未能走向婚姻或因非婚同居而无法获得生育保护的人群、因同性伴侣关系而缺乏合法生育渠道的人群，以及自始至终只想要孩子而不想走入婚姻的人群。这些人群中除了婚内的不孕不育者可以通过人工授精、试管婴儿等辅助生殖技术获得医疗服务支持之外，其他几类人群的共同特点是因无法被纳入主流的婚姻制度框架而失去了合法生育的资格，也因此丧失了获得辅助生殖医疗技术相关服务，或者享受政府和用人单位的生育支持相关政策待遇的通道。这些人群的比例虽然不算高，但是正在逐年上升，所以数量上不可小觑。更重要的是，他们属于具有生育意愿却因文化和制度障碍而无法实现生育行为的人群，久而久之可能会转向"不想生"类别，这样的结果并不符合生育友好政策的初衷。文章开头提到的四川卫健委的生育登记管理办法调整之所以引起热议，也表明了民间对此尚且存在不同声音，其焦点在于婚姻和生育之间的分离是否可取。但是社会政策的宗旨不是讨论应不应该这一伦理问题，而是解决现实中的困境，将各种差异化情景纳入秩序，同时维护社会成员的机会平等，让他们不因个人身份背景的不同而受到排斥，这也是"十四五"规划中提出"增强生育政策包容性"所秉持的初心。当非婚同居、离婚、单身等现象日益常态化，当家庭社会学中早就将家庭类型扩展为单身家庭、同居家庭、离异家庭、单亲家庭、丁克家庭等，这意味着传统意义上性、婚姻、家庭、生育之间的一致性已经被撼动。因此生育友好政策除了提供支持性的积极生育政策之外，还必须包含尽可能解除各种制度障碍的包容性生育政策，否则就无法让这一政策真正覆盖到全人群。而生育政策包容性的核心就在于从制度上接纳婚育观念的多元化带来的生育形式的多样化，让生育自主权真正回归个人及家庭。

2023年"三八"妇女节媒体有关"女性友好城市"的报道指出，如果公共领域能做到同工同酬、两性能实现纵向社会流动的平等，私人领域能做到"家国共育""夫妻共担"，那么女性结婚生育的意愿或许会有所提高。因为结婚生育与性别平等之间并非一定是相互对抗、互不兼容的关系，如生育支持可以成为促进性别平等的一个抓手，因而也可以理解为性别平等应内含在生育政策包容性中。我们不能强迫人们结婚生育，而应给予人们更多的选择自由，同时对于婚育当事人提供有效的、可供选择的支持。[①] 孙立平在谈到生育问题时也指出，一个简单的道理是"先有生活，然后才会有生育"。当所有人都感觉生活得"屁滚尿流"，如何才能找到生

---

① 戴媛媛，2023，《女性如何缓解生育焦虑？杨菊华：建议家国共育，推动男性参与》，微信公众号"澎湃研究所"，3月8日。

育的意义和动力？因此仅仅靠降低生育成本可能还不够，得让人们的生活空间再大一点，生活稍微轻松一点、从容一点，生孩子才会成为自然而然的一件事。① 由此看来，所谓生育友好社会的深层含义在于，与其把它简单地理解为一个能够为生育养育者及其家庭提供充分支持服务体系的社会，不如理解为一个能让女性和家庭免于生育困扰的社会。也就是说，无论你选择何种婚姻和家庭模式、生还是不生、何时生以及以何种方式生，都可以找到自己在这个社会不受歧视和干扰的生存空间。政府所能提供的是各种各样的菜单，可以供民众根据自己的意愿和能力来点单，然后个人和家庭也需要为自己的选择付出，共同完成并享受这道菜的烹饪。这样一种开放、包容的社会，或许才是长远来看缓解婚育焦虑、提振低迷的婚育意愿、让人们各安其所的社会。归根到底，我们需要构建一个能让犹豫徘徊中的年轻人找到一个不会反悔的生育好理由的社会——这个理由就是你可以自主选择，但无论你如何选择，我们都会竭尽全力让你安心——这样面对未曾谋面的孩子，他们才会自信而笃定地推荐：来吧宝贝，这届人间值得！

参考文献

陈友华、孙永健，2022，《生育政策及其配套支持措施：认知偏误与政策偏差》，《广州大学学报》（社会科学版）第 4 期。

计迎春、郑真真，2018，《社会性别和发展视角下的中国低生育率》，《中国社会科学》第 8 期。

李婷、郑叶昕、闫誉腾，2022，《中国的婚姻和生育去制度化了吗？——基于中国大学生婚育观调查的发现与讨论》，《妇女研究论丛》第 3 期。

刘鸿雁、王晖，2023，《生育支持政策与鼓励生育政策的涵义探析》，《山东女子学院学报》第 1 期。

刘中一，2021，《"十四五"时期增强生育政策包容性的要义、路径与机制研究》，《行政管理改革》第 9 期。

马春华，2018，《中国家庭儿童养育成本及其政策意涵》，《妇女研究论丛》第 5 期。

齐鑫，2022，《"无后为大"：现代青年丁克家庭的成因、压力与对策》，载吴小英执行主编《家庭与性别评论（第 12 辑）：非常态家庭与亲密关系实践》，社会科学文

---

① 孙立平，2021，《一个最基本的道理：先有生活，然后才会有生育》，微信公众号"孙立平社会观察"，12 月 8 日。

献出版社。

宋健、李建民、郑真真、李婷，2020，《中国家庭的"转变"与"不变"》，《中国社会科学评价》第 3 期。

田宏杰、孙宏艳、赵霞、张旭东，2022，《三孩政策下的低生育意愿：现实束缚与文化观念制约》，《青年探索》第 4 期。

吴帆，2020，《生育意愿研究：理论与实证》，《社会学研究》第 4 期。

吴帆，2022，《何以生育友好？——基于国际经验和中国情境的分析》，《中华女子学院学报》第 2 期。

吴帆、李建民，2022，《中国面临生育危机风险的三个信号：低生育率、低生育意愿和生育赤字》，《山西师大学报》（社会科学版）第 1 期。

吴小英，2020，《照料的问题化及其政策选择——一个家庭变迁视角的探讨》，《杭州师范大学学报》（社会科学版）第 6 期。

於嘉，2022，《何以为家：第二次人口转变下中国人的婚姻与生育》，《妇女研究论丛》第 5 期。

於嘉、谢宇，2019，《中国的第二次人口转变》，《人口研究》第 5 期。

（原载《妇女研究论丛》2023 年第 2 期）

生育支持与生育支持政策：基本意涵与未来取向[*]

杨菊华[**]

摘　要：作为家庭支持政策的一个重要部分，生育支持政策是中国生育政策调整后新出现的一个概念，被视为生育水平止跌回升的重要举措。本文对生育支持进行厘定，认为生育支持涉及两大主体、四维内涵、四大环境和两个后果。政府、企业、社会和社区等支持主体，给父母、子女、祖辈和其他利益相关者提供生育的时间保障、资金补贴、服务供给和就业支持等，并与外部的制度、物质、服务和社会环境形成协调的互动关系。在分析中国生育支持政策的现状及存在的问题后，本文提出未来中国生育支持政策的取向。提倡生育支持，并非鼓励多生，亦非放大女性的生殖功能、将之作为一种工具来达到某种社会目的，而是尽可能帮助女性更好地平衡职场追求与子女养育的责任，从而帮助有二孩生育意愿之人达成理想。但是，在提供生育支持的过程中，必须纳入并突出社会性别视角，强调政策对夫妻双方的支持，从而避免"母职"的进一步强化。

关键词：生育支持　生育支持政策　家庭支持政策　家庭友好政策　托育服务　子女养护

人口是任何一个社会经济发展和文化繁荣的基础。自古希腊和春秋战国时期始，人们对人口数量的认知就在"人口"与"人手"的纷争中反复纠缠（杨菊华，2017）。20世纪后半叶，女权主义兴起，传统家庭分工模式难以为继以及不断走向个体化的社会倾向，使得以家庭为中心的文化机制逐渐瓦解。同时，受教育程度的提高和非农就业机会等，推迟了初婚年龄，转变了婚育观念，改变了生育行为，"少子女"成为中产阶级的一种

---

[*] 本文得到国家社科基金重大课题"全面二孩政策下城市地区0~3岁婴幼儿托育服务体系研究"（17ZDA122）、"'普二新政'下家庭友好政策与女性家庭－工作平衡关系研究"（71673287）的支持。

[**] 杨菊华，中央民族大学民族学与社会学学院、人口与民族发展研究中心教授。

"流行病"。对"低生育陷阱"或"低生育危机"的焦虑在发达国家普遍蔓延（杨菊华，2015）。21世纪，低生育率将成为更多国家的人口常态——祖祖辈辈习以为常的子女成群现象已然不再，两个孩子成为普遍的生育意愿（杨菊华，2011）。为此，至少从20世纪80年代开始，一些发达国家逐步推行家庭友好政策，旨在降低生育成本，从而将生育率提高到更替水平，摆脱"低生育危机"。

发展中国家的人口生育意愿和生育行为也呈现与发达国家趋同的模式。如今，低生育率已然成为南美、东亚、东南亚、西亚等很多国家的基本人口形势。[①] 虽然中国是东亚儒家文化的发源地和长期以儒家思想治国的国度，但因限制性生育政策的长期推行以及生育率长期低于更替水平而显得较为独特。"多子多福""养儿防老"的理念遭到摒弃，"少生优生""优生优育"的思想被内化于心、外化于形。即便是全面两孩政策的出台，也未能有效激励育龄妇女生育二孩。2015年作为全面两孩政策的初始之年，中国出生人口为1655万人，比2014年减少了32万人；2016年，生育的堆积效应开始释放，出生人口达1786万人；但此后，出生人口出现"两连降"，2017年和2018年分别为1723万人和1523万人，较上一年分别减少63万人和200万人。该现象背后原因众多，而"生育焦虑"就是其中一个关键要素。故此，相关政府部门、学界和社会人士开始反思生育控制政策的长期效应，并认为提供生育支持、鼓励生育是提升生育水平的有效手段。

虽然生育支持的内涵因时间和文化而异，但它始终是公共政策的重要组成部分。在过去很长一段时间中，中国的生育政策一直以控制为主。随着生育政策思路的转变，如何提供有助于生育率回升、子女养育的支持政策尚在摸索之中。那么，何为生育支持？如何提供生育支持？提供怎样的生育支持？中国目前的生育支持政策存在哪些突出问题？这些均需加以系统研究。

本文的主要目的有四：一是从理论视域出发，以婴幼儿照护为重点，

[①] 联合国经济和社会事务部人口司：《世界人口展望2019》，2019，https://www.un.org/zh/desa/world-population-prospects-2019。

兼及婴幼儿这个生命阶段之前、之后的需求，厘清生育支持政策的基本意涵，辨识生育支持政策与家庭友好政策之间的关系；二是通过对文献资料的梳理，总结提炼生育支持政策的基本框架；三是基于文本资料，简要回顾当下中国生育支持政策的基本状况，分析政策的局限；四是借鉴国际经验，结合中国国情，提出中国生育支持政策体系的基本思路和建议。虽然在单独二孩尤其是全面两孩政策出台后，"生育支持"的理念逐渐清晰，但有关生育支持的说法多停于抽象的概念上；本文对这一概念的厘清、具体内容的阐释和发展方向的思考，或可为后续中国形成具有中国特色的生育支持体系提供有益的借鉴，也对发展中国家甚至发达国家生育支持（或子女生养家庭支持）政策、措施、项目的出台与完善具有普遍性意义。

一　生育支持的基本意涵

学术研究是对现实需求的一种反应，人口研究更是如此。虽然最近几年，有关生育支持的呼声日益高涨，但在多个中文学术数据库中，以"生育支持"为主题词或关键词进行检索，得到的结果却寥寥无几。同理，在多个英文文献库中，以"fertility support"为主题词或关键词进行检索，得到的文献多针对不孕不育者。"生育支持"的文献最早见于单独两孩政策落地之后的 2014 年。可以说，以鼓励二孩生育为目的的"生育支持"或"生育支持政策"，是在单独两孩和全面两孩政策后出现的新概念。既有研究或介绍国外生育（家庭）支持政策（汤兆云、邓红霞，2018；杨菊华、杜声红，2017），或对生育支持与生育意愿（杨华磊、张文超，2019）、女性就业（黄桂霞，2014；张琪、张琳，2017；朱荟，2019）的关系进行探讨。为数不多的相关研究虽涉及多个方面，但其基本概念尚未得到明确界定。

（一）生育

"生育"一词由来已久。《管子·形势解》中提到，"道者，扶持众物，使得生育，而各终其性命者也"。也就是说，无论是人还是万物，种类要得以延续，就需要生育，这是常规之道和普遍之理。生育，既要生、也要育,这样才能保证生命的接续。要构建科学合理的生育支持政策体系,首先必须厘清"生育支持"的内涵和外延。"生育支持"概念可以从"生育"和"支持"两个角度理解,而对支持主体、内容和方式的理解首先要辨析何谓生育。

生育概念有狭义和广义之分。狭义的"生育"通常是指女性在体内孕育后代、经过足够的时长后分娩、婴儿出生的事件或行为;广义上,它泛指分娩、抚育、养育和教育,是繁殖后代、延续人类社会的行为。过去几十年中,中文的生育往往取其狭义之意,主要是"生"的行为。不过,在不同的语境下,生育一词所指略有不同。当用于"生育率""生育意愿""生育水平""生育行为"等语境时,它以名词的形式存在,类似于英文的"fertility"(此词源于fertile,指生殖能力),即指女性当期或一生共生几个孩子;当它单独使用时,通常泛指生产子女的一般状况。当用作动词时,它包含双重意思:一为"生",即生孩子这个行为或事件,二为"育",即对孩子的日常生活照护、教育和培育。因此,当"生"和"育"连起来使用时,就是指从生产到养育的连续过程。可见,虽然中文的"生育"类似于英文的"fertility",但其内涵超过了fertility的范畴,类似"childbearing and childrearing"的意涵。

因此,理解"生育"不应仅从一个时点出发,将之视为孤立、独立的事件,而应秉持生命历程视角,历时、纵向地来看,将生育视为生命历程中的一个连续时间统(见图1)。若以分娩为时间节点,则可将生育划分为前后两个阶段。分娩及其之前的计划、备孕和怀胎过程为第一阶段。其间,绝大多数人在结婚组建新家庭后,或快或慢、或晚或早,都会做出孕育计划和进行相应的准备,进而怀胎十月、一朝分娩,新的家庭成员诞生,由此进入生命历程的新阶段。

相对生育的第一阶段而言,第二个阶段的育或养,则是一段漫长的旅程,涉及面甚广。从孩子出生开始,家庭(尤其是女性)就开始了对子女的持久养育。基于孩子的生长发育或成长周期,"育"的过程可细分为哺乳期、幼儿期、学前期、教育期等阶段。虽然父母对子女的培育、教育实际上贯穿其一生,但随着孩子成年、走向社会、拥有独立生活的能力,"育"的责任也将告一段落。

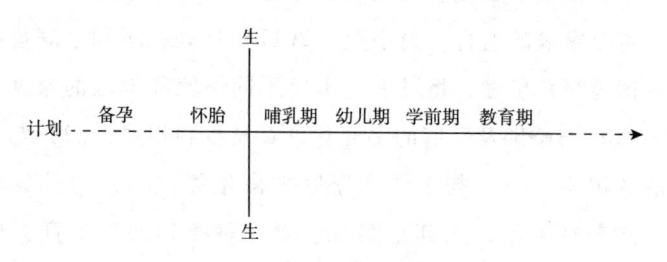

图1 生育行为的历时观察

因此，生育远远不是指生了几个孩子，孕育或分娩都只是其中的一个时间节点（即便是"生"，也并非仅指生孩子这个孤立行为。它包括生孩子之前的各种准备，所以，"生"是一个完整过程中的一个中间环节），"育"包括孩子出生之后直到能够独立生活前的各种培育。对生育支持政策的探讨，会因生育时间节点事件和历时行为的两种不同理解角度，而具有截然不同的理论意义和政策取向。除义务教育外，中国的生育支持主要关注"生"这个时点事件，而较少考虑"育"这个连续统。

（二）生育支持与家庭支持

当前，中国所谓生育支持是在借鉴西方家庭友好政策、家庭支持政策的基础上演变而来的概念，是家庭支持的重要组成部分。与家庭支持相比，生育支持的范畴相对较小，目标更明确、直接和具象。但当下的研究往往将二者混为一谈（杨菊华、杜声红，2017）。理解生育支持，就必须对家庭支持及家庭支持政策有所了解。

家庭支持、家庭政策（胡湛、彭希哲，2012；吴小英，2017）、家庭友好政策或家庭支持政策等概念的基本意涵，最早源于19世纪末和20世纪初的法国和瑞典（马春华，2016；吴帆，2016）。为缓解人口结构变动和工业化给家庭带来的冲击，国家或雇主为工人阶级家庭提供一定的津贴，从而保障家庭维持最低生活水平。家庭支持政策是国家和政府为家庭及其成员提供的福利和服务，是一个国家福利体系不可或缺的要素。

"二战"以后，随着经济社会的快速发展和公民权利意识的觉醒，西方各国逐渐建立了从"摇篮"到"坟墓"的社会福利体系，家庭政策的内涵也日益丰富，涵盖了家庭发展周期的全过程，始于家庭的组建，经过家庭的发展，直至家庭的退行。吴小英（2017）从处在不同家庭境况下的个体所面对的困境视角出发，将过去几十年不同国家和地区的家庭政策分为四种类型：(1) 与婚姻及家庭的多元化形式及权利相关；(2) 与生育、育儿和儿童服务相关；(3) 与工作和家庭平衡相关；(4) 与养老和照料相关。显然，前三种类型，尤其是第二、第三种类型均与生育支持直接有关。也就是说，生育支持实际上是嵌入家庭支持之中的。

与生育支持相关的家庭政策制定有鲜明的价值立场（吴小英，2017）。Billingsley 和 Ferrarini（2014）认为，两种家庭支持政策与生育的相关性最高：一类政策重在支持"单薪家庭"，即"传统男性养家的家庭支持（traditional male-breadwinner family support）"，如对单薪家庭提供婚姻补贴、一次性生育补助金，为在家照护子女的家庭提供照护津贴或育儿补贴等。女性依旧是家庭责任的主要承担者，因此政策具有明显的向女性倾斜的性别化特征，在一定程度上维持了传统的"男主外、女主内"的社会分工。另一类政策重在支持"双薪家庭"，即"性别平等养家者-家务料理者的家庭支持（gender egalitarian earner-carer family support）"。这类政策强调夫妻共同承担养家糊口与经营家庭的双重责任，夫妻双方既是"养家者"，也是"家务劳动承担者"，故称"性别平等式"支持政策。这类政策鼓励夫妻都休带薪育儿假，强调丈夫必须休一定数量的育儿假或家庭照护假。对女性而言，这类支持政策可以在一定程度上减轻生育对她们的束缚。

由上可知，生育支持政策与家庭支持政策密切相关，是家庭支持政策的重要组成部分。但是，二者之间的差别也显而易见。比如，家庭支持覆盖的范围更广、涉及的生命周期更长（家庭生命的全过程），而生育支持主要是针对孩子出生前后、有未成年孩子的家庭。养老是一项重要的家庭功能，与其有关的家庭支持政策直接影响子女的生育意愿和养育行为，但因这类政策并非直接针对子女的养育，故不应视为生育支持政策。又如，生育支持政策出现的时间相对较晚，主要于20世纪80年代后开始兴起，而家庭政策存在了100多年。发达国家并无单独的生育支持之说，生育支持政策多是家庭支持或家庭友好政策的一部分。在人类社会长期的高生育率、"二战"后的"婴儿潮"（陈奕平，2003）及马尔萨斯人口论的影响下，西方社会对高生育率极为恐惧，故长期以来一直倡导家庭计划（family planning）。但是，得益于避孕等技术的发展和经济社会的转型，从20世纪60年代开始，西方社会的生育率持续下降，普遍遭遇了"婴儿荒"（Phillip Longman，2004）。而且，生育率并未停留在理想的2.1左右的更替水平上，而是滑至"低无可低"的水平，很多国家的生育率甚至跌破1.0，由此带来了国际社会对低生育水平及其后果的认识的逆转，在短短20年的时间内，完成了从"恐高"到"恐低"，从对"高生育危机"的恐惧到"低生育陷阱"（Thomas Anderson & Hans-Peter Kohler，2015；Joshua R. Goldstein et al.，2009；S. Philip Morgan & Miles G. Taylor，2006；靳永爱，2014）的恐慌的转型，且这种焦虑成为盛行于西方发达国家的主要人口思潮。面对前所未有的低生育率，20世纪80年代后，为保证人口的正常更替水平，很多先发或后发低生育率国家和地区都相继出台并逐渐完善了致力于提高生育水平的各类家庭支持政策。

回到生育支持的概念，笔者认为，所谓生育支持，主要指社会不同主体（包括政府、企业和社会等）为有儿童和青少年照料需求的家庭提供时间、资金、服务、就业等方面的一揽子服务；而生育支持政策主要是保障各类支持顺利落地的公共政策。从狭义上看，生育支持政策包括生育假、儿童照料服务、税收优惠和弹性工作制等；在广义上，生育支持政策还应包括稳定的就业机会和保障生育支出的薪资。通过生育支持政策，营造有利于生育主体生育需求满足和工作-家庭平衡的外在环境，从而帮助个体和家庭摆脱想生不敢生、敢生养不起的困境，使个体能基于自由意愿进行生育决策，并能顺利地把孩子抚养成人。

二 生育支持的主要元素与政策目标

言及生育支持政策，必须明确四个基本要素：谁来支持、谁受支持、支持什么、怎么支持。如果这些问题都得以明确解答和有效安排，或可形成良好的制度环境、物质环境、服务环境和社会环境。只有如此，生育支持才能最终作用于人们的生育决策和生育行为。

（一）生育支持的基本框架

图2展示了笔者对生育支持意涵及其对生育影响的基本理解。简言之，生育支持涉及两大主体（生育支持的政策主体和政策客体）、四维内涵（时间、资金、服务和就业）、四大环境（制度、服务、物质、社会）和两个结果（生育决策与工作-家庭平衡）。它们之间的关系是：政府、企业、社会和社区等支持主体，给父母、子女、祖辈和其他利益相关者提供生育的时间支持、资金补贴、服务供给和就业保障等，并与外部环境形成协调的互动关系。一方面，生育支持是营造良好外部环境的重要基础；另一方面，良好的外部环境反作用于四类支持，从而有助于缓解工作与家庭之间的矛盾，帮助有二孩生育意愿的个体将意愿转化为行为。

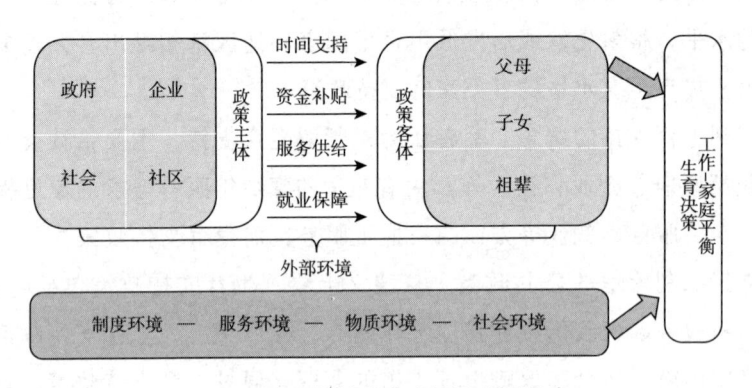

图2 生育支持的基本意涵及主要元素

图2的核心是生育支持的四类元素：生育的时间支持、养育的资金补贴（经济支持）、子女照护的服务供给和生育主体的就业保障。

一是时间支持。时间支持是指在孩子出生前、出生后（尤其是后者），对生育主体提供的假期保障，让他们在孩子出生前有时间进行产检，在孩子出生后有时间给予孩子必要的抚育。时间支持主要表现在：在孕育孩子期间，为了了解孩子的生长发育状况，需要进行围产期保健；孩子在出生后的很长一段时间内，都需要父母的哺育和呵护；即便孩子进入幼儿期，能有效表达和基本自理，也要在家庭实现社会化。所有这些都需要时间。时间支持主要包括对父母双方均适用的围产期保健假、产假和陪产假、育儿假、家庭成员护理假等，从而在制度上保障父母有必要的时间照顾婴幼儿。在现实中，各国在有无育儿假、时长、是否带薪等方面都各不相同：产假从3个月到4年多不等，或带薪或不带薪；陪产假或有或无，时长不一，且内容各异。比如，部分发达国家还为父母提供4个月到3年不等的育儿假，时间上比较灵活，且基于休假时长，有的全薪、有的部分带薪、还有的不带薪。时间支持还表现在"弹性工作制"等工作安排上，员工可灵活选择工作时间与地点。

二是资金补贴（经济支持）。在传统社会，个体的生育行为主要是基于社会规范和"养儿防老"的实际考量。随着经济社会的发展，生育观念和限制因素已然发生了极大改变，子女的生养成本大大提高，且自备孕期便已开始，并持续一生。其中，既有时间成本，也有经济成本，且后者更为直接。经济成本主要包括怀孕期间的各种经济投入，包括产检、医药、饮食、保健、衣物和分娩等费用；在孩子出生后及成长的各阶段，养育子女的支出都十分可观。在外部支持不足的情况下，家庭难以承受养育之重。

在此情形下，给予家庭育儿的经济支持显得十分重要和必要。经济支持包括免费产检、分娩津贴、育儿津贴、父母休假期间的收入补贴、儿童福利收入免税、家庭税收减免、儿童医保、住房补贴等。虽然各国的政策并不一致，但多数国家的妇女分娩可享受生育保险（包括社会保险、商业保险、生育福利、储蓄基金等多种形式），覆盖生育或与之相关的医疗费用，有些国家的生育保险还囊括了孕妇产前产后的护理费用。部分国家还基于孩子的年龄、家庭的收入水平和子女数量等，为生育家庭提供一次性或持续性的生育津贴、儿童抚养津贴和隔代照料津贴等。比如，德国新生儿家庭可向政府申请领取14个月、每月1800欧元的"父母金"。法国主要为多子女家庭提供经济支持，从第二个孩子出生起，即可自动享受儿童抚养津贴，直到孩子年满20周岁；若三孩出生时前两个孩子未满21岁，可额外获得每月167.3欧元的补贴。此外，育儿税收减免和优惠政策也是经济支持的重要构成部分。比如，法国采取"大家庭税收"政策，家庭规模越大，征税标准就越低；自2016年起，德国的每个儿童可为父母带来4608欧元的育儿免税额，儿童教育费用免税额则高达7248欧元。

三是服务供给。时间支持和资金补贴，在一定程度上保障了父母对孩子的时间和资金投入，但是，身处职场的父母还面临工作与家庭之间的张力。2016年原国家卫健委在十个城市的调查结果显示，在人们不愿生育二孩的主要原因中，养孩子太费心、没人看孩子、影响工作和事业发展等位居前列。因此，社会化育儿服务是缓解父母育儿压力的重要举措。无论是对低龄婴幼儿，还是对少年儿童，育儿服务项目都应更加丰富，更加契合孩子的年龄和家庭的需求。针对不同年龄段的儿童，提供正规机构的照顾或上门照护等服务，其服务内容应具有"四化"特征：即与儿童年龄相适宜的精细化，普惠与市场兼具的多元化，全日托、半日托、课后照护等形式的多样化，正式机构、企业福利、家庭"邻托"、喘息服务等手段的灵活化。

四是就业保障。生养孩子总会在一段时间内，使生育主体（主要是母亲）面临与职场的脱嵌，有的甚至在怀孕或生产后离开劳动力市场。因此，通过就业保障政策，尽可能缓解女性在工作与家庭间的矛盾也是生育支持的一个重要领域。欧洲国家的经验表明，"性别平等家庭支持"，即双薪家庭支持，对家庭的二孩生育意愿至关重要。研究表明，在年龄、受教育程度、就业状态等因素相同的情况下，男性养家支持、性别平等家庭支持政策对一孩的生育意愿均带来正面影响。一孩是多数家庭的刚性需求，故无论何种支持政策，都可能起到正向效果；而二孩的生育具有高度选择性，只有性别平等家庭支持政策，才会对女性的二孩生育意愿产生正向影响（S. Billingsley & T. Ferrarini, 2014）。这也说明，只有生育主体（主要是女性）得到真正的支持，她们的二孩生育意愿方能转为现实行为。其背后的机制是，"性别平等家庭支持"可以产生"和谐效应（harmony effect）"（S. Billingsley & T. Ferrarini, 2014），改善女性的母职与就业体验，减少夫妻间因育儿产生的冲突，带来家庭内部的和谐，进而降低女性对未来生育阻力的预期。

为保证父母（主要是妇女）在生育过程中的就业福祉不受损害，必须建立、完善现行劳动关系领域的法律法规，强制实行男女就业机会均等，支持父母平衡家庭与工作之间的责任；确保雇主不以结婚、妊娠或生育为由解雇女职工；保证女职工妊娠分娩后的健康检查，缩短其工作时间、放宽其休息时限；在合理情形下，企业还须同意孕妇调换工作岗位的请求。同时，对于因生育而发生职业中断但愿意回归职场之人，必须积极为她（他）们提供就业岗位，建立两性平等的补贴机制。企业须有计划地向职工提供再就业信息、建立职业中断女性支持中心，针对因生育中断就业的女性提供就业培训、实习等项目。

（二）生育支持与环境营造

生育支持政策的主要目的均在于，减轻父母的养育负担，缓解家庭的生养压力，从而形成良好的生育环境，让持续走低的生育率止跌回升，以应对人口老龄化和劳动力短缺等人口结构问题。良好的生育环境包含四个领域：制度、服务、物质和社会环境。

制度环境是生育支持政策的强力支撑，主要指保障父母兼顾家庭与事业发展、促进儿童长期健康成长、推动生育意愿落地的政策法规等。与时间支持、资金补贴、服务供给和就业保障形成良好、协调互动关系的制度安排既是生育支持政策的重要组成部分，也是各类生育支持的有力保障。

服务环境是生育支持政策的核心内涵。虽然不同家庭对生育支持的需求存在差异，但任何一个有子女的家庭都存在子女养育的需求。OECD的数据表明，在各类育儿的支持政策中，对生育率正向作用最大的一项是托育服务（W. Adema et al., 2014）。因此，构建与制度环境相适应、由政府-企业-社会组织-社区等主体提供的多层次、多元化的育儿服务体系在整个生育支持体系中具有格外重要的意义。"养"既要金钱，也要时间，因此，更要通过形式多样的社会服务来满足家庭育儿需求。家庭能否在孩子出生后，获得外部的养育服务支持（包括低龄孩子的课后服务），就成为生育环境是否良好的重要指征。

物质环境是生育支持政策落地的空间。对父母和孩子而言，友好开放的物理空间、内容契合的服务设施（如托幼场所和设施）、公共空间中便利可及的亲子设备、儿童教育与发展的设施等，都是养育的物质环境。比如，负责孕产妇保健工作的母亲保健中心、学龄前儿童及中小学生的保健中心和校卫生所等，都属于有助于子女养育的良好物质环境。

社会环境泛指政治、法律、经济、文化和心理等多个范畴的育儿支持环境。本文取其与子女生养有关的社会风气之义。通过良好的制度、服务和物质环境的营造,形成有利于子女生养的社会氛围。相较于其他几类更为具象的环境而言,社会环境更为抽象和复杂。理想的情况是,在一个良好的社会环境中,生育主体及其生育意愿与生育行为(包括生、育)得到充分的理解与尊重,育儿焦虑得到缓解,子女养育的气氛安然并从容、轻松且愉快,回归子女生养的自然乐趣,个体情感得到满足,家庭的福祉受到社会的关切,家庭长期发展能力得以提升。

尽管生育意愿、生育决策与行为过程、工作-家庭平衡等均属于微观领域,也与宏观层面的环境密不可分,在很大程度上取决于或受制于宏观制度、公共服务、福祉政策等。在这四类环境中,制度环境是其他环境的基础,没有良好的制度环境,其他环境就难以形成或将失去有力支撑。但是,仅有制度是不够的,制度需要具体的服务加以落实,而很多服务又需要有物质环境方可落地,也需要有良好的社会氛围加以传扬。通过营造良好的环境和提供具体的支持,形成有利于生育和工作-家庭平衡的社会氛围。

三 中国生育支持政策的现状与问题

基于对生育、生育支持、生育支持政策的理论思考,本文将系统剖析中国生育支持政策的现状及存在的问题。新中国成立后,中国对于生育水平的认识不断发生变化,但20世纪70年代后,总体上以控制生育为主。但是,这并不表示中国缺乏对妇女和家庭的生育支持。相反,中国通过多种生育支持措施,旨在将妇女从家庭中解放出来、提高妇女儿童的健康素养。

(一)中国生育支持的过去与现状

中国的生育支持政策大约可分为五大类别。一是孕产妇和婴幼儿健康保障政策。《中华人民共和国母婴保健法》《国家基本公共卫生服务规范》规定,县级妇幼保健计划生育服务中心要为辖区内常住孕产妇免费提供孕早期、孕中期、孕晚期的健康管理、产后访视、产后42天健康检查等服务。自2018年开始，符合条件的农村妇女的住院分娩医疗费用纳入城乡居民基本医疗保障支付范围。0~6岁儿童可免费享受建立儿童健康手册、新生儿访视、生长发育监测、常见疾病预防等健康管理服务，还可免费接种12种国家一类疫苗。

二是时间支持。时间支持政策包括多种类型，产假是其中最主要的类型。新中国成立之初就建立了产假制度。目前，我国各省主要采取"产假+计划生育奖励假"的休假模式。据《女职工劳动保护特别规定》，女职工可享受98天产假，其中产前假15天，难产妇女增加15天产假；若生育多胞胎，则每多生1个婴儿，增加产假15天。流产女性也可享受产假：若怀孕未满4个月，享受15天产假；怀孕满4个月，享受42天产假。[①] 此外，各省还规定了计划生育奖励假，从30天到三个月不等：黑龙江、甘肃规定女方产假为180天；福建规定女方产假为158~180天。配偶陪产假（又称护理假、看护假等）主要体现在各地的《人口与计划生育条例》中，有29个省明确规定了7天至1个月不等的配偶陪产假，多数地方是10~15天；若夫妻异地居住，男方护理假可延长至20天或一个月（李金磊，2016）。此外，部分地区开始探索（夫妻）共同育儿假政策。2018年6月1日起，《江苏省妇女权益保障条例》正式实施，规定在女方产假期间，鼓励男方所在用人单位安排男方享受不少于5天的共同育儿假。[②]

三是资金补助。资金补助包括生育保险、生育津贴、税收优惠政策等。生育保险是保障妇女权益、稳定人口再生产、贯彻国家人口政策的重要制度安排。自20世纪末起，中国逐渐建立了覆盖范围广泛的生育保险体系。虽然生育保险内容因地而异，但基本涵盖了生育的医疗费用和生育津贴。前者是指因生育行为而发生的医疗护理费用，包括分娩报销费用、流产补贴费用、计划生育手术的医疗费用等，具体报销额度取决于多种不同因素，分娩报销费用尤其如此。生育津贴是国家法律规定的对职业妇女因生育而离开工作岗位期间的生活费用补贴，主要有以下几种：生活津贴、

---

① 参见《中华人民共和国国务院令》（第619号），中华人民共和国中央人民政府网，2012年4月18日，https://www.gov.cn/gongbao/content/2012/content_2136749.htm。
② 《6月1日起〈江苏省妇女权益保障条例〉实施》，中国江苏网，2018年5月30日，http://jsnews.jschina.com.cn/nj/a/201805/t20180530_1643376.shtml。

一次性分娩营养补助费、一次性补贴。这些补贴都因各地、各单位的实际情况而异。根据《女职工劳动保护特别规定》，产假薪资由生育保险基金支付；未参加生育保险的由用人单位支付。但是，《社会保险法》《女职工劳动保护特别规定》并未明确规定配偶陪产假期间的经济待遇；各地《人口与计划生育条例》一般都只做"工资照发，待遇不变"的原则性规定，在现实中难以落实。此外，2018年起，子女的教育费用可以抵税。虽然它的影响还不大，但传递了一个有利的信号。

四是服务供给。中国针对3岁以上儿童的幼儿园服务普及度很高，2019年已经超过73%；2020年的适龄儿童入园率达到80%。义务教育更是基本普及。一些社区还提供课后临时托管服务。

五是女性就业保障。《中华人民共和国宪法》《中华人民共和国劳动法》《中华人民共和国妇女权益保障法》《中华人民共和国就业促进法》《企业职工生育保险试行办法》《女职工禁忌劳动范围的规定》等一系列法律法规都明确规定，在录用员工时，除国家规定的不适合妇女的工种或者岗位，不得以性别为由拒绝录用妇女或提高妇女的录用标准；对孕期、产期、哺乳期的女职工，用人单位不得解除劳动合同。由上可见，国家从法律层面消除对育龄女性的就业歧视，维护妇女的就业权益。《女职工劳动保护特别规定》还特别强调了"三期保护"，即用人单位须为孕期女职工减轻劳动强度，缩短劳动时间，并为怀孕7个月以上的女职工在劳动时间内安排休息及产前检查时间，为哺乳期妇女在劳动时间内安排1小时的哺乳时间，且"每多增加1个婴儿每天增加1小时哺乳时间"。

（二）我国生育支持政策的局限

以上梳理基本反映了生育支持的主体要素。由此可知，中国生育支持政策存在支持层次低、内容单一、缺乏可持续性等问题。

一是产假缺乏灵活性，育儿假和家庭照护假基本缺失。目前，我国的产假模式多是"基本产假+奖励产假"。基本产假为98天，各地还有30~90天的奖励产假。虽然带薪假时间不短，但时间集中，缺乏灵活性。同时，虽然多数省份规定丈夫享有陪产假的权益，但相关政策法规层级低，故执行力不足，各地陪产假的"缩水"现象极其严重。

二是资金补助多为一次性补贴，家庭的养育压力依然巨大。虽然中国有生育津贴和分娩补助等经济支持，但无论是生活津贴，还是一次性分娩营养补助费，都是一次性的补贴，且补贴金额较少。因此，除独生子女家庭享有的少量独生子女费外，子女养育的经济责任全部落在家庭身上。由此可见，中国的生育资金支持主要强调对女性因生产而产生的经济负担的扶持，忽视了儿童后天成长所需资源的补助。也就是说，生育的经济支持主要是针对"生"的，而缺乏针对"育"的支持。

三是托育服务供给严重不足，管理制度尚未厘清。虽然 3 岁以下婴幼儿托育服务成为家庭的刚性需求，但迄今为止，针对此类幼儿群体的社会化照护供给极为不足，供需失衡现象十分严重。2016 年全国十城市和 2017 年全国四省市"0~3 岁托育服务需求调查"结果显示，分别有超过 1/3 和 48%的育有 3 岁以下婴幼儿的家庭有托育服务需求，但入托率不足 5%。上海市妇联的调研结果表明，上海有入托需求的 2~3 岁幼儿人数达到 10 万人，但目前仅有少数幼儿园开设托班，最多只能接收 1 万多人。实际上，我国目前总体托育服务缺口巨大。① 同时，虽然 3 岁以下婴幼儿照护服务的主管部门已经明确，部门职责有所划分，但对于未来托育服务的取向（如：家庭为主还是社会为主）还争论不休。托育服务的管理体制尚未理顺，相应的法律法规、服务标准和监管体制亟待完善；各级政府对于 3 岁以下婴幼儿照护服务的定位认识尚不统一，缺乏整体的统筹规划；社会力量参与托育服务的积极性和主动性仍显不足（刘中一，2016）。在全面二孩政策背景下，未来 3 岁以下婴幼儿的托育服务需求将持续增长，而相关的服务供给不仅数量少，而且费用高昂，超出了一般家庭所能承受的范围。

四是女性就业保障力度不足，工作-家庭矛盾突出。虽然《中华人民共和国宪法》《女职工劳动保护特别规定》等都明确规定了针对女性的就业保护措施，但多停留在立法层面。而且，中国并未出台专门的政策法规，来保障妇女的就业福祉：女职工在备孕期、哺乳期的劳动权益保护及

---

① 《0~3 岁儿童托育服务行业白皮书（全文）》，搜狐网，2017 年 12 月 7 日，https：//www.sohu.com/a/208949621_817001。

生育后的就业衔接等政策散见于相关法律法规中，尚未形成完整的政策体系。政策体系的碎片化和零散化，加之执行主体和惩罚措施不明确，使得女性的就业权益受损事件时有发生。同时，现有的女性就业项目针对性不强、培训活动未能常态化，由此，女性依然面临较大的工作-家庭平衡压力，或舍家从业，或弃"升"从"生"。

在社会和家庭已然发生了巨大变化的情境下，生育支持政策的诸多问题必然会带来育龄妇女生育意愿的降低和生育行为的受限。1980年以来，中国的出生率与总和生育率虽有起伏波动，但总体呈下降趋势。即便全面二孩政策放开后，回升的态势亦不明显。当然，仅从出生率和总和生育率的变化趋势，无法得出它们与生育支持之间的因果关联。不过，OECD国家的数据可较好地佐证二者之间的关系。2014年，OECD国家母亲的就业率与3岁以下孩子的正规入托率高度正向相关；同年，25~54岁女性的就业率与总和生育率也呈正向相关关系（r=0.36），表明托育服务、就业保障等政策不仅在一定程度上提升了育龄妇女的生育意愿，而且推动了这一意愿的落地。

四　对建立健全中国生育支持政策体系的初步思考

在过去几十年中，中国的生育政策始终以控制生育为主。在新的历史时期，面对新的人口形势，政策内容应与经济社会的发展相契洽，与人民群众的需求相契合，政策理念和思路也应实现从生育控制到生育支持的转变。生育支持作为一项公共政策，应充分体现其公共属性，应从社会的整体性出发，构建激励相容的政策框架。基于前面的理论探讨和对中国现状的分析，笔者提出以下生育支持政策框架（见图3）。该框架突出五类支持要素，具体分别如下。

（一）优化生育相关的假期制度

与世界其他国家相比，中国的带薪产假时长处于中上水平，男性的陪产假也较长，但陪产假往往形同虚设。因此，未来的生育支持政策一是延长产假并统一产假制度，统筹考虑国家层面的女职工产假制度、各地计划

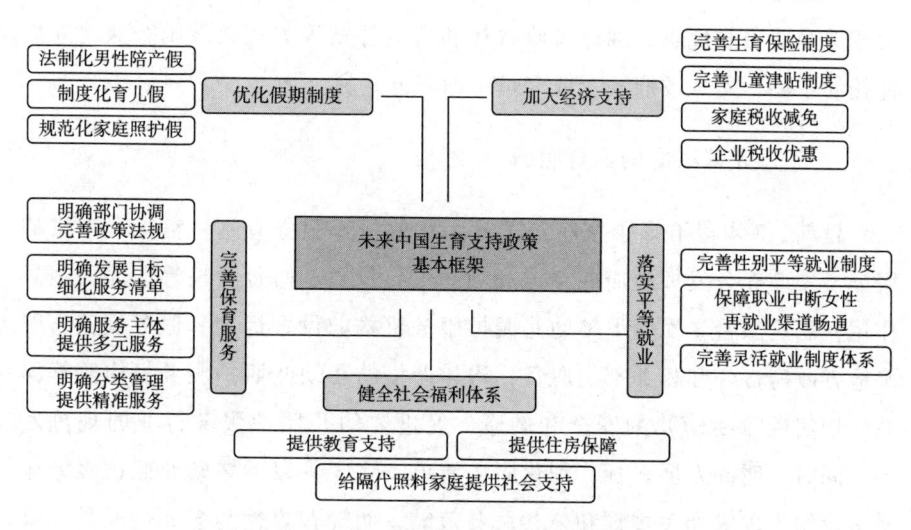

图 3　未来中国生育支持政策基本框架

生育奖励假制度，建立统一的产假制度，将各地 1 个月至 3 个月不等的计划生育奖励假与 98 天的产假加以整合，将女职工的产假累计天数提升到 180 天。二是将陪产假制度法制化，在国家层面做出明确的制度安排，将配偶陪产假天数统一规定为不少于 15 天。三是将育儿假和家庭照护假制度化，在孩子 3 岁前，每月给予父母亲 1 天的带薪育儿假和 1 天的带薪家庭照护假，且必须强制父亲休育儿假和家庭照护假。

（二）加大对家庭生育的经济支持

针对当下育儿的经济成本过高、公共支持（除一次性的补贴外）几乎完全缺失的情况，既要进一步完善生育保险制度，如扩大生育保险可支付范围，对男性因享受陪产假造成的收入下降予以一定补贴、提高生育医疗费用的报销比例、建立科学合理的待遇增长机制，也要积极探索建立育儿补贴制度。发挥政府保基本、兜底线、惠民生的作用，鼓励有条件的地方先行先试，通过发放现金补贴或婴幼儿照护服务代金券等形式，减轻家庭的照护负担。同时，完善家庭税收制度，将 3 岁以下婴幼儿的托育成本计入扣税项目；改革个人所得税的征收方式，探索实行以家庭为单位征收所得税，或在以个人为单位的所得税征收过程中增加婴幼儿照护服务相关的专项开支扣除项目，切实减轻家庭照护婴幼儿的经济负担。此外，还必须给相关企业税收优惠，通过税收扶持和资金补贴等方式，鼓励企业建立内部托幼中心，实现政府、企业和员工的多方共赢。

（三）完善家庭的保育服务

目前，3岁以下孩子家庭对于社会化的托育服务有刚性需求。未来的服务发展应充分发挥政府在制定规划、引导投入、监督管理等方面的主导作用；制定出台3岁以下婴幼儿照护服务机构的设置标准和服务规范；明确地方政府责任和相关部门职责，构建严格的婴幼儿照护服务机构监管体系，切实保障婴幼儿的安全和健康，促进婴幼儿照护服务行业的规范发展。同时，明确发展目标，细化服务清单，将3岁以下婴幼儿照护服务体系建设纳入国家相关规划和公共服务范畴，明确普惠性与多元性兼具、政府兜底与市场参与并进的发展目标。鼓励各级政府通过财政补贴、提供场地、减免租金、税费优惠、政府购买服务等方式，吸引社会力量为广大家庭提供方便可及、安全放心、质量可靠、价格合理的婴幼儿照护服务。在服务提供过程中，必须明确服务主体，提供多元服务；支持政府、用人单位和社会力量创办3岁以下婴幼儿照护服务机构，以全日托、半日托、计时托和临时托等多种形式，为广大家庭提供多元化的婴幼儿照护服务，满足人民群众多样化的实际需求。而且，还应明确分类管理，提供精准服务，发挥社区在公共服务供给中的独特优势，关注社区公共服务设施的婴幼儿照护服务功能，加强社区婴幼儿照护服务设施与社区服务中心（站）及社区卫生、文化、体育等设施的功能衔接。准确识别家庭育儿需求，实现分类管理，依托社区为家庭提供精准的保育服务。对于3岁以上的孩子，社区也应基于家庭需求提供相应的服务。

（四）保障育龄妇女的平等就业权益

中国政府一直强调性别平等，从宪法到一般性的政策法规，都对劳动力市场的性别平等提出明确要求，但相关法律和政策条文更多处于倡导层面，且执行力不足。因此，应进一步统合现有的政策法规，使之系统化；出台相关就业政策法规的实施细则，加强政府部门执法监督，提高企业的违法成本。充分发挥妇联等群团组织的力量,通过女性专场招聘会或培训会等活动,为因生育而职业中断的女性创造更多的就业机会,保障职业中断女性再就业渠道畅通。对符合贷款条件的女性创业人员,给予信贷支持,为创业女性提供方便快捷的服务。探索建立灵活就业制度体系,鼓励有条件的用人单位灵活安排工作方式,允许有婴幼儿照护诉求的职工利用互联网等信息技术,采取远程办公、家庭办公等形式完成工作任务;通过采取灵活工时、压缩工作周期等方式,为育儿母亲提供一定时长的弹性工作时间,为职工照护婴幼儿提供时间保障。

(五)健全社会福利体系

家庭是社会的基本单元,是儿童社会化的重要场域,因此,应充分认识家庭教育的独特价值。政府要承担在家庭教育中的主要责任,协调好家庭、社区和学校之间的关系,共同营造良好的家庭教育氛围。家庭住房保障也是生育支持政策体系中不可忽视的一环,人们只有拥有稳定的居所、实现住有所居,才会考虑人口再生产。特别是要为隔代家庭照料提供支持,将隔代照料纳入生育支持体系之中:在女性普遍参与社会劳动和人口大规模流动的背景下,隔代照料已经成为当前社会化照料资源不足的主要化解渠道,祖辈帮助照看3岁以下的婴幼儿、接送和照护处于幼儿园和义务教育阶段的孩子,有效地缓解了家庭育儿能力不足和婴幼儿照护缺失等问题。但是,祖辈在成为家庭育儿主力军的同时,也因其健康状况逐渐下降和教育程度有限等原因,承担了极大的照料压力和心理压力,因此,政府也应给隔代照料的提供者予以经济补偿;同时,调动社区现有资源,充分发挥社工组织的力量,为提供隔代照料服务的祖辈提供相关的培训指导、心理疏导和喘息服务等支持。

五 几点反思

低生育水平是社会转型期工作与生活、家庭与社会、自由与集体等多重矛盾和冲突形塑的结果。生育支持作为家庭支持政策的重要构成,对于稳定生育水平无疑具有一定的作用(尽管作用的大小和机制都还有待进一步细致的研究)。然而,推动有二孩生育意愿家庭生育行为的落地,并不能仅依赖生育政策的调整,若没有整体性的、有效的、配套的家庭支持政策,全面二孩政策的目标很难实现;即便配套政策日渐完善,全面二孩政策的目标也未必一定实现——生育政策调整的初衷,不仅在于满足个体和家庭的二孩生育意愿,更在于通过二孩生育,优化当前人口的年龄结构,维持人口与经济、社会的可持续发展。过去,"多子多福""儿孙满堂"是普遍的生育观念;今天,在经济风险日渐加大、社会竞争越发激烈、家庭变化甚大的背景下,孩子数量的增加,不仅可能降低自身的生活质量,而且难以保障孩子的发展。因此,越来越多的亲代希望通过提升子女质量,或加大对自身人力资本的投资来规避现实风险。就此而言,从"少子女"到"高质量"的转变,或可激发从"人手"红利到"人脑"红利的转型。

但是,如果人们有二孩生育意愿,却因高昂的生育成本而不敢生,那就是另一回事了。降低生育成本就成为一项重要的工作。本文从概念出发,认为"生育"是一个连续统,其意涵不仅在于"生",而且在于"育"。然而,中国社会对"生育"的理解,往往重"生"而不重"育";今天,生育主体对于"生育"的认知发生了逆转,由重"生"转向重"育"。认知取向的转变,带来了生育支持价值导向的逆转。本文对生育支持及其政策体系加以诠释,希望起到抛砖引玉的作用。

需要说明的两点分别是,其一,笔者提倡生育支持,不是为了鼓励生育,而是帮助有二孩生育意愿之人实现理想的生育意愿。生不生孩子、生几个孩子、什么时候生孩子等决策和行为,是个体的理性决策,无论是家庭、政府还是社会,都应尊重他们的决定,而不应以道德之名对他们进行绑架,或以家庭、社会责任为由予以束缚。无论是历史上还是当下社会,生育(或女性的生殖功能)总是被视为一种工具,或提高生育率以增加人口量,或控制生育以缓解人口过剩与资源有限之间的矛盾。在家庭层面,女性的生育属性曾被放大到无以复加的地步,生儿育女、传宗接代曾是女性生存的主要理由。虽然当下的女性有了更大的生育自主权,但种种迹象表明,无论是要控制生育,还是要鼓励生育,她们的生殖功能依旧被放大。笔者认为,倡导生育支持,目的应该是为了帮助有二孩生育意愿之人(包括男性和女性),不会因种种外在的制约而与二孩失之交臂,不仅能顺利地把二孩生下来，而且能把二孩养好、育好；同时，不会因为二孩生育而被迫牺牲自己的职场发展机会，而是能尽可能地平衡职场追求与子女养育的责任。

其二，在提供生育支持过程中，必须警惕"母职"的进一步强化。西方社会往往采取无性别差异的生育支持政策，但是中国的生育支持政策，可能会因未考虑公共政策的社会性别视角，而出现与其初衷相悖的情形。倡导生育支持，是希望通过这些支持，帮助妇女更好地平衡工作与家庭的关系；生育与抚育不是女性自己的责任，而是夫妻双方的共同责任；在中国当下的职场生态和市场环境下，强制性地让父亲休育儿假或家庭照护假，有助于实现生育支持政策的初衷；否则，育儿假最后可能变成母亲产假的延续，女性的育儿责任不仅不能得到缓解，反而可能进一步强化。反过来，这又进一步强化了传统的性别分工，女性在职场的位置更加边缘。因此，生育支持政策的制定，必须突出社会性别视角，形成男女共担共享的政策支持体系。虽然生孩子是时点事件，但养孩子则是终身事业。符合意愿的生育、促进性别平等的支持政策、可信任的公共生育支持，既可能提升生育意愿及生育率，也有助于拓展社会成员的人生视界，给国家和社会带来更加光明的愿景和未来。

参考文献

陈奕平，2003，《美国老年人口变动特征及其影响分析》，《人口学刊》第3期。
胡湛、彭希哲，2012，《家庭变迁背景下的中国家庭政策》，《人口研究》第2期。
黄桂霞，2014，《生育支持对女性职业中断的缓冲作用——以第三期中国妇女社会地位调查为基础》，《妇女研究论丛》第4期。
靳永爱，2014，《低生育率陷阱：理论、事实与启示》，《人口研究》第1期。
李金磊，2016，《"陪产假"各地有不同》，《劳动保障世界》第31期。
刘中一，2016，《多措并举 加强0~3岁幼童托育工作》，《人口与计划生育》第11期。
马春华，2016，《瑞典和法国家庭政策的启示》，《妇女研究论丛》第2期。
汤兆云、邓红霞，2018，《日本、韩国和新加坡家庭支持政策的经验及其启示》，《国外社会科学》第2期。
吴帆，2016，《欧洲家庭政策与生育率变化——兼论中国低生育率陷阱的风险》，《社会学研究》第1期。
吴小英，2017，《城乡迁移的性别化逻辑及其机制：一个交叉性分析的范例——评杜平的新著〈男工·女工〉》,《妇女研究论丛》第5期。

杨华磊、张文超,2019,《生育红利、生育意愿与生育支持》,《上海经济研究》第7期。

杨菊华,2011,《城乡差分与内外之别:流动人口社会保障研究》,《人口研究》第5期。

杨菊华,2015,《中国真的已陷入生育危机了吗?》,《人口研究》第6期。

杨菊华,2017,《"人口论"与"人手论"的千年迷争——兼述"人脑(才)论"》,《人口与发展》第6期。

杨菊华、杜声红,2017,《部分国家生育支持政策及其对中国的启示》,《探索》第2期。

张琪、张琳,2017,《生育支持对女性职业稳定的影响机制研究》,《北京社会科学》第7期。

朱荟,2019,《生育支持体系对青年流动女性就业的影响研究》,《青年研究》第2期。

Morgan, S. Philip & Miles G. Taylor. 2006, Low Fertility at the Turn of the Twenty-First Century. *Annual Review of Sociology* 32: 375-380, C-1, 381-399.

Adema, W., P. Fron & M. Ladaique. 2014, How Much do OECD Countries Spend on Social Protection and How Redistributive are Their Tax/Benefit Systems? *International Social Security Review* 67(1): 1-25.

Anderson, Thomas & Hans-Peter Kohler. 2015, Low Fertility, Socioeconomic Development, and Gender Equity. *Population and Development Review* 41(3): 381-407.

Billingsley, S. & T. Ferrarini. 2014, Family Policy and Fertility Intentions in 21 European Countries. *Journal of Marriage and Family* 76(2): 428-445.

Goldstein, Joshua R., Tomáš Sobotka & Aiva Jasilioniene. 2009, The End of "Lowest-Low" Fertility? *Population and Development Review* 35(4): 663-699.

Longman, Phillip. 2004, The Global Baby Bust. *Foreign Affairs* 83(3): 64-79.

(原载《山东社会科学》2019年第10期)

图书在版编目（CIP）数据

家庭与性别评论. 第 13 辑，低生育率背景下的儿童照顾与生育支持 / 张丽萍执行主编. -- 北京：社会科学文献出版社，2024.5
ISBN 978-7-5228-3526-6

Ⅰ.①家… Ⅱ.①张… Ⅲ.①家庭社会学-研究 Ⅳ.①C913.11

中国国家版本馆 CIP 数据核字（2024）第 079090 号

家庭与性别评论（第 13 辑）
低生育率背景下的儿童照顾与生育支持

主　　编 / 马春华
执行主编 / 张丽萍

出 版 人 / 冀祥德
责任编辑 / 孙　瑜　佟英磊
责任印制 / 王京美

出　　版 / 社会科学文献出版社·群学分社（010）59367002
　　　　　 地址：北京市北三环中路甲 29 号院华龙大厦　邮编：100029
　　　　　 网址：www.ssap.com.cn
发　　行 / 社会科学文献出版社（010）59367028
印　　装 / 三河市龙林印务有限公司

规　　格 / 开　本：787mm×1092mm　1/16
　　　　　 印　张：20.25　字　数：320 千字
版　　次 / 2024 年 5 月第 1 版　2024 年 5 月第 1 次印刷
书　　号 / ISBN 978-7-5228-3526-6
定　　价 / 118.00 元

读者服务电话：4008918866

版权所有 翻印必究